《西顿动物记》中出场的动

出现在《生气的猴子金妮》的故事中。
▶P66
这只黑脸猴子是从哪里来的?

印度灰叶猴

出现在《狼王洛波》的故事中。
▶P249
狼也像狗一样聪明吗?

灰狼

出现在《塔拉克山的熊王》的故事中。
▶P208
身体庞大的熊都吃什么呢?

灰熊

出现在《银狐多米诺》的故事中。
▶P308
狐狸是如何捕食的?

银狐

出现在《更格卢鼠》的故事中。
▶P383
后脚很长的老鼠是如何走路的?

更格卢鼠鼠

照片提供:日本名古屋市东山动植物园、日本Zao Fox Village

《西顿动物记》

分类索引 P424

作者 欧内斯特·汤普森·西顿(1860-1946年)

西顿是出生在英国的博物学家,同时他也是作家和画家。他在孩提时代移居到加拿大的农场,在大自然中成长。他立志成为画家,并在学习绘画的同时还学习了博物学,研究并观察动物的生活,撰写了很多动物文学作品。在日本,《西顿动物记》非常有名。

本书传记中出现的人物

希波克拉底	▶P336
 达·芬奇	▶P299
 哥白尼	▶P125
 伽利略	▶P314
 牛顿	▶P68
瓦特	▶P26
 詹纳	▶P165
 华冈青洲	▶P342
 斯蒂芬森	▶P104
 田中久重	▶P272
 达尔文	▶P216
 孟德尔	▶P74
 诺贝尔	▶P401
 科赫	▶P158
 伦琴	▶P142
 爱迪生	▶P350
 巴甫洛夫	▶P280
 北里柴三郎	▶P368
 牧野富太郎	▶P198
 莱特兄弟	▶P93
 南方熊楠	▶P168
 居里夫人	▶P243
 阿蒙森	▶P405
 野口英世	▶P138
 爱因斯坦	▶P386
 魏格纳	▶P50
 洛伦兹	▶P287

问答型「亲子共读」百科全书

[日] 长沼毅 监修

科学的故事

生物、食物、生活、发明、地球、宇宙……

日本 PHP 研究所 编著
崔小萍 译

中国青年出版社

前　言

本书把大家在日常生活中感到疑惑的各种问题收集在一起，用浅显的语言从其历史背景到科学解释进行了说明。

书中的"科学故事"有很多种类，比如人类的身体和内心、动物以及地球和宇宙等。所以大家可以不必完全按照序号顺序来读，可以从喜欢的任意一篇读起。

当我们了解了很多科学知识后，我们就会对地球和大自然等世间万物有新的认识。例如，当看到火烧云时，如果你知道"为什么火烧云会那么红"，想必在你眼中的火烧云一定会格外美丽吧。

如果你想了解平时发生在我们身边的事情的科学原理，通过阅读本书，有时你会感到茅塞顿开，有时你也会觉得云里雾里。

即使刚开始觉得很难也没有关系，多读几遍自然就会理解其中的含义。

这样你就能体会到学习新知识、了解未知事物的乐趣。

我们都要保持一颗求知的心，希望以后我们在生活中遇到的"不解"都会变成"已解"。但事实上是，当我们了解了一件事物时，还会出现新的疑问，所以最后就会懂得越多，疑问越多。

希望大家能够在阅读本书的过程中不断感到"茅塞顿开"，当然也希望大家能够发现更多的疑问。

日本广岛大学研究生部生物圈科学研究科副教授

长沼 毅

目录

前言 2
在开始阅读之前 12

让故事变得更有趣些吧
我们来看看生物是如何成长的吧! 13

1 月的故事

01 日本人过年时为什么吃什锦年饭? 18
02 章鱼墨汁和墨鱼的有什么不同? 19
03 为什么用肥皂就会洗得很干净? 20
04 树木能长生不老,是真的吗? 21
05 地球几岁了? 22
06 灰尘是从哪里来的? 24
07 猫的舌头为什么很粗糙? 25
08 蒸汽机是什么? 26
09 为什么一跪坐脚就会发麻? 28
10 iPS细胞是什么? 29
11 为什么动物会有雌性和雄性? 30
12 为什么会有涨潮和退潮? 31
13 结草虫怕冷吗? 32
14 为什么企鹅能在冷的地方生存? 34
15 飞机为什么会飞起来? 35
16 鱼也有鼻子和耳朵吗? 36
17 为什么温度计能测量温度? 37
18 睡觉时心脏也一直在跳动吗? 38
19 温室效应不好吗? 40
20 为什么鹤用一只脚站着? 42
21 为什么豆芽是白色的? 43
22 胎儿出生前都在做些什么? 44
23 鸟类为什么能在空中飞? 45

24 狗会对主人感恩吗? 46
25 受伤之后结痂是怎么回事? 48
26 口香糖是谁发明的? 49
27 地壳在一点一点地移动吗? 50
28 天气预报为什么有时候不准? 52

2 月的故事

01 纸是用什么做成的? 54
02 为什么蛋清一加热会变成白色? 55
03 为什么一碰门把手就会过电? 56
04 地球有多大,真能测量出来吗? 57
05 鱼为什么会有鱼鳞? 58
06 从什么时候开始有导盲犬的? 59
07 为什么会起鸡皮疙瘩? 60
08 为什么铅笔字可以用橡皮擦掉? 61
09 为什么仙人掌全是刺? 62
10 为什么要洗澡? 63
11 乌龟为什么经常一动不动? 64
12 巧克力是谁发明的? 65
13 动物会在什么情况下生气? 66

目录

14 东西为什么会自上而下降落呢? …… 68
15 为什么活着的生物迟早会死? …… 69
16 母牛每天都产奶吗? …… 70
17 白天时星星和月亮在哪里呢? …… 71
18 为什么新干线的车头是尖尖的? …… 72
19 为什么把土豆放置不管就会长芽呢? …… 73
20 孩子为什么会像爸爸或像妈妈? …… 74
21 蚂蚁洞里面是什么样的? …… 76
22 为什么要测血型呢? …… 77
23 在宇宙中,水滴可以在天空中飘浮吗? …… 78
24 在树里真的有挖洞的虫子吗? …… 79
25 为什么会下雨和下雪? …… 80
26 珊瑚是活的吗? …… 81
27 为什么有的年份有2月29日,有的年份没有? …… 82

3 月的故事

01 为什么女生的乳房会发育呢? …… 84
02 猫为什么喜欢待在狭窄处或高处? …… 85
03 比目鱼为什么那么扁? …… 86
04 为什么罐装食物不易腐烂? …… 87
05 花草树木可仅凭水分活下去吗? …… 88
06 航迹云是飞机排出的烟雾吗? …… 89
07 磁铁是怎样做出来的? …… 90
08 北极和南极有多冷? …… 91
09 听说汗水和眼泪有很多种类? …… 92
10 第一架飞机是如何飞上天空的? …… 93
11 为什么装果汁的杯子外面是湿的? …… 94
12 海獭一直生活在水面上吗? …… 95
13 西瓜虫为什么会变成球形? …… 96
14 为什么剪指甲和剪头发时感觉不到痛? …… 97
15 人是从什么时候开始穿鞋子的? …… 98
16 乌鸦是成群行动的吗? …… 99
17 人行道上的黄色部分为什么凹凸不平? …… 100
18 地球是由什么构成的? …… 101
19 动物园里的大象一天要吃多少东西? …… 102
20 竹笋什么时候会变成竹子? …… 103
21 蒸汽机车是怎样发明的? …… 104
22 蜡烛为什么可以点燃? …… 105
23 菜粉蝶喜欢卷心菜吗? …… 106
24 海洋的深处有生物吗? …… 107
25 在很久以前也有昆虫吗? …… 108
26 为什么会刮风? …… 109
27 磕碰后皮肤为什么会变青? …… 110
28 猫头鹰为什么在黑暗的地方也能飞? …… 111
29 热气球为什么会飞起来? …… 112

让故事变得更有趣些吧
岩石是由什么构成的？⋯⋯⋯⋯**113**
水分在周游世界！⋯⋯⋯⋯⋯⋯**114**
让我们来了解一下食物中的营养素吧！ **116**
让我们来了解一下食物的消化流程吧！ **118**
让我们来了解一下"五感"吧！⋯⋯**120**

4 月的故事

01 为什么要吃间食？⋯⋯⋯⋯⋯⋯**122**
02 为什么能通过土电话听到声音？⋯**123**
03 蒲公英的绒毛都飞到哪里去了？⋯**124**
04 从前的人认为地球是不会动的吗？**125**
05 洞穴是怎样形成的？⋯⋯⋯⋯⋯**126**
06 刺鲀真的有1000根刺吗？⋯⋯⋯**127**
07 狗狗为什么要抬起一条腿小便？⋯**128**
08 婴儿为什么说哭就哭？⋯⋯⋯⋯**129**
09 为什么有些植物不用种子来培育？⋯**130**
10 面包为什么松软可口？⋯⋯⋯⋯**131**
11 长度"米"是怎么确定下来的？⋯**132**
12 人在宇宙中为什么要穿航天服？⋯**133**
13 真的有能够预知地震的生物吗？⋯**134**
14 为什么跑步时会岔气？⋯⋯⋯⋯**135**
15 直升机为什么能在空中悬停？⋯⋯**136**
16 为什么以前测视力时，要用字母"C"？⋯⋯⋯⋯⋯⋯⋯⋯**137**
17 地球上最早的生物是什么？⋯⋯⋯**138**
18 小鸭子是跟在妈妈后面走吗？⋯⋯**139**
19 鼻毛是有必要的吗？⋯⋯⋯⋯⋯**140**
20 蝴蝶为什么不直线飞行？⋯⋯⋯**141**
21 X光片能看到什么？⋯⋯⋯⋯⋯**142**
22 为什么音调可以调节高低呢？⋯⋯**143**
23 动画是如何制作出来的？⋯⋯⋯**144**
24 河流的源头在哪里？⋯⋯⋯⋯⋯**145**
25 蚂蚁是如何记路的？⋯⋯⋯⋯⋯**146**
26 变色龙身体的颜色为什么会变？⋯**148**
27 喝多少水就会排出多少尿吗？⋯⋯**149**
28 只要孵鸡蛋就能孵出小鸡吗？⋯⋯**150**
29 为什么水壶会保温？⋯⋯⋯⋯⋯**151**
30 为什么在菠萝咕噜肉里放菠萝？⋯**152**

目录

5 月的故事

01 化石一般埋藏在哪里？ ……… 154
02 铅笔是什么时候发明的？ ……… 155
03 为什么坐飞机时耳朵会不舒服？ ……… 156
04 过度砍伐森林会怎样？ ……… 157
05 什么是细菌？ ……… 158
06 钟表的指针为什么朝右转动？ ……… 159
07 香鱼为什么在河里会逆流而上？ ……… 160
08 为什么会发生日食？ ……… 161
09 狮子真的很强大吗？ ……… 162
10 蜘蛛和螃蟹为什么长有钳子？ ……… 163
11 隧道是怎样挖掘的？ ……… 164
12 为什么要接种疫苗？ ……… 165
13 为什么花朵会散发出香气？ ……… 166
14 雌性和雄性昆虫如何邂逅？ ……… 167
15 在日本被称作"行走的百科全书"的人是谁？ ……… 168
16 天上下的冰雹是怎么回事？ ……… 169
17 豆酱是怎么做出来的？ ……… 170
18 浣熊到底在洗什么？ ……… 171
19 为什么会有春夏秋冬四季？ ……… 172
20 樱桃是樱花树结的果实吗？ ……… 173
21 骨折后，骨头是怎样愈合的？ ……… 174
22 为什么蛇没有脚也能移动？ ……… 175
23 恐龙是从蛋里孵出来的吗？ ……… 176
24 "下蜃景"是什么？ ……… 177
25 肥皂泡泡是如何吹起来的？ ……… 178
26 挖掘机的轮胎为什么不是圆的？ ……… 179
27 为什么晚上必须睡觉呢？ ……… 180
28 吸尘器是如何将垃圾吸进去的？ ……… 181
29 蜗牛为什么有壳？ ……… 182

6 月的故事

01 为什么蝌蚪长得完全不像青蛙？ ……… 184
02 仓鼠为什么喜欢转滚轮？ ……… 185
03 有的人易得蛀牙，这是真的吗？ ……… 186
04 自己吹的气球为什么飞不起来？ ……… 187
05 那些打卷儿的树叶，是谁弄的？ ……… 188
06 为什么鸽子走路时头会不停摆动？ ……… 190
07 有只用电力驱动的汽车吗？ ……… 191
08 海里的鱼在河里无法生存吗？ ……… 192
09 为什么食物上会长霉菌？ ……… 193
10 月亮为什么会变成不同的形状？ ……… 194
11 为什么会有悬雍垂（小舌头）？ ……… 196
12 花儿是如何决定开花日期的？ ……… 197
13 真的没有叫"杂草"的植物吗？ ……… 198
14 为什么会发生地震？ ……… 200

15	燕子为什么在人的家里筑巢？	202
16	大猩猩真的性情温和吗？	203
17	为什么双胞胎长得那么像？	204
18	为什么水冷却后会变成冰？	205
19	印刷术是什么时候发明的？	206
20	植物的藤蔓为什么能盘旋生长？	207
21	熊真的喜欢蜂蜜吗？	208
22	为什么一到梅雨季节就总下雨？	210
23	为什么会打嗝？	211
24	大海和天空为什么是蓝色的？	212
25	怎样消除难闻的气味？	214
26	恐龙为什么会消失？	215
27	为什么会有各种各样的生物？	216
28	为什么打雷时会发出很大的声音，还伴有闪电？	218
29	虫子在下雨天时躲在哪里？	220

让故事变得更有趣些吧

太阳到底是什么样的？	221
"太阳系"到底是什么样的？	222
地球在转动！	224
让我们来了解一下生物的进化吧！	226

7 月的故事

01	白云和乌云哪里不同？	230
02	为什么牵牛花在清晨开花？	231
03	用眼睛能识别出有毒的生物吗？	232
04	为什么用放大镜看的东西更大？	233
05	太阳有不落山的时候吗？	234
06	海马是鱼吗？	235
07	银河到底是什么？	236
08	为什么大部分草和叶子是绿色的？	237
09	为什么被蚊子叮了会感觉痒？	238
10	为什么纳豆会黏糊糊的？	239
11	为什么螃蟹会横着走路？	240
12	沙漠是怎么形成的？	241
13	昆虫的本能是什么？	242
14	首位诺贝尔奖女性得主是谁？	243
15	为什么天气炎热时会没有食欲？	244

7

目录

16 为什么体育项目会不断刷新纪录? ……**245**
17 "强对流引发的短时强降雨"是什么? ……**246**
18 为什么海水是咸的? ……**247**
19 为什么果冻会那么柔软有弹性? ……**248**
20 狼很聪明吗? ……**249**
21 脚底为什么会凹进去? ……**250**
22 蚯蚓靠吃什么生存? ……**251**
23 猛犸是大象吗? ……**252**
24 最初拍摄的电影是什么样的? ……**253**
25 潜水艇为什么能上浮和下沉? ……**254**
26 为什么会流鼻血? ……**255**
27 为什么海龟在产卵时会哭? ……**256**
28 动物没有蛀牙吗? ……**257**
29 为什么烟花是五颜六色的? ……**258**

8 月的故事

01 为什么贝壳有各种形状? ……**260**
02 为什么山分喷火和不喷火两种? ……**261**
03 如何将弹珠放入波子汽水瓶中? ……**262**
04 为什么吃辣的东西会出汗? ……**263**
05 火箭和航天飞机有什么不同? ……**264**
06 石头为什么是硬的? ……**265**
07 为什么香蕉皮会变颜色? ……**266**
08 什么时候开始有算盘的? ……**267**
09 为什么山谷里能听到回音? ……**268**
10 树液是为什么而存在的? ……**269**
11 独角仙是大力士吗? ……**270**
12 蜣螂为什么要滚粪球? ……**271**
13 "机关人偶仪右卫门"是谁? ……**272**

14 为什么把干冰放进水里会冒烟? ……**273**
15 为什么山脉两侧的天气不一样? ……**274**
16 向日葵总是朝向太阳吗? ……**275**
17 为什么被太阳晒过后会变黑? ……**276**
18 土壤是由什么形成的? ……**277**
19 为什么海蜇会蜇人? ……**278**
20 为什么兔子的耳朵那么长? ……**279**
21 "巴甫洛夫的狗"是什么实验? ……**280**
22 蝙蝠不是鸟类吗? ……**281**
23 为什么大人的肩膀会酸痛? ……**282**
24 为什么虫子会聚集在亮的地方? ……**283**
25 "活化石"是怎么回事? ……**284**
26 真的有外星人吗? ……**285**
27 彩虹为什么有7种颜色? ……**286**
28 有个人真的成为鸟爸爸了? ……**287**
29 为什么棉花糖会那么蓬松柔软? ……**288**
30 为什么人一转圈就会晕头转向? ……**289**
31 肉食性动物只吃肉吗? ……**290**

9 月的故事

- 01 圆球为什么会弹起来? ………………… 292
- 02 为什么青椒的味道是苦的? …………… 293
- 03 猫的眼睛为什么在暗处会发光? ……… 294
- 04 为什么有的银杏树不能结果? ………… 295
- 05 车轮是从什么时候开始出现的? ……… 296
- 06 月球是如何形成的? …………………… 297
- 07 为什么洗澡时手指会皱巴巴的? ……… 298
- 08 画《蒙娜丽莎》的人是科学家? ……… 299
- 09 厕所冲走的东西最后去了哪里? ……… 300
- 10 含羞草为什么会闭合? ………………… 302
- 11 天空和宇宙的界限在哪里? …………… 303
- 12 橡子上为什么会有小孔? ……………… 304
- 13 触摸屏是如何感应的? ………………… 305
- 14 考拉宝宝吃父母的粪便? ……………… 306
- 15 人为什么会长白头发? ………………… 307
- 16 狐狸真的很狡猾吗? …………………… 308
- 17 月球可以居住吗? ……………………… 309
- 18 眼睛的错觉是如何引起的? …………… 310
- 19 什么时候开始有数字的? ……………… 311
- 20 有可以食用的花吗? …………………… 312
- 21 大米为什么是白色的? ………………… 313
- 22 人们是如何知道地球在动的? ………… 314
- 23 为什么蜻蜓的眼睛那么大? …………… 315
- 24 为什么吃红薯肚子会胀? ……………… 316
- 25 吊车为什么那么有力气? ……………… 317
- 26 熨斗为什么能烫平褶皱? ……………… 318
- 27 台风是从哪里来的? …………………… 319
- 28 为什么蝴蝶和独角仙会化蛹? ………… 320

让故事变得更有趣些吧
让我们来看看发明和重大发现的
历史吧! ……………………………………… 321
让我们来了解一下水、光和声音吧! …… 326

10 月的故事

- 01 为什么秋天时叶子会变红或变黄? …… 330
- 02 男孩青春期为什么会变声? …………… 331
- 03 宇宙有尽头吗? ………………………… 332
- 04 人被蜜蜂蜇了会死吗? ………………… 333
- 05 人类最早使用的工具是什么? ………… 334
- 06 为什么狗会摇尾巴? …………………… 335

目录

07 以前用巫术治病是真的吗？……336
08 为什么锁头既能锁上又能打开？……337
09 鸽子真的能传信吗？……338
10 为什么玩游戏眼睛会累？……339
11 山的高度是如何测量的？……340
12 为什么建筑物不会被雷电击中？……341
13 麻醉药是如何发明的？……342
14 松果是什么？……343
15 蟋蟀是怎么叫的？……344
16 云和雾有什么不同？……345
17 为什么有些梦很快就忘记了？……346
18 为什么食物冷冻后能长久储存？……347
19 鱼为什么喜欢成群游动？……348
20 究竟什么是"循环利用"？……349
21 爱迪生为什么有如此多的发明？……350
22 为什么会长黑斑呢？……351
23 手机是如何实现通话的？……352
24 椿象为什么会发出臭味？……353
25 救护车的警笛声为什么会变化？……354
26 地球和月球为什么是球形的？……355
27 滑子菇为什么是黏滑的？……356
28 身心真的相连吗？……357
29 F1赛车为什么能跑那么快？……358
30 人们是怎么知道恐龙的颜色的？……359
31 瓦斯是如何形成的？……360

11 月的故事

01 为什么能在镜子里看到东西？……362
02 醋为什么是酸的？……363
03 人为什么会尿床？……364
04 衣服上为什么会粘上种子或果实？……365
05 蜘蛛是如何结网的？……366
06 "日本细菌学之父"是怎样的人？……368
07 鸵鸟不会飞吗？……369
08 温泉的水为什么是热的？……370
09 鼹鼠为什么要挖地洞？……371
10 为什么酸奶对人体有益？……372
11 电池是谁发明的？……373
12 黑洞是什么？……374
13 为什么人在哭泣时会流鼻涕？……375
14 为什么过山车倒挂也不会掉落呢？……376
15 为什么日本和外国的时间不同呢？……377
16 在日本看不到极光吗？……378
17 为什么气候变冷叶子会掉落？……379
18 站在电线上的鸟儿不会触电吗？……380

19	感冒之后为什么会发热？	381
20	海星是动物吗？	382
21	有可以像袋鼠一样行走的老鼠吗？	383
22	为什么把IC卡靠近机器就能自动支付？	384
23	为什么土星有光环？	385
24	"20世纪最伟大的天才"是怎样的人？	386
25	孔雀为什么有缤纷艳丽的羽毛？	387
26	鲑鱼子是鱼卵吗？	388
27	动物为什么要冬眠？	389
28	人在手持重物时为何会喊出声？	390

12 月的故事

01	为什么眉毛和睫毛长不长？	392
02	流星划到哪里去了？	393
03	荞麦面是怎么做出来的？	394
04	世界上有会装死的虫子吗？	395
05	信号灯是由谁来操控的？	396
06	昆虫真的没有血吗？	397
07	是谁发明了钢琴？	398
08	人类以前真的是猴子吗？	399
09	橘子果实上的白丝是什么？	400
10	诺贝尔奖是如何诞生的？	401
11	人为什么会晕车？	402
12	真的有食虫植物吗？	403
13	空气会用尽吗？	404
14	第一个到达南极的人是谁？	405

15	为什么在日本只能在冬天看见鹤？	406
16	波浪是如何形成的？	407
17	为什么水生植物能够在水中生长？	408
18	什么是流行性感冒？	409
19	为什么瓶子有很多种颜色？	410
20	霜柱是如何形成的？	411
21	为什么有轨电车行驶时会"哐当哐当"地响？	412
22	为什么天冷时哈气是白色的？	413
23	萤火鱿为什么会发光？	414
24	驯鹿为什么会长角？	415

25	黄油和麦淇淋有什么不同？	416
26	松鼠靠吃什么为生？	417
27	为什么导航能知道汽车的位置？	418
28	什么是过敏反应？	419
29	星座是谁发现的？	420

分类索引 421

在开始阅读之前

每个故事的阅读时间约为3~5分钟*，阅读后还有巧妙的设计来增加趣味性。阅读本书可让您和孩子度过一段有意义的时光。

＊每个人的阅读速度都不一样，大致目标是每页用时3~4分钟，两页用时7~8分钟。

标注序号

既可按照标注的序号来阅读，也可随意从喜欢的内容开始阅读。

阅读日期

在这里可以记录阅读日期。这将会成为回忆和成长的痕迹。

分类

书中的内容包括了生活、植物、传记、食物、身体等18个类别，可以选择阅读自己喜欢或者感兴趣的类别。

- 身体
- 食物
- 植物、动物、鸟类、鱼类、虫类、水生动物、古生物
- 地球・宇宙、天气・气象
- 交通工具、工具・物品、生活
- 西顿动物记、法布尔昆虫记、传记、发明・发现

小知识・小测验

书中还有加深话题的小知识以及检验理解程度的小测验。读完故事后，此部分可以作为亲子互动时间。

插图

每个故事都有相关插图，可以一边参考插图一边加深理解。

拼音

为了配合孩子的成长，使每个孩子都能阅读，特加注了拼音。

让故事变得更有趣些吧！

本书里还设有生物的成长、交通工具及其他工具的历史、食品的营养元素等有趣的特辑。

我们来看看生物是如何成长的吧!

生物里有植物、动物和微生物等。每一种生物都具有自己独特的外形和生长方式，接下来我们就为大家介绍一下常见生物的成长过程吧！

植物的生长

两片子叶 ← 种子 → 果实成熟 → 结果 → 开花 → 真叶

靠种子来繁殖的植物 〔西红柿〕
种子发芽后长出两片子叶，然后长出真叶和茎。花开花落，结出果实。果实长大后由下往上逐渐变色。

照片提供：日本Tomato Candiwaki Co., Ltd.

种子是如何形成的？

植物为了结出种子，需要将花朵中雄蕊上的花粉传到雌蕊上，这叫作"授粉"。授粉有很多种形式，比如自花授粉、昆虫授粉等。

雌蕊　雄蕊

昆虫的成长

会化蛹的昆虫（完全变态）

蝴蝶 ▶P320

从虫卵孵出的幼虫与它的父母完全不一样，从幼虫成长为成虫时，需要化蛹转变成新的身体。

照片提供：青沼秀彦

长大的幼虫（青虫）　　成虫

虫卵　　刚孵化出的幼虫　　虫茧

不会化蛹的昆虫（不完全变态）

螳螂

从虫卵孵出的幼虫与父母很像，但是有的还没长出翅膀或者体型较小。通过不断蜕皮长成成虫。

蜕皮　　成虫

虫卵（里面有200~300个虫卵）　　刚孵化出的幼虫　　多次蜕皮的幼虫

14

动物的成长

哺乳动物
日本猴

哺乳类动物是指妈妈在肚子里孕育新生命，出生后的幼崽要靠吸吮妈妈的乳汁长大。

婴儿时期　幼年　发育成熟

鸟类
燕子 ▶P202

鸟类是由外壳坚硬的鸟蛋孵化出来的。父母需要通过保持蛋的温度来孵蛋，并哺育雏鸟。

蛋　雏鸟　成鸟

爬行动物
海龟 ▶P256

爬行动物是由带壳的蛋孵化出来的，身体的表面会有一层结实的鳞片。

照片提供：日本名古屋港水族馆

蛋　幼小时期　发育成熟

两栖动物
青蛙 ▶P184

两栖类动物是在水中由卵孵化而来的，刚开始在水中生活，成长到一定阶段时身体会变化，可以在陆地生活。

卵　幼体（蝌蚪）　发育成熟（青蛙）

照片提供：日本鱼津水族馆

鱼类
鲑鱼

鱼类是在水中由鱼卵孵化而来的。鱼一次可以产很多卵，能生存下来的却很有限。

照片提供：日本Chitose Aquarium

鱼卵　鱼苗　成鱼

真菌与微生物的生长

靠孢子来繁衍的生物
香菇

蘑菇靠我们用肉眼看不到的小细胞"孢子"来繁殖后代，从孢子里面长出的"菌丝"汇集在一起就会长成蘑菇。

照片提供：日本Oita Mushroom Research Institute

从土壤或树木中获取养分来生长

开伞后释放出孢子

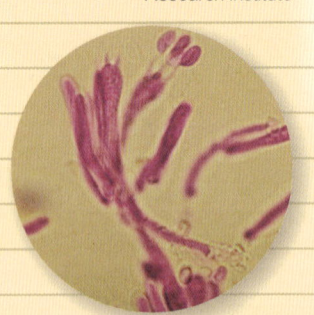

孢子在显微镜下的照片（香菇）

靠分裂来繁衍的生物
变形虫

变形虫这种微生物的身体构造其实很简单，它们是通过自我分裂来繁衍子孙后代的。

照片提供：日本宫城教育大学 Microbio-World

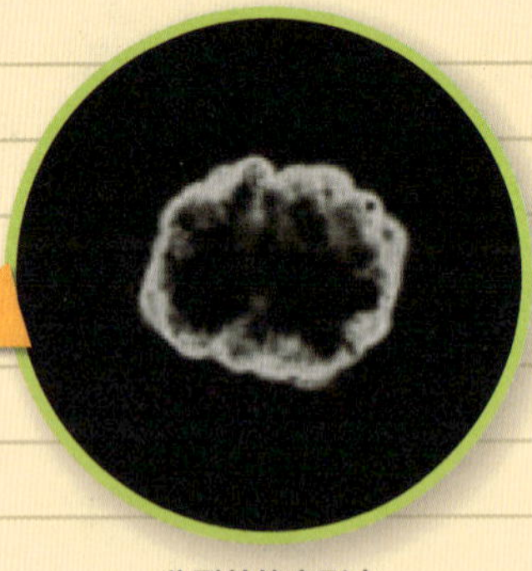

分裂前的变形虫

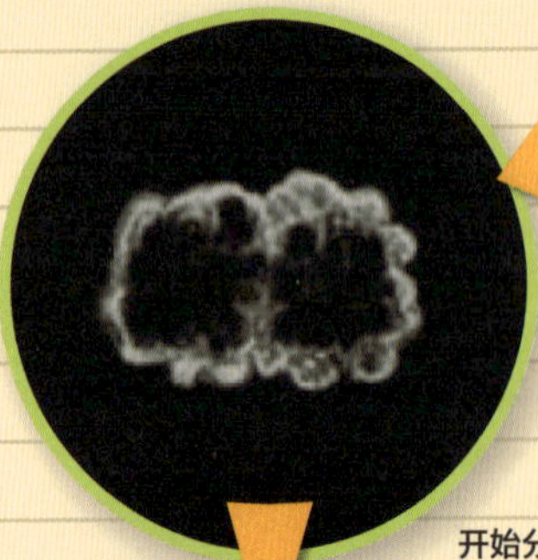

开始分裂成两个

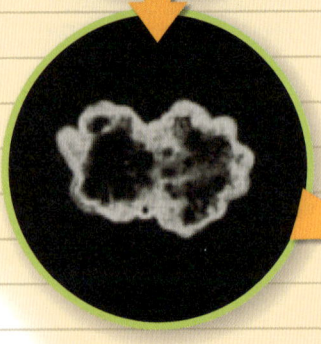

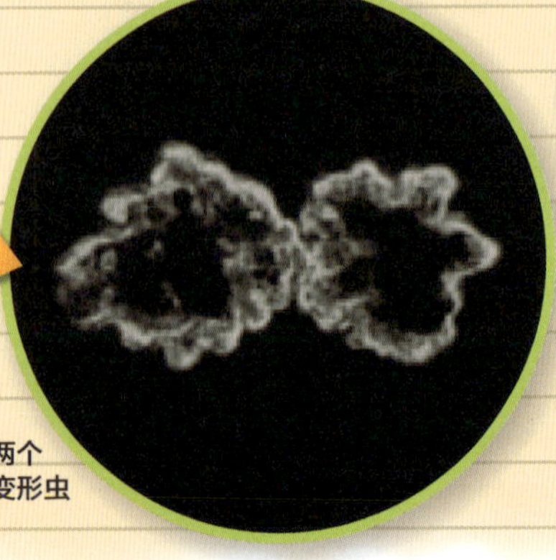

分裂成两个单独的变形虫

变形虫在显微镜下的照片

16

1月的故事

文／深田幸太郎

01 日本人过年时为什么吃什锦年饭?

什锦年饭是一种寓意吉祥、营养丰富且保存期长的传统和食。

读过的日子（　年　月　日）（　年　月　日）（　年　月　日）

生活

要说日本过年时吃什么，那就是什锦年饭了。什锦年饭是一种满满地摆放在方木套盒里面的营养丰富并能够长时间保存的饭菜。

自古以来，日本人为了祈祷丰收都会供奉神灵。其中，新年便是这一年来保佑自己的年神降临的日子，所以一直都备受重视。因此，什锦年饭可以说是迎接神灵的供品。

像3月3日、5月5日这样奇数重叠的日子被称为"节句"，就是日本的传统节日。一般情况下，在这种日子都要供奉一些特殊的饭菜，但不知从什么时候开始，就只剩下1月1日这个节日保留了这个传统并流传至今。

将饭菜装进携带方便的方木套盒中，然后叠放起来，寓意"好事连连"。一个方木套盒中装入的菜品数量必须得是吉利的数字，如3、5、7、9。而且为了能长时间存放，口味都偏重。

接下来，让我们来看看什锦年饭中包含的菜肴及原材料所代表的含义和营养成分吧。代表儿孙满堂的干青鱼子含有制造红细胞的维生素B12。寓意丰收的沙丁鱼干富含能增长肌肉和制造血液的蛋白质以及能让骨骼坚硬的钙质。象征金钱和财富的板栗薯泥富含膳食纤维和维生素C。红白相间的颜色代表吉利，醋拌红白萝卜丝是由黄绿色蔬菜胡萝卜和助消化的白萝卜做成的，对身体非常好。海虾寓意"能一直活到弯腰，长命百岁"，富含蛋白质。海带卷富含钙质，因为其发音与日语的"开心"接近，所以取其谐音之意，被视为吉祥之物。黑豆代表"为了勤恳工作"，富含蛋白质。能让人联想到日出的半圆形鱼糕，是用白肉鱼磨碎做成的，因为形状很像画卷，所以象征文化和学问。祈求学业有成的鱼肉鸡蛋卷也是用白肉鱼磨碎来做的，从这两种食物中都能摄取到蛋白质。

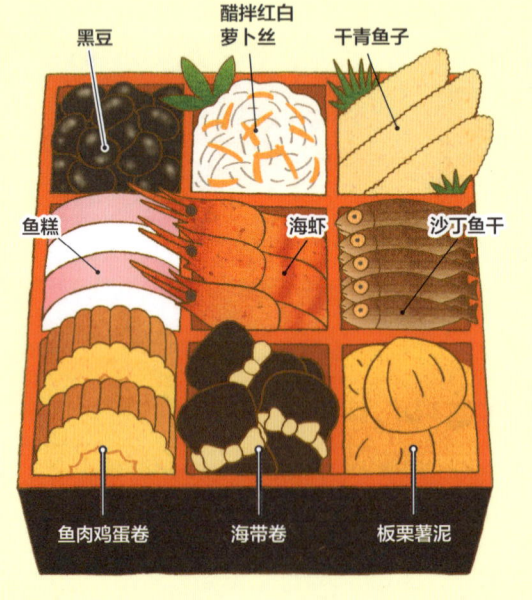

包含了各种美好愿望的什锦年饭需要家族团圆一起享用。

（图中标注：黑豆、醋拌红白萝卜丝、干青鱼子、鱼糕、海虾、沙丁鱼干、鱼肉鸡蛋卷、海带卷、板栗薯泥）

小知识 在日本，根据地区和家庭的不同，什锦年饭的饭菜种类和摆放方法也会不同。
小测验 在日本，什锦年饭是为了迎接谁而准备的饭菜？

答案在下页

18

章鱼墨汁和墨鱼的有什么不同？

02

一种是清淡型墨汁，一种是黏稠型墨汁。

读过的日子（　年　月　日）（　年　月　日）（　年　月　日）

大家都知道章鱼和墨鱼会喷出墨汁，那是它们在遇到危险时用来保护自己的一种行为。章鱼和墨鱼肚子里的墨汁看上去一样，但实际上是不一样的。

章鱼和墨鱼都是在身体中的"墨囊"里制造并储存墨汁的，当遇到危险情况时，它们就会从短漏斗状的体管里喷出墨汁。

很多人认为这个"漏斗"是它们的嘴，其实并不是这样。通过这个漏斗，它们不仅能喷出墨汁，还能向体外排出体内的废弃物和"生出"它们的宝宝。有时候我们还会看到飞在空中的墨鱼，那是因为它可以通过漏斗将吸入体内的海水强烈地喷出来，所以就能飞起来了。

章鱼的墨汁像水一样清淡，如果在大海里喷出墨汁，就会像烟雾一样散开。这样就可以遮挡敌人的视线，趁机逃跑。据说章鱼的墨汁还能麻醉敌人。

而墨鱼的墨汁因为很黏稠，所以即使在海水中吐出墨汁也不会像章鱼的墨汁那样分散开来。一坨很黏稠的墨汁就那样保持喷出来时的状态漂浮在水里，会给敌人造成一种墨鱼突然增加了很多同伴的错觉，这样墨鱼就可以蒙混过关了。另外，还有一种居住在没有光线的深海里的墨鱼，它们喷出来的墨汁不是黑色的，而是会发光的液体，这样就可以吓唬敌人了。

此外，你知道墨鱼的墨汁经常在做意大利面、拉面、盐腌墨鱼时被用作调料吗？那么，可能有人会想"章鱼的墨汁能不能也用作调料？"遗憾的是，章鱼的墨汁不够黏稠，作为调料没有黏合的功效，味道也不是很好。而且章鱼的墨囊藏在内脏的最深处，取出来也非常麻烦。

水生动物

漏斗

漏斗

第18页的答案
年神（神灵）

小知识 章鱼和墨鱼的嘴长在触手的中间，叫作"鸟喙"。
小测验 墨鱼的墨汁很黏稠，那章鱼的墨汁是什么样的呢？

答案在下页

19

03 为什么用肥皂就会洗得很干净？

肥皂中的某种成分可以清除用水洗不掉的污渍。

读过的日子（　　年　　月　　日）（　　年　　月　　日）（　　年　　月　　日）

工具·物品

葡萄牙人将肥皂传入了日本。

肥皂的主要成分是油脂与氢氧化钠。油脂主要是指橄榄、椰子里含有的植物油脂和牛奶等含有的动物油脂，然后再添加一些香料、颜料等成分，使之融合就成了肥皂。

洗衣服时，我们用的洗衣粉也是肥皂的"好朋友"。衣服的污渍主要是汗渍和污渍，以及身体毛孔里分泌出的油渍。人类的皮肤是由一层薄薄的油膜包裹着的，如果手和身体脏了，污渍的成分就会和这一层油膜混在一起，如果不用肥皂或者洗衣粉而只用水清洗的话，则很难去除这种污渍。

但是，为什么使用肥皂和洗衣粉就能去除污渍呢？

一般来说，油脂和水不相溶，可是肥皂却能将它俩混到一起去。确切地说，应该是肥皂既具有能与油脂混合的成分，也具有能与水融合的成分。首先能与油脂混合的成分将污渍包裹住，然后能与水融合的成分会携带着水分将污渍分解，并和水一起流出去。这就是肥皂去污的过程。

肥皂在距今5000年前就已经被发明出来了。据说是在烤羊肉时，羊肉上滴下来的羊油和篝火中的树枝燃烧过后的灰烬混在了一起，后来人们用这种木头灰来洗锅，发现竟然能起泡泡，而且洗得很干净。

到了12世纪，在法国、意大利等国家，市面上出现了一些将橄榄油和海藻灰混在一起制成的肥皂。在日本的室町时代，由

第19页的答案　是清淡型的

小知识 肥皂还具有去除手上污渍中细菌的作用。
小测验 水是通过肥皂和什么成分结合在一起，才能去掉污渍的？

答案在下页

20

树木能长生不老，是真的吗？

04

据说有的树木能活3000年。

读过的日子（　　年　　月　　日）（　　年　　月　　日）（　　年　　月　　日）

植物和人类一样，都是有生命的，自然就存在寿命一说。一年生的草和花，它们的生命就只有一年，可树木却可以连续生长多年。树木可以活十几年到几百年，据说有些树木会像日本鹿儿岛县屋久岛上的杉树一样已经活了3000年。

树木从种子开始，发芽、生根，逐渐长大。虽然在生长过程中的某些时期会长得缓慢一些，但是有些树干和树枝会不断变粗。也就是说，树干越粗的树年龄越大。我们来看一下树干的横切面吧。首先，最外侧的是"树皮"，我们平时能看到的基本都是树皮。树皮的里面是"形成层"，形成层以内的部分叫作"木质部"。

在树木生长的过程中，形成层起到了非常关键的作用。细胞在形成层分裂，生成新的细胞，这样树干和树枝才能不断生长变粗。仔细观察木质部，就会发现有很多圈套在一起，这叫作"年轮"。年轮是由形成层产生的木质部细胞日积月累形成的，越贴近外侧的年轮，形成的时间就越近。因为一年会增加一圈年轮，所以只要数一下年轮的数量便能知道树木的年龄。

年轮根据每年的情况，间距时宽时窄。宽度代表了那一年树木变粗的程度，越宽代表那一年树木生长得越好。

可是，无论树木多么长寿，如果遭受虫害或者暴风雨的伤害，也会缩短寿命。为了防止这种情况发生，树木会长出厚厚的树皮来保护自己。

植物

生长状况良好的年份的年轮
生长状况不好的年份的年轮
木质部
形成层
树皮

第20页的答案：油脂

小知识 树干表面的裂隙是树木生长的痕迹，年龄越大的树木裂隙越多。
小测验 通过树木内部的年轮可以知道什么？　A 性别　B 年龄　C 喜欢的食物

答案在下页

21

05 地球几岁了？

太阳出现以后，地球和水星、火星等一起诞生。

读过的日子（　　年　　月　　日）（　　年　　月　　日）（　　年　　月　　日）

地球·宇宙

距今约138亿年前，宇宙是在一场"大爆炸"时诞生的。可是这也只不过是通过大量的研究和观测而推测出来的一个结论而已。因为没有人实际见证这件事，所以地球自诞生以后，究竟是如何演变成今天这种形状的，大家并不知道。因此，科学家长年累月地进行了很多研究。

微行星

尘埃

微行星汇集形成原始的地球

第21页的答案　B 年龄

当宇宙诞生接近100亿年时，在宇宙中飘浮的尘埃和气体等物质结合在一起，像圆盘一样开始旋转。圆盘中心的温度和压力逐渐升高，最终开始发光，这就是太阳。太阳是距今46亿年前形成的"恒星"。恒星指的是能自己发光发热、位置几乎不变的星星。

太阳强而有力的太阳风将聚集在一起的尘埃颗粒吹向了远方，因为空气比尘埃要轻，所以被吹得更远。尘埃和空气在圆盘里一边旋转，一边撞击，最终黏合在一起，形成了很小的"微行星"。微行星继续不断地相互撞击，黏合在一起，逐渐变大，最终形成了8个星球。

我们将以太阳为中心的圆盘称之为"太阳系"，诞生的8个星球被称为"行星"。这些行星在太阳周围，各自按照自己的周期不断旋转。它们从距离太阳最近的位置开始，分别是水星、金星、地球、火星、木星、土星、天王星、海王星。

从水星到火星包括地球，基本都是由尘埃颗粒汇集而成的星球，所以都有坚硬的地表。木星和土星是由空气汇聚而成的星球，所以没有地表。天王星和海王星主要是由水冰物质组成的行星。

地球就这样在距今45~46亿年前与其他的行星一起诞生了，所以地球如今已经45亿岁了。

刚形成的地球和微行星撞击时产生的

微行星从天外飞来，岩浆翻滚

表面逐渐冷却降雨后，地表开始变得坚硬

45亿多岁

形成海洋与陆地，生命诞生

能量，使岩石的主要成分变得黏糊糊的，地球在那时是个热浪滚滚的星球。天空中不断有微行星飞来，和地球撞击，然后成为地球的一部分，所以地球在不断地变大。微行星中含有二氧化碳、氮气和水蒸气，因此地球表层形成了一层厚厚的大气。

铁元素等重金属不断渗入到滚滚燃烧的地表，最后成为地球的核心部分"地心"。相反，原本在地底的轻金属及岩石则浮到上面，形成一层将地心包裹起来的"地幔"（P101）。数百万年以后，天外飞来撞击的微行星减少了，地球逐渐开始降温。大气中的水蒸气冷却后变成雨滴降落到地面，汇集在一起后就形成了大海。于是地球又进一步冷却下来，地表开始变得坚硬，形成了"地壳"。但因为地球的内部还是热的，所以地幔部分的岩浆会涌上来。涌上来的岩浆被海水冷却，在地表形成岩石，最终形成了大陆。大陆形成以后，陆地上所含有的钠、钙等成分流入海中，所以海水里的成分也发生了变化。因为大气中的二氧化碳溶解在海水中，所以大气的主要成分变成了氮气。约在38亿年前，第一条生命在海水中诞生。那是一个极小的、身体构造非常简单的微生物（P138）。进而，又诞生了能够制造氧气的生物，所以大气中开始有了氧气。人类的祖先是在那很久很久以后（P399）才开始出现的，因此从漫长的地球演变的历史来看，人类的诞生也可以说是最近才发生的事呢。

小知识 据说月球是由撞击地球的微行星碎片汇集在一起形成的（P297）。
小测验 以太阳为中心包含八大行星的系统叫作什么？　　A 太阳系　B 银河系

06 灰尘是从哪里来的？

我们身边到处都是灰尘的源头。

读过的日子（　　年　　月　　日）（　　年　　月　　日）（　　年　　月　　日）

生活

如果有一段时间没有打扫房间，我们就会发现房间的角落或者柜子上面就会蒙上一层薄薄的白色的东西。这是因为在不知不觉中堆积了灰尘。可我们即使每天都打扫，也还是有灰尘。灰尘到底是从什么地方来的呢？又是什么构成了灰尘呢？

灰尘的真面目其实就在我们的身边，那就是一切东西的碎片。以头发、污垢、头皮屑为首，尘土、线头、纸屑、食物残渣、霉菌的孢子、螨虫的尸体和粪便，这些都是灰尘的根源。灰尘的根源不仅仅只在家里有，飘浮在空气中的沙尘、花粉、尾气等，也会通过开着的窗户或粘在衣服上进入家中，成为灰尘。

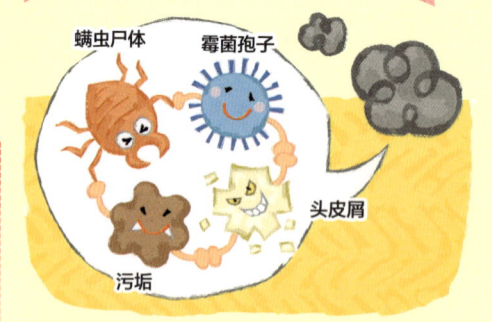

灰尘之所以会落在房间的角落和柜子上面，那是有原因的。人只要在房间里走动，空气就会随之流动，于是地面上的灰尘就会飞起来，然后落在空气流动少的地方。落在柜子上的灰尘是能够飞起很高的非常细小的灰尘。

另外，0.001毫米大小的细小棉絮，从1米的高度落下来的话，需要9个多小时。飘落的灰尘量会根据人数和季节而发生变化。

令人遗憾的是，只要我们生活在这里，房间里的灰尘就不能全部去除干净。可是不能因此就放任不管，否则有可能会引起过敏症状，因此打扫房间还是有必要的。在打扫房间时，不让灰尘飞扬起来是件很重要的工作。

灰尘有一个特性，那就是离水分很近的话，就很容易被水吸引过去。因此在打扫卫生时，将喝剩下的茶叶渣先撒到地上，然后再用笤帚扫地的话，灰尘就很容易被扫在一起。当然也可以用湿抹布来擦除灰尘。

沙尘
花粉
尾气

螨虫尸体
霉菌孢子
头皮屑
污垢

第23页的答案　A　太阳系

小知识 螨虫的尸体和粪便会引起哮喘（P419）等。
小测验 灰尘容易落在房间的角落里，是因为那里什么的流动比较少？

答案在下页

猫的舌头为什么很粗糙？

对味道很挑剔的猫咪，它的舌头里藏了什么秘密呢？

读过的日子（ 年 月 日）（ 年 月 日）（ 年 月 日）

07

动物

你见过猫的舌头吗？猫的舌头上布满了密密麻麻的小刺刺，用手摸的话会发现猫的舌头很粗糙。

之所以很粗糙，那是因为猫的舌头上长了200~300根小突起。狮子和老虎等猫科动物都是这样的舌头。它们在用餐时，需要将肉从骨头上剔下来，这时它们的舌头就起了很大的作用。另外，舌头上的小突起还具有刷子的作用。猫咪用舌头舔自己的身体，这是因为它们在清理粘在毛上的脏东西。喝水时，也多亏了这些小突起，使它们很容易就能喝到水。

不过有人说猫咪对水的味道非常敏感，比如它们能辨别出自来水里氯气挥发的程度，它们只喝干净的水等。看来它们对水的要求还是很严格的。

可是据最新研究发现，对味道如此挑剔的猫咪，它们的舌头好像很少会感觉到甜味。甜味主要是来自植物性的食物，于是属于肉食动物的猫咪在进化的过程中，能够感受到甜味的器官就发生了退化。取而代之的是，猫咪对苦味和酸味特别敏感，所以它们能辨别出自己最喜欢吃的肉类食物是不是变馊了。

我们通过观察各种动物就会发现，它们的舌头与自己的身体和饮食习惯是互相配合发挥作用的。比如：狗通过伸舌头来调节自己的体温；变色龙通过黏黏的舌尖和伸缩自如的舌头来捕获远处的猎物；蛇通过伸舌头能了解周围的味道和温度差。

舌头上的突起　　像勺子一样方便喝水　　像刷子一样将毛舔整齐

第24页的答案：空气

小知识 人类以外的动物因为不会使用火来加热食物，所以它们对热的食物不感兴趣。
小测验 猫咪的舌头上是不是长满了小突起呢？　A 是　B 不是

答案在下页

25

08 蒸汽机是什么？

蒸汽机对工业发展作出了巨大贡献。

读过的日子（　年　月　日）（　年　月　日）（　年　月　日）

传记

詹姆斯·瓦特（1736-1819年）

大家知道蒸汽机车吗？从烟囱里冒出滚滚浓烟、飞驰在铁轨上的蒸汽机车，现在也许不常见了。但是偶尔也会在一些铁路公开活动上见到它的身影，或许还有人坐过它。

能推动蒸汽机车的正是"蒸汽"的力量，水沸腾以后会形成我们肉眼看不见的水蒸气（小水滴），水变成水蒸气以后就会不断膨胀，通过这种力量推动机械的装置就是"蒸汽机"。这种"利用蒸汽产生动力"的想法，从很早以前就为人所知，并且还有类似的发明。可是将蒸汽机改良让它更具有实用性，并且极大地推动了工业发展的是工程师詹姆斯·瓦特。

瓦特于1736年出生于苏格兰的一个港口城市。他的手很巧，小时候很喜欢做模型。据说在瓦特5岁时，他看到坐在火上烧开水的壶盖"咔嗒咔嗒"地动，于是对蒸汽的作用产生了兴趣。

瓦特的父亲是船上的木匠。刚开始他帮助父亲做工，后来父亲在资金上陷入了困境，于是瓦特只好出去寻找别的工作。18岁时，瓦特立志要成为"科学器械的专业人才"，便去了伦敦，并在一个制造器械的专业人士门下当学徒。瓦特学习很刻苦，仅用一年的时间就掌握了平常人要学习三四年的技术。后来他返回苏格兰，准备在一个叫作格拉斯哥的城市开一家店。但是因为瓦特没有加入当地专业工匠的工会，所以店没开成。瓦特认识格拉斯哥大学的一个教授，多亏这个教授，让瓦特在格拉斯哥大学找到了一份维修科学器械的工作。从此瓦特便在格拉斯哥大学自由出入，并结识了很多优秀的人。比瓦特小3岁，后来成为大学教授的约翰·鲁宾孙就是其中一个。有一天，鲁宾孙对瓦特说："你说能不能造出用蒸汽做动力的车呢？""蒸汽啊，这个我不太清楚，我试试看。"于是瓦特就开始研究蒸汽。

蒸汽机的构造原理是：汽缸中的水受热后会蒸发变成水蒸气，水蒸气膨胀时产生的动力会推动活塞上升。相反，如果冷

第25页的答案 A 是

26

瓦特蒸汽机的结构

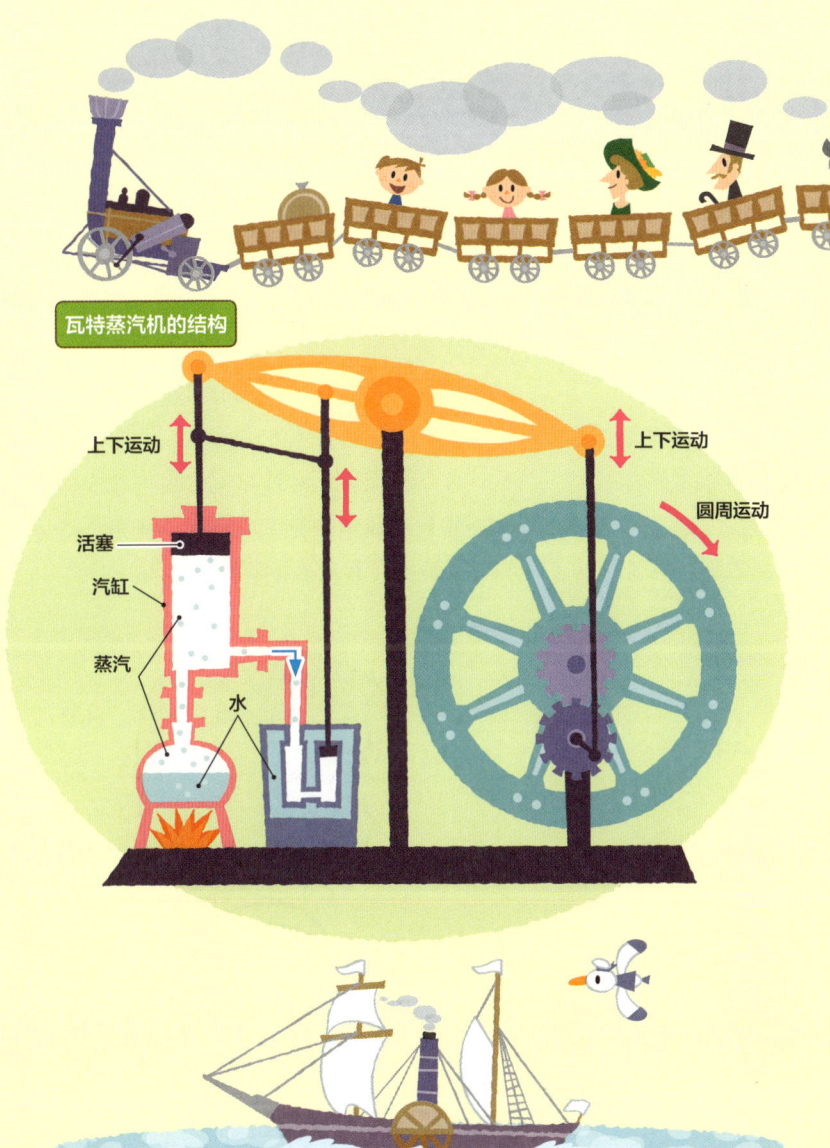

上下运动
活塞
汽缸
蒸汽
水
上下运动
圆周运动

回水的状态。可是这种方法会使汽缸本身的温度也降低，汽缸再次加热时，需要耗费大量的热量和时间。

于是瓦特就在汽缸外面装了一个冷却蒸汽的装置，如此一来，设备的工作效率就大幅提高了，也节省了大量的加热燃料。

后来，瓦特与为他出资的资本家马修·博尔顿一起创办了"博尔顿－瓦特商会"。通过改变活塞原本的上下直线往复运动，使之变成圆周运动，这样就能使机器转动，也能推动车轮转动，于是蒸汽机在很多工厂被投入使用。

却水蒸气，当水蒸气液化成水时，它收缩的力量又会使活塞下降。通过这种升降运动可以抬运货物。

之前有一个叫牛考门的人，他做出来的蒸汽机在工作时，是直接往汽缸中加水，通过这种方法来冷却水蒸气，使水蒸气变

在这些发明的基础上，1804年，蒸汽机车首次上路，3年以后，在美国出现了具有实用性的蒸汽机船。

小知识　水变成水蒸气以后，体积将会膨胀到原先的1800倍。
小测验　将水变成水蒸气的力量作为动力的机器叫作什么？

答案在下页

27

09 为什么一跪坐脚就会发麻？

如何才能避免脚发麻呢？

读过的日子（　年　月　日）（　年　月　日）（　年　月　日）

身体

在日本，去亲戚家串门或者去寺庙、神社时，大家也许都会跪坐。但是长时间跪坐的话，一旦站起来脚就会发麻，走路也会摇摇晃晃。这是一件多么令人尴尬的事啊。

脚发麻是因为跪坐时身体的重量全部都落在脚的知觉神经上，因而不能将正确的感觉传达给大脑。

而且，从膝盖到脚尖的血管因受到压迫而变窄，血液流通不畅，氧气就不能传送到脚尖，肌肉和神经的反应也会变得迟缓。特别是脚背的肌肉较少，跪坐时皮肤下面的知觉神经和血管会立刻受到压迫，所以脚会发麻。

在我们的身体上，能引起麻木现象的不仅仅是脚部。如果将胳膊当作枕头枕着睡觉的话，醒来时有时也会感到发麻。严重时，打手心或者掐一下手都没什么感觉。

发麻这种情况，只要稍微放置一段时间，就会自行消退。如果想让脚部快点消除麻木的状态，可以用手来摩擦膝盖到脚脖之间的部位，或者拉伸并活动大脚趾，这样可以缓解症状。如果胳膊发麻，也可以用同样的方法来消除症状。

如果需要长时间跪坐，想要防止脚部发麻该怎么办呢？可以将两只脚的大脚趾上下重叠着放，偶尔活动一下腰部，并注意更换两只脚大脚趾的上下位置。这样就可以减轻脚背的负担，从而减少脚部发麻的情况。

另外，跪坐需要练习，习惯了跪坐的人，膝盖周边和脚背上的血管会变粗，这样即使跪坐时血液也能正常流通。

身体的重量
知觉神经
血管

第27页的答案：蒸汽机

小知识 知觉神经是一种能将身体感受到的刺激传递给大脑的神经。

小测验 脚之所以会发麻，是因为知觉神经和什么受到了身体重量的压迫？

答案在下页

28

iPS 细胞是什么？

如果身体失去的部分能再次生长出来的话……

读过的日子（　　年　　月　　日）（　　年　　月　　日）（　　年　　月　　日）

10

发明·发现

我们人类如果因患重病或者受伤失去身体的一部分的话，几乎是不能恢复到原状的。为了弥补这样的不足，可以在身体里植入医疗器械或者移植他人的器官，当然由于植入的东西与患者身体不能完全匹配，因此有时也并不能很好地发挥作用。

可是，如果自己的细胞能够将曾经失去的部分再次复制生长出来的话，那会怎样呢？如果能实现的话，就不会存在与自己身体不匹配的现象了，这将会极大地推进疾病的治疗。

将这种具有神奇功能的细胞制造出来的，正是日本京都大学的山中伸弥教授团队。这种细胞的名字叫作"iPS细胞"（诱导性多功能干细胞）。

作为生命源头的受精卵，起初就是一个细胞。后来分裂成多个细胞，并成长为内脏、肌肉等身体的各个部分。诱导性多功能干细胞虽然不像受精卵那样，但是它可以将身体几乎所有部位都复制出来。可是，当多功能干细胞生成内脏器官或者肌肉之后，就不能再转化为其他的东西了。

人们从很久以前就知道，从受精卵中提取分裂中的细胞，进行人工培育，就能得到诱导性多功能干细胞。可是在这个过程中需要受精卵，所以这种做法引起了争议。因为受精卵能够成长发育成胎儿，是否能够将它用来制造人工细胞，可能还有待思考。

于是山中教授就想，"能不能不使用受精卵，让细胞自行恢复到它原始的状态呢？一定会有具备这种功能的遗传基因的。"于是他就开始查找这种遗传基因，他在具有超过2万个遗传基因的小白鼠身上，找到了4个符合要求的基因。于是他将这4个遗传基因植入细胞中，就制造出了新的诱导性多功能干细胞"iPS细胞"，后来人类培养分化iPS细胞的实验也获得了成功。

山中教授说："我的目标是将iPS细胞奉献给患者"。我们期望能早日用于临床治疗。

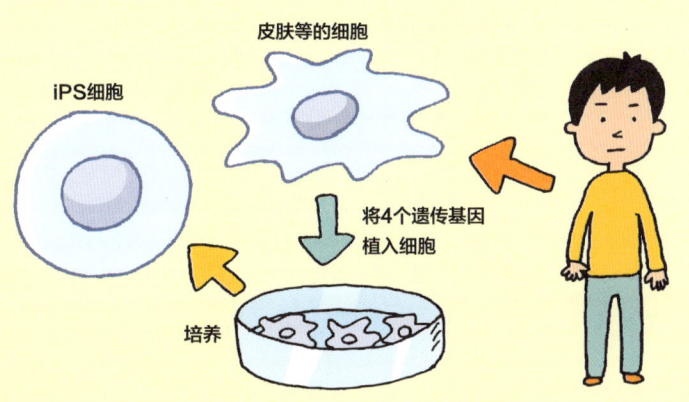

iPS细胞　　皮肤等的细胞

将4个遗传基因植入细胞

培养

第28页的答案：血管

小知识 山中教授因为这一研究发现，在2012年获得了诺贝尔生理学或医学奖。
小测验 几乎能够复制身体所有部位的细胞叫作什么细胞？

答案在下页

29

11 为什么动物会有雌性和雄性？

为了繁衍后代。

读过的日子（　年　月　日）（　年　月　日）（　年　月　日）

动物

生物从很久很久以前能够繁衍生息到今天，都是因为父母生出孩子，孩子又生出自己的孩子，所以才能生生不息。这种"繁衍后代"的行为是所有生物都具备的本能。

几乎所有的生物都分雌性和雄性，繁衍后代时需要雄性的"精子"和雌性的"卵子"。精子和卵子里面的"遗传基因"携带了它主人的体格和生理特征等因素。于是，精子和卵子结合以后，父母的遗传基因都会各传递一半给自己的孩子。

通过遗传从父母那里各自得到一半遗传基因是件好事，因为遗传基因通过相互组合，会生出各种不同的孩子。这样的话，如果环境发生变化，或者疾病流行时，能够战胜困境的孩子就会生存下去。

如此循环，与父母略有不同，但是又具备新的特征的孩子才会存活下去。

当然，在生物中也有特殊的例子。有一种叫作草履虫的单细胞生物，它就没有雌雄之分。尽管如此，它还是拥有16组遗传基因，即使只有这16组遗传基因它也能生出具有新特征的后代。

孩子从父母那里遗传了哪些外貌特征呢？

此外，蜗牛和蚯蚓属于雌雄同体，既有精子又有卵子。这样的话，无论遇到什么样的同类，都可以繁衍后代。

有一种鱼叫作克氏双锯鱼（俗称双带小丑，是小丑鱼的一种），在鱼群中只有最大的那条鱼是雌鱼。令人匪夷所思的是，当雌鱼死后，最大的那条雄鱼竟然能变成雌性。

这就是众多生物为了适应环境、繁衍后代而产生的进化结果。

第29页的答案：诱导性多功能干细胞

小知识 草履虫可以通过自我分裂，生出与自己具有相同遗传基因的后代。
小测验 携带了主人的体格和生理特征等因素的东西叫作什么？

答案在下页

为什么会有涨潮和退潮？

引起海水变化的秘密是月亮和太阳……

读过的日子（　年　月　日）（　年　月　日）（　年　月　日）

12

挂在夜空中的月亮为什么掉不下来呢？那是因为月亮和地球在相互吸引的同时，月亮还围绕着地球在转圈。就像田径比赛中掷链球的项目，当以某种速度牵引链球的同时进行旋转，链条会啪的一下抻得特别直，这样人和链球既不会黏在一起也不会分开。这种相互牵引的力量被称为"引力"。

因为引力是我们肉眼所看不到的，所以平时大家都没怎么注意过它。但如果我们去海上，就会感受到月亮的引力。你听过"涨潮"和"退潮"吗？涨潮时海水会增加，退潮时海水就会减少。可是，地球上海水的总量并没有减少。当围绕地球旋转的月亮接近地球时，离月亮近的海水，受到月亮引力的吸引，海面会升高，海水的量看起来就好像增加了。此时海边有一些原本是暴露在地表的地方，就会被海水淹没，这就是涨潮。

与此同时，地球两侧的海水由于受到牵引，海水会减少并降低高度。平时是海底的部分就会裸露出来，这种情况叫作退潮。

一般来说，海水一天会有两次涨潮和退潮。由于海水的涨落，海平面的高度会发生变化，在日本九州地区的有明海，海水涨落的高低差会达到6米以上。

地球不仅受月球的引力吸引，还受太阳引力的吸引。当太阳和月亮排列成一条直线（P194），出现满月和新月时，引力最强，海平面会上升得更高，这叫作"大潮"。

当地球在中间，太阳和月亮呈直角状态时，它们之间的引力会相互抵消，这时海面高度上升有限，被称为"小潮"。

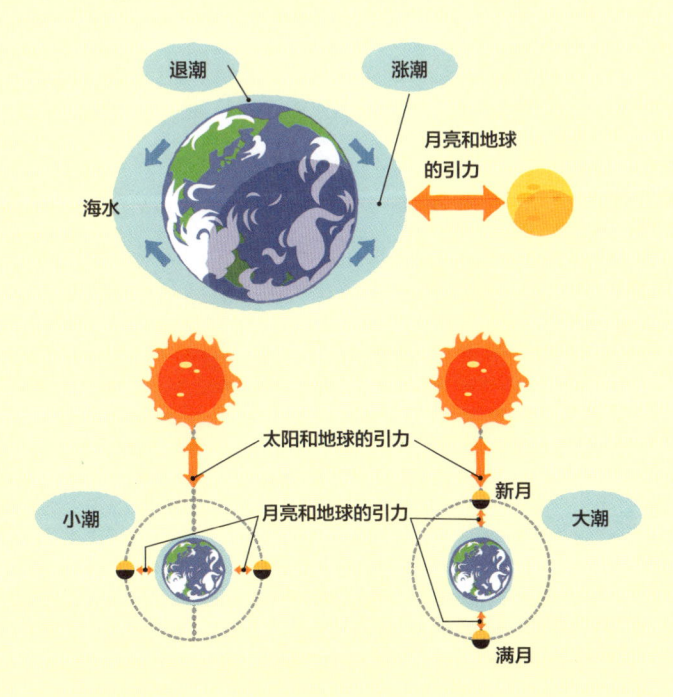

地球·宇宙

第30页的答案：遗传基因

小知识 离月亮较远的那一侧的海面，由于引力不强，剩下的海水也会形成涨潮现象。
小测验 潮起潮落是受到月亮和太阳的什么影响而产生的现象？　A 重力　B 引力　C 超能力

答案在下页

31

13 结草虫怕冷吗？

它的"蓑衣"是怎么做出来的？

读过的日子（　年　月　日）（　年　月　日）（　年　月　日）

法布尔昆虫记

来自故事《结草虫》

（据法布尔的《昆虫记》记载，法布尔对结草虫很感兴趣，于是就开始观察。下面是有关结草虫"蓑衣"的故事。）

初春，在破旧的石头墙或是尘土飞扬的土马路上，你会看到不可思议的一幕。许多小树枝聚成一小堆，蹦蹦跳跳地在移动。这些小树枝里面藏的都是身上有黑白斑点的青虫。因为青虫没有衣服穿，所以它们就将这些小树枝做成"蓑衣"的形状穿在身上，这也是它们可以移动的家。

结草虫的"蓑衣"做得很讲究，长度约4厘米，用的是一些柔软的、轻的碎片和杉树的小树枝。如果没有合适的材料，它们会就地取材用一些小树枝或者树叶的碎片，长度不一，直接将它们黏合在一起。

剥开这些小树枝，会看到蓑囊。这个蓑囊是结草虫吐丝结成的，非常结实，用力掰也掰不开。蓑囊的内侧很光滑，而且是漂亮的白色。外侧粘着一些木屑碎叶，

很粗糙。根据结草虫种类的不同，蓑囊的做法也不一样。那么，结草虫是如何做出这一身丝质的外衣的呢？我（法布尔）在4月份时，捉了一些不同种类的结草虫回来饲养。这个时期，结草虫还是虫蛹，不用担心它们吃什么。但在6月接近尾声时，虫蛹就变成了雄性蛾。结草虫的成虫是一种灰白色的小蛾，叫作蓑蛾。蓑蛾的雌性成虫则一直待在蓑囊里完成与雄性成虫的交配并产下虫卵。

在7月份的上半个月，虫卵会孵化出结草虫幼虫。它们并不着急寻找食物，而是先给自己做蓑囊。它们从妈妈曾经穿过的旧蓑囊里收集材料，再吐丝交织。旧蓑囊像一串一串的花朵，为了不让这些蓑囊绊到脚，结草虫将它们缠在自己身上，然后将两头系上做成腰带，再吐上一些丝就做成了漂亮的新蓑囊。可是如果幼虫掉到地面上，没有妈妈的旧蓑囊，那怎么办呢？

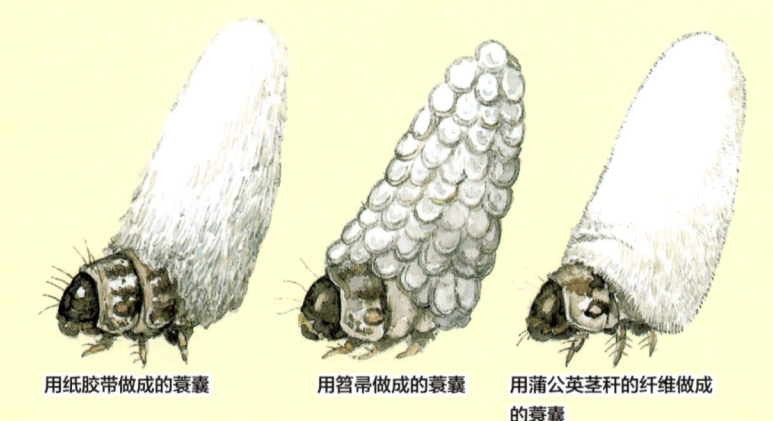

第31页的答案　B 引力

用纸胶带做成的蓑囊　　用笤帚做成的蓑囊　　用蒲公英茎秆的纤维做成的蓑囊

我就尝试着给刚生下的幼虫一些蒲公英的花茎，于是幼虫就用花茎做了一身漂亮的蓑囊。后来我又尝试着给幼虫一些从笤帚上折下来的小枝，它们同样也做出了漂亮的蓑囊。包括后来尝试的纸胶带、软木塞，它们都能巧妙地利用这些原料做成蓑囊。其实，只要是轻巧的、容易裁剪的东西，它们都能作为原料。而且，随着它们的成长，它们还会在蓑囊口增添新的材料，使自己的衣服能满足自己逐渐变大的身体。

夏天一过，就开始下秋雨。它们要趁着这个时期，造一栋结实的房子。它们将长短不一的碎稻草和干枯的碎树叶之类的材料不断地往自己的蓑囊上粘，以此抵抗严寒的冬天。等到了春暖花开的日子，它们又出现在野地里，吃着蒲公英的叶子，准备变成茧蛹。

结草虫不像其他昆虫藏在树叶或者树皮下面，又或者藏在洞里来对抗严寒的冬天。虽然它们并不是很怕冷，但是由于总是暴露在风雨之中过冬，所以它们才学会了"制作蓑衣"。

小知识 结草虫现在数量大量减少了，有的已经被认定为濒危物种。
小测验 结草虫是什么虫子的幼虫？　A 蓑蛾　B 斑蝥　C 凤蝶

答案在下页

33

14 为什么企鹅能在冷的地方生存？

秘密在于它们全身的羽毛和血液的流通方式。

读过的日子（　　年　月　日）（　　年　月　日）（　　年　月　日）

鸟类

动脉
静脉

企鹅是主要栖息在南极大陆及其周边岛屿的一种鸟。虽说是鸟，可是企鹅与众不同的是，它们并不会在空中飞翔，反而会在海里潜水。企鹅在冰上一摇一摆地走路，非常可爱。可它们在南极生活难道不冷吗？

企鹅的身体有厚厚的脂肪层，羽毛也比其他鸟类的硬且短，而且排列得很紧密，几乎没有空隙，所以它们能抵御零下50℃的严寒。企鹅脚部的血管也是有秘密的，在粗粗的动脉上缠绕了一层静脉。动脉将身体中心温热的血液运送到全身，脚掌上的静脉很凉，很难感受到冰雪地的寒冷。静脉里的血液返回身体中心时，会从温暖的动脉旁边流过，所以静脉温度也会升高。这样就只有脚尖是凉的，全身的体温都得到了保护。

5~8月份是南极最冷的季节，在这个时期繁殖后代的帝企鹅会在严寒来临之前迁徙到陆地，并开始聚群。5月，雌帝企鹅产下一枚企鹅蛋，雄帝企鹅将企鹅蛋放在脚上，以此来保暖。企鹅蛋孵化需要2个月的时间，在这段时间内，雄帝企鹅不进食，会一直站立在暴风雪中。雌帝企鹅在企鹅爸爸孵蛋的这段时间，会去大海里吃一顿饱餐并储存好食物，等小企鹅孵化出来后会返回家中。7月，小企鹅出生后，雄帝企鹅为了觅食会返回大海。小企鹅越长越大，储存的食物会越来越少，企鹅爸爸和企鹅妈妈就会同时出海捕食，小企鹅就在家等待父母回来喂食。在食物丰盛的夏季，小企鹅会离开父母，它们的羽毛也会变成成年企鹅那样。它们会到海里捕食小鱼、磷虾和乌贼等。

第33页的答案　A 蓑蛾

小知识 帝企鹅是企鹅中体型最大的企鹅，身高能达到120厘米。
小测验 帝企鹅中负责孵蛋的是雄企鹅还是雌企鹅？

答案在下页

飞机为什么会飞起来？

秘密就藏在左右两侧的大机翼里。

15

读过的日子（　　年　　月　　日）（　　年　　月　　日）（　　年　　月　　日）

你坐过飞机吗？在登机口可以从近距离看到飞机，也许有人会想"这么个庞然大物是怎么飞上天的？"这么想有时也会觉得很紧张呢。其实这里凝聚了很多科学的力量。

飞机要飞上天，需要两种非常大的动力。一种是安装在左右两侧机翼上的喷气式发动机制造出的前进动力，这叫作"推力"。

飞机靠推力前进，周围的空气就会流向飞机身后。虽然空气也会阻碍机翼，可这对机翼并不是单纯的平板式构造。从侧面能看得比较清楚，机翼的上半部分是鼓起的拱形，下半部分是平坦的形状。

于是穿过机翼上半部分的气流，要绕更多的路来追赶下半部分的气流，所以流速比较快。因此机翼上半部的空气稀薄，下半部空气充足，这样就会产生从下往上抬升机翼的动力，这是另一个动力，叫作"升力"。

前进速度越大，升力就越强，所以一架大飞机在跑道上高速前进，就会把自己带上天。

在空中飞行的飞机主要靠机尾的3个小机翼来调节方向和控制上下左右。立着的机翼负责左右，左右两侧的机翼负责上下。就这样通过改变空气流动的方向来调节飞机的方向和角度。

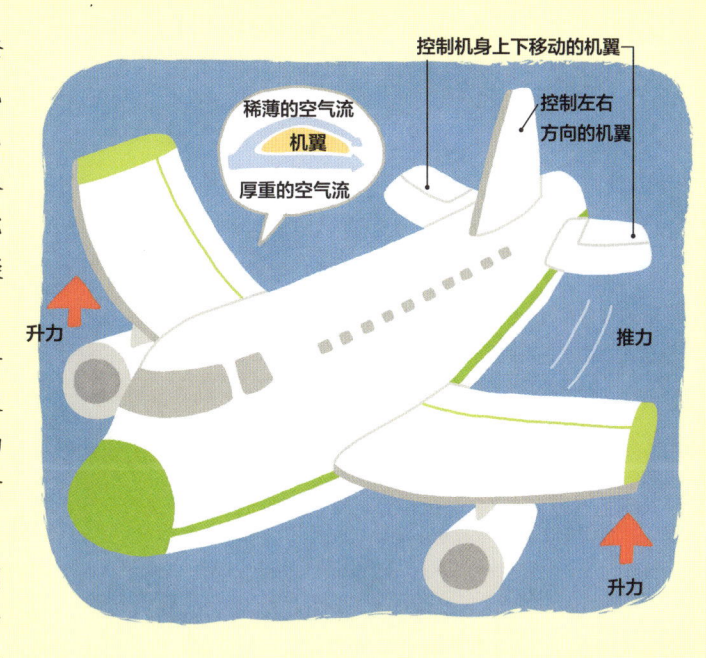

普通客机的速度是每小时900千米，目前最快的客机是"协和超音速客机"，它的飞行速度是"超音速"，比声音传播的速度还要快。

图注：
- 控制机身上下移动的机翼
- 控制左右方向的机翼
- 稀薄的空气流
- 机翼
- 厚重的空气流
- 升力
- 推力

交通工具

第34页的答案：雄企鹅

小知识 世界上最快的实用型飞机是美国的侦察机黑鸟，飞行速度大约是音速的3倍。
小测验 能让飞机飞上天的动力需要两个，一个是推力，另一个是什么？

答案在下页

35

16 鱼也有鼻子和耳朵吗？

鱼类和人类在身体的构造上，哪里不一样呢？

读过的日子（　年　月　日）（　年　月　日）（　年　月　日）

鱼类

人类潜入水中的话，不到1分钟就会感到呼吸困难，而且在水中闻不到味道，也听不清声音。可是生活在水里的鱼，却不是这样的。那么鱼的身体结构是什么样的呢？

从鱼头正面来看，在鱼嘴的上方有4个小孔，左右各2个，这就是鼻子的鼻孔。鱼在游泳时，水从前方的鼻孔进入体内，流过一个叫作"嗅囊"的器官，再从后面的鼻孔流出。鱼类通过这个嗅囊能够嗅出水里的味道，通过味道可以判断食物、敌人和自己的伙伴在哪里。

鱼的鼻子很容易发现，但是鱼的耳朵却很难找到。事实的确如此，鱼类和人类不同，并没有耳孔和耳垂，但它们却能正确地获取声音信息。那是因为在它们的头骨中，眼睛的后面有"内耳"，内耳不但能够感知水中传来的声音变化，还能保持身体平衡。鱼类除了内耳，还有一个用来感知声音的器官。在鱼的身体侧面，从鳃盖骨到鱼尾有一条虚线，这条虚线叫作"侧线"。侧线可以感知水流、水压以及声音和震动。因此鱼类会知道自己和伙伴之间的位置。我们经常会见到一大群鱼一起变换方向，它们就是通过这条侧线来感知同伴的动作的（P348）。

就这样，鱼在水中生活可以非常灵敏地感受到味道和水流。

内耳

侧线

鼻孔

鳃盖骨

升力

水流

嗅囊

第35页的答案

小知识 有的鱼像飞鱼那样，只有两个鼻孔，左右各一个。
小测验 鱼类有耳孔和耳垂。这是错误的还是对的呢？

答案在下页

36

为什么温度计能测量温度？

是因为利用了液体热胀冷缩的原理。

读过的日子（　　年　　月　　日）（　　年　　月　　日）（　　年　　月　　日）

17

工具·物品

温度计有很多种，既有针式温度计也有电子式的，还有用于理科实验的细长玻璃管形的温度计。针式温度计和电子温度计的工作原理是将温度变化的信号转换成电子信息，然后显示出温度。细长玻璃管的温度计是通过温度计下方圆头里面的银色或者红色液体的伸缩来判断温度。银色液体是一种叫作"水银"的金属，红色液体是被染过色的酒精或者煤油。这些液体根据温度不同，会膨胀或者缩小。温度计利用的就是这一特性。银色温度计和红色温度计刻度的读法都一样，那么它们哪里不一样呢？

在这些温度计里面，最先出现的是酒精温度计。酒精能够在接近零下117℃的环境中保持液体的状态，而且遇热容易膨胀，比较适合用来做体温计。可是如果超过78℃它就会沸腾，水需要100℃才能沸腾，这样的话它就不能测量沸水的温度了。于是就出现了即使超过100℃也不会沸腾的水银温度计。水银是唯一一种在常温状态下能保持液态的金属，不过如果超过零下39℃的话，它就会凝固。所以水银温度计不能在特别寒冷的地方使用。另外，水银有毒，在测量食物时如果破裂泄露出来的话，是非常危险的。

通过这些特性，我们需要区别使用温度计，在测量比较热的东西时要用水银温度计，在寒冷地带则需要用酒精温度计。

酒精

在寒冷地带使用的温度计

煤油

可以不用区别使用环境的温度计

水银

发抖　发抖

测量热的东西时使用的温度计

煤油温度计倒是没有必要区别使用。因为它没有毒也很安全，所以现在使用的温度计很多都是煤油温度计。

第36页的答案　错误的

小知识 体温计的构造是一旦测量完从身体里拿出来，刻度也不会下降。
小测验 温度计里的红色液体是酒精或者煤油，那银色的液体是什么呢？

答案在下页

37

18 睡觉时心脏也一直在跳动吗？

心脏不能按照自己的意志来停止跳动。

读过的日子（　　年　　月　　日）（　　年　　月　　日）（　　年　　月　　日）

身体

心脏就像泵，不断地向全身输送血液，如果心脏停止工作的话，就不能将血液送往全身，生物将会死亡。所以在我们睡觉时，如果心脏不正常工作的话，将会发生很严重的事故。我们可以随心所欲地让自己的手脚动起来，也可以屏住呼吸，可是却不能按照自己的意志随意让心脏开始工作或停止工作。那是因为心脏的工作并不接受大脑的指令，而是受到"自主神经"的控制，不由自主地在工作。所以即使我们在睡觉，它还是会一如既往地工作。

我们把手放在胸前，会感受到心脏扑通扑通跳动的节律，这就是心脏的所在之处。心脏被肋骨保护得很严实，重量约有200～300克，和主人的拳头差不多大。心脏有4个房间，从自己的角度来看，右上侧的房间叫作"右心房"，下面的房间叫作"右心室"；左上侧的房间叫作"左心房"，左下侧的房间叫作"左心室"。左右房间是靠肌肉隔开的，以阻止血液直接流通。

在心房和心室之间有一片被称为"瓣膜"的门，从心室流向心脏外面的通道也有一片瓣膜。有了这些瓣膜就能形成"单行道"，防止血液回流。心脏通过这4片瓣膜将血液输送到全身，同时血液将身体所需要的氧气和营养成分传送给细胞。

我们再来仔细看一下心脏里血液的流通方向吧。走遍全身含氧量低的血液会通过"大静脉"，穿过瓣膜流入右心房。右心房的血液储满以后，瓣膜会打开，将血液输送到右心室。储存在右心室的血液流过瓣膜，被泵向外面的肺部。肺部通过呼吸

第37页的答案｜水银

血液从心脏开始的流向

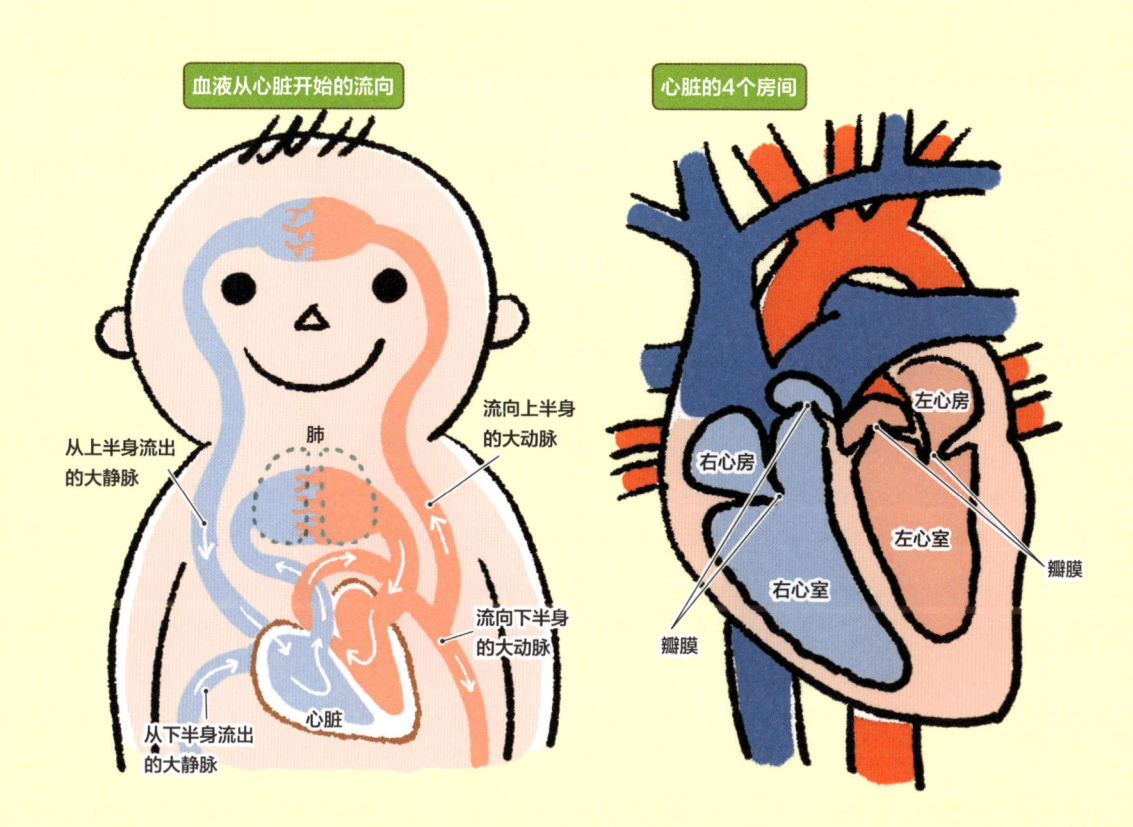

- 从上半身流出的大静脉
- 流向上半身的大动脉
- 肺
- 流向下半身的大动脉
- 从下半身流出的大静脉
- 心脏

心脏的4个房间

- 右心房
- 左心房
- 右心室
- 左心室
- 瓣膜
- 瓣膜

可以吸取空气中的氧气，氧气又会溶于血液中。于是，携带很多氧气的血液又进入到左心房，和右心房一样，左心房的血液储存到一定程度，瓣膜就会打开，血液就会流向左心室，左心室通过瓣膜将血液通过"大动脉"输送到全身。

左心室因为要把血液输送向全身，所以要有很强的泵力。因此，左心室的肌肉厚度是右心室的3倍。在身体循环一周的血液因为还要返回到右心房，所以心脏在1分钟内大约要有规律地进行70次泵血工作。每次泵出的血量大约70毫升，一分钟约5升，这么算下来一天竟然也有7吨的量。心脏每分钟跳动的次数叫作"心搏数"，心搏数会根据每个人的活动状态而发生变化。比如在运动时，身体需要更多的氧气和营养成分，所以心脏就会加速跳动，心搏数有时1分钟能达到200多次。

和自己喜欢的男孩子或者女孩子说话时，胸口也会怦怦直跳，那是因为紧张和兴奋使心搏数增加了。不过这也是你还活着的有力证明。

小知识 长跑运动员的心脏可以让心搏数不上升就将血液输送到全身。
小测验 负责将血液输送给全身的，是心脏的左心室还是右心室？

答案在下页

19 温室效应不好吗？

有些小岛也许会沉入大海。

读过的日子（　　年　　月　　日）（　　年　　月　　日）（　　年　　月　　日）

地球上的很多国家，由于工业发展，人们的生活变得丰富多彩。人们开山伐林、修路建厂，从地底挖出石油做成塑料或者其他各种产品。

可是这样做以后，工厂里排出的滚滚浓烟和尾气所造成的空气污染、废水所引起的海洋污染等各种环境问题也开始不断出现。

为此，人们从20世纪80年代末期开始关注"地球温室效应"的环境问题。

虽说夏季是炎热的季节，但是近几年被称为酷暑的异常炎热的天气开始增多，并且突如其来的暴雨也开始频发（P246）。导致这种异常天气的原因之一就是"温室气体"。

温室气体指的是水蒸气、二氧化碳、甲烷等气体。它们能截留太阳的热量，使地球变得更温暖。地球的平均气温大约有15℃，但如果没有温室气体的话，地球只有零下18℃，弥补这中间相差的33℃，是温室气体的功劳。

可是现在温室气体的含有量已经远远超过我们所需要的正常数量，因此地球温度产生了过高的现象。这种情况我们称之为"温室效应"。

在温室气体中，人类活动产生影响最大的是二氧化碳。二氧化碳主要是燃烧石油和煤时产生的气体，火力发电需要燃烧大量的石油和煤炭，所以用电量越高，二氧化碳排出得就越多。植物虽然有吸收二氧化碳的能力，但是因为森林的面积在减少，并不能有效地将多余的二氧化碳都消化掉。于是，剩余的二氧化碳就飘浮在空中，并最终覆盖了整个地球。因为地球被一层厚厚的温室气体包裹着，无法散热，所以地球的气温一直在升高。

在这近百年的时间里，地球的平均气温升高了0.7℃。也许你会想"就这么点啊？"但即使是这样，也对地球产生了巨大的影响。

气温上升，海水的温度自然也会升高，于是海水体积变大，海平面上升。加上南极和格陵兰岛冰川的融化，海水的总量也在增加。如果地球温室效应持续下去的话，到2100年，与1986－2005年相比，平均气温最高可增加4.8℃，海平面会上升将近1米的高度。因此，有些陆地部分就会沉没在海底。实际上，印度洋的马尔代夫岛的陆地部分就已经逐渐在减少。当海面上升1米时，日本90%的沙滩将会消失。另外，如果气温升高，也将会给农业带来严重的打击，动植物也有可能会出现灭绝的现象。

1997年，在地球危难之际，世界各国聚集在日本京都做出了约定，要致力于减少温室气体的排放。各个国家都定下了自

温室气体过多　　　　　　　　　　　　温室气体适当

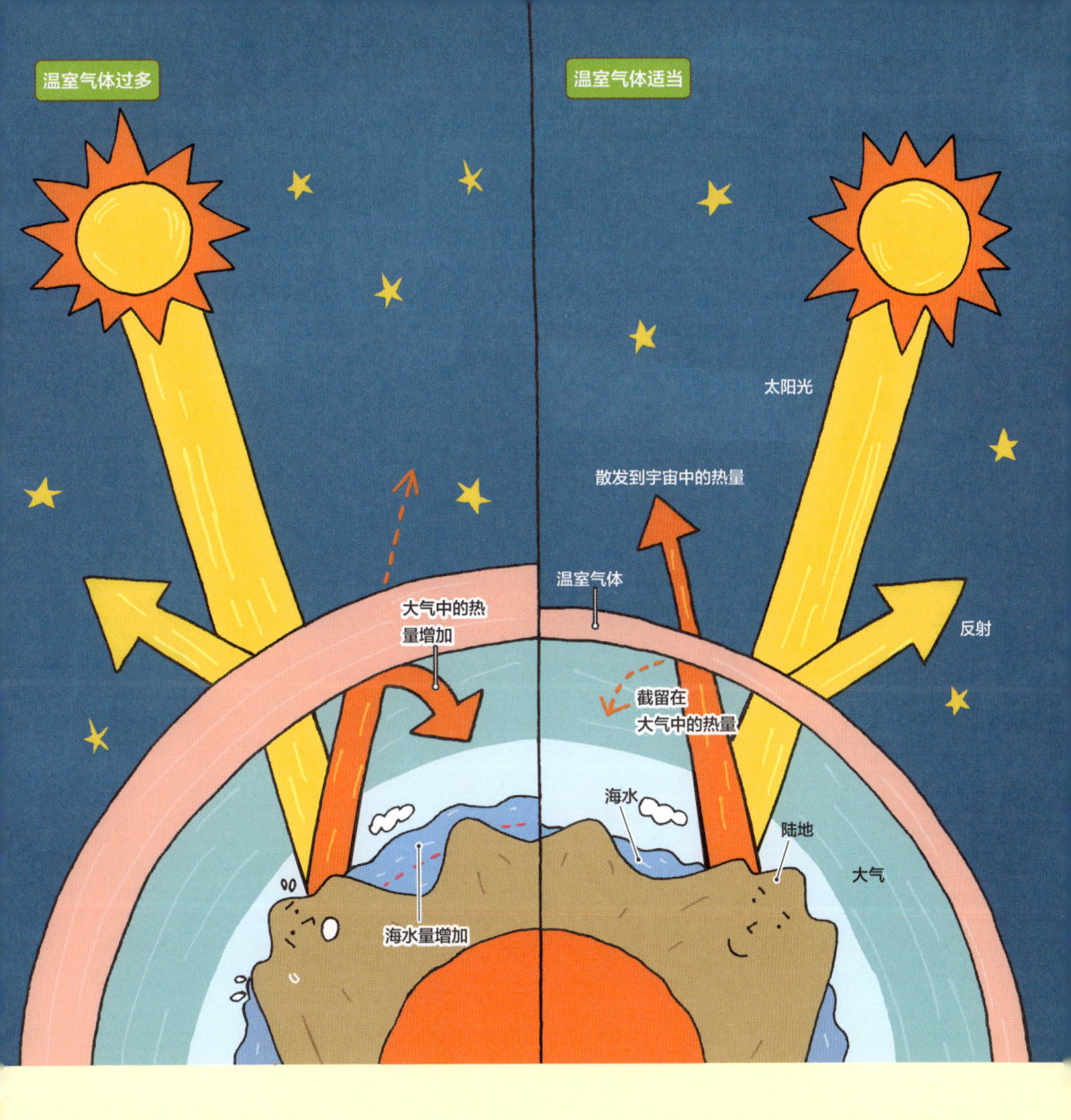

太阳光

散发到宇宙中的热量

温室气体

大气中的热量增加

截留在大气中的热量

反射

海水

陆地

大气

海水量增加

己的目标，日本约定在2012年之前要减少6%的温室气体排放。可是2012年因为地震，日本的核电站发生事故，利用石油和天然气发电的电量增加，所以排出的二氧化碳有增无减。

为了防止温室效应进一步加剧，不仅是国家，我们每个人也需要从自身做起，不用的电灯应断电、减少可燃垃圾、尽量乘坐巴士和电车等公共交通工具、多骑自行车等。小小的努力与大大的成功是紧密相连的。

小知识 石油、煤炭、天然气等这些埋在地下的资源叫作"化石燃料"。

小测验 在温室气体中，人类活动对温室效应影响最大的是什么气体？

答案在下页

41

20 为什么鹤用一只脚站着？

是为了防止热量从大长腿中散发掉。

读过的日子（　年　月　日）（　年　月　日）（　年　月　日）

鸟类

也许有人在动物园或者观光景点的水边看到过鹤或火烈鸟单腿站立的身姿。这种腿长的鸟类即使在睡觉时，也基本上是一只脚站立。有人会想，这鸟可真厉害啊！可是你知道这些鸟为什么会一只脚站立吗？

鸟的全身长满了羽毛，羽毛能起到保温，不让热量散失的作用，可是它们的腿上没有羽毛。原来鸟类的腿上流过的是静脉血，所以很难感知外界的寒冷。这就和企鹅能在寒冷的冰面上站立是一个道理（P34）。可是如果一直站着的话，热量就会从没长毛的大长腿上散发出去。为了防止热量丢失，它们就把一条腿蜷缩在了羽毛里。

除了在北海道栖息的丹顶鹤，比较有名的还有冬季从俄罗斯和中国飞到日本的白颈鹤和白头鹤。它们生活在湖边、沼泽地、湿地等处，吃一些小鱼和树木的果实，它们并不是很挑食。但是现在鹤的数量减少了很多，这些鸟已经被日本政府认定为天然纪念物了。

火烈鸟与主要栖息在非洲和南美洲水边的白鹤是同类，它们喜欢群居生活。它们的鸟群甚至能达到10万只以上，这并不稀奇。它们的身体是非常鲜艳的粉红色，这与它们吃的食物有关系。火烈鸟吃的藻类里面含有类胡萝卜素这种红色的色素，是这种色素将它们的羽毛染成这种颜色的。所以，如果火烈鸟不吃类胡萝卜素的话，它们的羽毛就会变成白色。

除了孵蛋期间，火烈鸟几乎都是单腿站立的。如果它们的鸟群一起飞向天空，那整个天空都会变成粉红色，简直像火烧云一样漂亮。

前页的答案：二氧化碳

小知识 火烈鸟在哺育小鸟时，会从嘴里吐出营养丰富的奶汁给自己的宝宝。
小测验 鹤之所以用一只脚站立，是因为它们为了防止什么散发到体外？

答案在下页

为什么豆芽是白色的？

虽然豆芽长得很瘦弱的样子，但是营养很丰富。

读过的日子（　　年　月　日）（　　年　月　日）（　　年　月　日）

21

食物

豆芽是蔬菜的一种。可是豆芽又细又瘦，也许会给人一种瘦弱的感觉。豆芽颜色发白，所以在日本会把不爱在外面玩耍的孩子叫作"豆芽菜"，这更让人觉得豆芽很弱了。可是，将豆芽炒着吃，或者放到拉面里，吃起来咔嚓咔嚓的很爽口，也还算是味道不错的蔬菜。豆芽还富含维生素C、钙质、氨基酸、铁等营养成分，对预防贫血、感冒、便秘等有很好的效果。

豆芽是将大豆、绿豆、黑豆等豆类放在不朝阳的阴暗地方培育出来的。豆类一吸水，就会整体膨胀、出芽。一周大约能长10厘米，就这样长成了豆芽。用大豆生长出来的豆芽，还会残留一些黄色的部分，因此可以作为"黄豆芽"出售。而绿豆和黑豆在成为豆芽以后，基本看不到原先的豆子是什么样的了，所以它们会被作为普通的"豆芽"出售。

豆芽之所以颜色发白，那是因为是在阴暗的地方培育出来的，不能形成植物生长所需的叶绿素。叶绿素指的是存在于植物的叶子、茎秆中的绿色色素，叶绿素肩负着收集太阳光的重任（P237）。那么，为什么要特意在阴暗的地方培育豆芽呢？是因为当植物在阴暗的地方生长时，能促使其下胚轴伸长。所以我们在吃豆芽时爽口的感觉就来自于这阴暗的力量。

如果把豆芽放在向阳的地方培育会怎么样呢？在发芽初期还是一样的，不过豆子不会变成豆芽，它们会不断地生长，最后会长出茂密的叶子，变成名副其实的植物，就不存在白色的豆芽了。

在阴暗处培育出的豆芽

在向阳处培育出的豆芽

热量

第42页的答案

小知识 豆类所含的维生素C非常少，但是豆芽却富含维生素C。
小测验 培育豆芽的地方是什么样的地方？　A 明亮的地方　B 阴暗的地方

答案在下页

43

22 胎儿出生前都在做些什么？

从妈妈那里获取营养，准备自己的出生。

读过的日子（　　年　　月　　日）（　　年　　月　　日）（　　年　　月　　日）

身体

胎儿会在妈妈的肚子里，也就是"子宫"里生活280天左右（大约40周）。胎儿最初只是一颗受精卵，当这颗受精卵进入到妈妈的子宫里时，子宫的一部分就会形成一定厚度的"胎盘"。这个时期的小宝宝，与其说是人，不如说更像一条小鱼。胎儿与胎盘通过一条叫作"脐带"的管子连接在一起，并通过脐带用妈妈的血液来运输生长所需要的营养成分和氧气，一直到出生为止。

子宫里的胎儿漂浮在一种叫作"羊水"的温暖液体里。羊水从膜的内壁渗透出来，能够保持子宫内部的温度，并能保护胎儿免受外部的撞击。另外，胎儿通过吞咽羊水，可以练习喝奶和排便。胎儿的成长状况因人而异，8周左右时开始长出手指和脚趾，然后就开始突飞猛进地长成人形。大约过了16、17周，妈妈会开始感受到"胎动"。宝宝在肚子里，有时候会出其不意，有时候会慢条斯理，手脚并用地在妈妈的肚子里做全身运动。有时也会踢妈妈的肚子，吓唬妈妈一下。有时也会打嗝。妈妈通过小宝宝在肚子里的活动来确认宝宝的状况。到25周左右时，就可以知道宝宝的性别了。这个时期的宝宝已经有了听力，眼睛和鼻子的轮廓也很清晰。大约到了30周时，宝宝的身高能长到40厘米。这时他们已经能听到外面的声音，对外面的世界也能有所反应，有时还能表达自己的心情。38周时，小宝宝已经做好了出生的准备，这时就要借助妈妈的力量来到这个世界了。

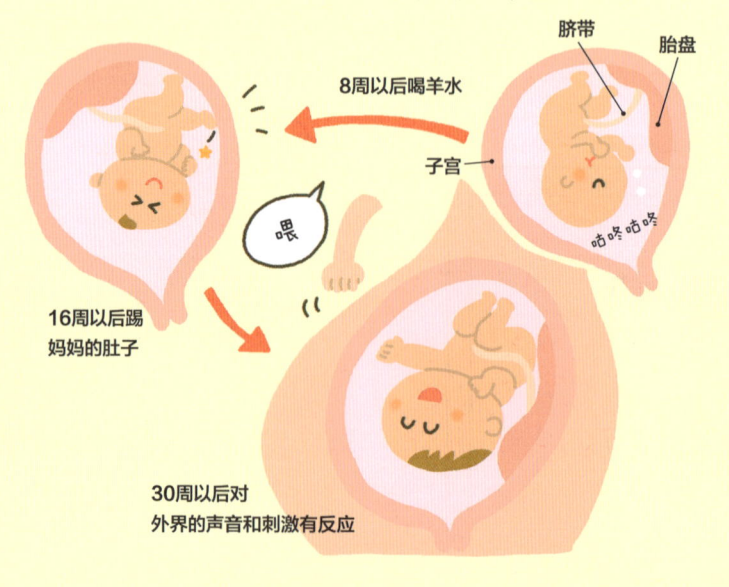

脐带　胎盘
8周以后喝羊水
子宫
喂
咕咚咕咚
16周以后踢妈妈的肚子
30周以后对外界的声音和刺激有反应

第43页的答案　B 阴暗的地方

小知识 小宝宝出生以后，胎盘会从妈妈的子宫脱落，并排出体外。
小测验 将子宫中的小宝宝和妈妈连接起来，并输送营养成分和氧气的管子叫作什么？

答案在下页

44

鸟类为什么能在空中飞？

秘密就在它们的身体结构和羽毛中。

读过的日子（　　年　月　日）（　　年　月　日）（　　年　月　日）

23

鸟类

你是否想过，如果能像鸟儿一样在天空中飞翔该有多好啊。鸟类几乎都是靠双翅在空中飞翔的，它们的身体构造非常适合飞行。首先，相当于猫和狗的前腿的部分已经变成了翅膀。能够完成振翅动作的胸肌非常发达，支撑胸肌的前胸大骨骼也非常结实，所以鸟类能够展翅高飞。此外，鸟类的整个身体都很轻盈，这样便于它们气流顺利通过身体，降低气流阻力。这种作用就像鱼鳞（P58）可以让鱼在水里游得更快一样。在鸟的身体的各个部位都生长了具有不同作用的羽毛，飞行时所使用的羽毛既长又结实。在众多的羽毛里，"飞羽"和"尾羽"直接关系到飞行效果。飞羽具有让身体腾空或者前进的动力，尾羽可以掌握方向或者减速。羽毛除了具有上

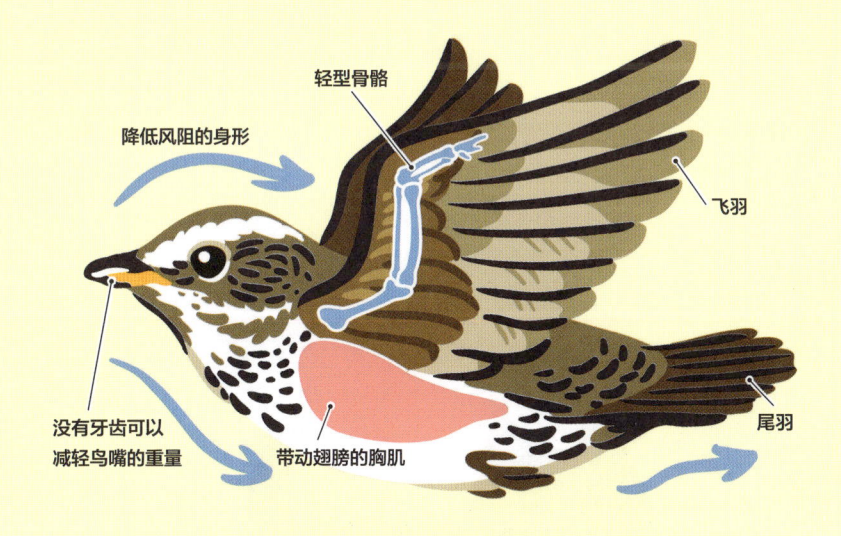

- 轻型骨骼
- 降低风阻的身形
- 飞羽
- 没有牙齿可以减轻鸟嘴的重量
- 带动翅膀的胸肌
- 尾羽

升到空中。它们全身的骨头是中空结构。因为没有牙齿，所以可以减轻鸟嘴的重量。它们的肠子很短，吃过的东西不会在体内长时间积留，可以频繁排出体外。在肺部还连接着装空气的袋子"气囊"，这样既可以减轻身体重量，还可以辅助呼吸。

覆盖全身的羽毛表面顺滑，很多羽毛会重叠生长，排列紧密。这样可以使空气述功能外，还可以防止身体被水淋湿，有保持体温的作用。

鸟的飞行方式有很多种，有的是振翅直线高飞，有的是呈波浪形轨迹飞行，有的是利用风一直保持张开翅膀的状态飞行。我们这些不会飞的人类，看来只有羡慕的份儿了。

脐带　第44页的答案

小知识 企鹅是一种翅膀退化了的鸟类，它们用小翅膀在水中游泳。
小测验 在鸟类的身体中，相当于猫和狗前腿的部分，是哪个部分？

答案在下页

45

24 狗会对主人感恩吗？

狗真的能看懂人的心思吗？

读过的日子（　　年　　月　　日）（　　年　　月　　日）（　　年　　月　　日）

西顿动物记

来自故事《我的狗狗宾果》

（这是一个发生在西顿养狗那段时期的故事。）

1882年，我（西顿）从朋友那里买来了一条小狗，给它起了个名字叫"宾果"。宾果长得黑黑的，像熊一样，只在嘴边长了一圈白色的毛，圆滚滚的，十分可爱。宾果越来越大，后来甚至可以自己独处了。它很喜欢跟在马的屁股后面走，但是有一次它却很讨厌和我一起坐着马车出门。"汪汪汪"，只要马车一走，它就会发出好像很悲哀的叫声。它仿佛在对我说"好像要发生不好的事情呢"。可实际上并没有发生什么不好的事情。后来我去问了算命的先生，他告诉我，宾果是条通人性的狗，之所以什么都没有发生，是因为宾果保护了我。我虽然不迷信，但是后来却发生了一件事，让我又开始相信这番话了。

因为我要离开镇子一段时间，所以就把宾果送给了附近的朋友。两年后，当我再次回到镇子时，宾果好像已经把我给忘了。4月末，我离开家乡，去了很远的平原。为了抓住狼和郊狼（北美洲西部原野上与狼相似的小狼），我设置了很多陷阱。在地面挖了一个浅坑，将捕兽夹放进去后在表层撒一些土来掩盖。夹子上有铁链，以防狼会挣脱跑掉。

有一个夹子夹住一匹郊狼后，我就用工具再重新设个陷阱。我担心回去的时候把工具落下，所以用完后就把工具扔到了我骑的那匹马的边儿上。正当我准备往陷阱上面撒土时，"砰"的一声，我的右手被夹住了，可这捕兽夹没有工具是打不开的。我趴下去伸出右腿想把刚才自己丢出去的工具拽过来，可是怎么也够不着。就

翅膀

第45页的答案

46

在我变换各种姿势时，又"砰"的一声，我的左脚竟然也被夹住了。我就这样趴在地上一动也不能动了。

虽说那时已经不怎么冷了，可到了夜晚气温下降得还是很厉害，而且也没什么人会来这种大平原。晚上，从远处传来郊狼的叫声，后来叫声越来越近，马开始害怕了。最后，我的眼前已经聚集了一群郊狼。饥饿的郊狼一遍一遍地发出低吼声朝我走来，而我却无法动弹。正当我想"完了，它们会吃了我的"时候，只见一个黑影飞奔到狼群中间。那个黑影正是宾果。宾果把郊狼赶走后，就来舔我。我说："谢谢你，宾果，去，把那边的工具拿来！"多亏了宾果我得救了。可为什么宾果会知道我在那里呢？后来听宾果寄养的主人也就是我的朋友说，宾果那天是一边发出悲哀的叫声一边在黑夜中跑到我那里的。虽然分别多年，可宾果和我的心还是连在一起的。

小知识 狗之所以对主人忠诚，据说是因为它认为主人是自己所在群体的老大。
小测验 西顿的手脚被捕兽夹夹住的时候，一群什么动物靠近了他？

答案在下页

47

25 受伤之后结痂是怎么回事？

结痂是保护伤口的"天然创可贴"。

读过的日子（　年　月　日）（　年　月　日）（　年　月　日）

身体

当我们跌倒蹭破膝盖时，肯定会流血。但是，不知什么时候血止住了，伤口也结痂愈合了。人体有自己治愈伤口、治愈疾病的能力，这就是"自愈能力"。结痂就是自愈能力中的一种。

在皮肤受伤，割伤血管时会流血。为什么血会流出来呢？是为了不让细菌进入伤口，将细菌冲走。肚子痛时，虽然会腹泻，但是腹泻会把进入体内的异物排出体外。这样来看，有些身体的反应，看上去很吓人，但其实那是身体为了保护自己而做出的反应。

血液中含有输送氧气的红细胞、与细菌战斗的白细胞、运送营养成分和调节体温的血浆，还有止血的血小板。

出血时，首先，伤口处的血小板会增多，以堵住伤口；接着，血浆中的某些成分会形成细线那样的东西和血小板相互缠绕在一起，这样就可以把血止住，并在伤口处结痂；然后，白细胞会杀死伤口处的细菌，并清理坏掉的细胞残骸；最后，皮肤的细胞开始治疗伤口。

伤口处凝固的血块在任务结束前，会变得越来越硬。这个血液构成的硬块就是血痂。血痂守护着伤口，可以说是天然的创可贴，所以不能硬剥掉。一个星期后，待伤口完全愈合，完成任务的疮痂就会自然脱落。

受伤后，在伤口的周围，结痂的地方会发痒。这是因为皮肤受伤时会感到疼痛，随后伤口逐渐愈合，伤口的深度会变浅。在结痂的过程中，位于伤口浅处能感受到痒的神经受到刺激，所以才会发痒。

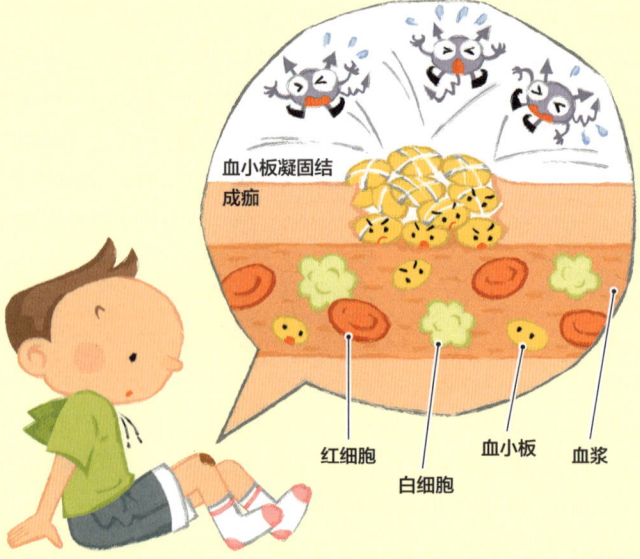

血小板凝固结成痂

红细胞　白细胞　血小板　血浆

第47页的答案：郊狼

小知识 血液中含量最多的成分是血浆，约占整体的55%。
小测验 出血时，血液中的什么成分会聚集在伤口周围？

答案在下页

48

口香糖是谁发明的？

大约在1700年前，就有人喜欢咀嚼树木分泌出的天然树胶。

读过的日子（　　年　月　日）（　　年　月　日）（　　年　月　日）

26

发明・发现

口香糖不管怎么嚼，都不会从嘴里消失，真是种神奇的糖果。口香糖不但很软，还能拉伸，简直就像橡胶一样。那么，口香糖究竟是用什么做的呢？

大约1700年前，以现在的墨西哥为中心的中美洲，玛雅文化持续繁盛了约有600年。玛雅人习惯于将人心果树分泌出的树胶放在嘴里咀嚼。16世纪时，墨西哥被西班牙征服后，这一习惯被传入欧洲。到了19世纪中期，美国人托马斯・亚当斯去除了树胶的味道并开始进行销售，当时取名为"亚当斯口香糖"，没想到大受人们欢迎。后来他在配方里又加入了砂糖，并流传到全世界。

口香糖的主要原料是人心果树分泌出的液体，将其煮干后形成胶状，它有个名字，叫作"奇可胶"。制作口香糖时，先将奇可胶融化，奇可胶本身没什么味道，所以要加入一些甜味剂和香味料，然后像和面一样和在一起。最后用擀面杖擀平，切成小块就可以了。

口香糖之所以能拉伸，是因为作为原料的奇可胶具有延展性，不过泡泡糖是用更具有延展性的人工原料制成的。口香糖在19世纪10至20年代传入日本，可日本人并不喜欢在人面前一边吧唧着嘴嚼口香糖一边做事，他们觉得这样太没礼貌了。但是，多嚼口香糖可以清洁牙齿，口腔中分泌出的唾液还可以防止细菌增加。加上嚼口香糖时精神得到放松，大脑的工作效率更高，所以运动员经常会在比赛时嚼口香糖。嚼完口香糖后，应该包在纸里丢弃。万一误吞口香糖的话，口香糖不会在体内被消化，而是会随着粪便一起排出体外。

第48页的答案：血小板

小知识　近些年的口香糖中使用了一种防止蛀牙的甜味剂，叫作木糖醇。
小测验　将人心果树的汁液煮干，将其凝固后用来做口香糖的原料是什么？

答案在下页

49

27 地壳在一点一点地移动吗？

距今2.5亿年前，地球上的陆地是连成一片的。

读过的日子（　　年　　月　　日）（　　年　　月　　日）（　　年　　月　　日）

传记

阿尔弗雷德·魏格纳（1880—1930年）

地球上有6个大陆，分别是亚欧大陆、非洲大陆、北美洲大陆、南美洲大陆、澳大利亚大陆和南极大陆。这些大陆都被海水所包围，居住了很多人类。但是有人认为在距今2.5亿年前，这些大陆都是连接在一起的，形成一个超级大陆。有人为了证明这一点，提出了各种证据，他就是气象学家阿尔弗雷德·魏格纳。

阿尔弗雷德·魏格纳于1880年出生在德国柏林。比起在教室里学习，他小时候更喜欢在外面玩耍或者观察小动物。后来他立志要成为天文学家，所以进入了大学继续学习。可是因为比他大两岁的哥哥当时正在学习气象学，所以魏格纳也逐渐开始对气象学感兴趣。

魏格纳觉得"当今世界各国都对南极和北极比较关注，也许什么时候可以去探险"。大学毕业以后，魏格纳一边作为哥哥的助手在工作，一边开始计划和哥哥一起乘坐热气球去冒险。虽然有时也会失败，热气球会被风吹跑并消失得无影无踪，但是在他25岁时，还是以在空中停留52小时的成绩，创造了热气球在空中停留时间最长的世界纪录。而且他还参加了北冰洋的格陵兰岛探险队，去了格陵兰岛进行实地调查。

回来后，魏格纳不但要撰写调查报告，还得准备演讲集会，所以特别忙碌。就在那段时期，每当看到地球仪或者世界地图时，魏格纳心里都有个疑问，"将非洲大陆的西海岸和南美洲大陆的东海岸合并在一起，简直就像拼图一样的，完全吻合啊。而且北美洲大陆和欧洲大陆好像也能拼在一起。这些大陆会不会原本就是一块大陆，经过漫长的岁月，互相分离并且移动了位置，才变成今天这个样子"。其实在他之前这个想法已经存在，但是并没有人对此进行研究并公

第49页的答案：奇可胶

约2.5亿年前

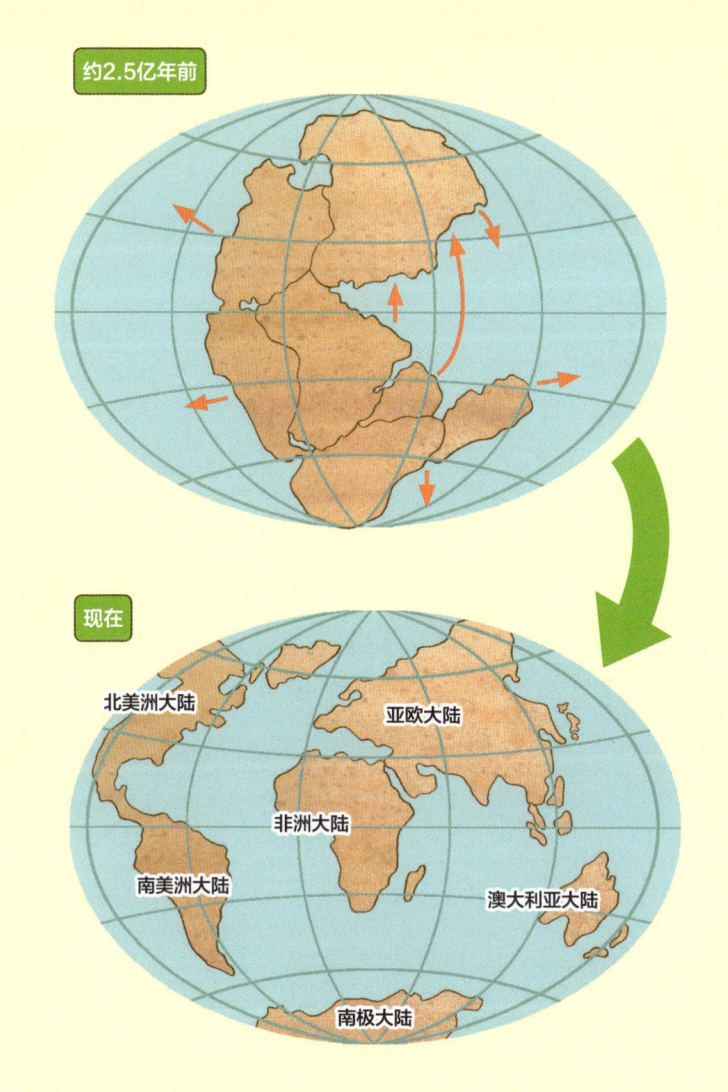

现在

北美洲大陆　亚欧大陆　非洲大陆　南美洲大陆　澳大利亚大陆　南极大陆

开发表过。于是魏格纳为了搜集证据，证明大陆曾经是一体的，他开始漫游世界各地。随后他在相隔甚远的两块大陆的边缘地带发现了相同的地质和生物化石。

1912年，魏格纳在学会上发表了"大陆漂移学说"，证明大陆曾经是连在一起的。可是学会里的学者几乎没有人相信他。"魏格纳啊，那么大的大陆是怎么移动的呢？"对此，魏格纳也不能解释清楚。后来他继续研究，并将自己的想法出版成书，命名为《大陆与海洋的起源》，他将超级大陆命名为"潘加古陆"。令人遗憾的是，1930年，魏格纳在第5次去往格陵兰岛探险的途中去世，享年50岁。

大陆移动的假说在1960年以后才得到合理的解释。那就是，每块大陆的下面都有一块厚度达100千米的平板状岩石，岩石由于受到地球内部热量的影响而产生运动。其实即使是现在，各大陆也是在以每年几毫米甚至几厘米的速度移动着的，也许数亿年以后大陆又能重新连成一片。

小知识 研究地球板块运动的想法被称为"板块构造学说"。
小测验 很久以前，所有的大陆都连在一起，这个"超级大陆"的名字是什么？　答案在下页

28 天气预报为什么有时候不准？

了解天气特征，自己来判断一下明天的天气吧。

读过的日子（　　年　　月　　日）（　　年　　月　　日）（　　年　　月　　日）

天气预报在我们的生活中是不可缺少的部分。天气预报是通过各种观测仪器，利用超级电脑对全国各地收集上来的数据进行分析计算的结果。作为预测天气的国家机构气象局及各地气象台，会将计算结果公布于众。

在观测天气时，除了气象雷达，还会利用监测云系走向的气象卫星及地面上的气象数据自动采集系统等观测装置。此外还可以使用气象观测船来观测海上的天气状况，或者利用能通信的气象气球来观测高空的气象数据。通过各种观测系统，基本上可以预测出第二天的状况，准确率可达80%。但预测一周后天气的准确率会下降到30%左右，而一个月以后的天气则几乎不可预测。无论人类科技如何进步，由于观测的对象是瞬息万变的大自然，甚至还会发生一些意想不到的状况，所以并不能按照设定模型来发展。

在观测天气状况时，主要观测温暖湿润的空气和寒冷干燥的空气。这两种空气在地面上相遇形成的界面称为"锋面"。例如，天气恶劣时，在锋面带，暖空气上升，冷空气下沉，就容易形成云层。在日本，从西面会吹来很强的"偏西风"，偏西风会带来可以降雨的低气压和随后可以艳阳高照的高气压，并从西面一路向东移动。所以日本的天气基本上都是由西向东发生变化。特别是在秋季，低气压和高气压不断袭来，所以秋季的天气状况很不稳定。

上面所讲的气压和锋面的移动状况，在天气预报中的"卫星云图"中可以一目了然。每个季节都有其独特的天气状况，如果能学会看卫星云图的话，大家也许就可以自己预测天气了。

小知识 在日本，不仅气象局会观测天气，民间的公司也会观测天气，并发布天气预报信息。
小测验 当暖空气和冷空气交锋时，在地面上形成的界面叫作什么？

2月的故事

文 / 饭野由希代

01 纸是用什么做成的？

纸就是用我们身边的材料做成的。

读过的日子（　　年　　月　　日）（　　年　　月　　日）（　　年　　月　　日）

工具·物品

用手把纸撕开时，仔细看被撕开的地方，你是否看到有像丝一样的东西？这就是纸的"纤维"。纸是由纤维互相缠绕，几层重叠，再压平而制成的。纤维是从树和草等植物中提取出来的。

纸有"西洋纸"和"和纸"之分，基本的做法都很相似，都是先从将木材捣碎开始。

制作西洋纸时，首先要制造纸的原材料"纸浆"。所谓纸浆就是把木材用器械弄成细小的碎片，与药物一起放入锅里蒸煮，然后提取出纤维。接着，将纸浆中的垃圾清除，并使用药物进行漂白。然后，将纸浆放到水里稀释，摊成同样厚度的薄膜，再把薄膜夹在滚轮上碾压吸取水分。最后用机器烘干，等表面光滑以后卷起来就完成了。

从制作纸浆到完成卷纸的一系列操作，都在大型机械中流水作业。

日本自古以来一直使用的和纸也同样是以木材为原料制成的。采用强韧纤长、容易缠绕的纤维，主要原料是黄瑞香和雁皮、葡蟠等树木。首先蒸煮树皮，提取出纤维。在此基础之上，加入从黄蜀葵中提取的极具黏性的汁液。接着在大水池中进行抄纸，用带有细小网眼的"抄纸帘"多次捞汁过滤，把纤维一层一层薄薄地摊开。最后晒干即可。

现在也有用机器制作的和纸，传统上是以手工的形式小心翼翼地制作的。

我们平常随手拿来就用的纸张，是来自森林和大自然的珍贵礼物。

为了不浪费资源，可以将用过的纸（废纸）进行再次利用，从废纸中提取纸浆，做成再生纸。

从牛奶包装袋里提取的纸浆和大象的粪便也可以作为造纸原料。

第52页的答案

雁皮　黄瑞香　葡蟠　木材碎渣

和纸　西洋纸

小知识：在古埃及，人们使用一种叫作"纸莎草"的植物造纸。
小测验：以用过的纸（废纸）为原料做成的纸叫作什么？

答案在下页

为什么蛋清一加热会变成白色？

02

鸡蛋是由什么成分构成的呢？

读过的日子（　　年　　月　　日）（　　年　　月　　日）（　　年　　月　　日）

大家应该都吃过煮鸡蛋和煎鸡蛋，蛋清的部分都是白色的固体。但是如果我们打开生鸡蛋的话，就会发现蛋清其实是透明的黏稠液体。为什么鸡蛋的蛋清会在加热前后出现这种差别呢？

鸡蛋的蛋清约有90%是水分，剩余的几乎都是"蛋白质"。蛋白质在一般情况下是黏稠的液体，一旦加热就会变成固态，而且颜色会由透明变成白色。蛋黄也同样，充分加热后颜色也会有些发白，也是因为蛋黄含有较多的蛋白质。其他一加热颜色就发生变化的食品还有很多，比如牛肉，牛肉在生肉的状态下是红色的，加热后会变成褐色。虾、章鱼原本是偏黑色的，用水煮过后会变红。这是因为与蛋白质结合在一起的色素发生分离现象，所以变成了红色物质。

蛋清 在60℃～80℃时凝固
蛋黄 在65℃～70℃时凝固

可是你知道蛋黄与蛋清开始凝固的温度是不一样的吗？做过煎鸡蛋的人或许会发现，蛋清比蛋黄先凝固。蛋清在大约60℃左右时开始凝固，在80℃左右时会完全凝固。而蛋黄则是从65℃左右开始凝固，大约70℃的时候会完全凝固。利用蛋黄和蛋清凝固温度的差别，可以做出不同类型的煮鸡蛋。比如，长时间煮的鸡蛋，蛋黄与蛋清凝固程度都比较高，变成"硬心鸡蛋"；如果缩短煮鸡蛋的时间，蛋黄就会很软，变成"溏心鸡蛋"；如果不让锅里的水沸腾，用65℃～70℃的水温来煮鸡蛋的话，蛋清比蛋黄要软，鸡蛋不能完全凝固，煮出来的蛋就是"温泉蛋"。

另外，如果将鸡蛋的蛋黄和蛋清搅在一起加上调料的话，凝固的温度也会发生变化。如果烹饪时的温度、方法以及食材方面有所调整的话，就可以品尝到不同风味和口感的鸡蛋了。

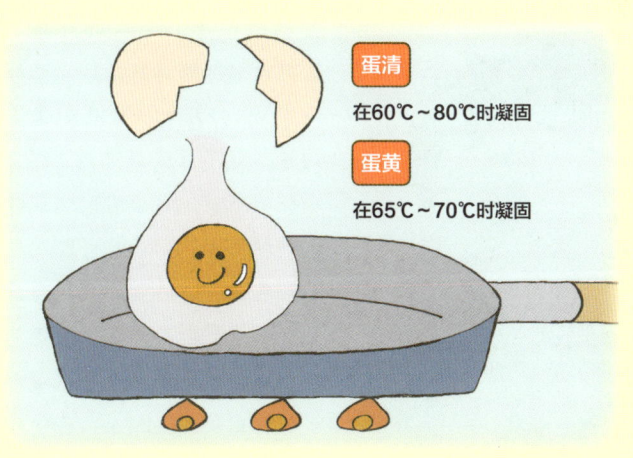

食物

第54页的答案
再生纸

小知识 还有一种让鸡蛋高速旋转，使蛋清和蛋黄混合在一起的煮鸡蛋的方法。
小测验 鸡蛋的蛋清几乎是由水和什么成分构成的？

答案在下页

55

03 为什么一碰门把手就会过电？

这与正负离子有关。

读过的日子（　年　月　日）（　年　月　日）（　年　月　日）

生活

大家是否有过这样的体验，一伸手去摸金属的门把手，手就突然被电流刺激到。或者是脱毛衣时，毛衣会"啪啪啪"地发出响声。这都是静电的"杰作"。那么静电到底是什么东西呢？

所有的物体都具有正负离子，人的身体也不例外。正离子和负离子在正常情况下数量相等，正负平衡。但是，它们的数量可以发生变化。负离子具有容易移动的特性，当两个物体发生接触或者摩擦时，正负离子就有可能发生移动的现象。当同一个物体上，正离子或者负离子其中一方的数量较多时，就出现了正负电荷不平衡的现象。特别是我们的身体，很容易出现正离子偏多的状态。当我们的身体正离子偏多时，为了返回原始的平衡状态，就需要吸引一些负离子。这时如果触摸门的金属把手，负离子就会从门把手流向人的身体，这就是静电的真实面貌。触碰门把手时移动的电流如果多的话，就不仅仅会听到"啪啪啪"的声音，还会看到火花放电的现象。

在湿润的夏季，不会经常体验到静电。那是因为电流会通过空气中的水蒸气或者汗水释放到体外。相反，在干燥的冬季，房间里很容易引起静电。为了避免电流刺激产生痛感，可以在房间里放加湿器或者养一些绿植来提高湿度。

好疼啊

啪啪啪

蛋白质

第55页的答案

⊖ 负离子从门把手瞬间转移到手上

小知识 雷电（P218）也是电流中正负离子移动所产生的现象。
小测验 在湿度较高的地方，容易引起静电吗？　A 是　B 不是

答案在下页

地球有多大，真能测量出来吗？ 04

受到木棍影子的启发，有人计算出了地球一周的长度。

读过的日子（　年　月　日）（　年　月　日）（　年　月　日）

地球·宇宙

重量 约60万亿亿吨

周长 约4万千米

　　我们居住的地球到底有多大呢？首先说重量，是$6×10^{24}$千克，约有60万亿亿吨。这真是一个让人难以想象的数字。

　　接下来说说地球一周的长度。根据测量的地方不同，长度也会有所不同。虽然我们常说地球是圆的，但从严格意义上来说地球并不是正圆的，而是稍微被压扁了的圆形。类似比橘子稍微再圆一点的形状。因此，绕南北极一周的南北周长约有40009千米，而绕赤道一周的东西周长约有40077千米，绕赤道一周的周长要稍微长一些。这个长度大约是2200万个成人手牵手的长度。

　　那么地球一周的长度又是怎么测量出来的呢？第一次测量出来的时候是距今2200年前的公元前3世纪。当时有一个住在埃及首都亚历山大城的古希腊学者，叫埃拉托色尼。有一天他在读书时，发现书中写着"在亚历山大城以南的赛恩城，夏至那天的正午，垂直立在地面上的木棍的影子会消失"。于是埃拉托色尼就在相同的时间，相同的条件下也插了一根木棍试验了一下。可是，影子却没有消失。如果地球是平的，不管在什么地方，这个影子都应该消失的。于是埃拉托色尼发现，地球是圆的。并且他还根据木棍的影子推算出从地球中心点看亚历山大城和赛恩城之间的夹角，并以此推算出地球一周的长度。他计算的结果是46250千米，这与实际的距离非常接近。埃拉托色尼是不是很厉害？

　　在科学发达的今天，我们可以利用人造卫星，通过"卫星测量法"来准确地测量出地形。

第56页的答案 B 不是

小知识 地球的重量约是81个月球加起来的重量。
小测验 埃拉托色尼第一次测量出地球的什么？　A 重量　B 周长　C 地形

答案在下页

57

05 鱼为什么会有鱼鳞？

鱼鳞分很多种，有很多功能。

读过的日子（　　年　月　日）（　　年　月　日）（　　年　月　日）

鱼类

我们如果仔细看鱼的身体表面的话，会发现有很多鳞片状的东西，这是"鱼鳞"。鱼鳞可以分为几种：鲨鱼和鲟鱼长的是"盾鳞"，这种鱼鳞有棘（jí）突部分，成分与牙齿一样；"圆鳞"主要是鲤鱼和鲑鱼的鱼鳞，呈圆形；腔棘鱼等鱼类长的是接近于菱形的"硬鳞"；"栉鳞"则常见于鲈鱼，在鱼鳞的外侧密生细齿。鱼鳞的存在价值是什么呢？

构造可以使鱼很容易前进，不容易被水流冲走。

此外，在鱼身体的两侧从鳃盖骨到鱼尾有一条"侧线"（P36），在侧线上的鱼鳞有孔，鱼可以通过这条侧线来感知水流。所以鱼类在游的过程中能够避免撞击同伴或者障碍物（P348）。看来鱼鳞的作用还真是挺大的。

鱼在成长的时候，会在鱼鳞上留下纹

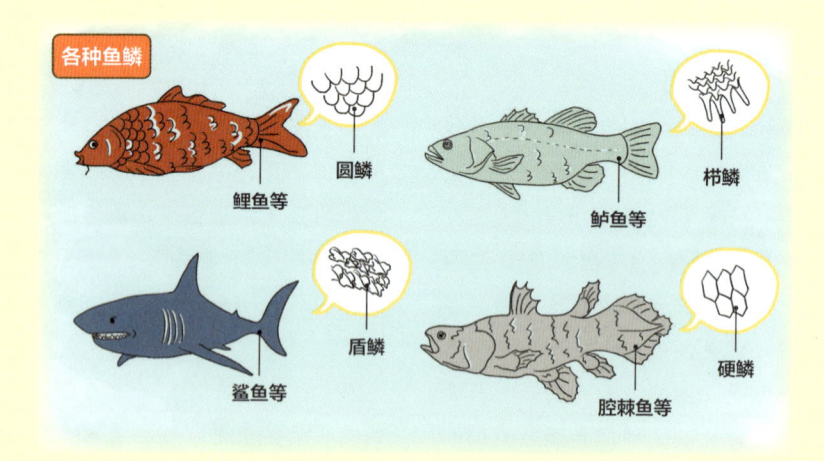

各种鱼鳞

鲤鱼等 —— 圆鳞
鲈鱼等 —— 栉鳞
鲨鱼等 —— 盾鳞
腔棘鱼等 —— 硬鳞

首先，鱼鳞像盾牌一样，可以保护鱼类身体免受疾病和外敌的侵害。其次，可以储存钙质等营养成分。当血液中的钙质不足时，可以从鱼鳞中释放出钙质来补给身体。最后，有了鱼鳞，鱼就可以在水中游得更加畅快自在。如果用手从头部摸向尾部的话，鱼身很光滑，如果反向摸的话，就会感觉到鱼鳞的阻碍。所以鱼鳞的这种

路。如果是圆鳞的话，在鱼鳞上面就会形成如同树木年轮（P21）一样的圈状纹路。当鱼成长缓慢或者水温较低时，鱼鳞也成长缓慢，纹路的间距就会变窄，这样就可以通过纹路了解鱼的大致年龄。

第57页的答案　B 周长

小知识 刺鲀（P127）的刺其实是鱼鳞演变而来的。
小测验 平时储藏在鱼鳞中，一旦血液中供给不足就会释放出来的营养成分是什么？

答案在下页

58

从什么时候开始有导盲犬的？

06

第一次训练导盲犬可以追溯到200年前。

读过的日子（　　年　　月　　日）（　　年　　月　　日）（　　年　　月　　日）

动物

我们将协助盲人进行日常活动的狗叫作"导盲犬"。大家应该也见过这种带着牵引绳、架着导盲鞍的狗吧。被训练过的导盲犬走在盲人的旁边，如果发现障碍物它会带主人绕开，如果发现危险也会通知主人。当要通过人行横道时，它会在人行横道处停下。因为狗的眼睛分不清楚颜色，无法辨别信号灯，所以只有主人（导盲犬的使用者）开始迈步时，它才会跟着继续走。主人可以自主地通过周围人开始过马路的声音或者语音信号来判断红绿灯是否发生变化。现在日本的导盲犬通过半年到10个月的训练，可以为盲人提供8年的服务，按照人类的年龄来换算，它们会工作到60岁左右。

那么，导盲犬到底是从什么时候开始有的呢？据说狗大约从公元前就开始为人类服务了，历史十分久远。在意大利的古代城市壁画和中国古代画卷上都有相关的内容。据说狗与人类自2万年前就开始友好相处，它们的祖先从那时开始就跟随在人类的身边。

1819年，第一只导盲犬是在维也纳由一个叫约翰·威廉·克莱因的神父训练出来的。一战结束后，在德国开始进行真正意义上的导盲犬训练。主要是为了帮助在战争中眼睛失明的军人。日本首次引进导盲犬是在1938年。美国的一个年轻人带着导盲犬旅游，途中经过日本。以此为契机，日本在第二年从德国进口了4条经过训练的导盲犬。后来，在日本受过训练的一条国产导盲犬"酱皮"诞生。1967年，日本设立了导盲犬协会。

现在还有专门照顾手脚不方便的人的"陪护犬"、专门照顾听力不好的人的"导听犬"、在受灾现场执行搜救任务的"搜救犬"等，很多类型的狗在为我们人类的生活提供着帮助。

第58页的答案：钙质

小知识 退役的导盲犬将会送往训练机构或者普通家庭。
小测验 帮助听力不好的人的狗叫作什么？

答案在下页

59

07 为什么会起鸡皮疙瘩？

动物为了保持体温而隐藏的窍门。

读过的日子（　年　月　日）（　年　月　日）（　年　月　日）

身体

当我们觉得寒冷时，看看自己的胳膊，会发现皮肤的汗毛都竖起来了，还起了一层小疙瘩，这简直就像拔了毛的鸡皮一样，所以叫"鸡皮疙瘩"。人类的皮肤上长了很多细小的汗毛，每根汗毛的根部都有一块叫作"立毛肌"的肌肉。这块肌肉一遇冷就会收缩，而这一行为却与我们的思想意识没有什么关系。遇冷后，毛孔闭合，本是倾斜在皮肤上的汗毛就会竖起来，而且毛孔周围的皮肤也会鼓起来，皮肤看起来都是小疙瘩，这就是鸡皮疙瘩。

为什么会起鸡皮疙瘩呢？那是因为需要保持体温。身体长满毛的动物或者长满羽毛的鸟类，将毛竖起来以后，在毛与毛中间的空隙形成空气层，再加上毛孔闭合，热量就不容易散发出去，这样就可以保持体温。

可是在漫长的进化历史中，人类皮肤表面覆盖的那层毛已经退化掉了，所以毛孔闭合时只能看到鸡皮疙瘩，却不能像其他动物一样有效地保持自己的体温。但是人类可以通过调节血管来保持体温。在感觉到寒冷时，人类的大脑就会向身体发出指令，血管会收缩。这样流淌在身体里的血液量减少，可以防止热量散发到体外。另外，在感觉到寒冷时，人会全身哆嗦，其实这也是人的身体在体温下降时，通过抖动肌肉带动身体抖动，以此来制造热量提升体温的一种自然反应。在肌肉发抖时，皮肤表面的毛孔和血管都会收缩。

人在小便时身体也会发抖，这是因为体内的热量与排出体外的尿液一起散发，身体发生自然反应，想要通过抖动来维持体内的热量平衡。

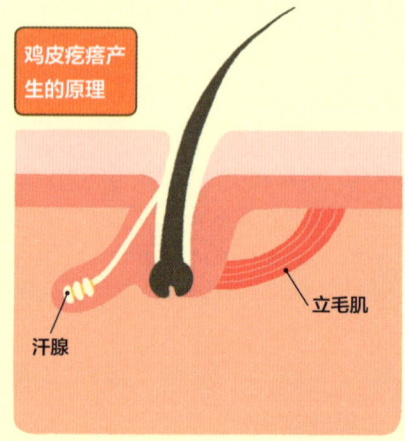

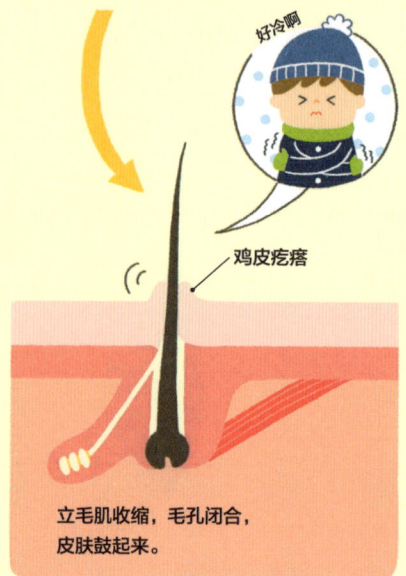

鸡皮疙瘩产生的原理

立毛肌

汗腺

好冷啊

鸡皮疙瘩

立毛肌收缩，毛孔闭合，皮肤鼓起来。

第59页的答案：导听犬

小知识 不仅在寒冷时，当害怕、生气时，人也会起鸡皮疙瘩。

小测验 人类在感到寒冷时，是按照自己的意识使汗毛竖起来的吗？　A 是　B 不是

答案在下页

60

为什么铅笔字可以用橡皮擦掉？

用铅笔写出来的字其实是……

08

读过的日子（　　年　　月　　日）（　　年　　月　　日）（　　年　　月　　日）

工具・物品

大家都知道，用铅笔写在笔记本上的字可以用橡皮擦掉，可是为什么能擦掉呢？

纸张是由纤维集结在一起而形成的（P54），表面其实有细小的凹凸不平。当我们用铅笔写字时，笔尖被这些细小的凹凸阻碍和削割，会变成细腻的粉状物。这些细粉进入到纸张的坑洼中，就是我们看到的用铅笔写出来的字迹。

橡皮可以从纸张上将这些铅笔产生的细粉剥离开来。

通过摩擦，橡皮能从纸张的坑洼中将铅笔粉末扒出，并吸附在橡皮表面。这样，写出来的字就消失了。

橡皮可以一边将纸张中残留的铅笔粉末吸附上来，一边清除本身的污垢。清洁后的橡皮又继续吸附铅笔粉末，如此反复。

从橡皮上分离出来的表层物质叫作"橡皮屑"，里面包着铅笔的黑色粉末。

以前没有橡皮时，人们将面包团在一起来擦铅笔字迹。1770年，英国的科学家约瑟夫·普利斯特里利用从橡胶树上提取的天然橡胶发明了橡皮。后来，日本的文具厂商研发了塑料制品的橡皮擦，这比橡胶制品的橡皮擦效果更好。

目前，几乎所有的橡皮都是以石油为原材料的塑料制品，里面还添加了能够更有效吸附铅笔粉末的药物。

用铅笔写字的原理

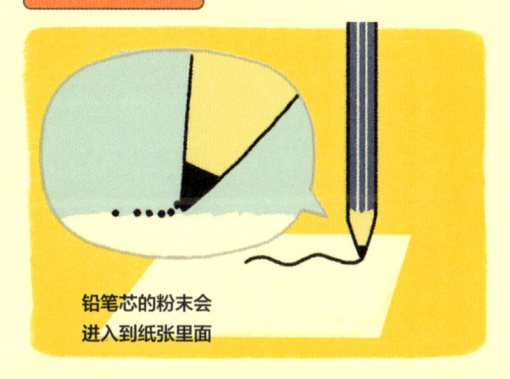

铅笔芯的粉末会进入到纸张里面

橡皮能擦掉字迹的原理

橡皮可以包裹住铅笔芯的粉末

第60页的答案
B 不是

小知识 磨砂橡皮通过打磨纸张的表面可以擦掉圆珠笔的笔迹。
小测验 在没有橡皮的年代，人们用什么来去除字迹？

答案在下页

61

09 为什么仙人掌全是刺？

为了不让水分流失。

读过的日子（　　年　月　日）（　　年　月　日）（　　年　月　日）

植物

仙人掌不仅外形奇怪，还有尖尖的刺。它究竟是什么植物呢？

也许有的人的家里也有养仙人掌，几乎所有仙人掌的原产地都是北美洲大陆和南美洲大陆。大多数仙人掌生活在干燥的沙漠地带，也有少数品种生活在热带雨林或者岩石上。

为了能够在干燥的不毛之地生存下去，仙人掌的茎部会长得很大，这样就可以储存大量的水。像仙人掌这样有较为肥大的肉质茎的植物叫作"多肉植物"，除了仙人掌，常见的类似植物还有芦荟。

一般仙人掌的茎有既粗又长的形状，有像蒲团一样扁平的圆形，还有像圆球一样的形状，等等。

那么，仙人掌的叶子长在什么地方呢？其实仙人掌的刺就是由它的枝条进化而来的。

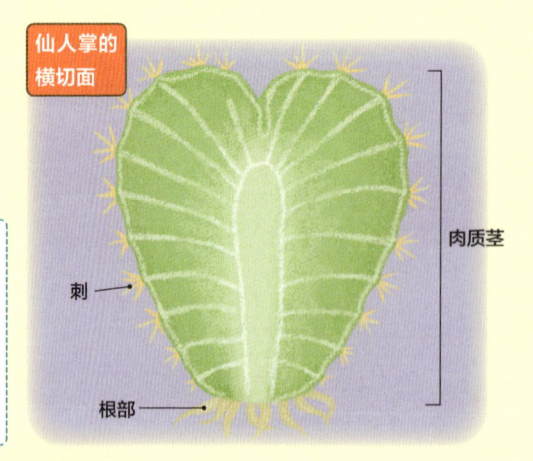

仙人掌的刺主要是为了在干旱地带防止体内的水分蒸发而形成的。例如在很多植物的叶片背面会有一些"气孔"，这是空气和水分的通道。但是仙人掌的刺上却没有气孔。

仙人掌的气孔长在肉质茎的表面，只在夜间打开。而且为了防止水分流失，气孔并不是很多。

另外，仙人掌的刺还可以保护自己免受动物的侵害。这是因为在沙漠中，有的动物为了寻找水分，会想吃掉仙人掌。

仙人掌的横切面

- 肉质茎
- 刺
- 根部

第61页的答案：面包

小知识 仙人掌的气孔长在肉质茎上，所以光合作用也是由肉质茎来完成的。

小测验 像仙人掌这样的植物叫作什么？　A 多肉植物　B 果肉植物　C 果实植物

答案在下页

62

为什么要洗澡？

如果不洗澡会怎样？

读过的日子（　　年　　月　　日）（　　年　　月　　日）（　　年　　月　　日）

在你洗澡时，有没有注意到把搓完身体的洗澡巾放到洗面台的热水里以后，水面上会浮出一些白色的垃圾一样的东西？或者在家人洗完澡后的浴缸里，如果仔细看的话，好像也漂浮着一些发白的东西。其实那是我们身体的"污垢"。

人类皮肤最外面一层的细胞总是在不断更新。废旧的细胞被新生细胞排挤，就会不断浮出皮肤表层，死掉的老旧细胞会形成"角质层"（P298），堆积在皮肤表面。时间一长，角质层就会以污垢的形式脱落。

新生细胞变成角质层需要大约两周的时间，角质层以污垢的形式脱落还要再花上两周的时间。

虽然因人而异，但是一个人一天产生的污垢量大约有6～14克。

洗澡的话就可以将这些污垢、汗液及从身体分泌出的油脂等冲洗干净，会让人感觉非常清爽。

相反，如果不洗澡的话，皮肤上就会积攒很多污垢，汗液的出口以及毛孔会被堵塞，就会容易产生细菌和霉菌，甚至会导致生病。

近几年开始，有人只是冲个淋浴就完事了，可是用浴缸泡澡却有很多好处呢。

如果用浴缸泡澡，稍微泡一会儿就会全身发热，而且会出汗，那是因为血流变得畅通了。血液要缓缓地流淌到全身，这样不但会觉得温暖、舒服，而且还会排出一些积攒在身体里面的废物。

晚上，如果暖和一下身体，睡眠质量会得到提高，第二天醒来时也会神清气爽。泡澡的确是一件有益身心、好处多多的事情呢。

身体

第62页的答案
A 多肉植物

小知识 在洗澡时之所以身体会发热，是因为血管扩张将热量传递到了全身。
小测验 皮肤上的老旧细胞脱落以后会变成污垢。　A 正确　B 错误

答案在下页

11 乌龟为什么经常一动不动？

为了防止生病而晒太阳。

读过的日子（　年　月　日）（　年　月　日）（　年　月　日）

水生动物

在天气好的时候，大家是否看过河边或者水池边的乌龟伸长脖子一动不动？其实这是乌龟在晒日光浴，俗称"晒壳"。它们为什么要晒壳呢？

乌龟是"变温动物"，它们的体温不能维持在一个稳定的温度上，所以它们需要借助太阳的热量来调节体温。乌龟壳像人类的指甲一样，是既硬又薄的一层，覆盖在身体上。在壳的下面有毛细血管，充分晒壳可以改善血液循环，这样可以快速提升体温。另外，乌龟无法从食物中摄取维生素D，维生素D可以促进钙质吸收，在龟壳和骨骼成长时是不可或缺的营养成分。所以，乌龟会有效利用阳光中的紫外线。首先乌龟会摄取维生素D原，然后通过紫外线的照射，可以在体内转换成维生素D。如果摄取维生素D不足，就会影响钙质吸收，龟壳就会变软或者发生弯曲的病变。此外，紫外线可以将身体晒干，并且杀掉寄生在皮肤上的寄生虫和病菌等，可以防止生病。如果得不到紫外线的照射，乌龟的龟壳和身体上就会长毛。为了避免这种现象发生，日光浴对于乌龟来说是非常重要的。

在家里或者教室里养乌龟时，千万不要忘了让乌龟晒太阳。有时候玻璃会阻碍紫外线的照射，所以应该让阳光直射乌龟的龟壳。当然，在晒壳时，还要注意不能让温度过高，因为乌龟也会中暑（P244）。养乌龟的水槽，不仅要放在阳光直射处，还应设计一个能遮阴且通风的地方。

第63页的答案　A　正确

小知识 在比喻长寿的时候可以说"千年鹤，万年龟"。
小测验 乌龟无法从食物中摄取的营养成分是什么？

答案在下页

64

巧克力是谁发明的？

最初的巧克力既辣又苦，是一种叫作"巧克力特尔"的饮料。

读过的日子（　　年　　月　　日）（　　年　　月　　日）（　　年　　月　　日）

12

想必大家都知道香甜可口的巧克力是由一种叫作"可可豆"的树木果实的种子制成的。可可饮料也是用的相同的原料。可可豆的果实叫作"可可果"，长度大约有20～30厘米，形状有点像橄榄球。在可可果里，大约有20～60粒种子，而这就是可可豆。

那么究竟是谁在什么时候发明了将可可豆做成巧克力的方法呢？可可豆在距今约4000年前主要在墨西哥和危地马拉一带种植。在那个时期，巧克力不叫巧克力，而是叫作"巧克力特尔"。它是一种能够使人精神振奋的饮料，而且被视为珍品。只有国王和身份高贵的人才能喝到。可是，那个时候的巧克力与现在截然不同，又辣又苦。因为里面放了很多辣椒之类的调料，像现在这样的巧克力，是在很久以后才出现的。

据记载，在1502年，克里斯托弗·哥伦布从玛雅商人那里得到了可可豆。1519年，西班牙人埃尔南多·科尔特斯和士兵一起在墨西哥登陆时，受到款待，喝过巧克力特尔。几年后，科尔特斯将可可豆带回西班牙，可可豆被视为珍贵的饮品，甚至有时候可以代替钱来使用。后来人们在巧克力里面加上砂糖和香草、桂皮等香料，使巧克力广泛流传到欧洲各地。

现在用来吃的巧克力是由英国人约瑟夫·弗莱在1847年发明的。日本最早在1878年，由米津风月堂将巧克力的原料引进并进行加工和销售。

自此以后，全世界很多人都可以吃到巧克力，巧克力的做法和味道也在不断改良。于是就有了现在各种各样顺滑好吃的巧克力。

发明·发现

第64页的答案：维生素D

小知识 白色巧克力是由乳白色的可可脂做成的。
小测验 巧克力是由什么树木果实的种子做成的？

答案在下页

65

13 动物会在什么情况下生气？

动物与我们人类生气的时候不一样吗？

读过的日子（　年　月　日）（　年　月　日）（　年　月　日）

来自故事《生气的猴子金妮》

西顿动物记

（动物会突然生气，这是为什么呢？这是西顿撰写的动物园饲养员约翰·伯纳密和猴子金妮的有关友情的故事。）

有一天，在伯纳密的移动动物园里，来了一只雌性印度灰叶猴。关猴子的笼子被贴上了"危险"的标签，因为只要有人想要靠近笼子，这只猴子就会在笼子里一下子猛扑过来，横冲直撞。为了把笼子里的粪便掏出来，饲养员会把棍棒伸入笼子里，猴子就会抓住棍棒，用牙把棍棒咬得一塌糊涂。饲养员队长伯纳密对饲养员们说过："不要忘了对待它们要像对待人类一样啊。"

大家都不在的时候，伯纳密在笼子旁边蹲了下来，慢慢地和猴子说起话来。

"你好吗，金妮？"

"金妮"是伯纳密不经意间想出来的名字。

"金妮，你和我必须要成为朋友。"

伯纳密温柔地安抚道。在这之前，伯纳密为了不让猴子受到惊吓，手脚都没有动一下。被赋予金妮这个名字的猴子，开始是用很凶恶的眼神瞪着伯纳密，后来就慢慢平静下来了。就在这个时候，突如其来的风差点把伯纳密的帽子吹掉，伯纳密急忙伸出手把帽子按住。于是，金妮的身子抖动了一下，并且开始大声哀号。

"我明白了。看来，你以前是被人欺负过啊。"

伯纳密仔细地观察了金妮的身体，发

第65页的答案　可可豆

66

现原来到处都有可怜的伤痕。

　　金妮是从很远的国家用船运送过来的。一定是晕船，再加上没有可口的饭菜，应该受了很多委屈。所以，只要有人接近举起手，它会觉得又要挨打了，就会开始嚎叫。

　　伯纳密开始慢慢地赢回金妮的信任。看见饲养员对金妮束手无策，伯纳密会温柔地和金妮说："金妮，我们都是你的朋友，想要让你幸福地生活。"

　　于是，金妮就安静了下来，爬到高高的架子上。用害怕的表情注视着伯纳密。它好像在想，伯纳密好像与以前遇到的人有些不一样。不久后，金妮就被转移到了有其他猴子的大笼子里。伯纳密只能尽量多去看看金妮，并且尽可能温柔平和地和它搭话，而且每次都会带一点好吃的过去。不久，金妮就变得每天都很期待伯纳密的到来。最终，金妮和伯纳密成了好朋友。

　　（这个故事一直都没有结束。金妮能够在客人面前表现得很开朗，它成了非常受欢迎的猴子。伯纳密耐心地花费时间，打开了金妮的心扉，这样大家都可以去接近金妮。动物和人一样，如果对它们做了过分的事情，它们就会生气。但是，如果用温柔的心去接近它们，它们也会回报我们的一片真心。）

小知识 猴子生气时会将身体重心下移，露出牙齿并大声嚎叫。
小测验 金妮和伯纳密最后成了好朋友。　A 正确　B 错误

14 东西为什么会自上而下降落呢？

有一个人研究了作用在物体上的力，并推动了科学的发展。

读过的日子（　　年　　月　　日）（　　年　　月　　日）（　　年　　月　　日）

传记

艾萨克·牛顿（1642－1727年）

艾萨克·牛顿出生在英国的一个小村庄里。父亲在他出生3个月前就去世了，不久后母亲另嫁他人。牛顿在外祖母家长大，少年时期是个略显忧郁的孩子。

也许正因如此，牛顿经常一个人埋头思考问题，对于自己看到的不可思议的事情，他经常会想"为什么会是这样？"

牛顿开始对自己不知道的事好奇，想要知道得更多，学得更多。他通过学习积累了很多知识，有时也会自己做实验。

后来，牛顿进入了英国的剑桥大学学习，继续努力研究。他在有关光和颜色的研究以及数学定律的发现中取得了成就。特别是"万有引力定律"的发现，给科学界带来了很大的影响。

物体自上而下降落的现象是"重力"造成的，这是因为被地球所吸引。这件事在当时已广为人知。

牛顿认为"不仅限于地球上的东西，离地球很远的月球及其他天体，也受到了重力的影响"。牛顿为了证明这个想法的正确性，进行了计算验证。由此推导出"所有的东西都存在着互相吸引的力量"这一定律。这就是看到苹果落下而想到的"万有引力定律"。

这个定律和牛顿发现的几个其他的定律一起被收录在《自然哲学的数学原理》这本书中。《自然哲学的数学原理》的问世，使我们身边发生的各种各样的现象都变得可以解释了。即使是在几百年后的今天，也依旧是科学思考问题的基础。

第67页的答案　A 正确

小知识　牛顿根据对光与颜色的研究，还发明了"反射望远镜"。

小测验　牛顿认为具有吸引物体力量的只有地球。　A 正确　B 错误

答案在下页

为什么活着的生物迟早会死？

在身体中发生了什么呢？

读过的日子（　　年　　月　　日）（　　年　　月　　日）（　　年　　月　　日）

15

大家也许有人会因为亲近的人或者宠物的死去而感到悲伤吧。除了单细胞的细菌，绝大多数生物迟早都会死去。人类也和其他动物一样，也一定会迎来死亡。有上年纪而死去的，也有英年早逝的。而且，死亡的原因有很多种，比如生病、事故等。

我们人类和动物的身体都是由好几十万亿个细胞组成的。一方面，细胞每天在身体中反复地分裂并形成新的细胞。另一方面，完成使命的细胞在破裂后死去。像这样在身体中有秩序地反复进行新细胞的生成和老细胞死去的变化，才可以说是"活着"。

然而，由于生病或者事故，一部分细胞会发生无法进行生死循环的情况。如果这种细胞在全身扩散的话，就会导致"死亡"。

有科学家认为，如果没有生病和事故的话，人类能活到120多岁。但是，几乎没有人能活到120多岁。

从出生到死亡的这段时间，可以称之为"寿命"。2011年日本人的平均寿命是83岁。日本可以说是能够与瑞士、圣马力诺等国家相匹敌的世界上最长寿的国家。

其中最为重要的原因是，日本传统的饭菜基本上都是以蔬菜为主有益于健康的饮食。其次大多数人都能接受医疗服务。

野生动物的寿命与其体型大小相比的话，大型动物通常比小型动物生存的时间要长。

体重只有30克左右的小家鼠的寿命是2～3年，但是体重有4吨重的大象，寿命大概是60～80年。有记录表明，重达60～100吨的北极鲸，最久能活200年。

而人类依靠生活环境的改善和医疗的进步，比起沉重的大象，能生存更长时间。

身体

第68页的答案：B 错误

小知识 大脑停止工作并且无法康复的状态叫作"脑死亡"。
小测验 我们将生命从出生到死亡的这段时间叫作什么？

答案在下页

69

16 母牛每天都产奶吗?

与人类一样,母牛的产奶时期是固定的。

读过的日子（　年　月　日）（　年　月　日）（　年　月　日）

动物

我们将为了获取牛奶而饲养的牛叫作"奶牛",奶牛以荷斯坦牛、娟姗牛为首,有5个品种。

大家都在喝的牛奶,是母牛产的奶。与人类一样,母牛如果不生牛宝宝的话,是产不出奶的。因此农户为了让牛产奶,需要帮助母牛怀孕。

牛宝宝出生以后,牛妈妈会产10个月的奶。在这期间只有最初的5～7天的时间,牛妈妈的奶是喂给牛宝宝的。之后,就是用人工的牛奶喂养。除去一周之内喂给牛宝宝的奶,剩下的9个月零3周左右的牛奶会被人挤走。出生两个月的牛宝宝和大牛吃的食物就一样了,主要是吃干草和玉米等。接下来它们会受到精心的培育,

如果是小母牛,出生后1年左右就可以生牛宝宝。它们需要借助人的帮助来怀孕,大约10个月后会生下牛宝宝。所以,母牛从生下来到成为牛妈妈需要两年的时间。生下牛宝宝的母牛,开始产奶,2～3个月以后,在人为的帮助下再次怀孕,这样一边产奶一边养肚子里的牛宝宝。从第一次产奶开始,经过10个月以后产奶量下降,便会进入休息期,为接下来的生产做准备并恢复体力,这是个非常重要的时期。

为了能够让奶牛一边怀孕生子,一边持续产奶,农户会倾注满满的爱来饲养奶牛。一头母牛一年的产奶量为8000～9000升,用1升装的盒子可以装9000盒。

第69页的答案 寿命

小知识 在很久以前,人类除了喝牛奶还会喝绵羊奶或者山羊奶。
小测验 为了获得牛奶而饲养的牛叫作什么呢?

答案在下页

70

白天时星星和月亮在哪里呢？

实际上它们白天时也在天空中闪闪发光。

读过的日子（　　年　月　日）（　　年　月　日）（　　年　月　日）

我们总会感觉在夜空中闪烁着的繁星和悬挂着的月亮总是在夜幕降临时一起出现在天空。但其实它们并不是突然出现在夜空中，即使是白天它们也一样存在于天空上。只是因为太阳的光芒过于耀眼而看不到它们的存在。地球的形状近似于一个圆球，一天转一圈，这种转动被称为"自转"（P224）。自转时，在地球上太阳光照射到的地方是白天，背阴处是黑夜。白天和黑夜非常有规律地按照这样的方式反复进行交替。自转时在地球周围的宇宙中，有很多星星闪闪发光。

那么，为什么夜晚会看到星星而白天看不到呢？

在白天的天空，空气中的灰尘和水蒸气的颗粒把太阳光散射出来，就会有明亮的光线。这时，天空中的星星也在发光，只是输给了太阳的光辉，光线很弱的星星是不能被看见的。另外，我们的眼睛在明亮的地方为了不让光芒过度地进入眼睛里，瞳孔会变小。相反的，在光线暗的地方，为了获得更多的光芒，瞳孔会变大。有时从明亮的地方突然到了阴暗的地方，刚开始会看不到东西，后来瞳孔慢慢放大，光线一点点进入眼睛里就可以看见东西了。在我们的身体中，存在着这种为了保护眼睛而调节光线亮度的构造。因此，在明亮的白天，为了不让光线过度地进入眼睛里，瞳孔会缩小。所以，人们很难看到光线弱的星星。而由于月亮受到太阳的光芒照射，比星星更加明亮闪耀，所以人们会在拂晓和白天看到月亮。

地球·宇宙

第70页的答案：奶牛

小知识 因为金星比其他的星星明亮一些，所以在黎明前的东方和傍晚的西方天空能看到金星。

小测验 月亮比天空中能看到的星星要暗淡一些。　A 正确　B 错误

答案在下页

18 为什么新干线的车头是尖尖的?

为了能够快速行驶,新干线的车身凝聚了人们很多的心血。

读过的日子(年 月 日)(年 月 日)(年 月 日)

交通工具

新干线开通于1964年东京奥运会的时候。当时被称为"0系列"的新干线的最高速度是每小时210千米。车身笔直无曲线造型,像鼻子一样长长的车头部分大约有5米。新干线一直都在不断挑战新目标,即"如何将客人快速、舒适、安全地送到目的地"。

700系列、800系列、E5系列等最新型的新干线的车头部分能够达到10~15米以上,到处都有凸起和凹陷的部分,形状复杂。那么,把车头部分做成像长长的尖尖的鼻子一样的形状是为什么呢?这是为了减少空气阻力,可以使它以更快的速度行驶。另外,这也是为了在行驶时减少噪音。特别是能够有效地减轻进入隧道时"轰"的一声巨响。

新干线除了设计车头,为了提速在其他地方也想了很多办法。比如,车身用铝这种轻金属制造。如果从侧面看,它就像一个箱子,被"Z"字形的骨架支撑着。正因如此,形成了又轻又结实的车体。在车身和底架之间,有一个叫作"空气弹簧"的装置,一般来说在转弯时,为了保证安全需要减速,但因为空气弹簧的力量可以迎合弯度,会使车体向内侧倾斜,所以可以不用减速便可快速通过。这种改良已经使用在模型或实体车上,需要借助电脑来运行,但此项研究仍在继续进行。

目前,在日本行驶速度最快的新干线是东北新干线的"隼鹰号"和秋田新干线的"小町号"。这两列新干线的最高速度都是每小时320千米。隼鹰号的车头部分有15米,小町号的车头部分也有13米长。在隼鹰号和小町号中间放上能够衔接车辆的连接器,可以一起行驶于东京和日本的东北地区之间。

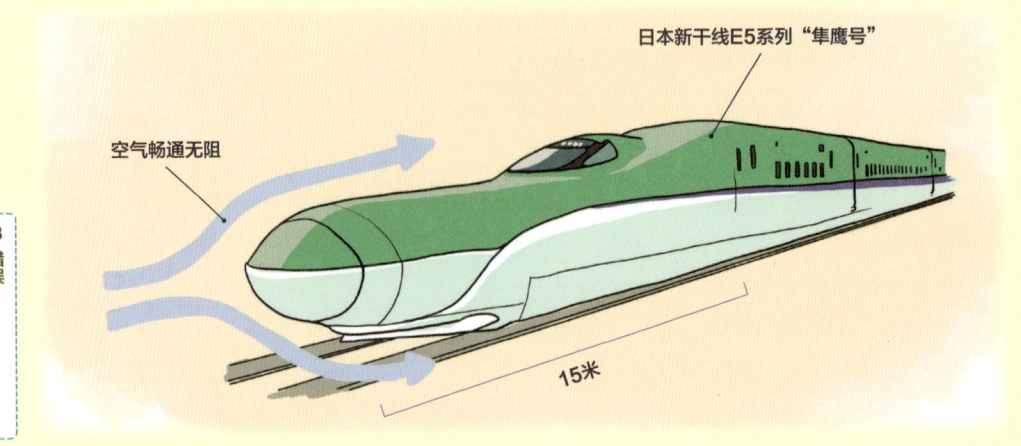

第71页的答案 B 错误

空气畅通无阻　　日本新干线E5系列"隼鹰号"

15米

小知识 磁悬浮列车利用电磁石的力量运行。它是一种超高速的新干线。
小测验 新干线的车头之所以尖尖的,是为了防止撞到隧道上。　A 正确　B 错误

答案在下页

72

为什么把土豆放置不管就会长芽呢？

19

这是因为土豆中含有丰富的营养。

读过的日子（　　年　　月　　日）（　　年　　月　　日）（　　年　　月　　日）

植物

　　炸土豆丸子、土豆炖牛肉、炸薯条之类由土豆做成的食物，在我们的日常生活中经常能吃到。在家里，平常也可能会买来进行储存。那么，大家有没有看到过从土豆坑坑洼洼的地方，长出又白又粗的东西呢？那是土豆的"芽"。既不用把土豆放在土里种植，也不用给它浇水，仅仅只是把它放在那里，就会长出芽来。这是为什么呢？

　　这是因为在土豆中，含有非常丰富的营养。实际上，土豆不是植物的果实或者根部，而是植物的"茎"。埋在地下的土豆的茎，为了生长而储存营养直到长大变成土豆。因此，不断吸取储存下来的营养，土豆芽就会顺利地生长出来。在培育土豆时，不是用种子，而是把被称为"土豆种子"的土豆直接栽种、育苗。把用作种子的土豆切为两半，将切口向下种植在土中，就会从切口处长出芽和根。随着它不断地生长，不久就能从土壤中长出许多土豆。

　　在用土豆做菜时，一定要把芽去掉。这样做是因为芽的部分有一种叫作"茄碱"的毒素，一旦吃到它就会引发头痛、恶心、腹痛等症状。埋在土壤中的土豆很少被鸟类和其他动物吃掉，但是露出地面的土豆芽就有可能遭受危险。为了避免自己的芽被吃掉，土豆会在芽的部分形成毒素。土豆有时也会结出红色圆形的果实，有点像小番茄，但是土豆的果实也有毒，所以不能食用。土豆能吃的部分只有平时大家都在吃的块茎部分。

第72页的答案 B 错误

小知识 土豆是植物的块茎，而红薯却是植物的根，里面储存了大量的营养物质。
小测验 藏在土豆芽里面的毒素叫作什么？

答案在下页

73

20 孩子为什么会像爸爸或像妈妈？

通过豌豆实验可以揭开孩子长得像父母的秘密。

读过的日子（　　年　　月　　日）（　　年　　月　　日）（　　年　　月　　日）

传记

格雷戈尔·约翰·孟德尔（1823－1884年）

一般来说孩子和父母长得都很像，兄弟姐妹之间也很像。但是在兄弟姐妹中，有的长得像爸爸，有的长得像妈妈，大家各自都有自己的特征。我们将这种子女传承父母各种特征的情况称之为"遗传"。发现这种遗传规律的是格雷戈尔·约翰·孟德尔。

孟德尔出生在奥匈帝国（现为捷克）一个小村庄的农民家庭。他在大自然中成长，从小就与牛羊等动物接触，并且经常会吃到好吃的水果。可是比起在自家果园里帮忙，孟德尔更喜欢在学校学习。于是他就进入了基督教的修道院做了牧师。他一边学习、工作，一边利用空余时间研究自己喜欢的植物，并且他依靠修道院院长的帮助，获得了到维也纳大学留学的机会。孟德尔通过留学懂得了"如果要揭开大自然的谜底，就要大量收集数据，以数字来说明问题"的研究方法，并且了解到"无论是动物还是植物，都是由很多叫作细胞的像小房间一样的物质聚集在一起实现生命体的各种功能"。于是孟德尔想，应该有一个重要的法则在支持生命体的各种功能。留学结束后，孟德尔回到修道院就立刻投入到实验中。他在修道院的一角种上了豌豆，并借此来研究"究竟什么样的父母会生出什么样的孩子"。

首先，孟德尔将连续几代都只能结出圆润的"圆豆粒"和连续几代都只能结出皱巴巴的"皱豆粒"的豌豆进行杂交，结出来的豌豆粒都是"圆豆粒"。

孟德尔又将这些"圆豆粒"再次进行杂交，对第三代豌豆进行观察。于是出现了很有意思的现象。第二代"圆豆粒"杂交后的下一代开始同时出现"圆豆粒"和"皱豆粒"，它们的比例是3∶1。

孟德尔还将其他不同颜色、茎蔓高度不等的各种豌豆进行杂交，跟踪调查它们的形状、结豆数量，并极有耐心地记录了下来。

于是他发现，无论哪种杂交都与当初

第73页的答案　茄碱

父母　圆豆粒　皱豆粒
孩子　圆豆粒　圆豆粒
孙子　圆豆粒 3 : 1 皱豆粒

的"圆豆粒"和"皱豆粒"的实验一样，到了第三代就会以3:1的比例出现不同的豆粒。而且这种实验反复做了多次，结果都是一样的。

于是他发现了有关遗传的规律，他认为父母会将自己的特征混合后遗传给孩子，孩子也会显现出父母的特征，而到底显现谁的特征则具有偶然性。并且他通过实验弄清了父母在遗传基因的时候，有容易遗传的部分（显性性状）和不容易遗传的部分（隐性性状）。所以说"到底是像妈妈还是像爸爸并非偶然，而是根据显性性状和隐性性状的组合，按照一定的规律形成的现象"。

1865年，孟德尔将这份研究成果以论文的形式公开发表，但是在当时并未受到人们的关注。受人尊敬的孟德尔后来成为修道院的院长。虽然他没有继续研究下去，但是对于自己有关遗传的研究成果，他自己还是非常满意的。他对身边的人说"总有一天大家会认可它的"。

1900年，荷兰、德国、奥地利的科学家分别对孟德尔的遗传法则进行了重新认识。他的研究成果终于被全世界所认可，可这已经是孟德尔去世16年以后的事了。

小知识 即使是现在，人们也仍旧在研究遗传基因，这对遗传基因和疾病的治疗起着至关重要的作用。
小测验 在父母的特征里，既有易遗传给孩子的部分，也有不易遗传给孩子的部分。A 正确　B 错误

21 蚂蚁洞里面是什么样的？

有好多个房间，里面生活着很多分工不同的蚂蚁。

读过的日子（　年　月　日）（　年　月　日）（　年　月　日）

虫类

蚂蚁是一种在地面或者树木上建造洞穴并进行群居生活的小生物。以在日本较为常见的日本弓背蚁来说，在一个洞穴中生活的蚂蚁个数大约有2000只。在地面建造的洞穴分为王宫、卵室、食物储藏室等，房间之间靠通道连接。蚁后只有一只，不仅体格较大而且有翅膀。一旦交配后，蚁后就会脱落翅膀建造洞穴，建好后每天都在洞穴里产卵。由卵孵化而成的大量工蚁都是雌性蚂蚁，但是它们并不产卵。它们负责外出寻找食物或者在洞穴中照顾蚁卵和幼虫。

日本弓背蚁会在自己的洞穴中照顾黑灰蝶的幼虫，以此获取其幼虫身体分泌出的甜汁液。当工蚁增加到一定数量时，将会诞生新的蚁后和雄性蚂蚁。这种雌性蚁后虽然和工蚁一样，也是由蚁卵孵化而来的，但是在它小的时候会获得很多食物，身体比一般蚂蚁要大，而且会长出翅膀。而雄性蚂蚁与工蚁不同，它是由没有受精的蚁卵孵化而成的。在洞穴中诞生的这种雌性蚂蚁和雄性蚂蚁长大后会离开洞穴，建造新家。雄性蚂蚁在利用价值结束后会立即死去，蚁后会独自一人建造洞穴产卵并精心抚养后代。蚁后产下的卵又变成工蚁，并且洞穴会进一步扩大。

日本弓背蚁的蚁后大约能活10～20年，期间大约会产下10万枚卵。而工蚁的寿命大约只有1～2年。

日本弓背蚁的洞穴

- 蛹室
- 幼虫室
- 黑灰蝶幼虫室
- 食物储藏室
- 卵室
- 王宫
- 雄蚁室

第75页的答案：A 正确

小知识 蚁后死去后，工蚁会产下雄性蚂蚁并养大。
小测验 所有的工蚁都是雌性蚂蚁。　A 正确　B 错误

答案在下页

为什么要测血型呢？

除了A型血、B型血、O型血、AB型血，血型还有其他的分类方法。

读过的日子（　　年　　月　　日）（　　年　　月　　日）（　　年　　月　　日）

大家都知道自己的血型是什么吗？A型、B型、O型、AB型4种血型分类被叫作"ABO血型"，这是根据父母的血型而决定的。那么，这种血型的分类是如何测出来的呢？

血液中携带氧气的"红血球"等细胞，其表面含有一种叫作"抗原"的物质，不同的人有着不同种类的抗原。调查抗原种类的不同就会知道血型是什么。调查血型的理由有很多，最主要的一个目的就是为了"输血"。输血是指当由于重大事故或者生病等原因造成身体大量出血、血液不足时，可以从别人的身体中获得血液。

输血的人和被输血的人在进行输血之前都要进行检查，同样血型的人才可以进行输血。如果不同血型的人进行输血的话，那么身体中的血液就会凝固，还会产生严重的免疫反应，人的性命就岌岌可危。

不过O型血的人可以给任何血型的人输血，而AB型血的人可以接受任何血型的人的血。但也只能是很少量，否则仍然会有风险。同时，输血时不仅仅要查ABO血型，还需要使用"Rh血型系统"进行详细分类，以便选择同样的血型。为了挽救生命，血型分类是件很重要的事。

血型的分类方法，除了ABO型和Rh血型系统，还有MN血型系统、P血型系统等，这些分类方法了解的人比较少。这些分类方法在亲子鉴定或警察查案等需要更加详细的信息时才会被使用到。

身体

第76页的答案：A 正确

小知识 不仅是人类，其他动物的血型也不一样。
小测验 当体内血液不足时，从别人那里分享血液的做法叫作什么？

答案在下页

23 在宇宙中，水滴可以在天空中飘浮吗？

倒是经常会看到宇航员飘浮在空中的画面……

读过的日子（　　年　　月　　日）（　　年　　月　　日）（　　年　　月　　日）

地球·宇宙

大家在电视上看过在宇宙飞船中飘浮着的宇航员吗？在宇宙飞船中，不仅是人，水也会像肥皂泡一样在空中变成圆水滴飘浮着。像这种很多东西飘浮的状态叫作"无重力状态"。所谓的无重力，就是指"没有重力的状态"。这究竟是什么样的状态呢？

所有的东西都有像磁铁一样相互吸引的力量，这叫作"引力"。这种引力会从地球的内部发挥作用，所以我们平时总会感受到来自地面的向下的拉力。正因如此，我们才能够站立在圆形的地球上而不会掉落。

地球上除了这种引力，还有不断发挥作用的"离心力"。离心力是物体在旋转时朝向外侧作用的力。骑自行车转弯时，会感觉被人扯住就是离心力在起作用。引力和离心力合起来的力就是"重力"。作用于物体重力的大小叫重量。因此，在无重力状态下，物体不会受到重力作用，这样就会感觉不到重量。因为没有重量，所以就会轻轻地飘浮起来。

那么，在无重力状态的宇宙飞船中，宇航员是怎样生活的呢？

首先，吃饭会吃太空餐。这是为了防止食物飞散，将食物装入塑料袋或者罐子之类的容器中。喝东西时，要把粉末状的东西放在水中搅拌，使用吸管来喝。洗头发时会使用不需要水的洗发剂，洗完后用毛巾擦拭即可。洗澡是用沾上沐浴液的毛巾擦拭。上厕所时，会将身体固定，用像吸尘器一样的机器吸入排泄物。

在无重力状态的生活中，体型也会发生变化。由于血液变轻，血液会集中在上半身，腿会变细，脸会变圆。另外，由于宇航员不像在地球上一样使用骨头和肌肉，为了防止退化，他们每天都需要进行肌肉训练。

第77页的答案：输血

小知识 在宇宙中，可以穿和在地球上一样的服装来生活。
小测验 无重力状态下可以用淋浴洗澡。　A 正确　B 错误

答案在下页

在树里真的有挖洞的虫子吗？

24

在洞里生活着准备长成成虫的虫子。

读过的日子（　年　月　日）（　年　月　日）（　年　月　日）

（法布尔对藏在橡树枯木里的天牛幼虫进行了观察。这篇文章是当时的记载。）

将用于烧柴火的旧圆木劈开，会发现有树液（P269）渗出来。仔细观察能发现里面蠕动着白色的、光溜溜的、胖乎乎的天牛幼虫吧？这就是栗山天牛的幼虫。

大多数天牛都只知道啃树木，它们在树上啃出一个口子，然后在那里产卵。卵孵化成的幼虫会用上颚一边啃木头，一边挖洞。它们从早到晚啃木头、排粪的同时，还不断地挖洞。

我（法布尔）为了确定幼虫是否能听见声音，便在它们身边弄出巨大的响声。但是幼虫却一脸茫然的样子。那么它们能闻得到气味吗？我把它们移到气味较重的木头上，幼虫也还是若无其事的样子，似乎对气味也没有任何感觉。

接下来，幼虫变成成虫时，到底是怎么到外面去的呢？我在栎木上造了许多小房间，只要天牛再啃2厘米左右，就能到外面去。然后，我就把天牛的成虫关在了小房间里面。可是不论哪个房间的成虫都没能出来。看来为出去所做的准备须在成为成虫之前的幼虫时期进行。幼虫向着木头

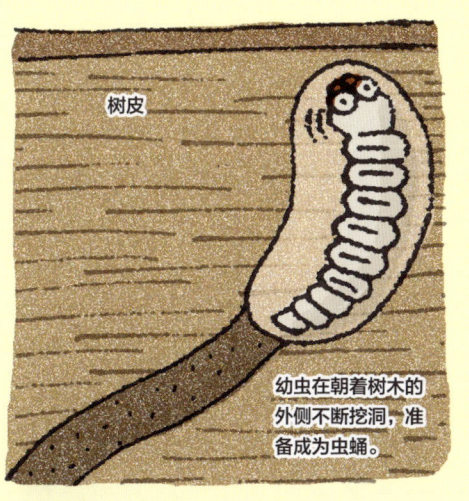

法布尔昆虫记

来自故事《天牛》

为化蛹成成虫而做准备的虫蛹

树皮

幼虫在朝着树木的外侧不断挖洞，准备成为虫蛹。

的外侧挖隧道，在非常靠近树皮的内侧处停止作业。然后在这稍稍往里面的地方造一个虫蛹专用的小房间。让人不可思议的是，这时候，蛹的头部正好对着出口。到了夏天，蛹羽化后冲破薄薄的树皮，飞向外面的世界。

看起来只是一味地挖洞、往前进的幼虫，其实早就看到了前方，它们是在为成虫便于出去而做准备呢。

第78页的答案　B 错误

小知识　从天牛幼虫的胃里分泌出的石灰可以使木屑变得坚固，以此来做虫蛹。
小测验　天牛的幼虫对噪音和强烈的气味都没有反应。　A 正确　B 错误

答案在下页

79

25 为什么会下雨和下雪？

水遇冷或者遇热后，形态会发生改变。

读过的日子（　年　月　日）（　年　月　日）（　年　月　日）

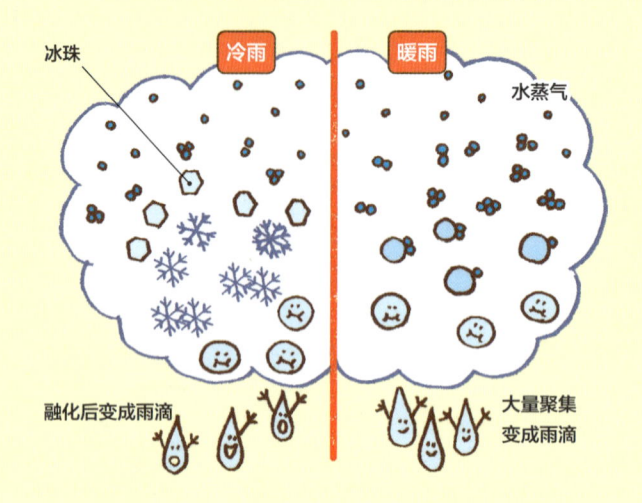

天气・气象

冰珠　　冷雨　　暖雨　　水蒸气

融化后变成雨滴　　大量聚集变成雨滴

大家对雨和雪有怎样的印象呢？阴郁的雨、轻快的雪花……有各种各样。那你知道为什么会下雨和下雪吗？河流和海洋中的水以及降雨过后渗入地面的水，会因为太阳的热量而蒸发掉。然后，会变成肉眼不可见的水蒸气蒸发到空中。

因为在空气中高度越高，温度也就越低，所以会把蒸发上去的水蒸气冷却下来。于是，水珠们凝结在一起，直到变成眼睛可见大小的程度。这样的水珠大量聚积在一起便形成了云。实际上，雨和雪都是从云里产生的。雨有"冷雨"和"暖雨"之分，形成的方法也略有不同。

在日本北方地区的降雨是冷雨。因为降落冷雨的云的温度低于0℃，所以由水蒸气凝结在一起的水珠能够马上变成冰珠。冰珠吸收了云里的水分就会变大。冰珠在从云中降落的过程中融化了，便形成了冷

雨。还未融化就降落下来的冰珠，被地面的空气冷却后，便形成了雪。

与此相对，在南部地区会下暖雨，日本炎热的季节时也下这样的雨。

通常，热带地区的云在低空形成，由于云内温度在0℃以上，不能形成冰珠。无数水蒸气在云中凝结变大，形成水珠。水珠再次吸收水分不断变大，达到不能承受的重量时就会变成雨降下来。

此外，雪也有很大的区别。有"干雪"和"湿雪"两种。在气温低且空气干燥时，因为水分很少，就形成了松散的小雪。相反，在气温高而空气湿润时，因为含有很多水分，便会形成分量较重的鹅毛大雪。

根据高空和地表的温度以及空气的湿润情况，雨和雪呈现的状态就会不同。

第79页的答案　A 正确

小知识 如果将雨水和雪花进行细分描述，它们有很多种细分叫法。
小测验 水分含量较少，会形成很松散的雪花，这叫作什么呢？

答案在下页

珊瑚是活的吗？

珊瑚是动物还是植物？

读过的日子（　年　月　日）（　年　月　日）（　年　月　日）

26

水生动物

在南方湛蓝色美丽的大海里长满了五颜六色的珊瑚，那里有安静的海浪，还生活着形形色色的鱼类和其他生物。

那么，大家知道珊瑚这种生物吗？珊瑚的形状像树木的枝干，但它不是植物，而是动物，与海葵相似。珊瑚是由直径为0.5～1厘米左右的小"珊瑚虫"这种生物聚集在一起形成的。由虫卵孵化出来的珊瑚虫，吸附在岩石上，成长为像小海葵一样的"水螅（xī）体"。这时，它们会固定自己周围的东西，防止移动。像这样由一些小的水螅体聚集在一起，就会形成枝干形状的珊瑚。珊瑚在晚上会伸出触手，捕食浮游生物。也有的珊瑚体内生活着"虫黄藻"，珊瑚从虫黄藻那里获得营养的同时会保护它的安全，它们相互扶持共同生活。

聚集大量珊瑚的地方叫作"珊瑚礁"。珊瑚礁生存在温暖干净的浅海里，在阳光充足的地方容易形成珊瑚礁。在阳光不充足的地方形成的珊瑚礁会有很多凹凸不平的地方，这种珊瑚礁会成为很多生物的栖息地。在珊瑚礁周围还会聚集一些以栖息在珊瑚中的生物为食的大型动物。

因为珊瑚是生物，所以伴随环境的变化，珊瑚也有可能会死去。在身体中生长虫黄藻的珊瑚，当虫黄藻减少时，珊瑚的颜色会变白，不久将会死去。没有珊瑚虫的珊瑚，表面上会露出小孔，这种珊瑚的骨骼有时会被冲到海岸边，大家不妨去找找看。

水螅体的剖面图　触手　嘴　虫黄藻

小雪　第80页的答案

小知识　浑身是刺的棘冠海星住在珊瑚里，并以珊瑚为食。
小测验　生活在珊瑚体内的是什么？　A 珊瑚虫　B 水螅体　C 虫黄藻　答案在下页

27 为什么有的年份有2月29日，有的年份没有?

为了使日历与季节吻合，人们做了很多工作。

读过的日子（　年　月　日）（　年　月　日）（　年　月　日）

生活

大家知道2月有29天是每4年才有1次的吗？这一年被称为闰年。这一年有366天，与平常的年相比多一天。为什么会有这种现象呢？

地球总是以太阳为中心转动的（P225）。绕太阳旋转一周需要花费365.2422天，这就决定了一年有365天。可是，这样计算的话就会产生0.2422天的偏差。

于是，为了调整这样的偏差，每4年在2月增加1天。

人类最初以月亮的盈亏为依据制作了《太阴历》（阴历），但是这个历法不够准确。一年的天数少了11天，按照这样持续下去的话，季节会逐渐与实际发生时间产生偏差。于是人们不仅仅只根据月亮，同时也根据太阳的运动制成了新的历法，那就是"阴阳历"。所谓的阴阳历，就是太阳的运动决定了一年的长度，月亮的盈亏决定了一个月的长度。而且，规定了2~3年有一次闰月，那一年有13个月，季节和历法相协调。但是在日本，从中国传入的阴阳历只使用到了1872年，被称为"旧历"。距今5000年前的古埃及，以太阳的运动为基础制定了《太阳历》，距今2000年前，古罗马最高统治者尤利乌斯·恺撒根据古埃及制作的太阳历制定了《儒略历》。儒略历规定一年有365.25天，4年1次闰年，努力消除季节偏差。但是，准确地说因为一年有365.2422天，所以，儒略历也稍微存在一些偏差。

于是，1582年时，人们制定了新的历法《格里历》，又叫"西历"。在西历中，每4年一次闰年。西历在中文中又被称为"阳历"。现在不仅仅在日本，全世界都在广泛使用公历。

第81页的答案　C　虫黄藻

小知识 "闰秒"用来调整地球转速与钟表之间的时差。
小测验 每4年1次，2月会有29日的年叫作什么？

答案在第84页

3月的故事

文／山畑（tián）泰子

01 为什么女生的乳房会发育呢？

这是男生和女生在成长过程中的不同之处。

读过的日子（　年　月　日）（　年　月　日）（　年　月　日）

身体

虽然男女的身体在出生时是不一样的，但是在小学低年级之前是看不出来身体有很大的不同之处的。可是，过了10岁之后，男生、女生之间的差别就逐渐变得明显了。

男生受到"雄性激素"的影响，身体会变得健壮，嗓子会变声（P331），而且还会长出胡子来。而女生受到"雌性激素"的影响，身体变得圆润，乳房开始发育。"激素"是调节身体各个部位功能的一种物质。其中包括塑造男女不同之处的"性激素"。无论男生还是女生，性激素变得活跃，身体开始发育的时期称之为"青春期"。

女生发育乳房是准备将来成为母亲时哺育孩子用的。在柔软的乳房里有90%的脂肪，剩下的10%是形成乳房的"乳腺"。

青春期的女生，在乳房还没有发育好时，首先会形成把乳汁输送到乳房的"输乳管"。一个乳房会有12～20根输乳管。

乳房虽然在逐渐发育长大，但并不会分泌乳汁。女性只有在生孩子的时候，由于激素的作用才会分泌乳汁。

当婴儿吮吸乳房时，另外一种激素就会作用于乳腺周围的肌肉，这会促进乳房排出乳汁。也就是说，正是因为孩子吮吸乳房，乳汁才会出来。这样一来，孩子就可以充分地吮吸妈妈的乳汁，慢慢长大。

那么，男人既然没有乳汁，为什么他们也会有乳房呢？因为乳房原本就是从皮肤出汗的部位演变而来的，所以男生和女生在还在妈妈肚子里的时候，就已经形成了乳房。即使是男人，也有像相扑运动员一样因为很胖所以乳房会比较大的情况。

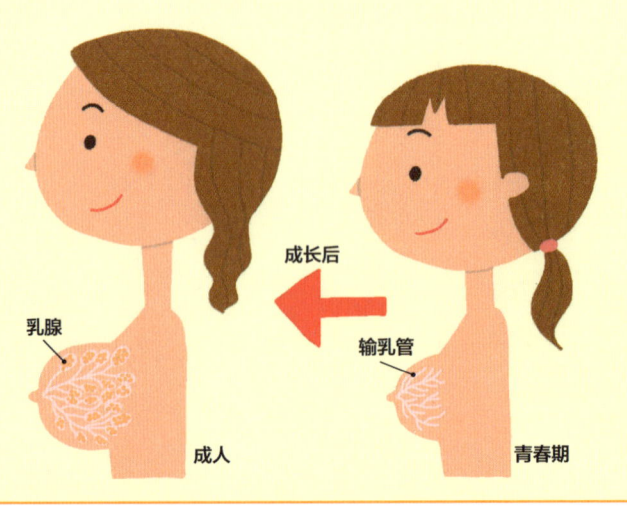

第82页的答案　闰年

成长后

乳腺　　　　　　　　　输乳管

成人　　　　　　　　　青春期

小知识 女生比男生先发生身体上的变化。
小测验 当性激素变得活跃，身体开始发育的时期叫作什么时期？

答案在下页

84

猫为什么喜欢待在狭窄处或高处？

02

从猫咪祖先的生活中可以得到启示。

读过的日子（　　年　月　日）（　　年　月　日）（　　年　月　日）

猫咪特别喜欢待在狭窄处和高处，比如有的猫会在小的纸箱或筐中蜷成一团睡觉，有的会在衣橱和围墙上用骄傲的神情俯视人类，这和猫的祖先的生活环境有很大关系。

从非洲到亚洲，住在沙漠等地的野生利比亚猫一般是人们驯养的对象。利比亚猫是山猫的一种，就像名字一样，原本住在山里的山猫主要的生活场所是森林里的树上。它们栖息在树干的洞中或者岩石的缝隙中。猫类动物因为身体柔软，即使待在那些稍微有些凸凹不平的地方也没有关系。

首先，待在那些刚刚能进去的狭窄处或高处的某个洞中，被可怕的敌人袭击的危险可能就会少一些。其次，它们可以不必担心比自己身形大的动物进来骚扰，而且还可以过得很温暖。在洞穴当中甚至还会生活着可以成为猎物的老鼠、虫子等小动物。因此，狭窄处和高处对于野生的山猫来说，是可以安心待的地方。即使到现在，猫咪也十分喜欢这种地方。

那么，你们知道适合猫咪睡觉的温度大概是多少吗？养猫的时候，猫咪如果伸出爪子睡觉，那这是最适合猫的温度，大概在15℃~23℃左右。如果低于这个温度，猫咪为了保持体温，会把身体蜷缩成一团。当温度超过23℃时，猫咪就会把身体舒展开睡觉。特别是在炎热的天气，猫咪会腹部朝上，摆成一个"大"字睡觉，但这也证明猫咪是相当放松的状态。因为野猫比家猫更加谨慎小心，所以我们不会看见它们腹部朝上的睡姿。它们会蜷成一团，一边保护身体一边睡觉。

动物

好热啊

刚刚好

好冷！

青春期

第84页的答案

小知识 猫咪之所以能从高处轻松跳下来，也是因为它们曾经在树上生活过。
小测验 在什么时候，家养的猫咪会把身体蜷缩成一团睡觉？

答案在下页

03 比目鱼为什么那么扁？

随着不断生长，它们的眼睛也会随之移动。

读过的日子（　　年　　月　　日）（　　年　　月　　日）（　　年　　月　　日）

鱼类

　　大家听说过"左鲆（píng）右鲽（dié）"这个词吗？牙鲆和比目鱼一样，都有呈扁平状的身体。这两种鱼非常相似。虽然也会有例外，但是把这两种鱼的肚子朝向我们自己的方向时，基本上都是牙鲆的眼睛在身体左侧，比目鱼（又名鲽鱼）的眼睛在身体右侧，这也是区分这两种鱼的关键。

　　世界上大概有500种以上像牙鲆和比目鱼这种身体扁平的鱼，但是并非每种鱼都天生扁平。从鱼卵到孵化成鱼的这段时间里，牙鲆和比目鱼的形状与普通鱼类一样，但是随着它们不断生长，身体会逐渐扁平化。

　　比目鱼的左眼会超过鱼头最高处长在右眼旁边。为了迎合这种身体构造，比目鱼便以横倒的姿势在水里生活。牙鲆与比目鱼相反，它们的右眼长在左眼旁边。比目鱼与牙鲆都栖息在近海岸的海底。双眼同在的那一侧呈黑色，无眼的那一侧和海底的沉沙接近，为白色。比目鱼平时潜伏在沙子或泥中，隐藏身体，伺机捕食。牙鲆也像比目鱼一样，能让自己的身体变成和周围泥沙一样的颜色。

　　比目鱼和牙鲆的祖先，身体虽然是扁平的，但是却像鲷鱼或剥皮鱼那样身体是立起来的。在进化的过程中，它们的身体逐渐变得扁平，眼睛也随之移动。虽然鲷鱼擅长在前进的过程中迅速改变方向，但是比目鱼和牙鲆却不擅长这种迅速的动作。总之，比目鱼和牙鲆是为了能在海底老老实实待着进化而来的。不过由于牙鲆的肌肉比较发达，猎物一旦接近，牙鲆就可以快速地出击进行捕食。

牙鲆　　比目鱼

第85页的答案　冷的时候

小知识 在海底不怎么动弹的鳐鱼和鮟（ān）鱇（kāng）鱼也是扁平的身体。
小测验 比目鱼和牙鲆居住在什么样的地方？

答案在下页

为什么罐装食物不易腐烂？

为了不让会使食物腐烂的微生物进入，人们花费了一番功夫。

读过的日子（　　年　　月　　日）（　　年　　月　　日）（　　年　　月　　日）

04

食物

平时如果将食物放在一旁置之不理的话，食物就会腐烂。这是因为食物中含有的蛋白质等成分被眼睛看不见的细小生物（微生物）分解，变成了人类无法食用的东西。

但是，同样是微生物，利用它们也可以制作乳酪、纳豆、酱油和酒。如果不想让食物腐烂，不让微生物接触到食物就可以了。

"罐头"便可以满足这个要求。做罐头时，把食物放入金属罐中，除去罐中的空气，用盖子盖紧。然后加热杀菌，最后冷藏。

微生物加热之后会完全死去，另外只要将盖子盖紧，微生物就不会从外界进来，罐装的食物就不会腐烂，能够长时间保存。尽管如此，如果存储时间太长，罐头里面的食物也会受损，因此在食用之前要确认盖子上的最佳食用期限。

做罐头的想法是在距今大约200年前，在法国出现的。那时候拿破仑在战争中一直为士兵们的食物而烦恼，因为肉类和蔬菜几天就会烂掉。于是他们悬赏寻找保存食品的新方法。1804年，尼古拉·阿佩尔发明了用罐头装食物的方法。

后来为了不让罐头像玻璃瓶那样容易破碎，就使用了比玻璃瓶轻的镀锡铁皮罐，罐头因此获得改良并在世界范围内推广。

20世纪，出现了比玻璃瓶和铁罐更轻，用手更容易开启的袋装速食，这甚至还被采用为宇航员的食物。

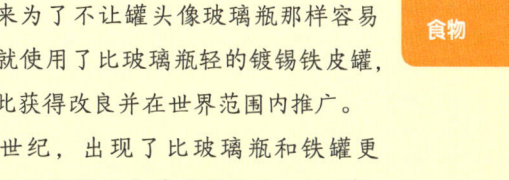

微生物

第86页的答案：近海岸的海底

小知识 为了防止微生物进入，罐头的盖子是二重卷边的构造。
小测验 导致食物腐烂的生物是哪种？　A 植物　B 微生物　C 狗

答案在下页

87

05 花草树木可仅凭水分活下去吗？

除了水分，它们还需要别的东西。

读过的日子（　年　月　日）（　年　月　日）（　年　月　日）

植物

动物如果不从食物中获取营养就不能生存。那么，与动物不同，不能自由活动的花草树木等植物是如何做的呢？事实上植物是通过水、阳光和空气来自己制造出营养物质并以此来生长的。

植物通过在土壤中蔓延的根来吸收水分。这时，土壤里含有的营养成分会被一起吸收进去。但如果只是这样的话，营养是不够的。为了创造营养，首先要通过叶子吸收空气中的二氧化碳。然后，在叶子中将水、二氧化碳制作成葡萄糖等营养成分和氧气。这个时候，阳光是必不可少的。利用阳光将水、二氧化碳转换成淀粉等营养成分和氧气的过程叫作"光合作用"。

光合作用生成的糖等营养成分会通过茎运输到植物全身。然后，一边作为用以生长的营养成分消耗，一边将其储蓄在根部。光合作用生成的氧气，会从叶子释放到外面。这样，包括我们人类在内的动物所必需的氧气，就会被释放到空气中。

植物从叶子处吸收氧气、释放二氧化碳的行为与其他动物的"呼吸"是一样的。植物的呼吸是指将光合作用形成的营养成分通过氧气变成能量的行为。如果从根部吸收上来的水分不够的话，在叶子中连光合作用都不能进行。总之植物不论缺少水源还是阳光，都无法进行光合作用，它们也就无法生长，继而枯萎。植物的茎中有很多根管道，这些管道是从根部吸收上来的水分和叶子生成的营养成分的通道。另外，根部同时还肩负着支撑植物整体的任务。

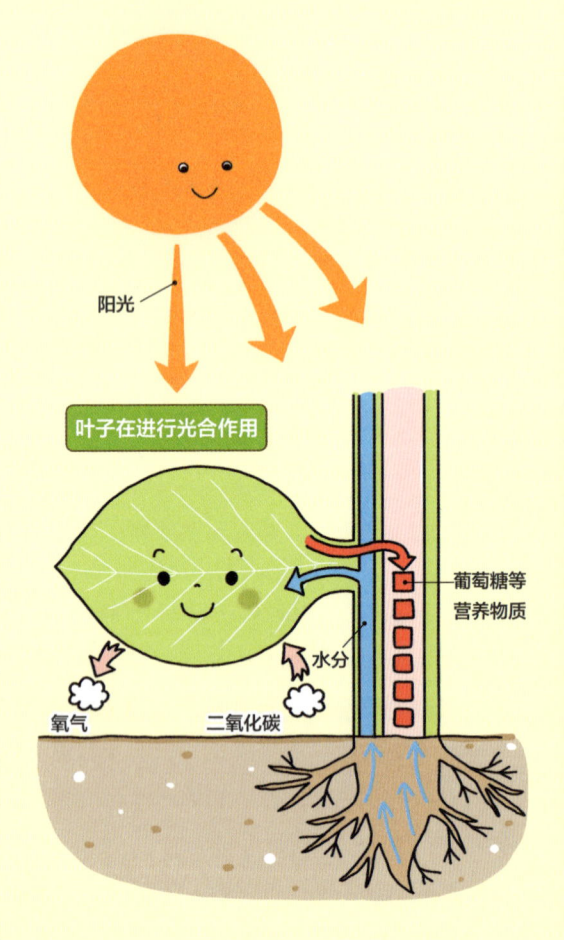

阳光

叶子在进行光合作用

葡萄糖等营养物质

水分

氧气　二氧化碳

第87页的答案：B 微生物

小知识 树干是植物的茎变粗后形成的。
小测验 植物将水、阳光和空气中的二氧化碳制造成营养成分的过程叫作什么？

答案在下页

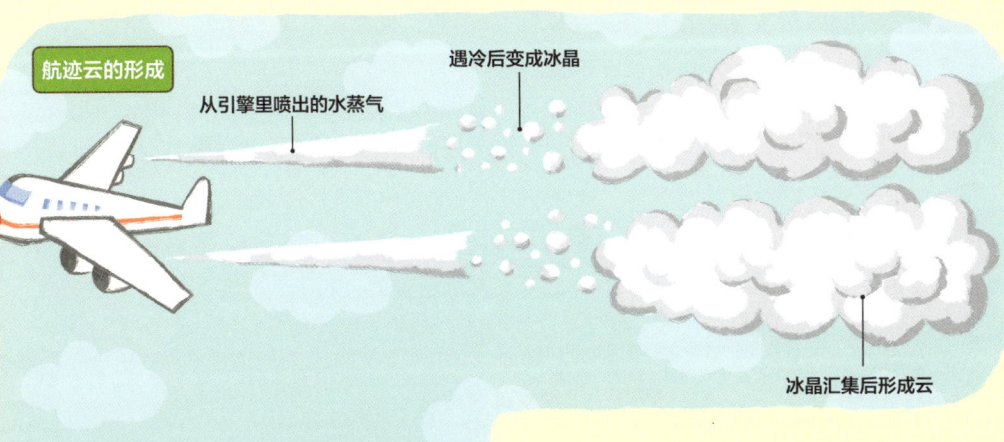

航迹云是飞机排出的烟雾吗？

在晴朗的天空可以看到一条长长的白云，它的真面目是……

读过的日子（　年　月　日）（　年　月　日）（　年　月　日）

航迹云的形成

从引擎里喷出的水蒸气 → 遇冷后变成冰晶 → 冰晶汇集后形成云

天气·气象

　　在天空中看到闪闪发光的飞机的机身，在飞机后面，延伸着一条像白色腰带一样的云。

　　大家见过这样的航迹云吗？

　　航迹云不是在哪里都可以形成的。航迹云在大概离地面6000米以上的高空才可以形成。那里的气温很低，在零下几十摄氏度。飞机在飞行时，从引擎排出的废气里含有很多水蒸气。在6000米以上的高空中，水蒸气从热得发烫的引擎里被排出，突然冷却后，会一下子变成颗粒状的冰晶。这种颗粒状的冰晶集中在一起，我们就可以从地面上看到白色的云。这就是航迹云的真面目，而不是从飞机引擎里冒出的烟。航迹云有时候会持久不散，有时候会转瞬即逝。

　　航迹云只能说明当时高空的干湿情况，并不能直接推测次日天气。

第88页的答案：光合作用

小知识 普通的云是由空气中的水蒸气上升到空中形成水滴或者冰晶形成的。
小测验 航迹云是由什么颗粒汇集而成的？

答案在下页

89

07 磁铁是怎样做出来的？

它是以带有较强磁性的金属为原材料制成的。

读过的日子（　　年　　月　　日）（　　年　　月　　日）（　　年　　月　　日）

工具·物品

磁铁有S极和N极。两块磁铁的S极和N极一靠近便会紧贴在一起，但是相同的磁极一靠近就会排斥。磁铁像这样相互紧贴或互相排斥，都是因为磁铁有"磁力"。

实际上，无论是石头还是生物，地球上所有的东西都具有微小的磁力。但是，因为磁力没有朝着相同的方向，所以没有形成吸附或者排斥的力量。

和磁铁吸在一起的东西，大家首先能想到的就是铁吧。铁能聚集小的磁力。一靠近磁铁，之前方向凌乱的微弱磁力的N极和S极全部都排列整齐地朝向同一方向。这样铁的整体就变成了一块磁石，所以会和磁铁吸附在一起。

因此，能和磁铁吸附在一起的东西，一旦靠近磁铁，其本身也具备了磁铁的性质。

带有很强磁性的金属除了铁，还有镍（niè）和钴（gǔ）。磁铁中至少含有其中一种以上的金属。相反，磁性较弱的金属有金、银、铜、铝等。

磁铁能够使带有很强磁性的金属形成磁力。在制作磁力很强的U型磁铁和棒型磁铁时，首先需要把铁和钴等金属混合在一起制成细粉，然后高温烧制成形，最后使用强力磁铁使它们具有S极

和N极，这样就制成了磁铁。

这和将铁钉在磁铁上打磨，钉子就会具备磁石性质的做法是同一个道理。在工厂里，会利用电动的大型机器完成磁化作业。

冰箱上贴着的弱磁力的磁铁，是在磁石的金属原材料中加入了塑料或者橡胶成分制成的。虽然可以加工成各种各样的形状，但是因为混入了没有磁力的塑料和橡胶，所以磁力会变弱。

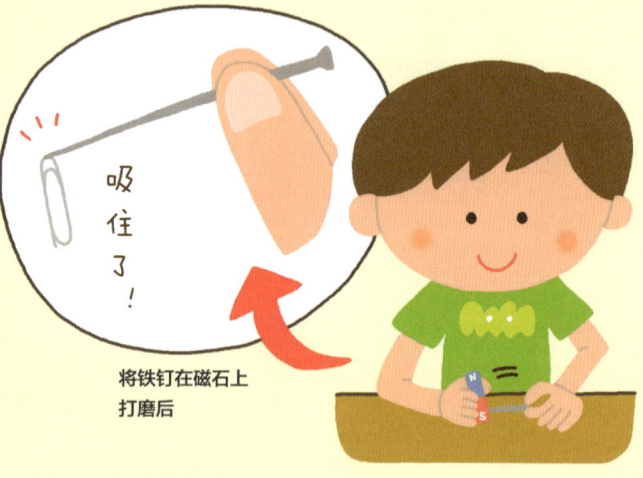

吸住了！

将铁钉在磁石上打磨后

第89页的答案　冰晶

小知识 目前，世界上磁力最强的磁铁是在钕（nǚ）中加入铁而制成的磁石。

小测验 在下列材料中，最容易与磁石吸附在一起的是哪种？　A 铁　B 铜　C 橡胶

答案在下页

北极和南极有多冷？

两地都很冷，但是它们却又各具特色。

读过的日子（　年　月　日）（　年　月　日）（　年　月　日）

北极在地球的最北端，南极在地球的最南端。太阳光到达地面上的量的情况是，离赤道越近的地方能获得越多的太阳光，而到了北极和南极就会变得很少。因此，北极和南极非常冷。北极的中心地带是被冰雪覆盖着的北冰洋，没有陆地，而在南极有南极大陆，因为中心是海洋和大陆的区别，所以北极和南极的温差平均在20℃左右。

在北极的周围有温暖的海水流经，北极的冰层是由海水冻结而成，平均厚度约有10米，最厚可达30米左右。海水的温度能够透过冰层传递上来，所以北极的气温不会降得很低。

然而，在南极的周围有寒冷的海水流经，陆地上无法融化的降雪，经过几万年的不断积累形成厚厚的冰层，其平均厚度在2450米左右，最厚的地方能达到4000米。也就是说，相当于在南极耸立着比日本富士山还要高的冰山。虽然从地下会传来地球内部产生的热量，但是热量在通过很厚的冰层时已经完全冷却下来了。加上山上的气温偏低等因素，所以南极一直都比北极冷。

接下来，让我们见识一下真正的北极和南极的气温吧。

北极最冷的地方，气温创下了-71.2℃的记录。而南极的最低气温达到了-93.2℃，这是到目前为止在地球上测量到的最低气温。

地球·宇宙

南极
冰层的平均厚度是2450米
地球内部产生的热量
陆地

北极
冰层的平均厚度是10米
海水的热量

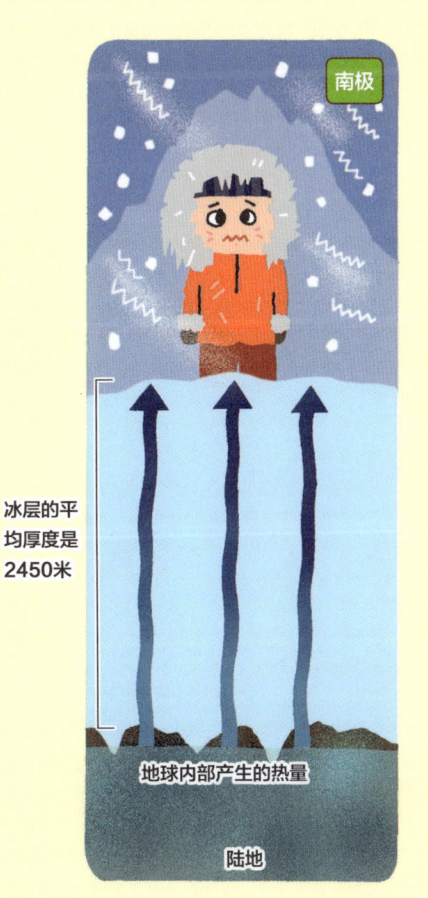

第90页的答案　A　铁

小知识　在北极和南极还会进行一些与地球历史、环境等相关的调查研究。
小测验　北极和南极哪个更冷？

答案在下页

91

09 听说汗水和眼泪有很多种类？

根据不同的情况，有时候味道也会不一样。

读过的日子（　　年　　月　　日）（　　年　　月　　日）（　　年　　月　　日）

身体

我们的身体会流出汗水和眼泪。汗水一般来说都是咸的，不过也有酸的或是苦的时候。之所以会不一样，主要是因为汗水的成分不一样。汗液由皮肤的"汗腺"分泌而来，汗腺又分"外泌汗腺"和"顶泌汗腺"两种。我们全身大约有200万～500万个外泌汗腺，当我们在天气炎热时或者运动以后，就会通过这些汗腺分泌出水分较多的汗液，以此来调节体温。这其中的成分大多数是水分，还有少量的盐和氨等成分。顶泌汗腺主要是指腋窝、耳朵里面等处的汗腺，从这些部位分泌出的汗水含有脂肪和蛋白质等物质。当人紧张或者受到惊吓时分泌出的汗液会发黏，那是因为含有脂肪等物质。如果舔一下，就会发现有时候味道是苦的。

另外，泪液可以保护我们的眼睛，其主要是由水分、油脂以及有一定黏性的黏液这3种成分混合而成的。泪液中含量较多的是水分，除此之外还有盐、蛋白质、钙质等成分。泪液的主要功效是湿润眼睛，防止眼睛干涩。人在睡着的时候几乎不会分泌泪液，成人平均一天大约会分泌2～3毫升的泪液。通过分泌泪液可以洗去灰尘，为眼睛表层消毒，还可以将氧气、蛋白质、盐等营养物质输送给眼睛。

除此之外，当我们受到刺激时，眼泪也可以保护眼睛。切洋葱时会流泪就是这个道理。当我们开心或者伤心的时候流出的眼泪，可以将形成心理压力的物质排出体外。比如人在哭完之后心情会舒畅很多，就是这个道理。

守护眼睛的泪液和因生气懊恼而流出的眼泪，比开心或悲伤时流出的眼泪盐分含量高。因此，比起开心的泪水，懊恼的泪水更咸。

第91页的答案：南极

小知识 运动时大量排出的汗水会感觉比较咸。
小测验 在汗液和泪液中，含量最多的成分是什么？

答案在下页

第一架飞机是如何飞上天空的？

他们从"鸟儿能在天空中自由飞翔"这件事中得到了启发。

读过的日子（　　年　　月　　日）（　　年　　月　　日）（　　年　　月　　日）

世界上第一个乘坐带有发动机的飞机升空的是美国的莱特兄弟。莱特兄弟共有4人，排行老三的威尔伯和排行老四的奥维尔都非常喜欢动手做东西。例如，修理一下坏掉的东西，或者是模仿擅长制作东西的妈妈画出图纸，然后依据图纸做出能够快速滑行的滑行车，他们还做出了用来运输货物的厢式货车等。

有一天，爸爸买回来一个很奇特的玩具。"你们将橡皮筋紧紧地缠上，然后松开手试试看。橡皮筋依靠反弹的力量，会推动螺旋桨转动呢！"这个玩具的构造是将橡皮筋缠绕到羽毛上，结果就可以像竹蜻蜓一样飞上天空。莱特兄弟俩对这个玩具十分着迷，玩坏了之后他们又做了一个一样的出来。后来二人长大成人，他们做起了制造、修理自行车的工作，在当地口碑很好。

有一个德国人叫奥拓·李林达尔，他发明了不使用发动机就能飞上天空的滑翔机。有一天，莱特兄弟听到他在飞行试验中去世的消息，深受打击。于是，他们决定"我们来实现翱翔在天空中的梦想吧！"兄弟二人勤奋学习，反复实验。特别是在飞行过程中如何保持平衡及如何改变方向这两个问题上，耗费了他们大量的心血。他们看到鸟类在空中不断地将翅膀上下扇动，就可以在空中自由飞翔，就苦心研究如何使机翼动起来。1903年12月17日，在面对大西洋的海岸边上，莱特兄弟二人制造的"莱特飞行者1号"开启了发动机，螺旋桨开始转动。于是奥维尔乘坐的飞机在轨道上开始助跑滑行并腾空而起。这次飞行时间为12秒，距离有36米。除了莱特兄弟二人，目睹这一历史时刻的只有5个人。这是二人经历多次失败仍旧坚持下来的成功瞬间。

传记

莱特兄弟
威尔伯（1867—1912年）·奥维尔（1871—1948年）

第92页的答案
水分

小知识 莱特兄弟的想法通过其他形式应用在了现代飞机上。

小测验 莱特兄弟在飞行中如何保持平衡和改变方向这两个问题上耗费了大量心血。　　A 正确　B 错误

答案在下页

93

11 为什么装有果汁的杯子外面是湿的？

因为水发生了肉眼看不见的变化，引起了不可思议的现象。

读过的日子（　年　月　日）（　年　月　日）（　年　月　日）

生活

如果将装有水的杯子一直放在那里的话，水量会一点点减少。下过雨后水坑里的水也会渐渐变少，不久之后就会慢慢消失。

这些都是由于随着时间的流逝，水会变成我们看不见的水蒸气所引起的现象。因为在海洋、湖泊、河流、池塘、地面等许多地方都有水变成水蒸气，所以在空气中含有很多我们看不见的水蒸气。

事实上，装有冷饮或冰水的杯子外面形成的水滴，也与此有关。

将冷饮或水一倒入杯子里，杯子就会变凉，这时，周围的空气和杯子之间会形成温度差。空气中的水蒸气因为与杯子接触而变凉，就还原成了水。于是会在杯子外面形成水滴，这叫作"结露"。

空气与杯子的温度差越大，就越容易发生结露现象。在炎热的夏天，装有冷饮的杯子外侧之所以会产生很多水滴，就是因为这个原因。

另外在寒冬时，在温暖的屋内，窗户玻璃里面附着的水滴和杯子外侧的水滴是相同的原理。冰冷的玻璃接触到屋内温暖的空气时，屋内的水蒸气自然变成了水滴。相反，夏天屋内的空调温度过低，外面温暖的空气接触到因空调而变凉的窗户玻璃时，玻璃的外面也会形成水滴。

装有冷饮的杯子

空气中的水蒸气

遇冷后变回水

第93页的答案　A 正确

小知识 房间窗户上的结露，可以防止外面干燥的空气进入室内。
小测验 装果汁的杯子外侧形成的水滴是由空气中的什么变化而来的？

答案在下页

94

海獭一直生活在水面上吗？

海獭吃饭、睡觉都在水面上。

读过的日子（　　年　月　日）（　　年　月　日）（　　年　月　日）

12

动物

在水族馆里，总是悠然自得地浮在水面上的海獭很受游客的欢迎。野生的海獭生活在北太平洋沿岸岩石较多的地带，例如阿拉斯加等。它们几乎整天都生活在海上，很少会到陆地上来。海獭是黄鼠狼的近亲，但是为了生存，它们逐渐进化成能够适应海上生活的身体结构。它们会精心打理自己浓密的皮毛，使皮毛里面充满大量的空气，看起来很蓬松。这种蓬松的毛可以代替浮囊，使它们能非常轻松地浮在水面上。游泳时，它们靠划动长有脚蹼的后腿前进，靠长长的扁平的尾巴来掌握方向。长在脸两侧的小耳朵，在游泳时会像盖子一样闭合。据说海獭可以长时间潜入水底，甚至可以轻松潜入40米深的地方。

海獭的进餐方式很独特。它们仰躺在水面上，用放在肚子上的石头将贝类砸开吃掉。石头是它们从海底捡来的。它们会将自己喜欢的石头放在堆满脂肪的腋下，当需要砸开贝类时，就会从腋下取出。

海獭是肉食动物，所以它们的牙齿很尖锐，能很轻松地吃掉鱼类、螃蟹、海胆等。它们喝的是海水，而不是淡水。海獭一般睡在长度达60米的巨藻林里。它们睡觉时将巨藻缠在自己的身上，这样可以防止被潮流冲走或者被冲到岸上，看来海獭还是非常聪明的。在巨藻林里，既有充足的海胆美食，又可以保护自己的安全。

虽然海獭也有在陆地上生宝宝的时候，但是大多数时候是浮在海面上生宝宝。刚生下来的小海獭马上就会被抬起来，在妈妈的肚子上长大。

第94页的答案：水蒸气

小知识 除了人类，会使用工具的哺乳类，几乎只有猴子和海獭。
小测验 海獭是哪种动物的近亲？　A 猪　B 逆戟鲸　C 黄鼠狼

答案在下页

95

13 西瓜虫为什么会变成球形？

小小明星的大秘密是……

读过的日子（　　年　　月　　日）（　　年　　月　　日）（　　年　　月　　日）

虫类

你见过一碰就会缩成球的西瓜虫吗？把它放在手里它还会滚来滚去！

当西瓜虫感到危险时，为了预防敌人的攻击，会将头和脚缩起来变成球形。它们的甲壳会紧紧闭合，即使用力也打不开。但是，如果将它们置之不理一段时间，它们的两根触角便会伸到外面，如果它们确认情况安全，身体又会变回本来的样子。

虫基本上很害怕干燥。在闷热的夏季和空气干燥的冬季，为了不让身体的水分消失，它们会缩成球形。换句话说，西瓜虫缩成球状是为了防御敌人、保护自己或者防止干燥、保持体内水分。

西瓜虫的身体构造和昆虫不同，它的头部、胸部、腹部没什么明显的区别。它们的14节壳中，第一节是头部，第2～8节是胸部，第9～13节是腹部，最后一节是尾

西瓜虫体长大约13毫米，宽约6毫米。虽然被称为虫，但它们并非昆虫，而是虾蟹的近亲。一般左右各有7只脚，一共14只脚。分成14节的外壳是由坚硬的表皮形成的。据说很久以前，西瓜虫的祖先曾经在海洋中生活过，经历了漫长的岁月之后，它们逐渐迁移到陆地上，生活在森林的落叶下面或者阴暗潮湿的地方。因此，西瓜

部。每节壳由轻薄的皮连接着，这些皮的内侧可以拉伸，所以西瓜虫能很轻易地缩成球形。

夜间活动的西瓜虫，会吃潮湿的落叶或死亡的昆虫等。而西瓜虫的排泄物又会成为微生物的养料，使土地更加肥沃，进而孕育植物。

第95页的答案：C 黄鼠狼

小知识 西瓜虫的小宝宝在妈妈肚子上的育儿袋里长大。
小测验 西瓜虫之所以会蜷缩成球形，是因为它们需要防御敌人和防止什么？

答案在下页

为什么剪指甲和剪头发时感觉不到痛？

14

这些部位为保护我们的身体发挥了重大作用。

读过的日子（　年　月　日）（　年　月　日）（　年　月　日）

身体

我们的身体被皮肤覆盖着。皮肤有很多层，最外层叫作"角质层"。实际上，无论是指甲还是头发，都是由角质层演变而来的。也就是说，它们原本就是皮肤的一部分，但都不是活着的细胞。

指甲有保护指尖的作用。同时，也有利于捏住细的东西。那么，为什么剪指甲不痛，也不出血呢？那是因为指甲中没有感觉疼痛的神经和血液流通的血管。

新长出来的指甲根隐藏在皮肤里。每天朝向指尖的方向大约会生长0.1毫米。指甲根部的白色部分，是刚长出来的部分。另外，因为指甲本身的颜色是透明的，透过皮肤可以看见流动的血，所以就变成了粉色。寒冷或者生病的时候血液循环不畅，指甲看起来会发白。

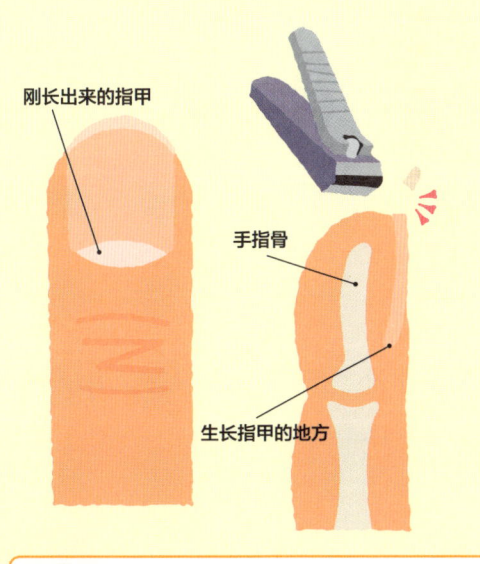

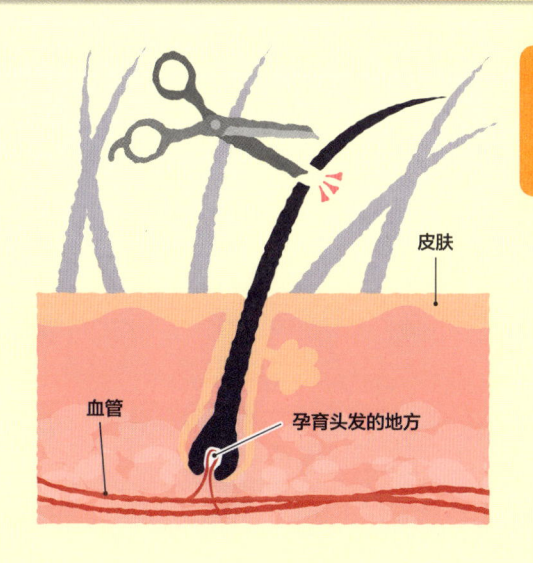

皮肤

血管　　孕育头发的地方

刚长出来的指甲

手指骨

生长指甲的地方

指甲一个月大约长3毫米，如果放任不管的话，会持续生长。长长了的指甲很容易折断，也容易积存细菌，所以需要定期修剪指甲。不过也必须注意，如果剪得太多，指尖的皮肤会感觉到疼痛。

头发也是皮肤的一部分，因为神经没有生长到头发里，所以剪头发也感觉不到疼痛。发根隐藏在皮肤中，并持续生长。新的头发生长时，老的头发会被推到表层，最后脱落。头发每天大约生长0.3毫米，一个月大约长1厘米。因为存在男女或个人的差异，一根头发的寿命大约是3~6年。

人的身体，除了嘴唇、手掌和脚掌等部分外都被较粗的毛发和细细的汗毛覆盖着。它们的作用是保护重要的头部和防止体温流失。

第96页的答案：干燥

小知识 揪头发会感觉到疼痛，那是因为在皮肤下面，发根与神经连接在一起。
小测验 指甲和头发是由什么演变而来的？

答案在下页

97

15 人是从什么时候开始穿鞋子的？

很久以前，只有身份地位高的人才有凉鞋穿。

读过的日子（　年　月　日）（　年　月　日）（　年　月　日）

发明·发现

据说人类从距今1万年前就开始穿鞋，当时人类需要跋山涉水获取猎物，或者采集树上的果子获得食物。有时炽热有时冰冷的地面可能对脚部有所伤害，凹凸不平的岩石也存在危险。为了保护脚底，古时候的人们把用植物或者动物的皮毛做成的鞋穿在脚上。

世界上现存最古老的鞋，是在美国的洞穴中发现的大约1万年前的凉鞋。还有埃及的图坦卡蒙法老墓出土的大约3500年前的凉鞋。这种凉鞋只有身份地位高的人才能穿，因此那时候很多人都是光着脚的。在古希腊、古罗马及古印度等地，都曾使用过凉鞋。因为这些地区的气温比较高，所以能让脚部裸露出来较多的凉鞋得到了发展。与此形成对比的是，在寒冷地带或者在山里、树林中生活的人们，为了保

在寒冷地带使用动物皮毛制成的鞋

护脚部，使得用动物皮毛做成的鞋得到了发展。

凉鞋或者是用动物皮毛做成的袋状鞋，以欧洲为中心得到了多样化的发展。骑马的军人或者骑士们为了保护小腿，会穿上结实的靴子。与此同时，通过加工兽皮做成皮革的技术也得到了发展。1300年左右，为了避免鞋子在泥泞路上被弄脏，出现了一种木质鞋底，而且在底座上安装了带子，有点像凉鞋。后来，演变成了脚后跟的部分比较厚的鞋底，继而演变成了高跟鞋。高跟鞋还有一种说法是从骑兵和游牧民族的靴子演变而来的。到19世纪80年代，出现了橡胶底的轻便运动鞋，使鞋的种类瞬间增加了很多。

大约3500年前的埃及的凉鞋

第97页的答案：角质层

小知识 大约2000年前，在日本，人们为了防止脚陷在水田里，会穿"水田鞋"。
小测验 凉鞋是在哪个地区得到了发展？是在温暖地区还是寒冷地区？

答案在下页

98

乌鸦是成群行动的吗？

以领袖为中心，同伴之间互相帮助。

读过的日子（　　年　　月　　日）（　　年　　月　　日）（　　年　　月　　日）

16

（西顿25岁左右时，居住在加拿大多伦多。他的家位于山冈上面，所以观察了往返于山谷的乌鸦群。以下就是那个时候的故事。）

当地的人们，给这只统领200只乌鸦的领袖起了个名字，叫作"银星"。因为在它的右眼和嘴之间，有像银白色的星星一样的记号。乌鸦是非常聪明的鸟。飞在前头的领袖带领着同伴成群地飞行，同伴们互相帮助，能保护自己，防御危险。在乌群中由最年长、最聪明的健壮乌鸦担任领袖。银星就是这种值得依赖的领袖。

我（西顿）通过每天的观察，发现乌鸦会用自己的语言交流。我在外面一动不动地看着乌鸦群时，飞在前头的银星好像在说："是人，当心！"它"哇——"地叫着飞向天空中更高的地方。可是，当发现我没拿枪时，它会在我的头顶6米左右的地方飞过，接着后面的乌鸦们也采取了同样的行动。有一天，我尝试着拿着枪。银星"哇哇——"地叫着，好像在说："不好！那人拿着枪呢！"它下面的副领袖也同样持续高声鸣叫。于是，乌鸦们不断涌向天空，各自飞去逃命。

乌鸦喜欢收集亮闪闪的东西。银星将贝壳、小石子、茶杯的碎渣等"宝贝"埋在地里，会时常挖出来玩耍。可是有一天，银星被鸱鸮（chī xiāo）袭击，死了。即便是很强壮很聪明的乌鸦领袖也很害怕夜晚，因为它们在夜间看不清楚。所以，夜间活动的猫头鹰和鸱是它们最畏惧的天敌。

西顿动物记

来自故事《银星》

温暖地区

第98页的答案

小知识 西顿观察的是在北美洲较为常见的"北美乌鸦"。
小测验 乌鸦害怕哪个时间段？　A 早上　B 中午　C 晚上

答案在下页

99

17 人行道上的黄色部分为什么凹凸不平？

这是为了给有视觉障碍的人能够安全行走而铺设的。

读过的日子（　　年　　月　　日）（　　年　　月　　日）（　　年　　月　　日）

生活

人行道和车站都有黄色的凹凸不平的地方，这叫作"盲道"，是为了让视觉有障碍的人能够安全走路而铺设的。确切地说，这是"视觉障碍者专用引导道路"。仔细看砖块上凹凸不平的地方，就可以发现有细长线条和圆点两种形状。

实际上，这两种类型的砖块根据放置方法的不同，能表示"前进"和"停止"等意思。用细长线条排列的砖块，叫作"条形引导砖"，表示前进的方向。有视觉障碍的人，可以根据笔直延长的线条来走路。有圆点的砖块，叫作"点状引导砖"，是"停止"的信号。条形引导砖和点状引导砖交叉的地方表示"改变方向"。人行道和楼梯前面的点状引导砖，表示提醒行人要"暂时停止"。

视觉障碍者走路时，会通过手里拐杖的白色前端和鞋底感知这些砖块的不同。如果在盲道上停放自行车等物品的话，会给视觉障碍人士带来很大的困扰。所以，不能在盲道上放任何东西。在人行道和过街天桥盲道的边界，存在2厘米的落差，即使是轮椅也可以通过。视觉障碍者可以通过这个落差知道哪里为止是人行横道。

除此之外，能发出声音的红绿灯、楼梯扶手的盲文、坡度较缓的斜坡等，到处可见。这都是为了让身体有残疾的人和上了年纪的人在街上能行走得更安全。

不论什么样的人都不会感到不方便，大家的生活更加便利，这就叫作"无障碍出行"。

发声红绿灯

2厘米的落差

点状引导砖

条形引导砖

可以延长绿灯时间的按钮

第99页的答案　C 晚上

小知识 因为黄色很醒目，所以视力较差的人也容易分辨出来。
小测验 细长线条排列的砖块表示什么？

答案在下页

100

地球是由什么构成的？

地球的构造有点像鸡蛋。

读过的日子（　　年　　月　　日）（　　年　　月　　日）（　　年　　月　　日）

18

地球·宇宙

如果从日本列岛上开一个洞一直往下挖，从冲绳县可以挖到南美洲的巴西或者巴拉圭，从其他地方往下挖的话，能挖到南美洲大陆附近的海域。但是，实际上并不能这么做。

地球的半径约有6400千米，挖石油的深井顶多也就几千米。地球内部的构造是通过针对地震波传播速度的细致研究而得到的。地球内部的构造，说它像个鸡蛋这种解释可能比较通俗易懂。地球共分为3层，最外层是地壳，相当于鸡蛋壳；再往里是地幔，相当于蛋白；最中间是地核，相当于鸡蛋黄。

地壳上是由大陆和海底构成的地球表层，由坚硬的岩石构成。其厚度如果从海底来算的话大约有5千米；如果从陆地来算的话，有30～60千米；从地球整体来看的话，这就像鸡蛋的壳一样，是非常薄的一层。

地壳下面的地幔，虽说是由比地壳更坚硬的岩石构成的固体层，但是从长时间范围来看的话，地幔其实一直在缓缓移动着。地幔的厚度约为2900千米，其体积约占地球整体的80%。地幔根据岩石的种类可以分为上层和下层。越往深处温度越高，最深的地方可达4000摄氏度以上。

中心部位的地核主要是由铁和镍金属等元素构成。深度在5100千米的地方叫作"外核"，深度达到中心部位6400千米的地方叫作"内核"。外核是由黏稠的金属液体构成，内核由于受周围的巨大压力影响而成为固体。即便如此，内核的温度也很高。据调查，中心部位的温度与太阳的表面温度差不多，可达6000℃以上。

"地球号"是世界上第一台地球内部探测船。目前，日本的海洋研究开发机构正准备用"地球号"来考察地球内部的构造。

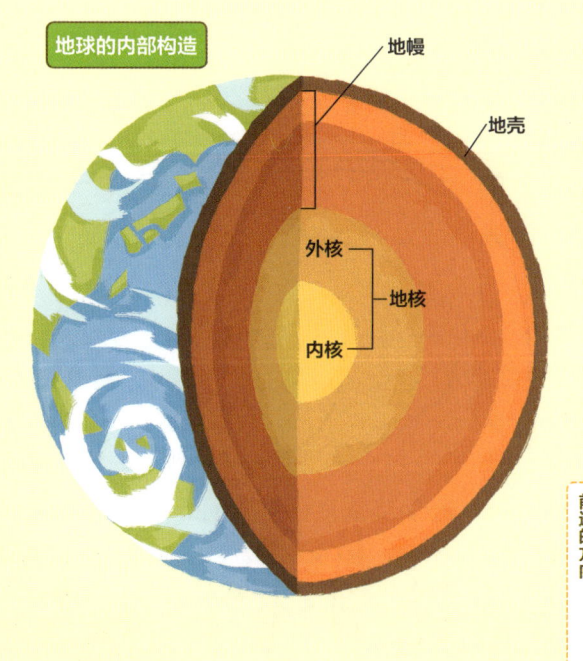

地球的内部构造

地幔　地壳　外核　地核　内核

前进的方向

第100页的答案

小知识 探测船"地球号"可以一直挖到发生大地震的震源，以调查发生地震的原因。
小测验 地球内部有3层，其中相当于鸡蛋蛋白的部分，叫作什么？

答案在下页

101

19 动物园里的大象一天要吃多少东西？

以草为主要食物，一天要吃100多千克的东西。

读过的日子（　　年　　月　　日）（　　年　　月　　日）（　　年　　月　　日）

动物

　　生活在陆地上的动物当中，体型最大的就属大象了。其中雄性非洲象的体重可达7.5吨，这和250个小学三年级的学生一样重。因为体型过于庞大，大象每天必须吃很多东西才能生存下去，所以动物园里最能吃的当然就是大象了。大象一天要吃共计100多千克的食物，如青草、干草、红薯、胡萝卜和苹果等。大象可以一口就将红薯和苹果吃掉，但是吃草却需要用槽牙磨碎，所以需要花费较长的时间来慢慢咀嚼。

　　大象的鼻子很长，它的嘴不能靠近食物所在的地方，所以它把鼻子当作手一样卷起东西放进嘴里再吃。大象喝水时也是这样的，它先把水吸进鼻子里，然后把吸住的水送到嘴里再喝掉，这样一回就能喝上7~8升的水。大象一天能喝100升的水，也就是100盒1升牛奶的量。吃这么多东西，当然也会排出大量的粪便。大象一次能排出10千克的粪便，合计下来一天大约能排出100千克的粪便。也就是说大象吃进去的东西最终基本上全都会变成粪便。

　　在海里有一种比大象的体积更大而且更能吃的动物，那就是蓝鲸。它的体重达100吨以上，比3000个小学三年级的学生还重。虽然身躯如此庞大，但是在海洋中不需要支撑身体，所以并不存在问题。蓝鲸吃东西时，只需要张开大嘴把海水和食物一起吞下就可以了。蓝鲸主要以小型的虾类为食，据说它们一天能吃4~6吨食物，和一头雄性亚洲象的体重基本相同。

地幔（第101页的答案）

小知识 野生树懒一天只能吃7~8克的食物。
小测验 动物园里最能吃的动物是什么呢？

答案在下页

102

竹笋什么时候会变成竹子？

竹子既具有草本植物的特征又具有木本植物的特征。

读过的日子（　　年　月　日）（　　年　月　日）（　　年　月　日）

20

植物

　　竹子的嫩茎埋在地下，从茎部发芽开始到长成竹笋，只需要2～3个月的时间。春天，竹笋从泥土里悄悄露出尖角，外面包裹着长着绒毛的外衣。层层包裹的外衣可以保护脆弱的竹笋。随着竹笋的生长，外衣会一层一层地自然脱落。当外衣全部脱落下来时，竹笋就变成了竹子。也就是说，有外面的叶子包裹着的就是竹笋，当外衣完全脱落时就是竹子。有时有些外衣的叶子没有完全脱落，这时它们的名字叫作"小细竹"。竹笋如果不从地里挖出来，很快就会拔地而起，变得像树木一样坚硬。我们平时吃的毛竹的竹笋，快的时候一天可以生长1米左右。

　　为什么竹子会生长得那么快呢？其实它的秘密就藏在将茎分成段的竹节那里。普通植物茎部的最前端是"生长点"（用来长高的部位）。但是竹子却不仅是这个部位，竹子的生长点在竹节，因此竹子可以从各个竹节里长出来，变高变长。长成的竹子虽然会开枝散叶，但是中间的主干部分的高度和粗细会保持不变。停止生长的竹子会在埋在地下的茎部储存养分，为下一年长出竹笋而做准备。

每个竹节都会变大

竹节

生长点
竹节

竹子　　竹笋

大象

第102页的答案

小知识 竹子每几十年开花结果一次，那时茎部和叶子都会枯萎。
小测验 当竹笋变成竹子时，就是包裹在外面的叶子都脱落的时候。　A 正确　B 错误

答案在下页

103

21 蒸汽机车是怎样发明的？

是出生在采矿村的少年历尽辛苦制造出来的。

读过的日子（　年　月　日）（　年　月　日）（　年　月　日）

传记

乔治·斯蒂芬森（1781—1848年）

乔治·斯蒂芬森是世界上最早制造出实用蒸汽机车的人。斯蒂芬森于1781年出生在英国的一个采矿村，父亲在煤矿矿井的蒸汽机房里烧锅炉。在矿井当中，挖煤炭的洞中如果有积水的话挖煤工作就无法进行，所以必须利用蒸汽的压力（P26）用泵将水抽出井外。

不久，斯蒂芬森和父亲一起到蒸汽机房的机械室开始工作。经过接触，斯蒂芬森对蒸汽机的构造愈发感兴趣。斯蒂芬森因为家境贫困不能上学，18岁的时候才开始学习写字和算数，所以他怀揣着想要认真工作的迫切心情，坚持刻苦地学习。一次机缘巧合，他修理好一台出现故障的新型蒸汽机后，破格成了一名机械师。

那时候，从矿井中挖上来的煤炭都是由马车运送的。斯蒂芬森想，这需要花费的时间可太多了。有一天，他突然看见一辆被蒸汽的力量推走的马车，他确信蒸汽机车时代即将开始。他的父亲对他说："坚持不懈和积累经验是非常重要的。"历经辛苦，斯蒂芬森终于在1814年制造出了第一辆蒸汽机车。这辆蒸汽机车成功地拉着载满煤炭的8节车厢行驶起来。

从那之后，斯蒂芬森和他的儿子罗伯特共同建造轨道并且大力改良机车。1825年，开通了世界上第一条从英国中部城市斯托克顿至达林顿的公共铁路，斯蒂芬森父子制造的"旅行者号"载着煤炭、行李和众多客人踏上了行程。接着，他们还开通了"火箭号"，将曼彻斯特和利物浦用轨道连接起来。因为斯蒂芬森父子的巨大贡献，蒸汽机车从此走向世界舞台。

第103页的答案　A 正确

小知识 1880年，中国第一条标准轨距铁路唐胥铁路修竣，"龙号"蒸汽机车是中国第一台蒸汽机车。
小测验 蒸汽机车首次运送的是什么呢？

答案在下页

蜡烛为什么可以点燃？

如果物体想要燃烧就需要另外一种东西，而这种东西无处不在。

读过的日子（　　年　　月　　日）（　　年　　月　　日）（　　年　　月　　日）

22

工具·物品

即使把蜡块接近明火，蜡也只会熔化而不会燃烧。但是，火焰一旦靠近烛芯的部分，蜡烛就会一直燃烧直到烛芯燃尽。那么我们就一起来研究蜡烛燃烧的原理吧！首先，烛芯一旦靠近火焰，火焰的温度就会使蜡烛顶部的蜡熔化，然后变成液态的烛油堆积在烛芯周围的小凹陷处，烛芯会一点一点地吸收堆积在凹陷处的蜡油，并将它转移到烛芯的上部。正在燃烧的火的热度会使最终到达火焰附近的蜡油蒸发。蒸发掉的蜡和空气混合在一起，蜡烛便点着了。

这样一来，每点燃一次蜡烛，便会按照"火焰的温度使蜡熔化→熔化的蜡转移到烛芯处蒸发→燃烧"这样的顺序不断重复。作为烛芯的纤维是疏松多孔的结构，烛芯会把熔化成液态的蜡不断提升到烛芯上端。因为疏松多孔的烛芯会吸收液体，液体便顺着烛芯上升，烛芯会把液态的蜡一点一点提升到正在燃烧的烛芯处，所以，如果烛芯较粗的话，提升蜡油的作用力会变大，火苗也会随之变大。除烛芯以外，不可或缺的因素还有空气中的氧。当氧遇到高温，与空气中的氢和碳结合时，便会发光发热。因此，点火就是为了使氧气与氢、碳结合，从而产生高温，形成燃烧的必要条件。

一方面，蜡烛中可燃烧的物质是蜡，但用明火接近蜡也不会燃烧的原因就在于蜡没有得到蒸发；另一方面，火焰只要稍微靠近薄纸片就会燃烧起来，那是因为薄纸片会立即升温。因此，只要靠近火，再和空气中的氧结合，便可以很顺利地燃烧起来。

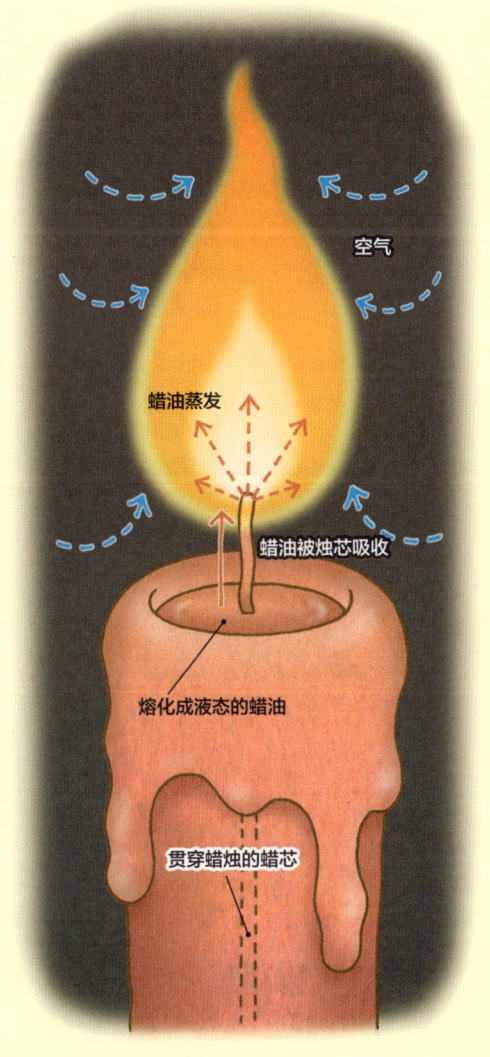

空气

蜡油蒸发

蜡油被烛芯吸收

熔化成液态的蜡油

贯穿蜡烛的蜡芯

煤炭

第104页的答案

小知识 把正在燃烧的蜡烛放进瓶子里盖上盖子，当瓶子里的氧燃尽后火就会熄灭。
小测验 能够使蜡烛燃烧不可或缺的除了空气中的氢和碳，还有一个是什么呢？

答案在下页

105

23 菜粉蝶喜欢卷心菜吗？

我们经常能看到在卷心菜田里舞动着翅膀飞来飞去的身影。

读过的日子（　　年　　月　　日）（　　年　　月　　日）（　　年　　月　　日）

法布尔昆虫记

来自故事《菜粉蝶》

（关于菜粉蝶，法布尔是这么认为的。）

现在我们食用的卷心菜是经过人们改良之后人工培育的卷心菜。因为野生卷心菜的鼻祖只在欧洲一定的沿海地带生长，在现在的卷心菜出现以前，地球上的菜粉蝶都吃些什么呢？菜粉蝶的幼虫应该也吃其他的什么植物吧？

带着这些疑问的我（法布尔），试着把卷心菜的同类植物十字花科（带有呈"十"字形的四片花瓣的植物）的野生植物喂给虫笼中的大菜粉蝶的幼虫吃。

然后我发现，无论是十字花科中的哪种植物的叶子，幼虫都会十分欢快地享用而且平安无事地长大。但是，给它们不是十字花科的生菜和豌豆却一点都不吃。

因此我想到，大菜粉蝶的幼虫一直吃和原来一样的十字花科植物，也会吃人工培育的卷心菜和同类的西兰花和菜花等，那么能够生存的地方也会增多。

大菜粉蝶的产卵期和卷心菜的成熟期很好地重叠在一起。大多时候大菜粉蝶能产大约200个卵，并且会把卵产在卷心菜的叶子上。

在菜粉蝶的产卵期，我发现蝶妈妈只在植物的周围飞来飞去，于是就能判断这些是不是十字花科的植物。

不久后孵化出的幼虫，在吃卷心菜叶子之前，会先把自己出生时的卵壳吃掉，再从身体里产出细丝。我觉得这是因为它们要防止从光滑的卷心菜叶子上滑落下来，而用丝来稳住脚跟吧。这顿饭好像是菜粉蝶幼虫出生后固定的一餐。

第105页的答案：氧气

小知识 菜粉蝶为了不让幼虫互相争夺食物，会分开产卵。
小测验 菜粉蝶的幼虫不吃什么？　A 西兰花　B 生菜　C 卷心菜

答案在下页

106

海洋的深处有生物吗？

有很多鱼类改变了身体结构。

读过的日子（　　年　　月　　日）（　　年　　月　　日）（　　年　　月　　日）

24

海洋约占地球表面积的2/3。海洋的平均深度约有3800米，最深的地方超过了10000米。深度超过200米以上的海叫作"深海"。阳光几乎照不到比200米更深的地方，更完全照不到比1000米更深的地方。因此，深海不仅黑暗而且水温很低。在海洋中，根据水的重量会产生压力。随着海水深度的增加，压力也会随之增大。水深1000米处的压力是海面的百倍，水深10000米处的压力是海面的千倍，那种重量就像是在指尖上放了一台小型汽车一样。也就是说，在深海中生存的动物所承受的压力换作是在陆地上的话，这么大的压力足以碾碎它们。

在光照不到的深海里，海藻等植物无法生存。在这种环境中生存的深海生物大多改变形态进化了。为了能在黑暗中寻找到本来就为数不多的食物，它们会进化成自己能够发光和眼睛很大的鱼类。相反，也有因为看不见东西而眼睛退化的鱼类。还有为了能够把比自己体型更大的猎物一口吞下，嘴和胃变得很大的鱼类，还有一直待在深海身体变得十分柔软的鱼类等。

在水深300～500米的海洋中生存着进化出高达3米的"高脚蟹"，还有具有鹦鹉螺化石一样原始形态的"鹦鹉螺"等。水深1000米左右的海洋中生存着有着人鱼模样的"勒氏皇带鱼"和长着巨大无比的嘴的"巨口鲨"，还有世界上最大的软体动物"大王乌贼"。大王乌贼从头到身体长达5～6米，再加上触角的长度全身将近15米。大王乌贼的天敌是抹香鲸。水深1000米以下的地方便很少有生物了，但尽管如此，鮟鱇鱼和海参类的生物还是生活在这里。

鱼类

大王乌贼

第106页的答案　B 生菜

小知识 抹香鲸可以潜到水深3000米以下的地方。
小测验 阳光无法到达的深海里没有生长海藻等植物。　A 正确　B 错误

答案在下页

107

25 在很久以前也有昆虫吗？

有那么一个时期，巨大的虫子满世界地飞。

读过的日子（　年　月　日）（　年　月　日）（　年　月　日）

古生物

昆虫是地球上种类最多的生物群体。目前已经被确认的种类大约在80万种以上。即便如此，每年依然会有新的发现。据推算，昆虫大约会有100万种以上。因为昆虫的生命周期很短，所以它们进化的速度非常快。而且根据地域不同，它们还会分为很多种。此外，由于体型较小，即便在狭窄的地方也可以共存很多不同种类的昆虫，这也是昆虫种类增加的原因。

昆虫的祖先第一次出现在地球上的时间，是距今4～3.5亿年前。恐龙是在大约2.5亿年前出现的，而我们人类的祖先大约出现在600万年前。作为地球上的生物，昆虫的资历比我们老得多呢。

在地球上诞生的生物最初都生活在海里，最初出现在陆地上的就是昆虫的祖先。最先出现的是像跳虫和蜈蚣一样的虫子。大约在3.2亿年前，开始出现带有翅膀的"古网翅目昆虫"。这个时期在水边有茂密的蕨类植物森林，所以昆虫种类大量增加。比如说蜻蜓、蚂蚱、放屁虫、金龟子等。据说现在我们能看到的昆虫，它们的祖先在这个时期几乎都能看到。

其中，史上最大的飞行类昆虫"巨脉蜻蜓"张开翅膀时可以达到60厘米。因为那个时期还没有鸟类和蝙蝠这些天敌，所以这些昆虫会变得超级大，并且可以随心所欲地在树木之间飞来飞去。在这个时期出现的"大型史前蟑螂"是现代蟑螂的同类，它们张开翅膀的幅度大约有20厘米。在距今约1.4亿年前，地球上出现了开花植物，因此诞生了蜜蜂类的昆虫。

像这些远古时期的昆虫，都是以化石的形式在世界各地被发现的。

巨脉蜻蜓

第107页的答案：A 正确

小知识 还有一种化石，是在远古时期，昆虫被裹入树脂后凝固形成的化石。
小测验 昆虫和恐龙，哪个先出现在地球上？

答案在下页

108

为什么会刮风？

我们所感觉到的风，其实是空气的流动。

读过的日子（　　年　　月　　日）（　　年　　月　　日）（　　年　　月　　日）

如果把"刮风"这个词换个说法，还可以说是"空气在流动"。例如我们在洗澡时，如果浴室的门是开着的，我们就会感觉到风从外面吹进来。其实这个时候，我们所感觉到的风就是空气的流动。空气为什么会流动呢？其中最重要的原因就是温度差。

空气有温度上升而变轻的性质。当我们把浴室的门打开时，浴室中温暖轻盈的空气就会从上方飘出门外，同时外面重的冷空气会进入到浴室里温暖的空气中，于是就形成了空气的流动。在室外刮的风也是由于热空气和冷空气相遇而引起的。太阳光照会使空气温度上升，空气会变轻，向上流动，于是便会从周围流入重的冷空气，这是形成风的基本形式。在地球广阔的范围内都会发生与此相似的现象。

海上的空气与陆地上的相比，水的温度不太容易发生变化，所以海面上空气的温度一整天都不会发生太大的变化。而陆地升温和降温都很快，所以陆地上的空气在一天之内的温度差会比较大。在受到太阳光照的白天，陆地上的空气会比海面上的空气先变得温暖，于是海面上的冷空气会流到陆地上形成风。像这种从海面上流向陆地的风，叫作"海陆风"。相反，当太阳落山时，地表空气又先于海面空气变冷，所以风又从陆地吹向海洋，这种风叫作"陆海风"。此外，季节的温度变化也会引起刮风，所以夏天和冬天的温度差也会引起大风。

夏天由于受到强烈的光照，陆地温度上升，风便会从海面吹向陆地。冬天由于陆地降温，风便会从陆地吹向海洋。冬天刮的风之所以很冷，是因为这些空气是从北方的西伯利亚方向的陆地吹动过来的，因此也称之为"冷空气"。

小知识 在黎明和傍晚，海面与陆地的空气温度几乎相同，所以不会刮风。
小测验 从海面吹向陆地的海风，是在白天还是夜晚？

109

27 磕碰后皮肤为什么会变青？

胳膊、大腿或者屁股等身体比较柔软的地方容易形成瘀青。

读过的日子（　　年　　月　　日）（　　年　　月　　日）（　　年　　月　　日）

身体

当我们撞到东西或者摔倒时，会形成瘀青或者肿起一个包。在我们整个身体的皮肤下面，有很多毛细血管。之所以形成瘀青和肿包，是因为身体受到强烈撞击后，皮肤下面的毛细血管发生了破裂，产生瘀血而形成的。这种现象叫作"内出血"。

当胳膊、大腿或者屁股等身体较为柔软的部位发生内出血时，血液会在皮肤的内侧扩散开。含氧的血液是红色的，但是瘀血会停止流动，因其已经失去了氧气，所以就会呈现出蓝色或紫色的现象，这就是"瘀青"。瘀青根据地区不同，叫法各异，有的叫"乌青"，也有的叫"黑青"。

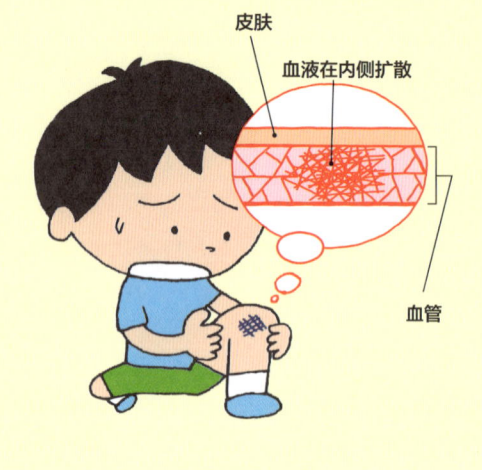

头部的皮肤下面就是坚硬的骨头，如果在这个部位发生内出血的话，血液并不会在皮肤内部扩散开来，而是会挤向皮肤外侧，这就形成了肿包或者瘤包。如果是手掌或者手指被夹到，或者握铁棒和棒球棒时用力过猛，鞋磨脚等原因会使皮肤出现紫红色的小泡，这也属于内出血，通常叫作"血泡"。

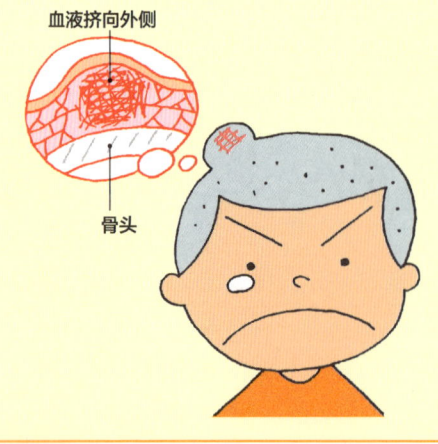

我们跌倒流血时，如果紧紧按住伤口的话，一般来说会停止流血。而内出血的话就算直接挤按，血液还是照样会在皮肤内部流出来。但是，由于身体本身具有自愈能力，血液中含有的"血小板"可以阻止血液继续流出（P48），并且破裂的血管也会自动愈合，血液也会被身体吸收，所以瘀青、肿包和血泡最终也会自行消失。虽说如此，但是如果有瘀青或者肿包，一定要马上冷敷伤处。这样可以使血管收缩，防止血液继续流出，并且可以镇痛，伤口就会好得快一些。但是，如果是头部受到撞击，从眼睛、鼻子、嘴、耳朵里哪怕是出一点血，并且有恶心的反应，都需要马上就医。

皮肤 / 血液在内侧扩散 / 血管

血液挤向外侧 / 骨头

第109页的答案：白天

小知识 请不要过分关注肿包，或者热敷伤处，这样会格外疼。
小测验 瘀青是蓝色或者紫色的，是因为它本来是什么东西？

答案在下页

猫头鹰为什么在黑暗的地方也能飞？

在它们的大圆脸上有好多秘密。

28

读过的日子（　年　月　日）（　年　月　日）（　年　月　日）

夜间活动的夜行性鸟类占比还不到所有鸟类的3%，里面有一半以上是猫头鹰家族的成员。猫头鹰与白天活动的雕和老鹰一样，都属于肉食性鸟类。猫头鹰在夜间会四处捕食老鼠和昆虫及小鸟等小型动物。所以它的身体构造与白天活动的鸟类不一样。

猫头鹰的脸，又大又圆，看起来很平。修饰脸颊的羽毛像抛物线一样，这样

够将脖子180°大转弯，把脸完全转到身后面。因为猫头鹰能够准确地推算出自己和猎物之间的距离，并且它们的羽毛也不会发出声音，所以静悄悄地一鼓作气地偷袭猎物。

为什么它们的羽毛不会发出声音呢？因为它们的翅膀构造可以消音。而且猫头鹰的翅膀羽毛纤细，像天鹅绒一样柔软顺滑，所以在它们展翅飞翔时，不会发出噗

鸟类

便于它们收集声音。藏在羽毛后面的两只耳朵，左右有些许高低差，这样就可以探测到声音上下方向的差异，即使在黑暗的地方，它们也能准确地探知声音的方向和距离。它们的眼睛可以捕捉到非常微弱的光。它们和人类一样，眼睛长在脸的正面，所以它们能够通过眼睛准确地测量出自己和猎物之间的距离。猫头鹰的双眼能同时看到的范围约有70°，而且它们还能

啦噗啦的扇翅膀的声音。

夜间猎人猫头鹰像雕和老鹰一样用利爪捕食猎物，然后用锋利的喙将猎物撕碎吃掉。

第110页的答案：血液

小知识 有一种猫头鹰，头上长着两撮像耳朵一样的耳羽，通常叫作鸱鸺（chī xiū）。

小测验 猫头鹰的左右耳朵一般高。　A 正确　B 错误

答案在下页

111

29 热气球为什么会飞起来?

它利用了空气不可思议的特性。

读过的日子（　年　月　日）（　年　月　日）（　年　月　日）

交通工具

轻轻飘浮在天空中的热气球真的是能让人感到浪漫的梦幻之船。即便是一架小型飞机大约也有800千克的重量，而热气球因为没有搭载沉重的发动机，所以只有300多千克。热气球既没有像飞机一样的机翼，也没有发动机，为什么能在天上飞呢？

大家是否有过这样的经验，在烧烤或者生火时看到烟会冒到天上去，开空调和生炉子时，只有房间上方的空气是暖和的。那是因为受热的空气比周围的空气要轻。此外，空气遇热后还会膨胀，这可以通过一个简单的实验来证实。首先吹起一个没有洞的塑料袋，把口扎紧，防止空气流出；然后将这个塑料袋放到装满热水的浴缸中；最后塑料袋会越来越鼓。热气球的原理也与此相同，它利用了空气受热便会膨胀和变轻的特质来达到飞行的目的。

在要升空时，首先要用电风扇将空气吹进用薄布制成的袋状热气球中，这样可以使热气球鼓起来。当燃烧器将空气加热后，热气球内部的空气就会膨胀，而且比外面的空气要轻，所以便会飘浮起来。当要降落时，只需减小燃烧器的火力，或者将热气球顶部打开，以此来冷却气球内部的空气即可。

热气球虽然可以调节高度，但是没有方向盘也没有制动装置，所以只能在天空随风飘荡。飞行员在气球升空前需要确认风向、风力和地形等，才能通过控制热气球上下移动来控制前进。

第111页的答案 B 错误

小知识 有一种热气球里面采用的是比空气还要轻的气体，叫作"氢气球"。

小测验 空气受热后会怎样？　A 缩小变重　B 膨胀变轻

答案在第122页

让故事更有趣些吧

岩石是由什么构成的？

仔细看一下岩石，就会发现里面有些小颗粒或者碎片，看起来一粒一粒的是"矿物"，这种石头是由矿物聚集形成的。我们就以花岗岩为例，来看看它的组成吧。

石英
石英是透明的矿物。石英是为了添补其他矿物颗粒之间的空隙而钻进来的。

花岗岩
花岗岩是一种构成陆地的岩石，多用于建筑的装饰。

由各种各样的矿物聚积而成！

放大后……

黑云母
黑云母的特点是能像薄薄的板子一样一片一片地剥落。

长石
几乎所有的岩石里面都含有这种成分，根据成分不同可分为斜长石和钾长石。

斜长石
斜长石是白色不透明矿物。

钾长石
钾长石是细长形矿物。

照片提供：日本德岛县立博物馆

113

水分在**周游**世界！

地球上有很多水，被称为"水之行星"。虽然大部分的水都在海洋中，但是它们也会化身为雨水、雪、云和地下水等，不断地"周游旅行"。让我们来看看水分在"旅行"时的模样吧。

云 ▶ P89、P169、P230、P345

变成云

在上空，水蒸气遇冷变成小水滴，汇集后变成雨

雨 ▶ P80、P210、P246

下雨

海水成为水蒸气

雨也会降落在海洋里

海洋 ▶ P212、P247、P407

以河水的形式流回大海

湖水

雨水、河水流至低洼处，形成湖

地下水与海水混合

让故事更有趣些吧

河流、海洋和陆地上的水受到太阳光照后升温变成水蒸气

云在更高处遇冷，变成冰晶，汇集形成雪

下雪　**雪** ▶ P80、P169

融化的雪水流入河流和地下

河流 ▶ P145

湖水

火山 ▶ P261

温泉 ▶ P370

温泉

地下水渗入

涌出温暖的地下水

钟乳洞 ▶ P126

岩浆将地下水加热

岩浆 ▶ P23、P261、P265

115

让故事更有趣些吧

让我们来了解一下食物中的营养素吧！

食物中包含了我们生存所必需的营养成分，我们将它们称为"营养素"。根据食物的不同，其含有的营养素也不同。那就让我们来了解一下主要的营养素和含有这种营养素的食物吧。

食物中的五大营养素

蛋白质

蛋白质是构成肌肉、内脏、皮肤等身体各个部位的成分。蛋白质可分为动物性蛋白质和植物性蛋白质。含有较多蛋白质的食物有肉类、鱼类、牛奶、芝士、蛋类、豆腐以及纳豆等。

脂类

脂类是能量的源泉。含有较多脂类的食物有黄油、油、蛋黄酱、五花肉、核桃等。但是如果摄取过多的话，就会发胖。

注：不同维生素和不同矿物质的食物来源都不一样，这里仅列举部分。

碳水化合物

碳水化合物提供人类活动所必需的能量。含有碳水化合物的食物以主食居多，例如大米、小麦粉（面包、乌冬面、意大利面等）、红薯、土豆等。

维生素

维生素能够调节身体各项机能。富含维生素的食物有胡萝卜、南瓜、青椒、红薯、菠菜、香菇、沙丁鱼、杏仁等。

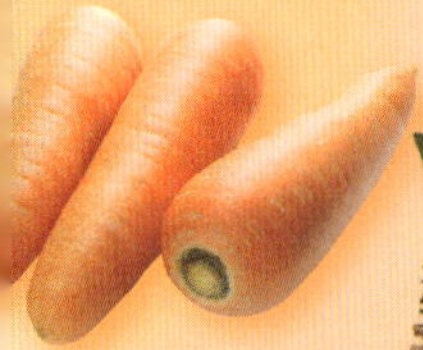

矿物质

钙、铁等这些都属于矿物质，它们能够形成骨骼和牙齿等，并且能协调身体各部分的机能。富含矿物质的食物有酸奶、菠菜、海带、羊栖菜等。

"食物纤维"不算营养吗？

食物纤维几乎不会被身体消化吸收，所以不能称之为身体所需的要素或是能量。但是食物纤维可以调节胃肠内部的环境，促进排便。含有较多食物纤维的食物有糙米、薯类、魔芋、大豆、羊栖菜、秋葵、牛蒡（bàng）等。

117

让我们来了解一下食物的消化流程吧!

人类的身体是如何摄取营养的呢?另外,一起来看下食物是如何通过身体内部的吧!

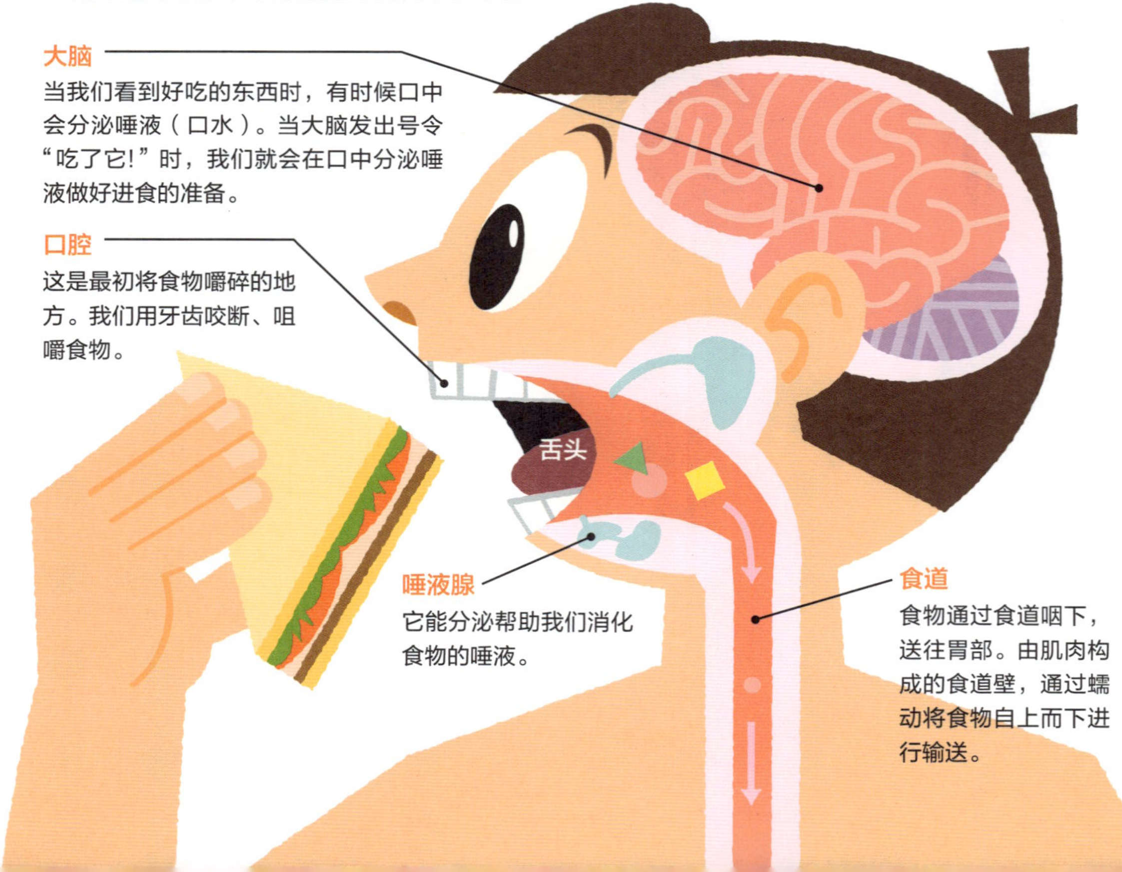

大脑
当我们看到好吃的东西时,有时候口中会分泌唾液(口水)。当大脑发出号令"吃了它!"时,我们就会在口中分泌唾液做好进食的准备。

口腔
这是最初将食物嚼碎的地方。我们用牙齿咬断、咀嚼食物。

唾液腺
它能分泌帮助我们消化食物的唾液。

食道
食物通过食道咽下,送往胃部。由肌肉构成的食道壁,通过蠕动将食物自上而下进行输送。

当我们吃东西时,我们是如何呼吸的?

在我们的嗓子里,有一条是"食道",有一条是将食物送往胃部的"气管"。另一条是将空气送往肺部的"气管"。当我们吞咽食物时,气管入口的门是闭合的。所以我们在吞咽东西时是不能呼吸的。

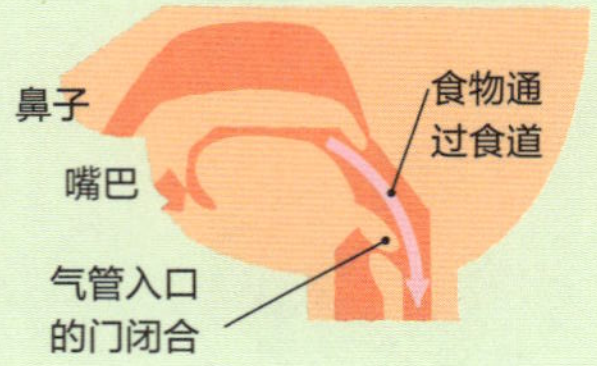

鼻子
嘴巴
气管入口的门闭合
食物通过食道

当食物进入到胃里时会怎样?

当胃里什么也没有时,胃会变小。当食物进入到胃里时,胃部会分泌胃液并且胀大。在胃里被消化过的食物会被送到十二指肠。

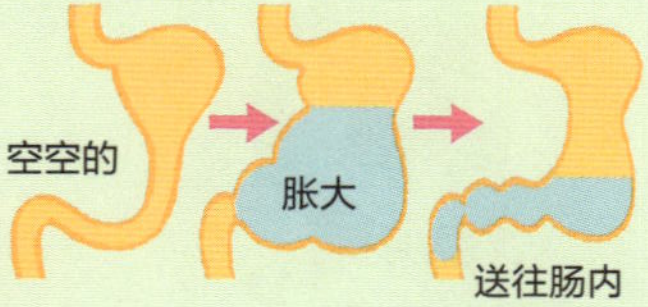

空空的
胀大
送往肠内

舌头

118

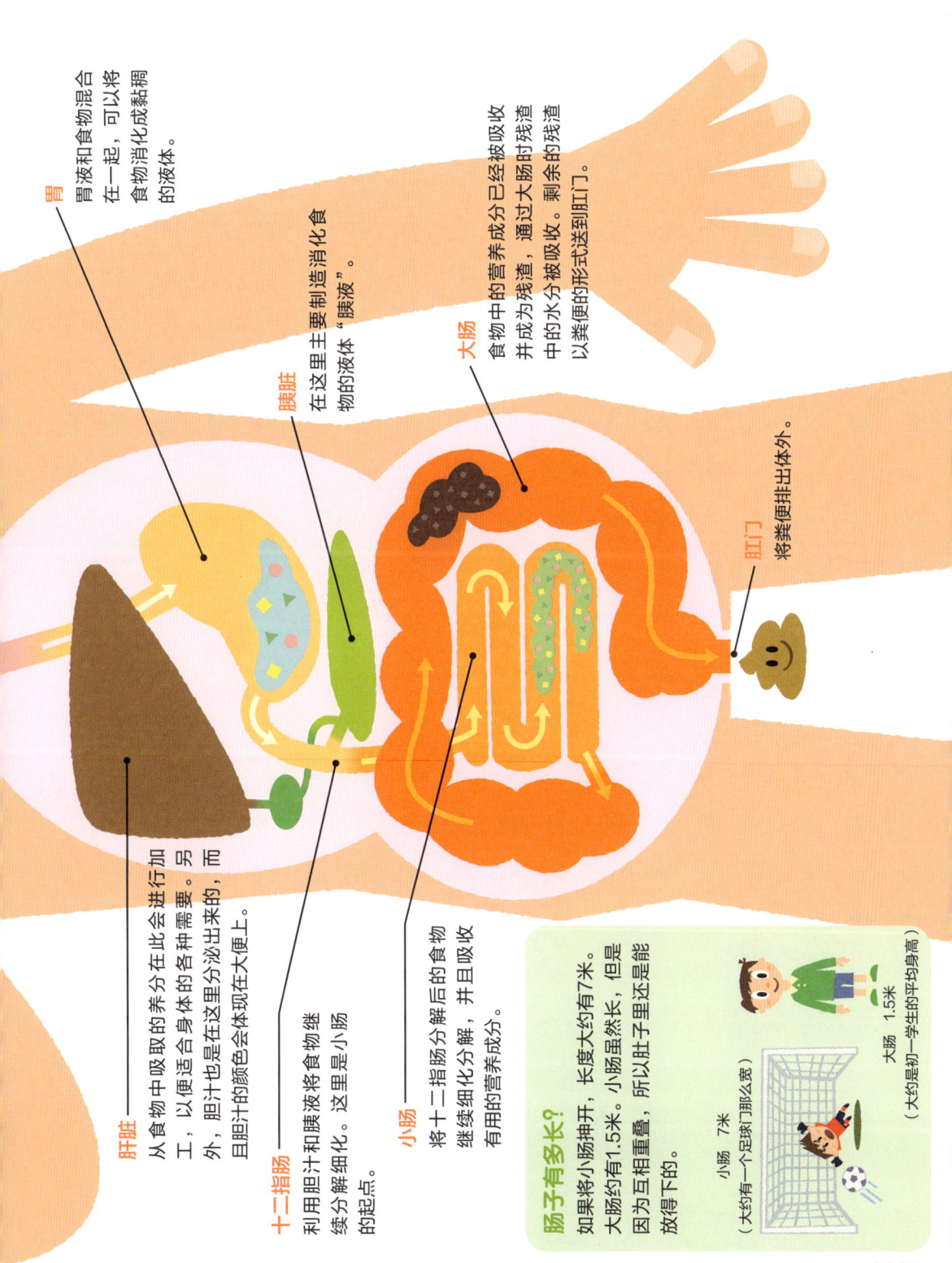

胃
胃液和食物混合在一起，可以将食物消化成黏稠的液体。

肝脏
从食物中吸取的养分在此会进行加工，以便适合身体的各种需要。另外，胆汁也是在这里分泌出来的，而且胆汁的颜色会体现在大便上。

十二指肠
利用胆汁和胰液将食物继续分解细化。这里是小肠的起点。

胰脏
在这里主要制造消化食物的液体"胰液"。

小肠
将十二指肠分解后的食物继续细化分解，并且吸收有用的营养成分。

大肠
食物中的营养成分已经被吸收并成为残渣，通过大肠时残渣中的水分被吸收，剩余的残渣以粪便的形式送到肛门。

肛门
将粪便排出体外。

肠子有多长？

如果将小肠抻开，长度大约有7米。大肠约有1.5米。小肠虽然长，但是因为互相重叠，所以肚子里还是能放得下的。

小肠 7米
（大约有一个足球门那么宽）

大肠 1.5米
（大约是初一学生的平均身高）

119

变得让故事更有趣些吧

让我们来了解一下"五感"吧!

"五感"中的五种感觉,在我们感知身体内部或者外部刺激时起到了非常重要的作用。五感的信息都是通过神经传递到大脑中的。

视觉
看东西的感觉。人类的眼睛可以看到立体的东西、判断距离、区分颜色,非常发达。
▶P310

听觉
听声音的感觉。耳朵不但具有听觉功能,还负责维持身体平衡,具有平衡的感觉。
▶P289

看上去很好吃呢! —— 眼睛

咔嚓咔嚓! —— 耳朵

鼻子

好香!

嗅觉
感知气味的感觉。嗅觉可以判断食物能不能吃等,在人类生存方面起着重要的作用。

皮肤

好软!

触觉
接触到东西时,可以感知到坚硬、柔软、热、冷等感觉。

好吃! —— 舌头

味觉
用舌头感知味道的感觉。可以区分出甜味、咸味、酸味、苦味、鲜味等5种基本味道。

4月的故事

文 / 早野美智代

01 为什么要吃间食？

我们应该注意，其实大人和孩子的食量是不一样的。

读过的日子（　　年　　月　　日）（　　年　　月　　日）（　　年　　月　　日）

身体

间食是会让大家开心的东西。仅仅是听到"间食"这个词，就会不由得露出笑容。然而，间食不只是让人感到快乐，还起着很重要的作用。为什么要吃间食呢？我们一起思考一下吧。

为了让身体能健康成长，我们会吃各种各样的食物，去摄取身体所需要的营养（P116）。比如，肉、鱼、鸡蛋和豆类等含有蛋白质的食物可以用于制造肌肉和血液，给身体提供大量的营养；米饭、面包和面条等含有碳水化合物的食物能够给我们提供动力，维持身体的能动性；蔬菜和水果等含有维生素的食物能够调节身体状态的均衡，让人不容易生病。此外，其他食物也分别含有各种各样的营养素。

对于人来说，不论是哪种营养不足，还是哪种营养摄取过量，都会使身体产生不适。因此，营养均衡是很重要的事情，我们在吃饭的时候，就要将各种各样的食物配合着吃。成人的身体机能大部分都已经足够完善，而正处于成长中的孩子，也必须不断地完善身体机能。然而，孩子在玩耍的过程中，由于经常运动，会消耗大量的能量。而且，孩子的胃很小，不能像大人那样一次性吃很多东西。如果只是一天三餐的话，营养就会不足，所以在两次用餐之间吃一些间食，能够补充不足的部分。因此，作为辅食要尽可能选择有营养并且易消化的东西，例如水果和乳制品等。

然而，总是去考虑营养的问题就没有乐趣了。感觉累了，也可以吃一些蛋糕和巧克力等甜食。只要保持舒畅的心情，人自然就会有精神。所以，间食也会起到让人振精神奋的作用。

第112页的答案 B 膨胀变轻

小知识 非正餐时的加餐，如下午茶、夜宵等都可以称为"间食"。
小测验 富含制造肌肉和血液所需的营养素的食物是哪种？　A 鸡蛋　B 面包　C 蔬菜

答案在下页

为什么能通过土电话听到声音？ 02

声音是如何传递的呢？

读过的日子（　年　月　日）（　年　月　日）（　年　月　日）

工具·物品

你有过用线把纸杯连接起来，做成土电话的经历吗？

用土电话时，人在另一边说话的声音，这一边马上就能听到，就像是在耳边说话一样。它既不是真正的电话，也没有用到电，那为什么能够听到声音呢？

声音有一边震动一边传播的性质。这种细微的震动可以通过空气、水和物体来传播。我们的耳朵里有一种叫作"鼓膜"的膜，会接收到震动的信号，因此就能听到声音。但是，通过空气来传播，振幅就会渐渐地扩散变弱，不久就会消失，所以另一边的声音就不能很清楚地听到。但是，如果是通过筒状管子的话，即便是小声说话也能够听到。因为空气中的振幅在管子里传播，很难向外扩散。声音的振幅通过丝线也能够传递。对着土电话的纸杯口说话，声音会震动纸杯的底部。纸杯的振幅会通过线来传递，去震动另一个纸杯的底部。这样，说话声就能传递到对方的耳朵里。但是，当线松弛或者中间部分缠住手指时，声音的振幅就不能传播了，也就收不到声音了。

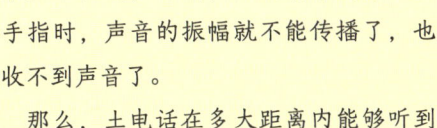

那么，土电话在多大距离内能够听到声音呢？

关于这个问题，通过实验发现，如果是又粗又结实的线，声音能传播得很远。因为必须在宽敞的地方把线拉得笔直，所以我们在大厦的楼顶上进行了这个实验。结果好像是到688米远，也能够听得到声音。再比这更长的距离就听不到了，因为即使把线拉直，线也会由于自身重量而变得松弛。

土电话并不仅限于两个人玩，三个人以上也可以玩。可以给土电话连上三根以上的线，把放射状的线拉直了再说话。可以试一试，很有意思的。

第122页的答案　A 鸡蛋

小知识　用钓鱼线和电力工作的漆包线也能听得很清楚。
小测验　声音的振幅在水里也能传播。　A 正确　B 错误

答案在下页

123

03 蒲公英的绒毛都飞到哪里去了？

蒲公英的绒毛之所以能轻飘飘地飞向远方是有原因的。

读过的日子（　年　月　日）（　年　月　日）（　年　月　日）

植物

大家有没有吹过蒲公英那圆圆的、轻飘飘的绒球？冲着那个圆圆的绒球吹一口气，它就会散开并随风飞走了。一根根被吹散的是长着绒毛的杆，下面带着蒲公英的种子。那蒲公英的绒毛们都飞去哪儿了呢？

蒲公英的绒毛是由它开出的小黄花变成的。人们能看到的蒲公英茎的顶端开出的一朵花，其实是由很多小小的花聚集在一起组成的。蒲公英的花在白天开放，到了晚上就会收拢，这样重复三天左右，最后花会凋谢，花葶也会倒下，但是花朵并没有枯萎。在花葶倒下期间蒲公英并没有停止自己的工作，它在为了孕育下一代而拼命地发育着种子。一旦种子长成，花葶也"嗖"地一下站了起来，长得比开花时更长了。然后就能看见花葶的顶端长出了柔软的、圆圆的小绒球。伴着微风，蒲公英会尽可能地把种子送到更远的地方。

为什么种子可以飞到那么远的地方呢？如果没有绒毛，即便有风，种子大多也只会落在同一个地方。这样一来，同一个地方长满了蒲公英，土壤里的养分就不够了。再加上蒲公英都在一个地方生长的话，叶子会叠压在一起，就不能充足地接受太阳的光照了。但是如果种子飞到很远的地方，就可以在不同的地方生根发芽了。这可真是一种为了保住生命而充满智慧的方法啊！

随风飞走的绒毛落在远方的大地上，种子裂开，生根发芽，不久之后便会长出叶子，茎也长长了。沐浴过阳光的蒲公英便在此处开出了新的花朵。

第123页的答案 A 正确

小知识 除了芒草和梧桐，还有很多需要借助风力使种子飞走的植物。
小测验 蒲公英的绒毛是为了携带什么才飞往远方的呢？

答案在下页

124

从前的人认为地球是不会动的吗？

有一个时代，人们认为地球处于宇宙的中心。

读过的日子（　年　月　日）（　年　月　日）（　年　月　日）

04

很久以前，人们认为地球是静止不动的，而太阳和其他星体都围绕地球旋转。这个理论叫作"地心说"。但实际去观测天体的话就会逐渐发现地心说的一些破绽。另外，一边观察天体一边开船的话可能会迷失方向或者遭遇不测。因此，人们开始寻找正确的天体运动规律。

出生在波兰的尼古拉·哥白尼，父亲在他10岁时就去世了。不过多亏了在教会担任牧师（在教会负责仪式和典礼的人）的舅舅，他才能受到良好的教育。他不仅在波兰的大学念书，后来还去了意大利学习数学、美术、医学和法律等，但其中让他最感兴趣的是天文学。

学成归来后，他在教会担任医生期间，也是一边工作一边继续研究天文学。后来通过对天文知识愈加深刻的了解，他终于发现"地心说"这一理论是错误的。哥白尼费尽周折终于发现，地球自身在转动的同时也在围绕着太阳公转。这个理论叫作"日心说"。

在此之前很多用"地心说"无法解释的事情都可以用"日心说"解释得通了。而且通过计算和观测也证明了它的正确性。但当时的欧洲社会一直以来都信奉着地心说，因此人们很难接受日心说的理论。很多人都表示："事已至此，他这是要破坏上帝创造的世界啊，这怎么能让人安心啊！"

哥白尼很长一段时间都没有再发表过他的观点，但在他的学生们坚持不懈地劝说下，终于在他临近古稀之年才决定将"日心说"的理论出版发表。1543年，哥白尼出版了《天体运行论》后，将近70岁的他便与世长辞了。多年以后，伽利略·伽利雷（P314）证实了哥白尼的日心说，后来世界上许多其他的天文学家也承认了日心说的正确性。

传记

尼古拉·哥白尼（1473－1543年）

第124页的答案：种子

小知识 波兰有"哥白尼大街"和"哥白尼大学"。
小测验 "地心说"是哥白尼发表的理论。　A 正确　B 错误

答案在下页

125

05 洞穴是怎样形成的？

洞穴分为人工洞穴和自然形成的洞穴。

读过的日子（　　年　　月　　日）（　　年　　月　　日）（　　年　　月　　日）

地球·宇宙

洞穴是指在山崖或岩石上，人刚好能钻进去的洞。根据形成方式可以分为"钟乳洞""熔岩洞""海蚀洞""人工洞穴"这4类。

远古时期的海底，贝类和珊瑚大量堆积，经过几万年的时光，逐渐形成一种

钟乳石的形成

水分从石灰岩层渗入到地下
钟乳石
石柱
石笋

叫作石灰岩的岩石。最终，海的底部由于地球作用力的挤压渐渐露出海面，形成陆地。

一到下雨天，雨水就从地面渗入，形成地下水。石灰岩容易被水溶解，地下水一旦渗入，石灰岩就会逐渐溶解变形，从而导致洞穴扩大，形成钟乳洞。

钟乳洞的内部流着地下水，洞顶部形成水滴落下。当水滴滴答答落下时，水滴里含有的石灰会残留在洞顶，并会不断堆积。经过长时间的反复作用，便会形成像冰柱一般的"钟乳石"。而因为落到地面的水滴里也含有石灰的成分，所以在水滴下落的地方会堆积形成像竹笋一样的"石笋"。上下各自的溶石延伸相连，最终会形成"石柱"。

熔岩洞是在火山活动剧烈的地方形成的。从火山中喷发出的岩浆在地层表面冷却之后，中间部分还未冷却的岩浆和气体会继续排出，形成空洞。

海蚀洞是在海岸边上的岩石中，在波浪的剥蚀下形成的。

人工洞穴是由人类活动挖掘形成的。因为洞中的温度和湿度很稳定，所以经常用来保存物品、培育蘑菇等。

即便是在只有岩石和水的岩洞中，也会有蝙蝠、蜘蛛和壁虎等生物，以及苔藓、蕨类和霉菌等各种各样的植物和微生物。

第125页的答案 B 错误

小知识 由于洞穴中没有阳光，空气流动较少，所以比外面要凉爽一些。
小测验 按照形成方式，洞穴包括"熔岩洞""海蚀洞""人工洞穴"和什么？

答案在下页

刺鲀真的有1000根刺吗？

1根、2根、3根，数过才发现……

读过的日子（　　年　月　日）（　　年　月　日）（　　年　月　日）

鱼类

刺鲀（tún）是河豚的一种，常见于温带或是热带地区，以海底的贝类、虾、螃蟹或海胆等为食。因为它们有坚固的牙齿，所以可以咬碎这些食物坚硬的外壳，食用中间部分。

鱼类一般来说是有鳞的（P58），刺鲀又长又硬的刺便是由鱼鳞演变而来的。刺的前端锋利而尖锐，长度有5厘米左右。

刺鲀的刺虽然看起来很多，但真的像它的日文名字（针千本）那样有一千根刺吗？

刺鲀的身体之所以会膨胀起来，是因为一下子喝了大量的水将胃鼓起来了，这样身上的刺就可以立起来了。将刺鲀从水中打捞到地面时，也是因为吸入了空气，所以能让身体膨胀起来。

刺鲀即使是膨胀竖起刺时，也可以利用胸鳍、臀鳍和背鳍的摆动，悠闲地游来游去。

它身体如此变化有两个作用：一是带刺的身体在受到敌人的威胁时，可以将其驱赶走；二是身体变得使敌人无法入口

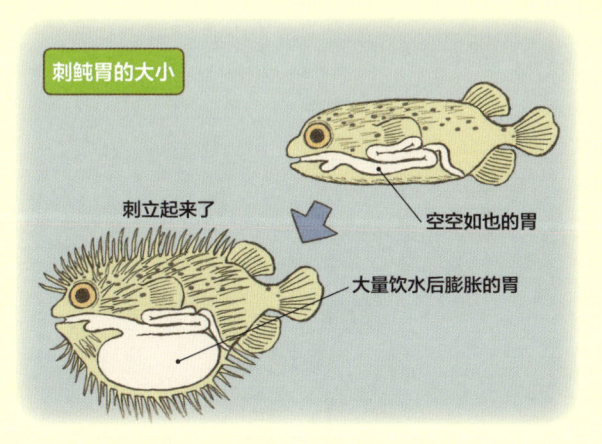

刺鲀胃的大小

刺立起来了

空空如也的胃

大量饮水后膨胀的胃

事实上，刺鲀的刺一般只有300～400根。之所以使用一千或一万的说法，是想表达"很多"的意思。

刺鲀平时身体细小，刺向身体后方倒下。碰到敌人或是感觉到危险时，它就会像气球一样将身体鼓起来，并且刺也会"砰"的一下全都竖起来，这时身体就会变成平时的2～3倍大。

时，就可以避免被吃掉。

哺乳动物中的豪猪和刺猬也是如此，在遇到敌人时它们会将刺竖起来保护自己。这是它们在残酷的大自然中保护自己的一种智慧。

在河豚中，虽然有些种类有毒，但是刺鲀没有毒，某些地区将其作为食物。

第126页的答案：钟乳洞

小知识 刺鲀将刺立起来的时候，因为牙齿紧紧咬合在一起，所以会发出"唧唧"的声音。
小测验 刺鲀的刺是由身体的哪个部位演变而来的？

答案在下页

127

07 狗狗为什么要抬起一条腿小便？

狗狗尿尿包含了许多它的信息。

读过的日子（　年　月　日）（　年　月　日）（　年　月　日）

动物

有时我们看到狗狗散步时会停下来，抬起一条腿，靠着电线杆或者树小便，再往前走一点，又会这样。为什么狗狗要抬起一条腿小便呢？还有为什么不是一次解决呢？

以前，狗狗不是被人类饲养，而是生活在大自然中。因此，它们需要让别的狗狗或者动物知道"这是我的地盘"，并且保护自己的地盘不被其他狗狗或动物侵犯。所以狗狗会到处小便，用气味标记让别的动物知道这是它的地盘。即使是被人饲养之后，狗狗的这个习惯也保留了下来。它们靠着电线杆或者其他东西小便，告诉其他狗狗这是自己的地盘。到处小便也是为了让别的动物知道它的地盘很大。不在地面而是选择靠着电线杆等有高度的东西小便，是因为这样气味会很明显，还不容易被风吹散。抬起一条腿则是方便狗狗在高的地方小便。而且，在高的地方小便留下气味的话，会让其他狗狗认为自己身材高大。在高的地方小便，即使其他狗狗再在这里小便，自己的气味也不太可能消失。

狗的嗅觉非常敏锐。据说是人类嗅觉的1200倍，狗狗可以凭借气味识别出周围的状况或者其他的狗狗。狗狗在散步时，有时也会用力地嗅气味，它们这是在确认周围有什么样的同类。

令人惊讶的是，狗狗可以通过尿迹或者粪便知道其他狗狗的年龄、公母、是否比自己强壮等信息。狗狗之间相遇时，会互相闻对方屁股的气味，这可以说是狗狗之间打招呼的方式。狗狗可以从屁股的气味知道对方是什么样的狗狗。

第127页的答案：鳞

128

小知识 狗狗为了让别的动物知道自己的存在而小便的行为叫作"领地标记行为"。
小测验 狗狗可以通过尿液或者粪便的气味判断对方的年龄。　A 正确　B 错误

答案在下页

婴儿为什么说哭就哭？

如果我们仔细观察的话，就会发现婴儿哭的时候会有不同的表情。

读过的日子（　年　月　日）（　年　月　日）（　年　月　日）

08

身体

婴儿老是哭，难道是因为有什么伤心的事吗？

其实婴儿不是只有伤心的时候才会哭。因为婴儿还不会说话，所以要用哭声代替语言来表达自己的感情。即使哭声听起来相同，但是仔细观察的话，根据婴儿想表达的心情的不同，哭声也会有差异性。

婴儿肚子饿的时候，会动着嘴唇，一脸悲伤地大哭。饿得受不了时，会吸吮自己的手指。尿布湿了不高兴的时候，就会心情不好地大哭。瞌睡的时候会眯着眼，弱弱地哭，有时也会用手揉眼睛。除此之外，孤独的时候、哪里疼的时候、生病的时候，会有各种不同的情况。妈妈应该从婴儿的哭声或表现来判断婴儿到底想要什么，从而做出回应。对于婴儿来说，哭是向周围的大人表达感情的重要方法。

像这样经常哭的婴儿，从出生到两三个月大是不会流眼泪的，这是因为大脑还没有完全发育好。到三四个月大的时候，当婴儿的眼睛能够跟随着移动的物体转动时，就开始会流眼泪了。

顺便说一下，婴儿在母亲肚子里的时候，会从与母亲连接的脐带中获取养分，所以不用呼吸也可以生存。婴儿出生的时候，肺部第一次吸入空气，随着婴儿哇哇大哭之后空气也被呼出。之后，婴儿就可以和我们一样用肺进行呼吸了。

比起身体，婴儿的头和脸更大，又圆又软。宽宽的额头，大大的眼睛，无论是谁，都想要去照顾他。正如我们知道的那样，婴儿有很多事情不能自理，所以他们总是表现出一副很可爱的样子，目的是想让大人们能悉心地照顾自己。

第128页的答案　A 正确

小知识 牛、马、长颈鹿等动物生下的宝宝出生后立刻就能站起来。
小测验 刚出生的婴儿即使哭也不会流眼泪。　A 正确　B 错误

答案在下页

129

09 为什么有些植物不用种子来培育？

那是因为它们自有适合自己生长的方式。

读过的日子（　年　月　日）（　年　月　日）（　年　月　日）

植物

在种郁金香的时候，一般情况下是买球茎种植。为什么不买种子，而是买球茎进行种植呢？

其实郁金香也是有种子的。郁金香开花后会结果，然后会结出种子。种子可以播种到土壤中开出花朵来，但是这要花上4～5年的时间。郁金香在生长时，会在土壤中长出几个像包一样的块状疙瘩，这些疙瘩长大后就是新的球茎。因为球茎生

用球茎来培育的除了郁金香，还有风信子、小苍兰、水仙等许多植物。虽然种球茎的时期各不相同，但是都比播下种子等开花要便捷得多。风信子可以从球茎的颜色看出开什么颜色的花，因为球茎和花的颜色是一样的。因此，除了种子，也可用球茎来培育植物。除了种子和球茎，还可以用茎、叶和根来培育植物。比如，可以直接把菊花和秋海棠的枝条或者叶子

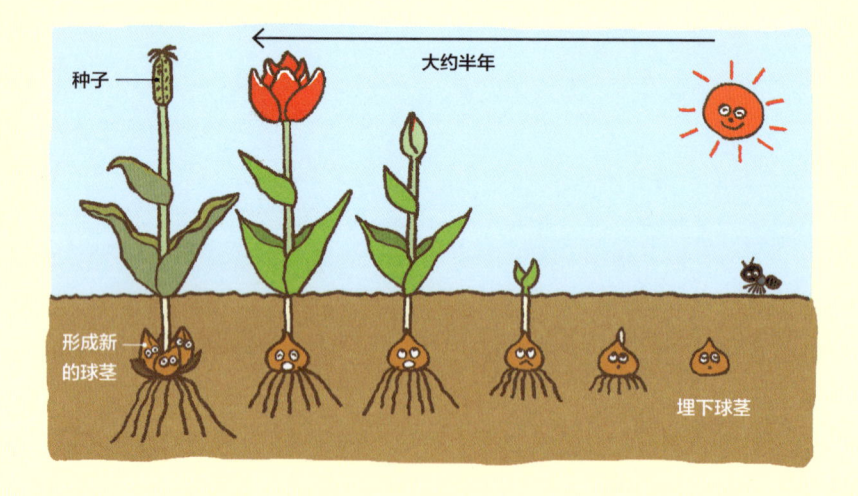

（图：种子→形成新的球茎，大约半年，埋下球茎）

长在土壤中的缘故，所以它可以克服冬天的寒冷、夏天的酷暑以及干燥等问题。在发芽后，球茎可以储存植物生长所需的养分。光热充足后球茎会发出新芽。如果秋天把球茎种下，到了春天就会开出美丽的郁金香。与其播下种子等4～5年才开花，把球茎埋下半年就开花这种做法令人更加轻松愉快。

插在土壤中长出来；可以把蒲公英的根埋在土壤中，根部向土壤下深扎，根部以上会长出茎和叶，开出花朵；将红薯切开，把茎部直接插入土壤中就可以结出新的果实。

根据植物种类的不同，有各种各样培育的方法。

第129页的答案　A 正确

小知识 水仙和郁金香等植物的叶子和球茎有毒。
小测验 培育郁金香时，用种子和球茎哪一种培育方式可以使开花更早？　答案在下页

130

面包为什么松软可口？

掰开面包仔细看的话……

读过的日子（　　年　　月　　日）（　　年　　月　　日）（　　年　　月　　日）

10

掰开松软的面包仔细看的话，会发现面包里面布满了像海绵一样细密的小孔。正因为有这些小孔，面包才会松软可口。

那么，面包里的这些小孔是怎样产生的呢？

在制作面包时会使用面粉、水和酵母。酵母是一种可以让食物发酵的微生物，是霉菌（P193）的朋友。

首先把面粉、水和酵母这些材料混合，并充分搓揉，使其具有黏性成为面团。然后放在暖和的地方稍等片刻，面团中的酵母就开始发挥作用了。

在制作面包时，从发酵力来看，更多会选择发酵力强的发酵粉。

酵母可以吸收面团中的糖分并产生二氧化碳和乙醇，二氧化碳会像气泡一样咕嘟咕嘟地往外冒。待气泡张开，面团一下子就变得鼓起来了。如此一来，面团中就产生了许多小孔。

把膨胀的面团进行烤制后，松软可口的面包就完成了。当我们用手按压面包时，面包会变瘪，这是因为小孔消失了。

与二氧化碳一起产生的乙醇，加热蒸发后只剩下扑鼻的香气。

古代的面包，只加面粉和水进行糅合后烤制，所以像薄脆饼一样，样子不蓬松且扁平。即便是现在，在亚洲的一些地方还存在着这样的面包。

直到如今我们还未弄清楚的是，松软面包的制作方法是什么时候、怎样产生的。有人认为是起源于面团放置时偶然间粘上了酵母。传说在距今6000年以前的美索不达米亚平原上，每家每户都有烤制面包所需的炉灶。

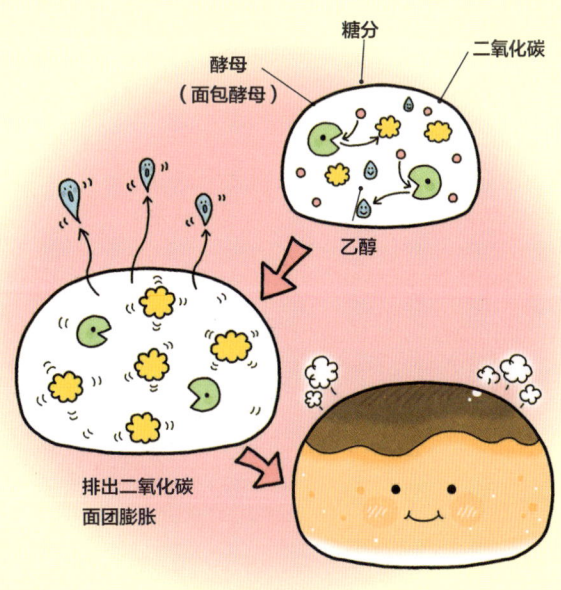

食物

糖分　二氧化碳
酵母
（面包酵母）
乙醇

排出二氧化碳
面团膨胀

第130页的答案：球茎

小知识 类似用于制作面包的酵母菌，还有酒曲、葡萄发酵液等酿酒酵母。
小测验 能让面团发酵的是什么？　A 细菌　B 突变菌　C 酵母

答案在下页

131

11 长度"米"是怎么确定下来的?

它的根据竟然是大大的地球。

读过的日子（　　年　月　日）（　　年　月　日）（　　年　月　日）

发明·发现

"有1米长的大鱼""身高长了1厘米"等，我们平时都会用这种单位来表示长度。那么这种长度单位是谁在什么时候确定的呢？

以前，在表示物品的长度时，会使用身体的一部分来形容，例如张开手指的长度、张开双臂的长度、从脚尖到脚后跟的长度等。根据国家的不同，各自的表达方式也不同。可是，随着国家之间的往来越发频繁，再这样形容的话，就会很不方便。于是就有人提出意见，应该有一个大家公认的长度单位"米制"。而提出这个意见的人是18世纪法国的塔列朗。

于是人们就决定了将地球从北极到赤道的长度的一千万分之一作为1米。但是根据以前的技术来测量地球是件非常困难的工作，况且有些国家也不想改变自己以前的用法，所以米制耗费了80多年的时间才在各国得到普及。认可米制的国家会有一根名字叫作"米原器"的金属杆，长度为1米。目前采用的长度单位是以光在一定时间内的传播长度为基准而确定的，已经不再使用米原器了。除此之外，还确定了1米的1/100为1厘米，1米的1/1000为1毫米，1米的1000倍为1千米。体积和重量单位也以米制为基础得到了确立。将长、宽、高均为10厘米的容器注满水，水的体积被确定为1升，重量为1千克。

目前，米制在世界上的很多国家都得到了认可，主要是因为米制既方便又易懂。

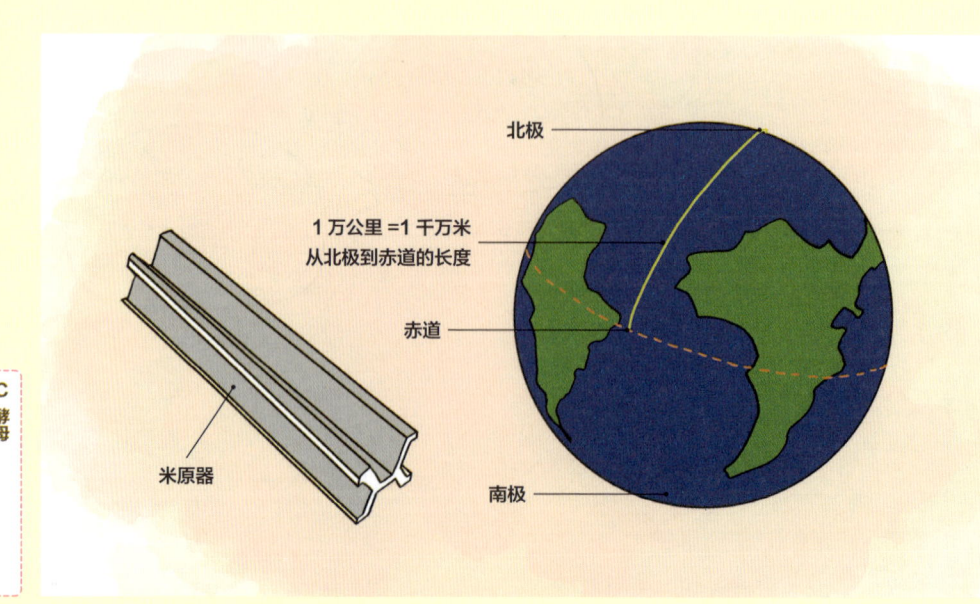

1万公里=1千万米
从北极到赤道的长度

北极
赤道
南极

米原器

第131页的答案
C 酵母

小知识 提前了解自己手指张开的长度，即使没有尺子也可以测量东西的大概长度。
小测验 在认可米制的国家有一根什么样的东西？

答案在下页

132

人在宇宙中为什么要穿航天服？

穿上航天服鼓鼓囊囊的，看上去移动起来好像挺困难的。

读过的日子（　年　月　日）（　年　月　日）（　年　月　日）

在宇宙飞船中，因为已经将温度、湿度和气压等调节到与地球相同的状态，所以穿普通的衣服就可以生活，但是离开飞船到外面的话，则需要穿特制的衣服。而这特制的衣服就是航天服。航天服能够保护航天员的生命，为了能让他们安全工作，航天服上凝聚了很多智慧。

航天服　　生命保障系统

以美国舱外移动套装（EMU）为例，其厚度约为5厘米，其构造多达14层。

第1层到第3层是与皮肤接触的内层，安装有水流动的水管。利用水流可以调节航天服内部的温度，使之与航天员的体温及周围的温度变化相适应。第4到第5层里面包裹了氧气，主要负责加压，以保持航天服中的压力。第6到第14层靠近航天服的外侧，主要具有防御微流星体、隔热、防辐射、保温、支撑结构等多种功能。如果大量照射紫外线，会对身体有害。这几层构造不但可以防止紫外线的侵害，还可以防止悬浮灰尘等的侵害。

为了能够完成细致的工作，采用了既薄又软的硅胶来制作航天服的指尖部分。头部配备了安装有麦克风和耳机的布制帽子，并加上了一层装有防辐射面罩的头盔。航天员除了这身衣服，还会在后背上背一个叫作"生命保障系统"的箱子。箱子里面安装了输送氧气和吸收二氧化碳的装置，这样就可以在没有空气的宇宙中呼吸了。当然，这个系统还具有调节航天服内部气压和发电等功能。

航天员穿上航天服，背上生命保障系统，就可以在危险的宇宙环境中安全工作了。靠着这套装备，航天员离开宇宙飞船后可以在外面活动长达8个小时。如果将这些都背在身上的话，有将近120千克的重量。不过在宇宙中是无重力状态，所以并不会感觉很重。航天服真的是制作精良啊！

地球·宇宙

第132页的答案：米原器

小知识 为了防止光照温度升高，航天服的表面采用的是容易反射光照的白色。
小测验 在航天服里，最接近人体皮肤的第1层到第3层里，流淌着什么？

答案在下页

133

13 真的有能够预知地震的生物吗?

在地震来临之前，有些动物会有不同寻常的行为。

读过的日子（　　年　　月　　日）（　　年　　月　　日）（　　年　　月　　日）

鱼类

在日本有个说法"鲶鱼闹，地震到"。还有个传说，说是"鲶鱼住在地底下，它一翻身就会引起地震"。貌似这些说法也是有一定理由的。那么鲶鱼和地震真的有关系吗？对此，世界上的科学家做了很多研究，他们根据各种实验和记录来调查鲶鱼和地震到底有什么关系。

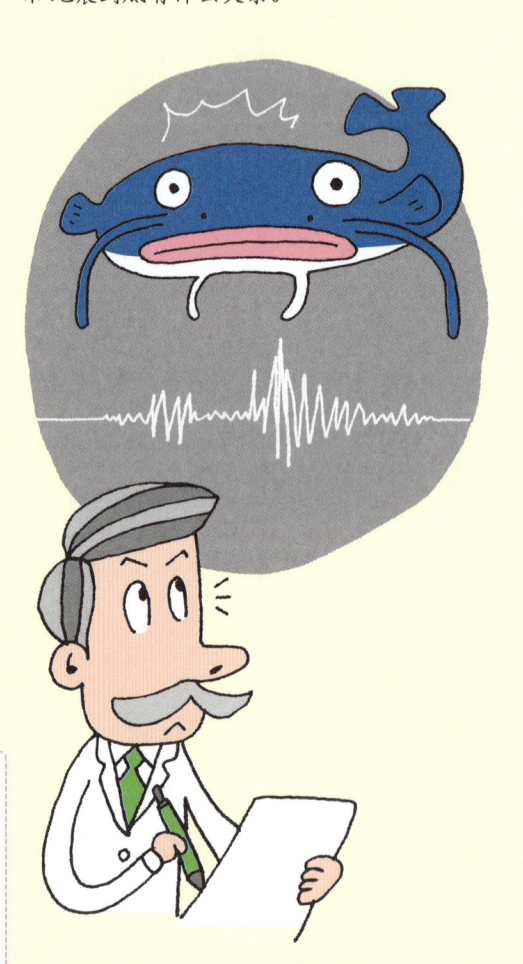

根据地震的记录和鲶鱼活动的对比发现，在即将发生地震时，鲶鱼确实是多次有过翻腾的异常行为。据说这是因为鲶鱼可以感受到地震即将发生时所产生的电波。地震有不同的种类，有的时候并不会产生电波，因此鲶鱼并不能感知所有的地震。不过鲶鱼比人类能够先感知地震这件事好像是真的。

鲶鱼是夜行性动物，加之它们生活在水底，因此它们必须得在伸手不见五指的黑暗环境中寻找食物。它们除了借助眼睛外还必须得借助其他手段来捕食，所以它们的感觉器官格外发达。不管是水中微弱的波动，还是从地面传来的微弱的电波，它们都能够捕捉到。除了鲶鱼，鳗鱼、狗、猫、小鸟以及虫子等，也会在地震来临前惊叫不安或者待在与平时不一样的地方，会有行动反常的现象。也许动物具有敏锐的感知力，可以感知一些人类无法感知的细微变化。随着今后的深入研究，也许可以通过动物的反应来预测地震。如果能够预测的话，也许可以将受灾程度降低到最小呢。

第133页的答案：水

小知识 有时候也可以通过天气状况、鸟类和昆虫的举动来预测地震。
小测验 鲶鱼翻身的理由与地震毫无关系。　A 正确　B 错误

答案在下页

134

为什么跑步时会岔气？

这与血液循环和某个脏器器官有关。

14

读过的日子（　年　月　日）（　年　月　日）（　年　月　日）

你是否有过突然跑起来结果岔气了的经验？特别是在吃完饭以后，如果马上跑步的话，经常会岔气。为什么会这样呢？

在我们的身体中遍布血管，在血管里面流动着血液。血液为我们的身体输送氧气和营养。

平时不动时，血液会流遍全身的每一个角落。可是当身体开始活动时，活动的部位就会比其他地方更需要氧气和营养。比如学习时的大脑、运动时使用的肌肉部分、吃饭时的肠胃等处，血液会集中在需要的地方。而如此协调血液循环的是"脾脏"。

脾脏位于左侧肋骨内侧。跑步时会感到疼痛的正是脾脏。脾脏平时会储存血液，当身体某个部位需要集中使用血液时，脾脏会将血液输送到这个部位。

饭后为了消化食物，血液会集中在肠胃。但是如果这时激烈运动的话，就得将血液输送到正在运动的肌肉中去。此时除了肠胃，脾脏还要向肌肉输送血液，就会将之前储存的血液全部输出，如此一来脾脏里就没有存血了。突然输送血液时，脾脏会紧紧收缩，所以我们会感觉到阵阵痉挛，这就是岔气。

如果岔气了，那其实是脾脏在发出信号"我已经再没有血液可输送了，稍微休息一下吧"。

所以，如果在饭后运动时脾脏感到疼痛的话，可以减轻运动量或者稍事休息。只要休息一会儿，脾脏的血液就会补充上来，这样就不会疼了。

身体

脾脏

第134页的答案
B 错误

小知识 如果饭后将身体右侧朝下躺下的话，胃会蠕动得更好。
小测验 位于左侧肋骨内侧，负责协调血液循环的脏器是什么？

答案在下页

135

15 直升机为什么能在空中悬停？

与只能前进飞行的飞机不同，它采取了像蜻蜓一样的飞行方式。

读过的日子（　　年　　月　　日）（　　年　　月　　日）（　　年　　月　　日）

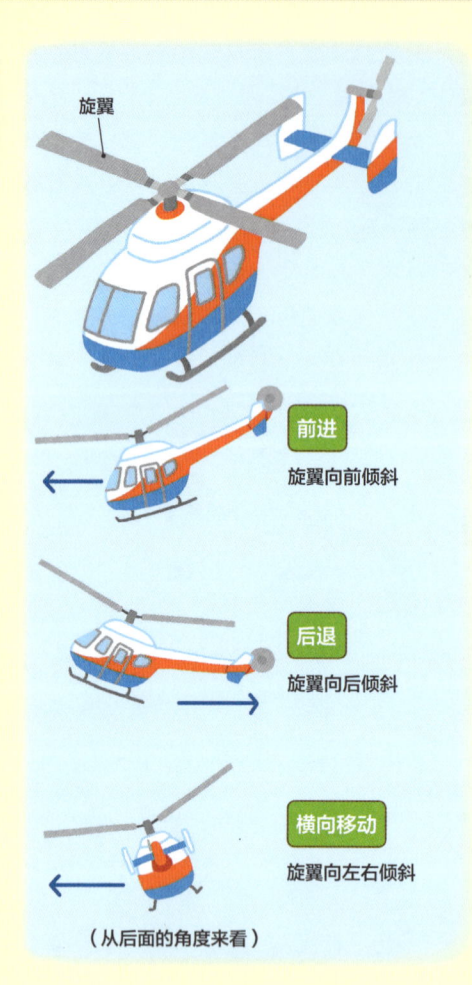

交通工具

旋翼

前进
旋翼向前倾斜

后退
旋翼向后倾斜

横向移动
旋翼向左右倾斜

（从后面的角度来看）

飞机和直升机都是在空中飞行的交通工具，但是二者却大不相同。因为直升机可以在空中一直停留悬浮，这叫作"悬停"。那么，直升机是靠什么原理能够这样停止在空中的呢？

直升机有4根细长而又巨大的"旋翼"。首先，依靠引擎的力量，旋翼转动，可以产生上升的升力。上升到空中后，旋翼可以向前后左右倾斜，根据方向的不同可以前进、后退，还可以横向移动，或者改变飞行方向。

直升机能够悬停，那是旋翼产生的升力和飞机本身的重力正好相等的时候。试图上升的力量和自身重量导致下落的重力相抗衡，所以飞机能够悬浮在空中。直升机拥有可以停留在空中这一优点使其可以在很多地方发挥作用。例如在发生事故或者灾害的现场，可以停留在上空进行救援，将伤者提升到飞机内，可以进行安全运输，还可以飞到火灾现场的上方，执行喷水或者喷洒灭火剂等任务。

另外，直升机还有很多便利的地方。普通的飞机需要在长长的跑道上滑行一段后才能起飞，而直升机可以径直飞到空中，对于起飞的场地要求并不是那么严格，所以在大楼的屋顶或者是学校的运动场也可以起飞和着陆。此外，因为直升机可以前后左右地自由飞行，所以在狭窄的地方或者地形比较复杂的地方，也可以用它来运输人或者货物。直升机还可以在地震发生后从上空对受灾情况、道路拥挤状况等进行调查和拍摄。

能够随机应变的直升机在世界的各个领域都大显身手。

第135页的答案　脾脏

小知识 在危险的环境中，还可以利用机器人操作的"无人机"。
小测验 直升机可以上下移动，但是不能左右移动。　A 正确　B 错误

答案在下页

为什么以前测视力时，要用字母"C"？

为什么不使用文字测视力呢？

读过的日子（　年　月　日）（　年　月　日）（　年　月　日）

16

我们把检查眼睛能够看得有多清楚的行为称为"检查视力"。在检查视力时，使用的是类似英文字母"C"的黑色的圆圈*。圆圈有一个缺口，缺口会朝上下左右方向开口，或者斜向开口。检查视力时，需要判断是否能够准确地看出缺口的朝向。

这个符号到底是什么呢？为什么要使用这个符号呢？

提出使用这个符号的是法国的眼科医生艾德蒙·兰多尔特。根据他的名字，人们将这种"C"形符号称之为"兰多尔特环"。

1909年，国际眼科学会认可兰多尔特环之后，日本也开始采用这一符号来检测视力。

兰多尔特环之所以能够在世界各国获得普及，是因为它不需要文字，而且只需用手指出环形缺口的朝向即可。所以这个方法也适用于不懂文字的小朋友。

但是在检测视力之后，就会有"右眼1.0""左眼0.9"等结果。这个数字又是怎么来的呢？

兰多尔特环规定，"线的粗细是直径的1/5""缺口的宽度与线的粗细相同"。

按照这一规定，直径是7.5毫米的符号，线的粗细是1.5毫米，缺口的宽度也同样是1.5毫米。

距离5米远来看7.5毫米的兰多尔特环，如果能够看清缺口的朝向的话，日本将这一视力规定为1.0。

在兰多尔特环中，既有比7.5毫米大的环，也有比7.5毫米小的环。检查视力时，我们会看到一张表上画了很多大小不一的环。能看清越小环的缺口朝向的人，视力也就越好。

生活

＊在中国，检查视力时用的是英文字母"E字表"。事实上，各个国家使用的符号都不一样。

B 错误　第136页的答案

小知识 非洲马赛人的视力很好，有的人的视力甚至能达到10.0以上。

小测验 与"C"字母相似的兰多尔特环是日本人发明的。　A 正确　B 错误

答案在下页

137

17 地球上最早的生物是什么？

据说地球上最早的生物是一种能够分解自己的身体来增加数量的神奇生物。

读过的日子（　年　月　日）（　年　月　日）（　年　月　日）

古生物

地球诞生于约46亿年前。刚开始地球表面被熔化的岩浆所覆盖，因此当时并没有生物存在。

据研究显示，地球上最早的生物是在38~40亿年前，诞生于海洋中的"单细胞生物"。

单细胞生物仅由一个细胞构成，是结构非常单一的生物。而所谓的细胞也只具备最基本的制造身体的功能，同时在身体中包含遗传信息等因素。人类的身体是由大约$60×10^{12}$个细胞组成的。由此可以想象到单细胞生物到底有多小，其结构有多单一了吧。

大多数生物都是通过雌雄交配来繁衍下一代的，而下一代会继承父母身上各一半的遗传因子（P30）。

单细胞生物和其他生物一样，也会通过繁衍下一代来增加同类数量，但是它的繁衍方式和其他生物完全不同——单细胞生物不分雌雄，可以自己繁衍下一代。它是通过"细胞分裂"的方式，将自己的身体分成两个来增加下一代的数量。分裂出的两个细胞会各自生长，然后再进行细胞分裂来增加子孙的数量。

细胞分裂出的子代，会完全复制母体细胞，因此无论是外貌还是特征都和母体细胞完全相同。而人类的孩子因为继承了父母各一半的遗传因子，所以是不会和父母完全一样的。

地球上最早出现的单细胞生物是通过吸收自然养分而形成的吗？它们似乎是通过光合作用以外的方法制造出了营养，但是它们为什么会突然出现呢？这些具体的问题目前还没有答案。

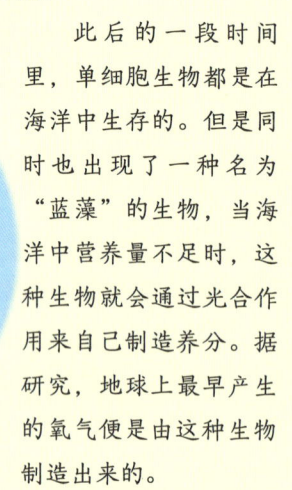

此后的一段时间里，单细胞生物都是在海洋中生存的。但是同时也出现了一种名为"蓝藻"的生物，当海洋中营养量不足时，这种生物就会通过光合作用来自己制造养分。据研究，地球上最早产生的氧气便是由这种生物制造出来的。

渐渐地，出现了一些依靠氧气生存的生物，并且也有单细胞生物在不断地进化。这导致了在陆地上生活的生物的出现。然而，无论是在陆地上，还是在海洋中，所有的生物都在各自的生存环境中不断地进化着。

第137页的答案　B 错误

小知识 变形虫、小球藻和细菌类生物等也是单细胞生物。
小测验 在地球上生存最早的生物是什么？　A 动物　B 单细胞生物　C 植物

答案在下页

138

小鸭子是跟在妈妈后面走吗？ 18

这是一个关于小鸭子和它妈妈的冒险故事。

读过的日子（　年　月　日）（　年　月　日）（　年　月　日）

（这是一个刚出生的小鸭子的故事。）

刚出生的小鸭子要从草丛走到池塘，因为它们要在肚子饿之前去池塘捕食。听到鸭妈妈发出"嘎嘎"的叫声时，小鸭子们就一起开始了它们的旅程。它们中有一只身体矮小的小鸭子，虽然它拼命追赶，但还是落在了后面。这时一只老鹰掠过，鸭妈妈用它的叫声发出警告，其他小鸭子都一下子扑在地上，可是走在最后的小鸭子却没有听到。它悲伤地嘎嘎叫着，被老鹰叼走了。鸭妈妈万分悲伤，但是它还是得带着其他的小鸭子继续走，无论如何它们都必须走到池塘。

这一次，马车从路上经过。车轮滚过留下深深的槽沟，这对于身材矮小的小鸭子们来说就像是山谷一样。就在小鸭子们想要跟上鸭妈妈时，它们一个一个都掉到了槽沟中。它们也爬不上来，鸭妈妈也只能不停地在旁边徘徊。这时候有人来了，把小鸭子们救了上来，放在了帽子里。鸭妈妈以为那个人要带走小鸭子，便大声叫了起来。其实，那个人是把小鸭子们送到了池塘。鸭妈妈急切地飞入池塘，来到了小鸭子们的身边。

虽然小鸭子们平安到达了池塘，但是鸭妈妈还是悬着一颗心。因为老鹰还盯着小鸭子们。鸭妈妈勇敢地向老鹰走去，向它泼着大水花，老鹰终于放弃了。

这时候，不知从哪里传来了微弱的"嘎嘎"的叫声，鸭妈妈用它温柔的声音回应着，被老鹰夺走的小鸭子出现在了草丛里。从此以后，鸭妈妈和小鸭子们在大大的池塘里过上了幸福的生活。

西顿动物记

来自故事《鸭子一家的旅行》

B 单细胞生物

第138页的答案

小知识 小鸭子出生40～60天后就会飞了。
小测验 夺走小鸭子的是谁？　A 人类　B 老鹰　C 马车

答案在下页

139

19 鼻毛是有必要的吗？

身体上生长毛发的位置都是十分重要的部位。

读过的日子（　年　月　日）（　年　月　日）（　年　月　日）

身体

仔细观察鼻孔内部，就会发现里面长了很多鼻毛。如果鼻毛长出来的话，就会觉得很不好意思。很多人虽然心里总想着如果不长鼻毛就好了，但是鼻毛还是有很大用处的哦。

我们吸入外部的空气时，主要是吸收其中包含的氧气作为能量。鼻子便是吸入外部空气的通道。然而，空气中也含有很多眼睛看不见的灰尘和可能引起疾病的细菌等。如果灰尘和细菌进入我们体内的话，麻烦就大了。因此，从连接鼻子和喉咙的鼻腔中不断分泌出的黏液会吸附灰尘和细菌，然后黏液的凝固物就会形成鼻涕和鼻屎。因为鼻腔里长了许多鼻毛，鼻毛上附着一层黏液，这样一来就能吸附大量的灰尘和细菌。

如果不长鼻毛，鼻腔内十分光滑的话，灰尘和细菌无法被黏液吸附，很轻易地就能进入我们的喉咙和肺里了。也就是说，鼻毛其实充当了阻止灰尘和细菌进入体内的屏障般的作用。

类似的组织还有连接喉咙和肺的气管。从气管表面分泌出的黏液吸附的灰尘和细菌会变成痰。鼻涕有透明、白色和黄色等颜色。平时呈透明状的情况居多，但吸附了很多细菌和病毒后就会变成白色的和黄色的，黏性也会增强。如果感冒时鼻涕变成了绿色的，这就是体内的细胞在和细菌与病毒斗争的证据。因为鼻涕中掺杂了很多已经死亡的细菌和免疫细胞，所以鼻涕颜色会变绿，黏性也会随之增强。

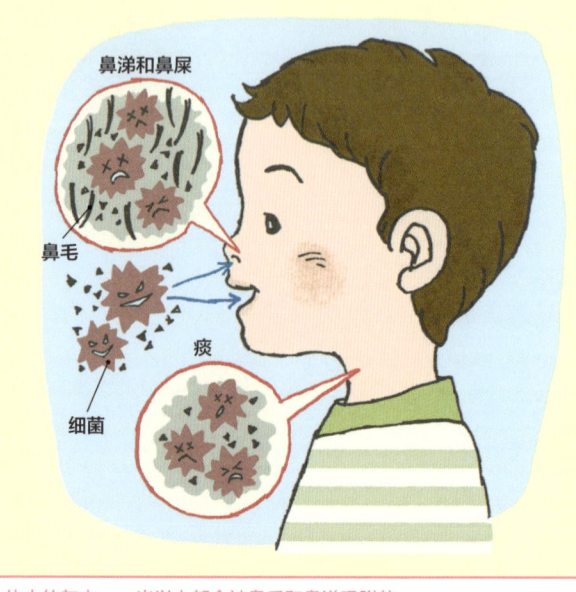

第139页的答案　B 老鹰

小知识 从鼻子进入体内的灰尘，一半以上都会被鼻毛和鼻涕吸附住。
小测验 从鼻子进入体内的灰尘和细菌被吸附住后形成的黏液变成了什么呢？

答案在下页

蝴蝶为什么不直线飞行？

用这么优雅的方式来飞行是有原因的。

读过的日子（　　年　月　日）（　　年　月　日）（　　年　月　日）

20

虫类

　　蝴蝶飞行时上下摆动，翩翩起舞。它是因为什么构造而这么飞的呢？为什么不是直线飞行，而是翩翩起舞呢？

　　蝴蝶有和身体相比大很多的翅膀。因为前面的翅膀刚好能够覆盖后面的翅膀，所以前面的翅膀在扇动时，后面的翅膀也能一起扇动。这么大的翅膀向下扇动时，身体就会向上飞，向上扇动的话，身体就会向下飞。反复这样扇动，就能够看到蝴蝶翩翩起舞的样子。

　　蝴蝶能一边飞着，一边寻找东西。如果是飞到目的地的话，直线飞过去就行了，一边轻盈起舞，一边搜索周围。

　　其次，雄性蝴蝶会飞来飞去寻找作为结婚对象的雌性蝴蝶。因为雌性蝴蝶也在到处飞，所以雄性蝴蝶必须四处寻找。雄性蝴蝶会寻找雌性蝴蝶常去的地方，并翩翩起舞地飞过去。

　　雄性蝴蝶和雌性蝴蝶结合后，雌性蝴蝶会飞来飞去寻找适合产卵的地方。从卵里孵化出来的幼虫会根据蝴蝶种类的不同，各自去吃不同植物的叶子。也有把卵产在错误的植物上，导致幼虫没有食物可吃而导致死亡的情况。所以，蝴蝶妈妈为

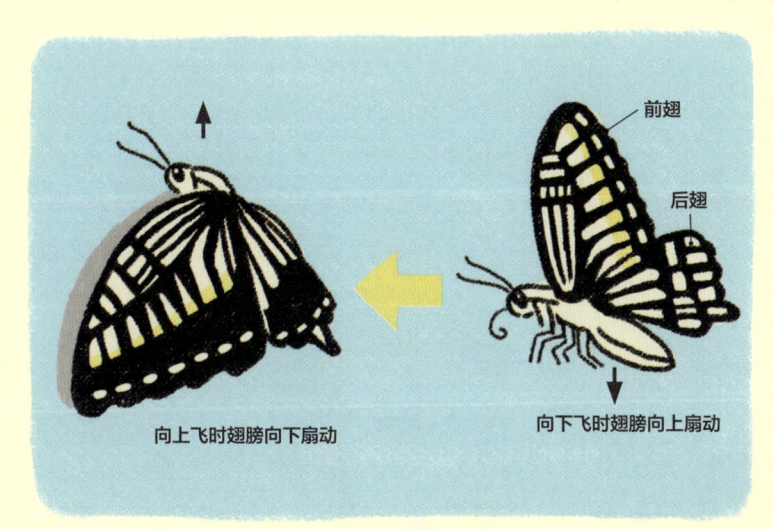

向上飞时翅膀向下扇动　　　　向下飞时翅膀向上扇动

前翅　　后翅

但是寻找东西时，就必须翩翩起舞，优雅地飞过去。

　　首先，蝴蝶会根据种类来吸食各种各样的花蜜，也有吸食木汁（树液）的蝴蝶。一直寻找的植物在哪里呢，蝴蝶会一

了防止找错植物，会仔细地反复查看，一边翩翩起舞，一边辨别植物。

　　这样的飞行方式有时也是为了躲避天敌。因为鸟类等是直线飞行的，这样它们就很难抓到翩翩起舞、晃来晃去的蝴蝶。

第140页的答案　鼻涕和鼻屎

小知识 有一种叫作大绢斑蝶的蝴蝶，能够飞2000千米。
小测验 蝴蝶的幼虫不挑食，什么叶子都吃。　A 正确　B 错误

答案在下页

141

21 X光片能看到什么？

曾经有一位物理学家，经过刻苦钻研最终探索出伟大的发现。

读过的日子（　年　月　日）（　年　月　日）（　年　月　日）

传记

威廉·伦琴（1845—1923年）

我们到医院看病时，医生会说："拍张X光片看看吧"。X光片是由名叫伦琴的人发现的，是利用X射线（伦琴射线）拍摄的图片。

X光片可以显映出人体内部结构的样子，即使不做手术，也能查明病因。骨折时通过X光片一眼就能分辨出是哪个部位受了伤，身体进了异物后也可以通过X光片看出是哪里进了东西，然后可以通过手术将其取出来。

能发现这么绝佳方法的伦琴，他的父亲是德国人，母亲是荷兰人。虽然没有经过特别地学习，但当时还是个少年的他，在工作上表现得尤为出色。大学毕业后，他便留在学校里继续研究物理学。

有一次，伦琴用一张黑纸紧紧地蒙住做真空放电现象实验的玻璃管，在漆黑的房间中，从黑纸下透出了不可思议的光。他又将手放在玻璃管前，结果手的骨骼影像清晰地显示了出来。

他一遍又一遍地重复着实验，发现这不可思议的光不仅可以穿透黑纸，就连木板和人的身体也可以穿透。后来他让妻子用手遮住光，拍摄出了一张妻子手部的骨骼照片。1895年，在伦琴50岁时，他给这个光线命名为"X射线"。

利用X射线拍摄的照片，对疾病和受伤的治疗有非常大的帮助，X射线的发现在很大程度上推动了医学的进步。

这项伟大的研究成果使伦琴成了第一届诺贝尔物理学奖的获得者。他将获得的全部奖金捐给了大学，发现的X射线也供任何人自由无偿地使用，也没有为了限制其他人使用而申请专利权。

因此，伦琴一直过着清贫的日子。比起自己过着奢华的生活，他更愿人人都身体健康。就这样，伦琴带着如此美好的愿景，结束了自己光辉的人生旅程。

第一次用X射线拍到的照片是伦琴妻子的手

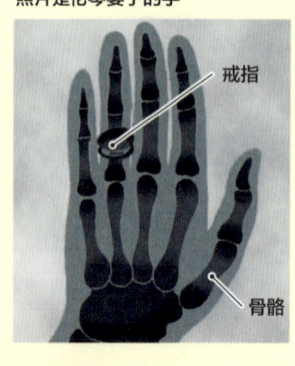

戒指
骨骼

第141页的答案 B 错误

小知识 有一种利用磁铁和电磁波来观察身体内部的装置，即核磁共振（MRI）仪。
小测验 拍摄X光片的光线叫作什么？

答案在下页

为什么音调可以调节高低呢?

音调高低的不同是由哪个部位来调节的呢?

读过的日子（　年　月　日）（　年　月　日）（　年　月　日）

22

身体

男性音调和女性音调的高低是不同的，大人和小孩也是不同的。即使是同一个人，也可以随意发出高音或低音。那么音调的高低到底是如何调节的呢?

首先要说明一下发声的结构。声音是由喉咙里名为"声带"的肌肉上的声门裂制造的。从肺里吐出的空气冲击声带，随后发出声音。我们平时呼吸时，声带上的声门裂处于打开状态，空气自然通过。发声时声门裂便闭合，从肺里吐出的空气冲击声带，声带的声门裂震动，进而形成发音的初步条件。但是，仅仅是这样还不能称之为声音。在我们发声的同时，喉咙、口腔和鼻子会产生共鸣作用从而发出声音。由于每个人的口鼻形状是不一样的，因此每个人的声音也是不同的。其次，人与人音调的不同是由于声带的构造不同导致的。声带越宽且长，声音就越低。男性天生宽且长的声带会产生低音，而女性和孩子发出的音调高则是因为他们的声带比男性的声带短且窄。

为什么同一个人可以改变音调的高低呢?这是由声带的声门裂状态所决定的。发出高音时声门裂会突然绷紧，声带震动的频率就会加快，从而发出高音。相反，如果声门裂放松下来的话，声门裂震动的频率就会减少，从而发出低音。

我们平时不会有意识地改变声带的声门裂状态，而是根据大脑的指令自然调节。除了使声带声门裂绷紧这一方法，还有通过调节声门裂裂隙的大小和从肺里吐出的气息的强度等方法发出各种各样不同的声音。

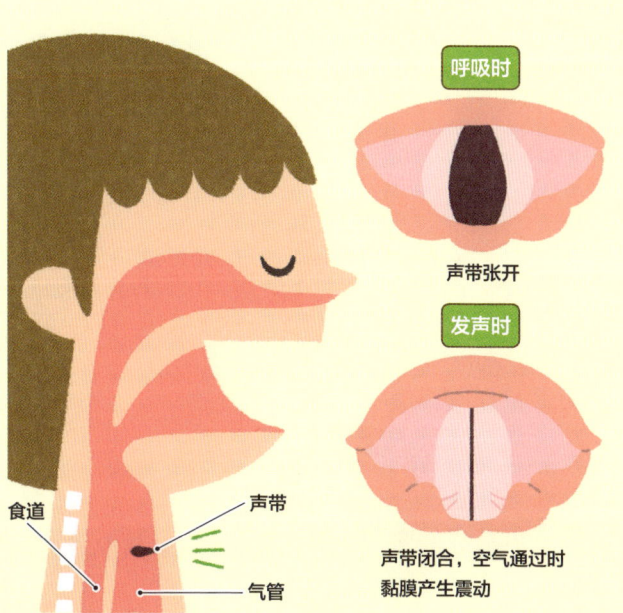

呼吸时
声带张开

发声时
声带闭合，空气通过时黏膜产生震动

食道　声带　气管

X射线
第142页的答案

小知识 说话时，可以通过移动舌头和嘴唇的位置来改变空气通道的形状。
小测验 喉咙里调节声音的肌肉组织叫作什么？

答案在下页

143

23 动画是如何制作出来的?

使用连续的图片能使人或者物体看上去像动起来了一样。

读过的日子（　年　月　日）（　年　月　日）（　年　月　日）

生活

大家有没有听说过有一种书，叫作"手翻书"。在笔记本或者书的一个角上的同一地方连续画很多幅画，快速翻阅就会看到动画。比如说第一页画一个人笔直站立，第二页将身体画得略微前倾，然后每页都相差一点点，身体逐渐向前倾。这样快速翻阅的话，就能看到画里的人在鞠躬。这其实是利用了视觉错觉（P310）中的"视觉遗像"现象。如果人的眼睛看完一幅画之后，在极短的时间里看第二幅动作稍有偏差的画，在大脑中便会把这两幅画连接起来。动画就是利用这一现象制作出来的。

首先，要结合故事情节画出登场人物发生动作的前前后后。其中有些细节动作需要画很多张图片。如果是奔跑的场景，需要将手和腿的位置稍做变换。图片的张数越多越好，这样人的动作看起来就越自然。几年前在制作动画时，人们会将一张一张的手工画画到一种叫作"赛璐珞胶片"的透明胶片上，然后进行上色。背景会画在另一张胶片上，并放在后面重叠。一部30分钟的动画大约需要1万多张胶片。因为图片的张数过多，所以操作起来非常麻烦。现在可以使用电脑先读取手工绘画的轮廓，然后再进行上色或者动作加工等，也有的是从一开始就使用电脑来处理图片的。

除了使用图片，还可以使用人偶，让人偶一点点地摆出各种动作来制作动画。与图片一样，使用人偶时也需要拍摄很多张照片，这样可以使动作看起来更连贯。当画面制作完以后还要添加台词、音乐等才算完工。

完全使用手工制作出的动画会呈现出手工特有的色彩和质感，而使用电脑制作出的动画不仅高效，能够非常逼真地展示出事物的立体画面，还可以使用特效，扩大了动画的表现范围。

第143页的答案：声带

小知识 世界上最初的动画是将图片用粉笔画到黑板上，然后拍摄制作出来的。

小测验 动画之所以看起来是动的，是因为眼睛会产生错觉现象。　A 正确　B 错误

答案在下页

144

河流的源头在哪里？

向着河流的上游追溯上去，我们会发现……

读过的日子（　年　月　日）（　年　月　日）（　年　月　日）

24

地球·宇宙

我们常说"川流不息""百川归海"。河水越往上游走，河道就越窄，水流也会越来越小，那么再往上游走，会是什么样的呢？那里应该是河流的源头。

河流的上游会在草木丛生的山上或者森林里。雨水降落到山里，会打湿树木和地面。在这些水分中，有些水分蒸发掉了，有些水分顺着地面流走了，还有一些水分会残留在树根、落叶以及青苔上，最终渗入到土壤中。渗入到土壤中的雨水会继续流到水流通畅的地层中，再继续渗入到下层土壤中。当流到透水性不是很好的黏性土壤或者岩石层时，水流就会汇集在一起，形成地下水。

当地层有倾斜的角度时，水流也会随之流向倾斜的方向。流动的地下水在地层的分界点或者裂缝处涌出地面。这就是河流的源头。

涌出地面的水有的顺势而流，有的则汇集在一起形成泉水。涌出的地下水或是泉水会顺着地势奔流而去。起初是涓涓细流，中途又汇集地面上的降水以及其他支流，就会形成较大的水流，逐渐变成一条河。

降雨从地面渗入，又通过地层流出，这个过程需要漫长的岁月累积。所以即使连续多日不下雨，多年积累的地下水仍旧存在，因此河流也不至于干涸。

河水最终流入大海，海水受到太阳光照会蒸发，变成水蒸气。升到空中的水蒸气遇到冷空气后形成云。云又以降雨的形式将雨水送到了地面上。水分其实是在天上和地下不断循环旅行呢（P114）。

第144页的答案　A 正确

小知识 当山上没有草木时就无法储水，下大雨时有可能会引发洪水（P157）。
小测验 地面上的降雨都汇集起来变成了河流。　A 正确　B 错误

答案在下页

145

25 蚂蚁是如何记路的？

在密密麻麻的蚂蚁队伍前，我们放了各种障碍物来做实验。

读过的日子（　　年　　月　　日）（　　年　　月　　日）（　　年　　月　　日）

法布尔昆虫记

来自故事《赤色佐村悍蚁》

（法布尔对蚂蚁队伍很感兴趣，因此进行了观察。这是当时的记录。）

有一种蚂蚁叫作赤色佐村悍蚁，它们自己既不觅食也不养育子女，它们会奴役黑褐蚁之类的蚂蚁，让这些蚂蚁替自己工作。赤色佐村悍蚁要做的事情只有一件，那就是夺取被奴役的蚂蚁的虫茧。

在酷暑难耐的中午，赤色佐村悍蚁排成有500多只蚂蚁的长队，它们出发要去夺取黑褐蚁的虫茧。一旦发现蚁穴，它们会一齐上阵夺走虫茧。黑褐蚁会来讨伐赤色佐村悍蚁，想夺回虫茧，但是赤色佐村悍蚁也只不过是将它们拒之门外，并不会杀掉它们。那是因为放走它们后，这些黑褐蚁会继续为赤色佐村悍蚁产卵。赤色佐村悍蚁抢到虫茧后，会用自己的下颚紧紧衔住并运回到自己的洞穴，并且它们一定会按原路返回。不管有什么样的障碍物，或有什么样的危险，它们都能按照来时的路回家。赤色佐村悍蚁是如何记路的呢？有的学者认为蚂蚁是通过留下气味来记住自己的行动路径的。我（法布尔）对此表示怀疑，所以做了如下实验。

首先是我将它们走过地方的一部分土壤取走，换上其他地方的土壤。如果在地面上留下气味的话，这些气味应该已经不存在了。走在新土壤上的蚂蚁们发现情况有变，它们有的返回原路，有的左右徘徊，有的转向旁边开拓新路，它们惊慌失措了一段时间。但是不久之后绕道返回的蚂蚁发现了原先的路，于是其他的蚂蚁也就一起排着队跟着回家了。

第145页的答案　B 错误

146

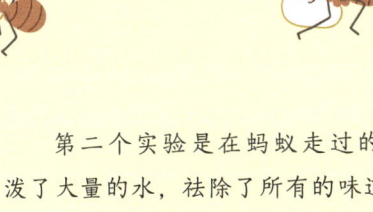

第二个实验是在蚂蚁走过的路面上泼了大量的水，祛除了所有的味道，并且留下了细长的水流。于是蚂蚁们在水前驻足不前，后来有的蚂蚁爬上了露出水面的石头，也有的蚂蚁被水流冲走，还有的蚂蚁在水里漂浮不定又爬回到了地面上。无论是哪种情况，这些蚂蚁都没有丢掉它们抢来的虫茧。有些幸运的蚂蚁蹚过水流后发现了原来的路，其他的蚂蚁也紧随其后回家了。

　　根据这两个实验，我开始觉得蚂蚁并不是根据自己的气味来记路的。为了证实这个想法，我又做了第三个实验。我将有强烈味道的薄荷叶搓碎在蚂蚁的路上，就算蚂蚁在路上留下了人类难以辨识的气味，这么强烈的薄荷味应该也掩盖了原有的气味了。实验的结果是，即使蹭上了薄荷的味道，蚂蚁仍旧毫无障碍地找到了来时的路。后来我又用摊开的报纸设置障碍，还有一次是将地面撒上与地面颜色完全不同的黄色沙子，蚂蚁虽然都暂作停留并有所迷茫，但是最终都克服障碍顺利回家了。基于这些实验结果，我认为蚂蚁不是靠味道，而是靠眼睛来认路的。我还发现，蚂蚁能够长时间记忆某些事物。因为如果它们抢夺了过量的虫茧，一次性运不回家，多日过后它们仍旧能够直达自己存放虫茧的地方。

　　（虽然法布尔是这么认为的，但是实际上并非如此。根据后来的研究发现，蚂蚁是根据"激素"这种物质和目测的信息及太阳的位置等来认路的。）

小知识 有一种佐村悍蚁甚至会袭击黑褐蚁的洞穴并夺走蚁后的宝座。

小测验 赤色佐村悍蚁一定会亲自抚养自己的孩子。　　A 正确　B 错误

147

26 变色龙身体的颜色为什么会变？

它们真的可以根据周围的环境，自由地变换身体的颜色吗？

读过的日子（　　年　　月　　日）（　　年　　月　　日）（　　年　　月　　日）

动物

　　变色龙不但可以根据周围的环境，自由地变换身体的颜色，而且还可以根据光照的强度改变颜色。晒太阳时，它们会变成明亮的颜色，在背阴的地方会变成偏暗的颜色。但是它们并非可以自由变成喜欢的颜色，而是只能根据所处的环境变换成固定的颜色。

　　之所以要变换颜色，是因为它们需要使自己的身体看起来不那么显眼。变色龙行动迟缓，改变颜色后它们可以悄悄伏击猎物，并且可以保护自己不被敌人发现。相反，它们也有将自己身体的颜色变得非常华丽的时候，比如要向敌人示威时，雄性变色龙向雌性求婚时等。雌性变色龙也会通过变换身体的颜色来答复雄性的求婚。

　　如此不可思议的变色龙，究竟是如何变换身体的颜色的呢？它们是根据周围的颜色来发生变化的吗？有这样一个实验，在闭着眼睛睡觉的变色龙旁边放了一根棍子，棍子的阴影落在了变色龙的身体上。因为变色龙在睡觉，所以它并不知道自己的旁边放了一根棍子。过了一会儿我们发现，变色龙的身体上只有有棍子阴影的部分发生了颜色变化。在其他的实验中，将变色龙的眼睛蒙上，变换周围环境的颜色，变色龙身体的颜色也发生了变化。从这些实验中可以发现，变色龙并不是靠眼睛来观察周围的颜色来变色，而是通过皮肤的感觉来变换颜色的。在变色龙的皮肤下层，有很多红色、白色、黄色、黑色的小颗粒。当遇到光照或者高温时，这些小颗粒的大小和形状就会发生变化。当黑色颗粒变大时，就会变成暗色；当白色颗粒变大时，就会变成明亮的颜色。变色龙就是这样来变换身体颜色的。

　　我们人类的皮肤能够感知冷热，但是不能感知颜色和光。如果能像变色龙一样通过感受颜色和光就能改变身体的颜色，那该多有趣啊。

第147页的答案　B 错误

小知识 变色龙可以将左右眼分开使用，一次可以看到很宽广的范围。
小测验 变色龙的哪个部位能够感受到颜色和光？　A 眼睛　B 舌头　C 皮肤

答案在下页

148

喝多少水就会排出多少尿吗？

水分是通过身体的哪些部位最后变成尿液的呢？

读过的日子（　年　月　日）（　年　月　日）（　年　月　日）

27

身体

如果大量饮水的话，就会频繁地去上厕所。大家都知道，喝的水越多，去厕所小便的次数就会越多。如果喝下3杯水的话，会排出等量的尿液吗？我们先来了解一下排出尿液的整个过程吧。

人的身体有一半以上是由水构成的，并且总是维持在一个等量的状态下。当摄入的水分超过这个量时，就会以尿液或者汗液的形式排出体外。当低于这个量时，就会感到口渴，想喝水。喝下去的水首先会进入到胃里，在胃里与已经被消化掉的黏稠的食物混合在一起再被运到肠道内。在肠道里，营养和水分都会被吸收掉并渗入到血液中。血液通过血管将营养和水分输送到全身。血液在到达"肾脏"这个器官时，会有大量的残渣和水分被过滤掉，剩下的干净的血液继续流回血管中，而被过滤掉的残渣和水分会储存在"膀胱"里。平时膀胱会紧缩起来，当充满了残渣和水分时就会像气球一样越变越大，慢慢充盈起来。当膀胱充满时，里面的残渣和水分就会以尿液的形式排出体外。

如果肾脏不能正常工作，不能排尿的话，剩余的残渣就会大量蓄积在体内，严重时会引起死亡。所以说，排尿可以将体内的废弃物排出体外，起着非常重要的作用。体内的水分除了尿液，还会以汗液、呼吸中含有的水蒸气等形式排出体外，也有的会供身体自身来使用。总之，并非喝下多少水就会排出多少尿液。

尿液的颜色一般来说呈淡黄色，但当缺少水分时，尿液的颜色会变深，会呈茶色或者橙色。相反，如果水分充足时，尿液的颜色就会变淡。根据身体情况的变化，尿液的气味和颜色也会发生变化。因为尿液能够反映出人的身体健康状态，所以尿液也是体检的检查项目。我们自己在平时也可以注意观察自己的尿液状况。

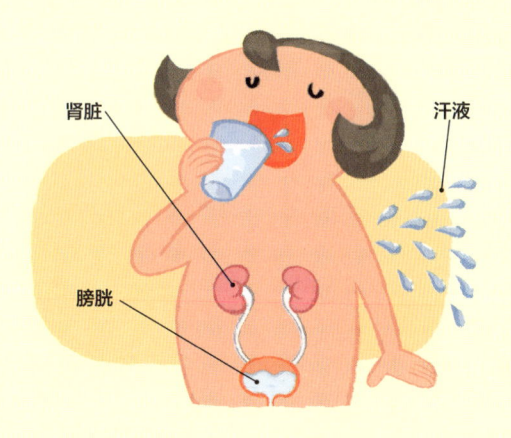

肾脏　汗液　膀胱

C 皮肤　第148页的答案

小知识 尿液虽然来自血液，但是因为红色的成分又返回到血管中，所以尿液不是红色的。
小测验 身体多余的水分都是通过尿液排出体外的。　A 正确　B 错误

答案在下页

149

28 只要孵鸡蛋就能孵出小鸡吗？

如果去商店买鸡蛋来孵……

读过的日子（　年　月　日）（　年　月　日）（　年　月　日）

鸟类

我们都知道母鸡会自己抱窝孵出小鸡，那么如果拿我们平时吃的鸡蛋来孵化的话，也能孵出小鸡吗？很遗憾，这并不能孵出小鸡。在商店里出售的鸡蛋，不管我们怎么孵化它都不能生出小鸡。为什么呢？因为鸡蛋分两种，一种是公鸡和母鸡交配后受精过的蛋，另一种是母鸡自己产下的蛋。这两种蛋外观看起来都是一样的，但是里面却大不相同。公鸡和母鸡交配后受精的蛋，里面有可以长成小鸡的"胚胎"，而母鸡自己生下的蛋却没有胚胎。商店里卖的鸡蛋都是母鸡自己生下的蛋，没有胚胎，自然生不出小鸡来。

那么受精过的鸡蛋要孵化多久才能孵出小鸡呢？一般来说需要20多天的时间。一旦开始孵化，胚胎就会开始发生变化，逐渐长成小鸡的模样。此时蛋黄就会成为小鸡的营养补给，蛋白也会肩负起保护小鸡的责任或者变成营养补给。蛋白中的螺旋状系带叫作"卵黄系带"，它的作用是固定蛋黄，防止蛋黄移动。在蛋白的表面还有一层薄膜，最外侧就是坚硬的蛋壳，这些结构都起到了保护鸡蛋的作用。看来鸡蛋里的各个部分都有着非常重要的作用。

就这样，小鸡在鸡蛋里被守护20多天后，吸足养分，准备出壳。它们的嘴会有突出的喙部，出生那天它们会从蛋壳内部啄破蛋壳，出生后的小鸡会逐渐长成软软的蓬松可爱的小雏鸡。

母鸡 ／ 母鸡　公鸡
卵黄系带 ／ 卵黄系带　胚胎

第149页的答案：B 错误

小知识 鸵鸟蛋长约14厘米，重约1.6千克。
小测验 母鸡可以自己下蛋。　A 正确　B 错误

答案在下页

为什么水壶会保温？

即使是在早晨放入饮品，从早上出门一直到晚上回家都很好喝。

读过的日子（　　年　月　日）（　　年　月　日）（　　年　月　日）

29

工具·物品

最近这几年，银色内壁的水壶较为常见。在水壶中放入饮品后可以长时间保持原有的温度，这种水壶叫作"保温型水壶"。距今100多年前，保温壶在德国问世。将开水注入保温壶内后，可长时间保温，简直就像施了魔法一样，因此在日本将它叫作"魔法瓶"。当然它还有个名字，叫作"保温杯"。如果将凉茶放入普通的杯子或塑料瓶里，时间一长就会变得不凉了。但是如果将凉茶放入保温型水壶里的话，凉茶就还是会保持冰凉的口感，热茶还是会热气腾腾。为什么温度不会发生变化呢？秘密就在于水壶的构造上面。

保温型水壶分为内壁和外壁，里面是一个双层的玻璃瓶，并且两层壁之间是没有空气的真空状态。在内壁的玻璃上涂有一层薄薄的银色金属膜，之所以涂上这层膜，是为了防止水壶摔落时内胆破裂。有的水壶为了防摔也会采用不锈钢金属来做内胆。

热量通过接触空气后才会扩散到外面去，保温型水壶因为筒身部分是真空状态，所以热量无法散发出去。另外，因为内胆是银色的，所以会像镜子一样将热量折返回去，这样热量就更不容易扩散出去了。就是利用这个构造，保温型水壶才能长时间保温。但是我们总会开关盖子，所以热量会一点点地散发出去，这样一来，茶水就保持不了原来的温度了。

近几年开始出现靠电来调节水温的电水壶，这种水壶虽然借助了电力，但是其构造与保温型水壶相似，都是利用了真空隔热和银色反射热量这两个原理。

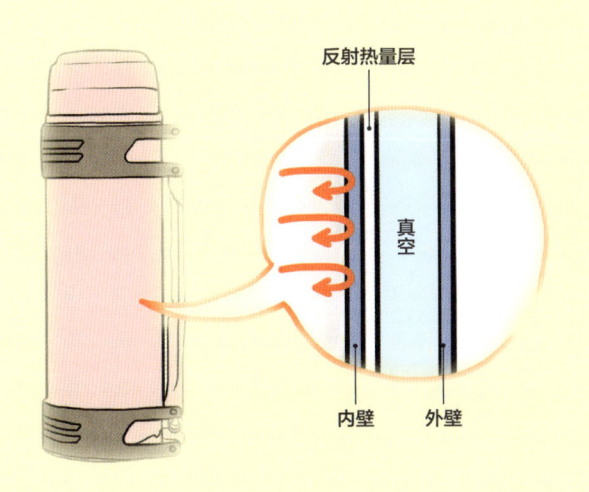

反射热量层　真空　内壁　外壁

第150页的答案　A　正确

小知识　塑料水壶不具备保温功能，但是很轻便，便于携带。
小测验　保温型水壶里面有一层结构没有空气，这叫作什么？

答案在下页

151

30 为什么在菠萝咕噜肉里放菠萝？

在中式菜肴中，为什么会放入甜口的水果呢？

读过的日子（　　年　　月　　日）（　　年　　月　　日）（　　年　　月　　日）

食物

酸酸甜甜的菠萝咕噜肉是一种中式菜肴，里面除了猪肉和蔬菜，还放了菠萝。也许有人会觉得不可思议，为什么菜里面会有甜口的水果菠萝呢？其实这是有原因的。

吃菠萝时，有时嘴边和舌头会发麻，这是因为菠萝里面含有一种特殊的成分，而这种成分最原始的功能是为了防止菠萝遭遇病害或者虫害。

这种成分具有分解蛋白质的功效，也就是说这种成分可以使蛋白质变成更容易被消化的状态。所以将肉类和菠萝一起烹调后，肉就会变得柔软可口。

这种成分进入人体内还可以帮助消化，促进营养吸收。

看来在菠萝咕噜肉里面放菠萝，并不是单纯地想把味道调和得更酸甜啊。

但是这种成分怕热，一旦蒸煮遇热后，就会失去分解蛋白质的功效。所以那些加热后用糖浆渍出的菠萝罐头是不具备软化肉类口感这一功效的。

如果想让肉更柔软，最好在烹调前就放入新鲜的菠萝，让菠萝蛋白酶软化肉类。

除此之外，甜瓜、木瓜及猕猴桃等水果也含有这种软化肉类口感的成分。正是因为这个原因，可能有人会吃过甜瓜配生火腿。这种水果在吃完肉后以甜点的形式吃一点可以起到助消化的作用。

分解蛋白质

第151页的答案：真空状态

小知识 菠萝原产于巴西，于16世纪传入中国。
小测验 做菜时放入新鲜的菠萝，可以使肉类变得柔软可口。　A 正确　B 错误

答案在第154页

5月的故事

文／山內晉

01 化石一般埋藏在哪里？

虽然经常听说在地下或大理石中发现了化石，但是……

读过的日子（　年　月　日）（　年　月　日）（　年　月　日）

大家看见过化石吗？即使看见过，实际挖出过化石的人也少之又少吧，那是因为化石并非到处都能找到。

化石是动植物的遗体等被泥沙掩埋后形成的，因为隔绝了水和空气，所以不会腐烂，从而形成了坚硬的石头。有时候动物的粪便、脚印等也可能会形成化石。像这种主要由泥土、砂石等沉积物固结而成，有时还会从中发现化石的岩石叫作"沉积岩"（P265）。

另外，还有由火山活动形成的"火成岩"，以及在地底深处受到高温、高压作用形成的"变质岩"。在这两种岩石里是没有化石的，也就是说只有在沉积岩里才能发现化石。此外，化石的形成要经历上千年乃至上万年之久，而且就算形成了化石，地表上再堆积起泥土或砂石产生新地层，

化石就会被埋得更深。如此一来，要发现化石十分困难。

如果是在古老地层裸露在地表的悬崖或岩场等地，则可以较为容易地发现化石，有时也会从建造房屋的墙面或地板的大理石里发现螺旋形外壳的菊石之类的化石。

研究化石可以推测出其地层形成的年代和当时地面表层的一些情况。例如，要是发现了恐龙的化石，就可以确定那个地层是在恐龙生活的"中生代"形成的。如果发现了珊瑚的化石，就可以推测出那个地方曾是温暖的海洋。有时在山上还会发现海洋生物的化石，这是因为原来的海洋地壳一点点抬升，最后高出海平面而形成了山。

化石真的是让人们了解远古的时间胶囊。

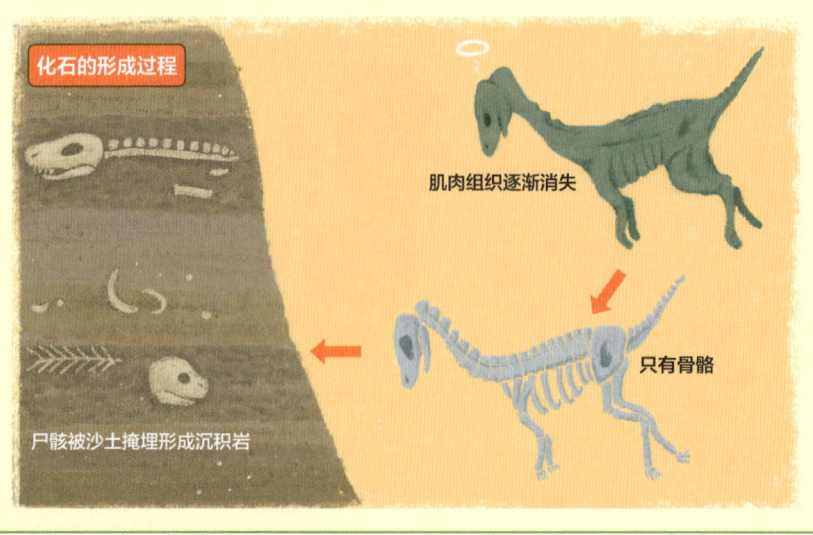

化石的形成过程

尸骸被沙土掩埋形成沉积岩

肌肉组织逐渐消失

只有骨骼

第152页的答案：A 正确

小知识　四川自贡、广东河源、云南禄丰等地是我国重要的恐龙化石产地。
小测验　沉积岩里没有化石。　A 正确　B 错误

铅笔是什么时候发明的？

即便是劣质又难写的铅笔，也是经过长期改良的产物。

读过的日子（　　年　　月　　日）（　　年　　月　　日）（　　年　　月　　日）

我们在学校写字时会用到铅笔。铅笔芯是由石墨做的，其名字虽然带有"铅"字，却不含铅，而是由与炭、钻石成分相同的"碳元素"组成的。铅笔芯是将石墨和黏土加水调混后，经加热干燥和高温焙烧后制成的。为使其润滑，还会进行油浸处理。

在石墨笔芯上缠上线的铅笔

用木条夹住石墨笔芯的铅笔

发明·发现

我们很难知道人类到底是从什么时候开始使用工具来写字的，但至少已经发现在距今约8000年前的美索不达米亚（今伊拉克的一部分），当时的人们已经会用棍子在泥板上按压写字了。

之后，在距今约5000年前的埃及，人们用一种叫纸莎草的植物来造纸，然后用煤油灯的炭黑制成墨水在上面写字。后来，各种各样的材料都可以用来制作墨水，因而被许多人使用。

15世纪时，在铅等金属针笔发明之前，银制的"银笔"主要被画家们用于素描创作。

后来到了16世纪，人们在英国发现了石墨。与不易携带和运输的液体墨水相比，石墨轻便易携，因而被人们当作书写工具广泛使用。直接拿着石墨写字的话，会把手弄脏，所以会给其缠上线，或是夹在木条里。但是与现在的铅笔相比，不仅质量不好还易折断。

到了18世纪，因为石墨被用于制造战争用的炮弹，所以在英国很难买到，于是英国人只好对外国的劣质石墨进行加工使用。

1760年，德国的卡斯帕·法布尔在木条中间挖出一条凹槽，将石墨笔芯放入槽内，这就制成了和现在形状差不多的铅笔。法国人尼古拉斯·雅克·康特在1795年把石墨和黏土混合在一起，经高温焙烧后做出了坚硬的铅笔芯。再后来，铅笔的长度、粗细程度及笔芯的软硬度经过不断调整，就制成了现在的优质铅笔。

第154页的答案　B　错误

小知识 石墨是从地下开采出来的矿产资源，中国石墨的储量和产量位居世界第一。
小测验 是谁最先将木条挖出凹槽放入笔芯，发明了与现在相同的制作铅笔的方法？ 答案在下页

155

03 为什么坐飞机时耳朵会不舒服？

耳朵里面就像进水一样，会有堵塞的感觉吧。

读过的日子（　　年　　月　　日）（　　年　　月　　日）（　　年　　月　　日）

身体

地球上有空气，地球上的物体都会受到空气的压力。这种由空气重量所产生的压力称为"气压"。

地面上气压的大小是每平方米10吨。虽然我们人体大概会受到约20吨的大气压力，但因为人体内的气压与外界的气压相抵消，所以可以相安无事地在地球上生活而不会被大气压力给压扁。

耳朵里也会产生内外大气压力相抵消的情况。在耳孔深处有一层薄薄的"鼓膜"，我们之所以能听见声音是因为从外界传入耳朵里的声波让鼓膜产生了震动（P123）。鼓膜虽然会受到外界大气的压力，但是因为鼓膜内侧的空气会将两侧的压力平衡，所以鼓膜才不会破裂。

然而空气越往上越稀薄，气压也会变低。当飞机飞到10000米的高空时，气压大约只有地面上的1/5。虽然飞机的构造能使机舱内的气压尽量与地面上保持一致，但即使这样也比地面上的气压低。因此鼓膜内侧的压力比外侧的压力大，使得鼓膜向外侧膨胀，从而引起耳朵疼痛或者产生不舒服感觉。

这时吞咽唾液或捏住鼻子用力鼓气可以消除疼痛和堵塞感，这种方法叫作"捏鼻鼓气法"。

鼓膜深处有一条很细的管道，叫作"咽鼓管"，这部分与鼻子相通。平时咽鼓管的孔是关闭的，但是捏鼻鼓气时就会打开，聚集在咽鼓管内的空气会往鼻子的方向流动，进而能调整耳朵内外的气压，使之畅通。

捏鼻鼓气法不仅可以用在坐飞机时，在乘坐密闭的电梯或潜水时，如果耳朵疼痛，使用这种方法也很管用。

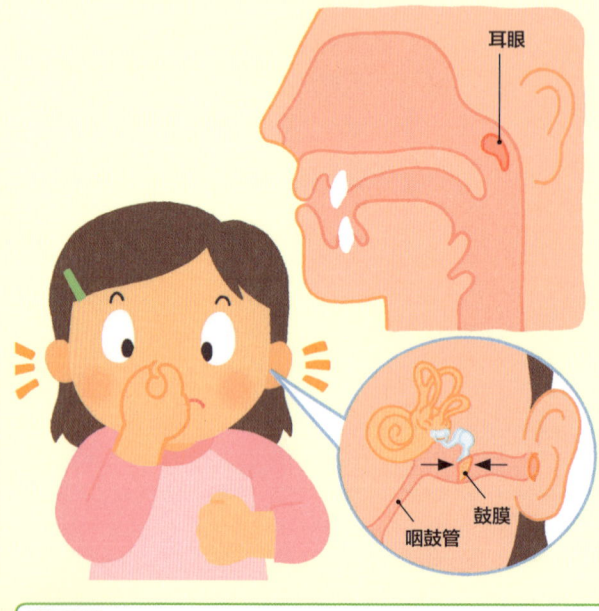

耳眼

咽鼓管　鼓膜

卡斯帕·法布尔

第155页的答案

小知识 还有通过打哈欠、嚼口香糖来活动下颌，使咽鼓管打开通气的方法。
小测试 鼓膜深处的咽鼓管与哪里相通？　A 眼睛　B 鼻子　C 胃

答案在下页

过度砍伐森林会怎样？

森林如何支撑我们的生活？

读过的日子（　年　月　日）（　年　月　日）（　年　月　日）

04

植物

我们在生活中需要砍伐树木，不仅用它来建造房屋、制造家具，而且树木还是造纸原料和燃料等，有很多用途。可是如果过度砍伐森林的话，会怎样呢？

森林中的树木会枝叶繁茂、开花结果，于是就会聚集一些以树叶和果实为食的昆虫等动物。树叶和枯木腐烂时会变成富含养分的"腐殖土"，这些腐殖土会孕育新的植物以及蘑菇等菌类。

如果森林消失了，那么，在森林中生活的动物们就失去了赖以生存的食物和富含养分的土壤，这些动植物也就无法生存下去。

不仅如此，在落叶和腐殖土中有很多空隙，树木延伸出的根须与土壤之间也有很多缝隙，这些缝隙可以截留森林中的降雨，然后慢慢渗透到地下，形成地下水。

如果没有森林，地面就无法截留地表的水分，地下水就会减少，在降雨量很少的时期，就会形成缺水的状态。相反，如果发生强降雨，雨水无法渗透到地下，会一下子都流到山下，这样就会导致河水泛滥，容易引发洪水。

如果水势过猛，还会引起山体的斜面滑坡、泥石流以及山体坍塌等现象。在没有树木的斜面山体上，被冲刷走的泥石总量是有植被山体的数百倍。如果泥石大量流失，山路和山脚的道路就会发生堵塞现象，这些泥石流甚至还会冲到人们居住的地方，变成威胁人们生命的灾害。

所以说，森林不仅仅对动植物，对于我们人类来说也起着非常重要的作用。保护森林和保护我们的生活紧密相连。

第156页的答案　B 鼻子

小知识 树木还有一个功能就是能够制造出我们生存所必需的氧气。
小测验 森林中的降雨可以作为地下水储存起来。　A 正确　B 错误

答案在下页

157

05 什么是细菌？

有个人，他致力于探究疑难疾病的原因。

读过的日子（　年　月　日）（　年　月　日）（　年　月　日）

传记

罗伯特·科赫（1843—1910年）

科赫出生在德国。从童年起，他就对花朵、昆虫等自然界中的生物有着强烈的热爱。除此之外，他对研究人体也有着浓厚的兴趣。他为了以后能够成为一名医生，进入大学的医学部专门研究感染症（病原体侵入人和动物体内繁殖，最终使之发病）。毕业以后，他自己开了一家小诊所。

这时，城镇中爆发了炭疽（jū）病。炭疽病是一种发病时身体会结出像炭块一样的黑色干痂，伴有呼吸困难，严重威胁生命的传染病。科赫对这种疾病进行了认真细致的研究，找到了引起疾病的病原体。它是一种名为炭疽菌的细菌。细菌是大量存在于我们身边但肉眼看不到的微生物。其中有像炭疽菌一样能引发疾病的细菌，也有像酸奶和奶酪里产生的乳酸菌那样对我们有益的细菌。

为了分辨某一种细菌是不是某一疾病的病原菌，科赫提出了以下4个法则。

1. 必须在这种疾病的所有病例中都发现有这种细菌。

2. 必须将这种细菌从病体中完全分离出来，在体外培养成纯菌种。

3. 这种纯菌种经过接种后，必须能够将疾病传染给健康的动物。

4. 按以上规定的方法接种过的动物身上，必须取得同样的细菌，然后，在动物体外，再次培养出这种纯菌种。

日后，科赫法则被后人奉为传染病病原鉴定的重要标准。

在此之后，科赫又发现了人类健康的头号杀手肺结核以及死亡率极高的霍乱病的病原菌。随后研发了治疗结核病的结核菌素，但是令人遗憾的是，结核菌素对结核病的治疗没有产生理想的疗效。但研究发现它对结核菌有免疫作用，所以把它应用在了以预防接种（P165）为目的的结核菌素试验中。

科赫对于细菌的研究成果，直到今天都对世界上的人们发挥着巨大的作用。

第157页的答案　A 正确

小知识　1905年，科赫因为在细菌研究方面的成果获得了诺贝尔生理学或医学奖。
小测验　所有的细菌都会给我们带来不好的影响。　A 正确　B 错误

答案在下页

158

钟表的指针为什么朝右转动？

据说这是受古代时钟的启发得来的。

06

读过的日子（　　年　　月　　日）（　　年　　月　　日）（　　年　　月　　日）

现在，大家身边有带指针的钟表吗？如果有，那就仔细观察一下，钟表的指针到底是朝哪个方向转动的？你会发现，所有的指针都是朝右转动的。

但是，为什么所有钟表的指针都要朝右转动呢？

据说，中国在距今4000年前就发明了钟表。那时的钟表就是在平坦的空地上立起一根木棒。阳光照在木棒上，空地上就会出现木棒的影子。随着时间的变化，太阳和影子一起移动起来。根据影子的方向，可以测出时间。像这样利用阳光来计算时间的钟表就叫作"日晷"。

在这之后，又出现了用沙子的量来计算时间的沙漏、用水的量来计算时间的漏壶。但是因为日晷制作简便，所以很长一段时间里人们都在使用它。

在公元8世纪时，中国首次发明了用机器转动的钟表。之后在14世纪时，欧洲也发明了用机器转动的钟表。

对于钟表指针朝右转的原因，比较靠谱的说法是制作钟表的匠人参考了日晷而使指针朝右转动。

以我们居住的中国为主，日本及欧洲所在的北半球（赤道以北的地区），太阳都是从东方升起，经过南方，落在西方。日晷的影子和太阳相反，从西升起，经过北方，落在东方。这样就是朝右运动了。目前普遍认为，由于上述原因，在制作钟表时也将其设定为与日晷相同的朝右转动。

但是，日晷朝右转动只限于北半球。澳大利亚等国家所在的南半球（赤道以南的地区），影子的运动方向是相反的朝左转动的。

如果机械钟表是在南半球发明的话，或许钟表的指针就会向相反的方向转动了。"顺时针旋转"这个词或许就变成与现在相反的意思了。

工具·物品

北半球太阳的移动方向

东　　南　　西

影子的移动

第158页的答案　B 错误

小知识 有时在理发店能看到文字和指针方向是逆向的钟表，这是为了人们能看懂映在镜子里的时间。

小测验 依据阳光照在木棒上投射的影子来计时的装置叫作什么？

答案在下页

159

07 香鱼为什么在河里会逆流而上？

本来生活在海里的香鱼，为什么会跑到河里来呢？

读过的日子（　年　月　日）（　年　月　日）（　年　月　日）

鱼类

大家知道香鱼吗？香鱼身长10～30厘米，从春天将要结束时一直到秋天，都可以在日本各地的河流中捕捞到。香鱼可以做成盐烤香鱼来吃。之所以在这个季节能够捕捞到香鱼，是因为原本生活在海里的香鱼会在这时洄游到河川的上游。香鱼究竟为什么要洄游到河流的上游呢？

香鱼栖息在干净的河流中，主要以附着在河底的石头上的苔藓为食物。平时它们会结群行动，有时也会单独行动。特别是体格较大的香鱼，会在河流中食物较为丰富的地方进行"圈地"。如果有其他香鱼进入它的领地，它就会将入侵者赶出自己的地盘。这样汲取营养成长的香鱼在秋天时，会游回河流的下游进行产卵。完成产卵任务的香鱼就会死去。几周后，鱼卵成长为小鱼，会游到河流的入海口附近继续成长。第二年，当它们成年后，又会洄游到河中，并且在食物丰富的上游摄食和产卵。在河中出生的香鱼为什么要游到海里生活呢？那是因为冬季时河流中的食物并不是十分充足，所以它们才会游到浮游生物较多的大海里继续摄食。

当然也有不会洄游的香鱼，一直生活在河里或者湖里。这种香鱼叫作"陆封型香鱼"。之所以成为"陆封型"，大多是因为它们游往大海的路被人类建造的水库等工程给隔断了。

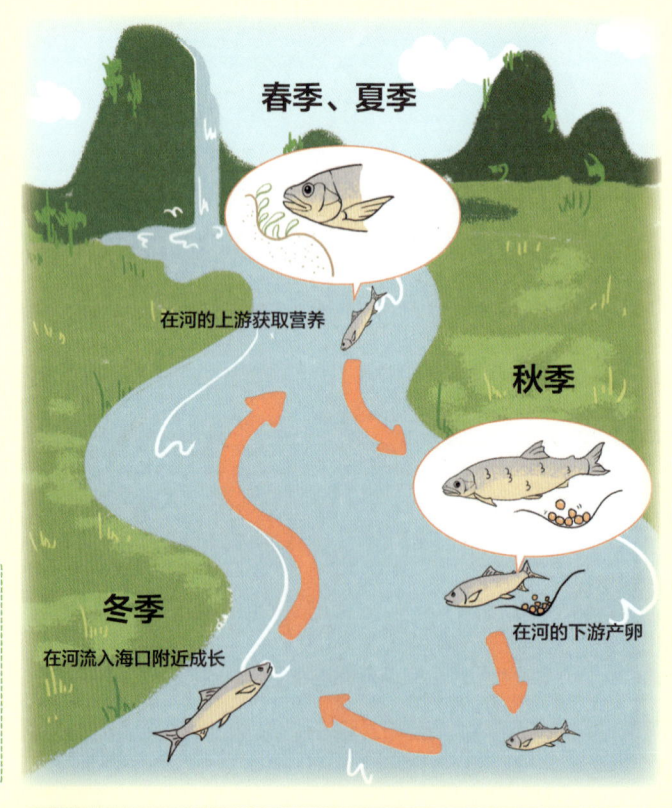

春季、夏季　在河的上游获取营养

秋季　在河的下游产卵

冬季　在河流入海口附近成长

第159页的答案

小知识　利用圈地的特性，可以使用以香鱼为饵来钓香鱼的"友钓法"。
小测验　香鱼是为了寻求什么才游到海里的？　A 食物　B 盐分　C 产卵的地方

答案在下页

160

为什么会发生日食？

秘密就在于太阳、月亮和地球的位置关系。

读过的日子（　　年　　月　　日）（　　年　　月　　日）（　　年　　月　　日）

08

地球·宇宙

大家见过日食吗？2012年5月发生的日环食一时成为人们热议的话题，也许有人见过那天的日食。发生日食时，即便是白天周围也会变得黑暗，甚至有时会像夜晚一样漆黑。为什么会发生这种现象呢？

月球绕地球旋转，地球绕太阳旋转。这种旋转会一直持续不停，当月亮转到地球和太阳中间时，太阳会被月亮遮挡，这就叫作"日食"。月亮本身并不会发光，

看到太阳和月亮在同一直线上，那么这个地区就会发生日全食。实际上，太阳的大小是月亮的400倍，只是因为太阳离地球的距离差不多是月亮距离地球的400倍，所以看起来好像太阳与月亮能够完全重合。即使是太阳和月亮在同一直线上，如果月球离地球近一些的话，就会看到一圈太阳的光环，这就是日环食。当发生日全食和日环食时，根据所在地球观测区域的不同，

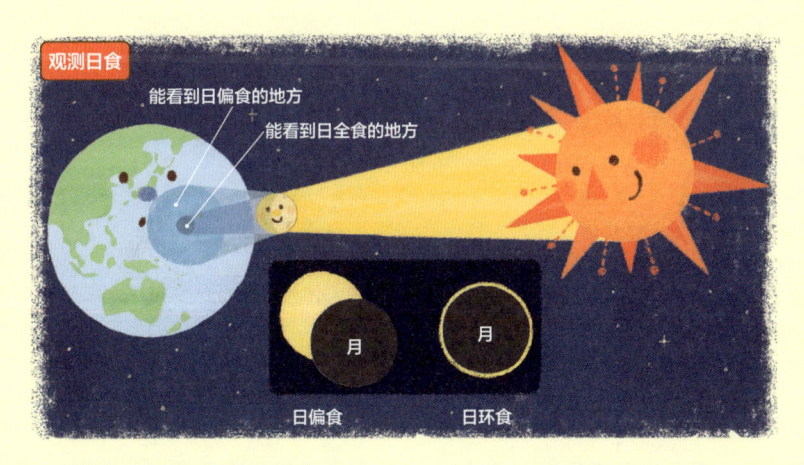

观测日食

能看到日偏食的地方
能看到日全食的地方

日偏食　　日环食

我们平时看到的光是月亮反射出的太阳光（P194）。所以当排列顺序是"太阳→月亮→地球"时，我们从地球上就看不到月亮反射的太阳光了。而太阳的光芒也会被月球遮挡住，所以在地球上就会出现白昼变黑夜的地区。可以将日食分为几种，一种是太阳被完全遮挡的"日全食"；一种是太阳中心部位被遮挡，周围能看到一圈光环的"日环食"；还有一种是太阳的一部分被遮挡住的"日偏食"。从地球上来看，如果

也有的人看到的是日偏食。当月亮和太阳的位置发生轻微的偏移，没有排列在一条直线上时，无论从地球上的哪个地方观察，也看不到日食现象。之所以会发生位置偏移，那是因为相对于地球围绕太阳旋转的轨道，月亮围绕地球旋转的轨道要稍微倾斜一些。

日食是三个星球在绝妙的时机排列出的一种现象，是非常罕见的天文景象。

第160页的答案　A 食物

小知识 当排列顺序为"太阳→地球→月亮"时，月亮被地球遮挡住，这种现象叫作"月食"。
小测验 太阳被月亮完全遮挡时的日食现象叫作什么？

答案在下页

161

09 狮子真的很强大吗？

被称为"百兽之王"的狮子是如何与猎物周旋的呢？

读过的日子（　年　月　日）（　年　月　日）（　年　月　日）

动物

成年雄狮的体长一般为2.5～3米，体重高达250千克，是一种大型食肉动物。它们锋利的牙齿和强有力的四肢可以将肉甚至是骨头都咬碎。据说狮子的咬合力相当于500千克。甚至连它们的爪子也十分锋利，能轻易地将猎物开膛破肚。狮子拥有如此巨大的体型和锋利的爪牙，因而被称为最强大的动物。

狮子强大的秘密并非只有这一点。此外，擅长捕猎也是它们强大的原因之一。

狮子的群体通常由一两头雄狮、几头到数十头雌狮以及它们的幼崽组成。这种群体称为"狮群"。在狮群中负责捕猎的是雌狮，而长有鬃毛、看上去很强壮的雄狮实际上并不捕猎。当雌狮外出狩猎时，雄狮主要负责照看幼崽及守护领地。

狮子的猎物主要是斑马、牛羚和黑斑羚等。它们主要袭击的对象是老弱病残、行动不便以及年幼的猎物。

雌狮们一旦发现猎物，便进行分工，然后再一点点接近目标。有的负责在附近包围；有的负责在后面追赶；还有的负责埋伏，以便出其不意杀死猎物。

等到逼近猎物到几十米的范围时，负责追赶的雌狮最先行动扑向目标。狮子在短时间内的奔跑速度可以达到60千米/时。负责在附近包围的雌狮也一同协助，朝着有埋伏的方向追赶猎物。

最后，在对面埋伏等候的雌狮会跳出来咬死猎物。有时咬住猎物的喉咙或鼻子让它窒息，有时折断它的脖子。

狮子尽管很强悍，但它其实是猫科动物。在猫科动物中，只有狮子是进行群体狩猎的。虽然老虎和猎豹也都属于猫科动物，但它们都是单独狩猎。

第161页的答案：日全食

小知识 幼狮跟猎豹一样，身上长有斑纹。
小测验 狮子的群体被称为什么？

答案在下页

162

蝲蛄和螃蟹为什么长有钳子？

跟人类的手一样，蟹钳的用途多种多样。

读过的日子（　年　月　日）（　年　月　日）（　年　月　日）

10

水生动物

　　我们去抓蝲蛄（là gǔ）和螃蟹时，手指肯定被它们夹到过吧。那种感觉十分疼痛。它们为何会长有如此大的钳子呢？原因有以下几点。

　　第一是为了吃东西。蝲蛄和螃蟹会用钳子夹住食物再送进嘴里。钳子的作用如同刀叉一样，可以切割、搬运食物。即便是活着的猎物，一旦被蝲蛄和螃蟹的钳子夹住，也无法轻易逃脱。

　　第二是为了防御。蝲蛄和螃蟹在遇到敌人时，会挥舞钳子来吓唬敌人。如果这样对方还不逃跑，它们就会用钳子去夹对方。相反，当它们被敌人抓住时，有时还会故意弄断自己的钳子，在对方惊讶之余逃跑，而钳子还会再长出新的来。

　　第三是为了挖巢穴。特别是螃蟹，当它钻入沙土里时，它的蟹钳就像铲子一样可以用来挖洞。

　　另外，有种公螃蟹为了吸引母螃蟹的注意，就会挥动蟹钳跳舞。跳舞的方式根据螃蟹的种类不同会有细微差别。有一种弧边招潮蟹，为了在跳舞时能够更加引人注目，雄蟹的左右两只钳子中的一只会长成大钳。

　　甚至还有将海草和藻类等缠在身上的带刺并额蟹（或有角并额蟹）。这种蟹的钳子像手一样灵活，可以将夹断的海草和藻类缠在背部坚硬的细齿上，这样能使它更加隐蔽地躲过敌人的注意。

　　根据种类的不同，蝲蛄和螃蟹的钳子也各有各的功能。

狮群　第162页的答案

小知识 有的螃蟹挥动钳子的样子看上去像在召唤潮水快涨一样，所以"弧边招潮蟹"因此得名。
小测验 蝲蛄和螃蟹在被敌人抓住时，有时会自断蟹钳。　A 正确　B 错误

答案在下页

163

11 隧道是怎样挖掘的？

挖掘隧道时，人们会根据不同的地点和目的而选择不同的挖掘方法。

读过的日子（　年　月　日）（　年　月　日）（　年　月　日）

生活

我们乘坐火车和汽车时经常会经过一些隧道。日本是一个多山的国家，隧道非常多。另外，在东京等大城市里，很多建筑物都密集地建在一块狭小的地方，因此建设新的铁路和道路难度很高，于是便会在地下修建隧道。那么，隧道是如何修建的呢？修建隧道的方法有以下几种。

第一种是矿山法。从山的侧面挖一个洞，为了不让山体坍塌，会先用钢木构架和混凝土加固山体，然后再连续掘进。以前的隧道基本上都是用这种方法修建的。

第二种是盖挖法（明挖覆盖法）。由地面向下挖出一条深沟，修建好隧道的底部和壁面之后，再用泥土制作顶盖覆盖住整条深沟形成隧道。这是挖地铁和通自来水管用的隧道，以及地下停车场等需要在地下打造空间时使用的方法。

第三种是盾构法。这个方法要用到一台类似圆筒的隧道挖掘机。隧道挖掘机的前端切口处装有一个和隧道洞口一样大的圆形的巨大刀盘。刀盘转动时能一边粉碎泥土和岩石，一边在地下连续挖掘隧道，并将粉碎的土碴和碎石从机器中传到外面。机器进行挖掘工作的同时，"衬砌管片"嵌入山体形成隧道的墙壁。也就是说，刚挖掘好的隧道是没有墙壁的，机器在挖掘的同时也在制作墙壁。在柔软且易坍塌的地面或者地上有建筑物等情况下可以使用这种方法，现在很多的隧道挖掘都使用这种方法。

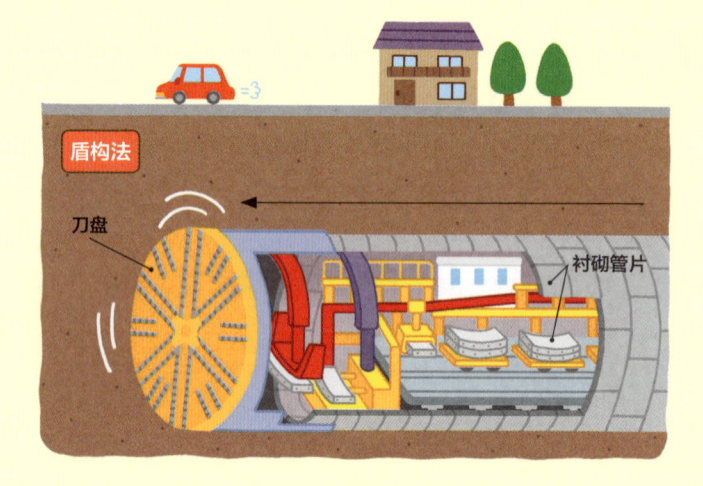

此外，还有采用炸药爆破的方法和将建好的隧道沉降到水底的方法等。根据不同的修建隧道的地点和目的，有时也会把几种挖掘方法互相结合使用。

盾构法　刀盘　衬砌管片

第163页的答案　A 正确

小知识 在有河流经过的地区挖掘隧道，为了不让河水渗入，会先把地下冻住再挖掘。
小测验 从山的侧面开始挖掘，一边加固山体一边掘进的修建方法叫什么？

答案在下页

164

为什么要接种疫苗？

这是为了利用人体产生的抗体，使人远离疾病。

读过的日子（　　年　　月　　日）（　　年　　月　　日）（　　年　　月　　日）

12

在200多年前，人们对天花还是谈虎色变。天花患者全身会出现水疱并伴有高热，严重时甚至会危及生命。18世纪，仅在欧洲就有6千万人死于天花。

英国人詹纳找出了一种可以预防可怕的天花病的方法。

詹纳出生在英国的一个牧师家庭，对生物和石头等自然界中的事物有着浓厚的兴趣。长大后，詹纳在大学主修了医学，后来他在家乡经营了一家医院。

在詹纳的家乡有一种公认的说法：人若感染上与天花有些相似的牛痘，就再也不会患天花。詹纳在认识的男孩的帮助下，将患牛痘的牛身上的提取物给男孩进行了注射。如事先所料，男孩患上了牛痘，但不久就得以康复。詹纳又给他接种了天花的提取物，果然不出所料，孩子没有出现天花症状。

我们的人体具有免疫力，病毒第一次进入人体被人体识别后，当它再次进入人体时身体会产生抗体，可以抵御病毒。就像那个接种牛痘的男孩一样，男孩体内有牛痘抗体，所以可以杀死和牛痘相似的天花病毒。从病原菌中提取出的抗原总称"疫苗"。打预防针产生免疫力的行为就是我们所说的"接种疫苗"。

詹纳进行了世界上最早的疫苗接种实验，而这是发生在1796年的事情。

在此之后，利用疫苗进行接种在世界范围内普及起来。在詹纳实验成功200年后的1980年，世界上已经没有天花病患者，天花至此销声匿迹。

传记

爱德华・詹纳（1749－1823年）

牛痘病毒

矿山法

第164页的答案

小知识 天花病患者在痊愈后脸上会留有麻子，天花由此得名。
小测验 在为了预防天花的实验中，詹纳利用了哪种疾病？

答案在下页

165

13 为什么花朵会散发出香气？

花朵散发香气会有什么好处？

读过的日子（　　年　　月　　日）（　　年　　月　　日）（　　年　　月　　日）

植物

　　无论是花店摆放的鲜花，还是花坛里种植的很多花朵都会散发出扑鼻的香气。但是为什么花朵会芳香四溢呢？

　　在花朵的中央长有雄蕊和雌蕊，雄蕊的花粉沾到雌蕊的柱头上就会结出种子。这个过程叫作"授粉"。另外，我们把同一朵花或同一株花之间的授粉叫作"自花传粉"。

　　在植物中，除了自花传粉的植物以外，还有一类植物的雌蕊只能接受来自其他花朵的花粉，这种授粉方式称为"异花传粉"。异花传粉的植物可以利用风力、昆虫、鸟类等各种各样的媒介来传送花粉。异花传粉的植物靠自身花朵艳丽的颜色、香甜的花蜜、芬芳的气味来吸引昆虫、鸟类等来为自己传粉。被颜色、花蜜、香气吸引来的虫、鸟会停留在花朵上。这样一来，它们身上就沾上了这些植物的花粉。携带着花粉的昆虫和鸟类在花丛中飞来飞去，就把花粉带到了其他花朵上。

　　所以，花朵散发香气是为了更好地传粉，是为自己传宗接代的一项绝佳技能。

　　然而花朵散发出来的气味不一定都是芬芳的，比如通过苍蝇运送花粉的堪察加贝母、泰坦魔芋等植物开花时就会散发出恶臭。虽说对人们来讲是臭味，但是对于苍蝇来说，这也是一种香气。

　　自花传粉的植物因为不需要借助虫鸟来传粉，所以很少有艳丽的颜色、香甜的花蜜和芬芳的气味。

第165页的答案：牛痘

小知识 靠昆虫为媒介进行传粉的花叫"虫媒花"，靠鸟类为媒介进行传粉的花叫"鸟媒花"。
小测验 雄蕊的花粉沾到雌蕊的柱头上的过程叫作什么？

答案在下页

雌性和雄性昆虫如何邂逅？ 14

法布尔曾想找出分辨昆虫雌性和雄性的方法。

读过的日子（　年　月　日）（　年　月　日）（　年　月　日）

（有一天，在法布尔的研究室，有一只大大的雌性天蚕蛾羽化了，下面就是当时的故事。）

我（法布尔）将刚羽化*出的雌性天蚕蛾放进箱子，拿到房间里。于是夜间飞来了很多雄性天蚕蛾。雄性天蚕蛾是如何知道雌性天蚕蛾就在这里并且还能在黑暗中飞过来的呢？我想，也许秘密就藏在它的触角里，所以我将切掉触角的雄性天蚕蛾放到房间外面。结果这些雄性天蚕蛾几乎都没有回到雌性天蚕蛾身边来。看来要想发现雌性天蚕蛾，触角有着非常重要的作用。可我还是不明白，雄性天蚕蛾靠这个触角来接收什么信号呢？我想它有可能是靠这个触角感觉气味的，所以为了消除雌性天蚕蛾身上的气味，我在房间里喷洒了萘（nài）。可是即使消除了味道，雄性天蚕蛾仍旧能飞过来，看来味道并不是其中的原因。

我想，还有可能是和它们的记忆有关系。于是我将雌性天蚕蛾换了个地方，并且使用同一批雄性天蚕蛾来做实验。结果雄性天蚕蛾还是找到了雌性天蚕蛾。从这一点来看，天蚕蛾并不是靠记忆来找到另一半的。

我又想，莫非是雌性天蚕蛾发出了什么电波？于是我将雌性天蚕蛾放入了各种箱子里。结果我发现，这与是否有电波并无关系。凡是漏气的箱子周围就会有雄蛾飞过来，而密封的箱子周围却没有雄蛾。而且我还发现，即使看不到雌蛾，雄蛾也会知道雌蛾的所在地。

综合上述结果，我觉得还是由于雌性天蚕蛾散发出一种气味，雄蛾才会被吸引过来的。上次做实验时，可能萘并没有消除它们的气味。但是到最后，我也没弄明白这种气味是什么。

法布尔昆虫记

来自故事《天蚕蛾》

授粉

第166页的答案

*羽化是指昆虫由蛹变成成虫的过程。

小知识 吸引雄蛾的其实是雌蛾散发出的"激素"。
小测验 如果雄天蚕蛾想发现雌蛾，需要使用身体的哪个部分？

答案在下页

167

15 在日本被称作"行走的百科全书"的人是谁？

他是一个拥有最强大脑的科学家。

读过的日子（　　年　　月　　日）（　　年　　月　　日）（　　年　　月　　日）

传记

南方熊楠（1867—1941年）

大家读过百科全书吗？百科全书里网罗了数不尽的知识，我们也不能全都记住。但是在很久以前，有一个日本人，因为他博闻强识而被人称为"行走的百科全书"，这个人叫作南方熊楠。南方熊楠不仅博闻多识，而且还会说十几个国家的语言。他出生在日本的和歌山县，在儿童时期就非常喜欢读书。据说他在书店里喜欢看一些只有大人才会看的内容比较晦涩难懂的书籍，回家后他会把内容再回想起来，并写下来。由于他有出色的记忆力，周围的人都叫他"神童"。不过，要是他不喜欢的内容，他就一点也不想学，他还会穿上兜裆布漫山遍野地跑，周围也会有人叫他"自大的天狗"（译者注：日本的"天狗"一词最早源自中国，在日本属于山神。日本人在形容某人自大时会说他是"天狗"）。所以他小时候还是个有点奇怪的孩子。

长大后的南方熊楠进入东京大学的预科班（现东京大学）学习。在预科班他也是不学自己讨厌的内容，只是痴迷于古迹和植物的研究，所以他并没有考上大学。退学后他远渡美国。专门研究植物的他后来就职于英国的大英博物馆。但由于引发了暴力事件，又辞掉了工作。后来他回到日本的和歌山县，埋头苦读并继续做他的研究。南方熊楠研究了传说、宗教、动物、植物等很多内容，其中他对菌类及其同类"黏菌"极为了解，由于他调查的种类非常多，至今他仍是业界中的先驱者。

南方熊楠还是日本自然保护运动的发起人，他看到日本各地的森林不断被砍伐，所以发起了抗议运动，经过漫长的"斗争"，最终取得了胜利。南方熊楠守住的森林位于和歌山县的神岛，后来那里被认定为日本的自然纪念林。

第167页的答案：触角

小知识 黏菌有点像霉菌，但是它自己还会动，是一种不可思议的生物。
小测验 南方熊楠会说很多个国家的语言。　A 正确　B 错误

答案在下页

天上下的冰雹是怎么回事？

大家见过天上下冰粒或者冰雹吗？

读过的日子（　年　月　日）（　年　月　日）（　年　月　日）

16

当天气急剧恶化时，虽然并不是很冷但会从天上降下冰粒或者冰块，这叫作"冰雹"或者"霰（xiàn）"。那么，这些小冰粒又是从什么地方降下来的呢？地面上的空气因为受到光照，所以会变轻并升到空中。如果上空的气温下降，那么空气中含有的水蒸气就会相互凝结，变成肉眼能看得见的小水滴。小水滴汇聚在一起就形成了云。在云中，冰粒吸收水分，逐渐变大，会变成雪片。这些雪片又相互凝结不

块不经过融化，上升气流支撑不住后，直接降到地面上就会成为冰雹或者霰。冰雹和霰最大的不同就是大小不一样。直径超过5毫米以上的，叫作"冰雹"，小于5毫米的叫作"霰"。在日本，下雹子最多的季节是5月份。但5月份并不是冬天，为什么还会下雹子呢？因为这个季节光照强，地面变得很热，空气不断受热后会上升到空中。为此，空气的流动变得较为激烈，这样就会比较容易形成黑压压一片的"积雨

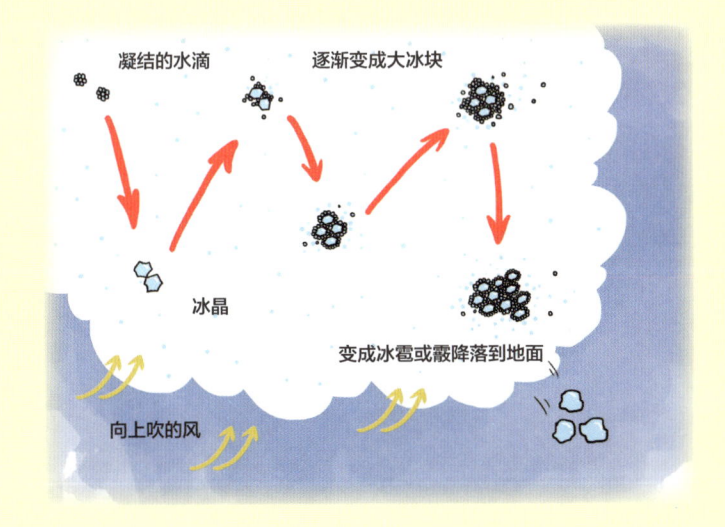

天气・气象

凝结的水滴　　逐渐变成大冰块

冰晶

变成冰雹或霰降落到地面

向上吹的风

断变大，当达到一定限度时，便会由于重力开始下落。这些雪如果直接降到地面上便是雪，如果在降落的过程中发生融化的现象，就变成了雨（P80）。

由于云中激烈的空气流动，有时冰粒会进行时上时下的运动并不断吸收云中的水分，于是逐渐变成较大的冰块。这些冰

云"。在积雨云里，水滴之间相互凝结可以迅速变大，所以比较容易形成冰雹。

积雨云在夏季也较容易形成，但是由于夏季过于炎热，很多时候雹子在降落到地面之前就已经融化掉了。在9月和10月左右会变得凉爽些，这个时期也较为容易下冰雹。

第168页的答案　A 正确

小知识 特大的冰雹会毁坏农田和树木等。
小测验 靠什么来区分冰雹和霰？

答案在下页

169

17 豆酱是怎么做出来的？

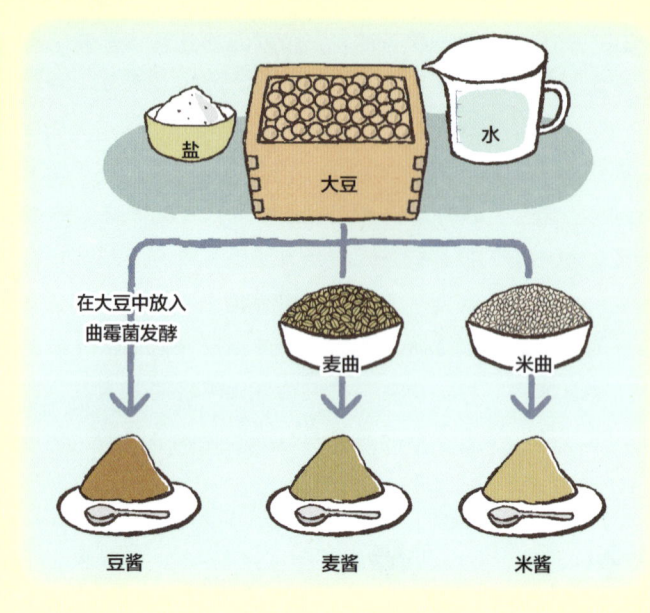

能大大提升日本菜肴味道的豆酱，它的秘密在于……

读过的日子（　年　月　日）（　年　月　日）（　年　月　日）

食物

豆酱是日本人自古以来就喜爱的传统调味品。日本人喜欢用它来做酱汤、酱渍、酱焖等各种各样的菜肴。如此便利的豆酱究竟是用什么做的呢？

制作豆酱的主要材料有水、大豆、盐和"曲子"。曲子是一种在大米、小麦等中放入"曲霉菌"这种微生物培育出来的东西。酱根据使用的曲子不同，大致可以分为三类。在大米里放入曲霉菌可以制成米曲，使用米曲做成的酱叫作"米酱"；在小麦里放入曲霉菌可以制成麦曲，使用麦曲制成的酱叫作"麦酱"；在原材料大豆中放入曲霉菌做成的酱，叫作"豆酱"。

制作时，先将大豆放入水中泡发，然后通过蒸煮来软化大豆。再将大豆磨碎，加入盐和曲子搅拌。放置一段时间后，曲子就会吸收大豆、大米或者是小麦的营养成分并开始分解，释放出美味的成分。这个过程叫作"发酵"。然后再放置几周甚至一年左右的时间，使其成熟，这样美味可口的豆酱就做成了。

豆酱还可以进一步分为"红豆酱"和"白豆酱"。红豆酱的成熟期长，白豆酱的成熟期较短。豆酱变红是因为有红曲霉素。此外，大豆第一次加热的方式不同，后期颜色也会不同。红豆酱的豆需要蒸出来，而白豆酱的大豆则需要煮。

我们目前把豆酱当作调味品来使用，但这对于粗茶淡饭的江户时期的日本人来说却是非常珍贵的菜肴。在不能经常吃到鱼肉的时代，含有丰富蛋白质的豆酱显得非常珍贵。但是那时候的豆酱与现在略有不同，那时候的豆酱其中的米粒和豆粒都保持原有的大小，可以夹起来吃。

第169页的答案：大小

小知识 在很久之前，日本人将橡子制成酱。
小测验 为了让豆酱发酵而放入的微生物叫作什么？

答案在下页

170

浣熊到底在洗什么？

它真的像名字那样，在洗东西吗？

读过的日子（　　年　　月　　日）（　　年　　月　　日）（　　年　　月　　日）

18

（这是一个关于住在森林深处的浣熊一家的故事。）

有一天，浣熊宝宝球球和家人一起出去觅食。在沼泽地旁边，浣熊妈妈伸出前爪在水里搅动，于是浣熊宝宝们也开始模仿妈妈，结果抓到了小蝌蚪！浣熊妈妈将沾满了泥巴的小蝌蚪在水里洗干净。于是浣熊宝宝们就记住了，吃东西时要先洗干净了再吃。

后来球球被猎人抓走了，还被送了人并养了起来。虽然球球有捣乱的时候，但是孩子们都很喜欢它，所以男主人也就束手无策了。可是球球闯了祸，它一个人在家的时候，打翻了墨水瓶，弄得家里一片狼藉。球球像洗食物一样，将自己的前脚伸进了墨水瓶里搅拌了一番。后来它发现了自己的脚印，觉得很好玩，于是就在房间里走来走去。于是，房间里的桌子、孩子们的教科书、礼服和雪白的床上都印上了球球的脚印。虽然球球并无恶意，但是它闯了祸，所以它又被送回当初将它抓回来的猎人那里。它被作为诱饵来训练猎犬，悲惨度日。最后，球球竭尽全力逃出来，回到了自己的家乡吉尔达河畔。因为浣熊的鼻子非常灵敏，所以它们能记住家乡的河流和家人的气味。虽然离开家乡好几个月，但是球球的家人也闻到了它的气味，于是一家人又幸运地团聚在一起，而球球又作为一只野生浣熊顽强地生存下去。

现在吉尔达河畔的森林里还住着浣熊，只是它们都难以被人类发现。

西顿动物记

来自故事《吉尔达河畔的浣熊》

第170页的答案：曲子

小知识 浣熊虽然与貉子狸有些相似，但是它们却不是同一类动物。
小测验 浣熊靠什么来辨识自己的同伴？　A 前脚　B 脚印　C 气味

答案在下页

171

19 为什么会有春夏秋冬四季?

为什么夏天炎热,冬天寒冷呢?

读过的日子(年 月 日)(年 月 日)(年 月 日)

地球·宇宙

日本是一个春夏秋冬四季分明的国家。为什么会有四季呢?其实这与太阳光有一定的关系。大家不妨回忆一下四季的阳光:春天暖洋洋的、夏天灼热刺眼、秋天和冬天光照会很柔和。之所以会产生这种差别,是因为太阳光照"时间长短"的不同,所以接受的"热量多少"就会不一样。

太阳早晨从东方升起,经过南方的天空,傍晚又日落西方。这种运动的路径会根据季节不同而稍有差异,但大致方向是一样的。夏季和冬季相比,夏天的太阳日照时间更长,太阳高度角更大。太阳高度角越大,太阳光线就越会从垂直的角度照射下来,于是就越能接收到太阳直射的光线,自然接受到的热量也就越多。冬季与此相反,太阳位于空中较低的位置,所以阳光是斜着照射在地面上,光照强度会变弱,热量也会减少(P224)。

在日本,太阳高度角最大的时候是6月中旬的夏至那天。虽然根据云量和天气状况会出现差异,但是因为太阳高度角大所以光线会很强。但是,在日本炎热的夏季其实是7月和8月。这是因为太阳光照射到地面后,需要花费一定的时间气温才会升高。我们生炉子也需要一定的时间才能让整个房间暖和起来,这与地球升温的原理是一样的。所以从夏至日开始要经过一个月左右的时间,气温才会上升,炎热的夏季才会真正来临。在日本6月份左右,大部分地区都会有梅雨现象(P210),所以也会影响气温的上升。此外,"季风"也与四季有一定的关系。在日本,一到夏季,就会从南方吹来暖风,一到冬季就会从西北方向吹来冷风。所以说,综合太阳的运动轨迹、气温升高的方法和季风等各种原因,就会出现春夏秋冬四个季节。

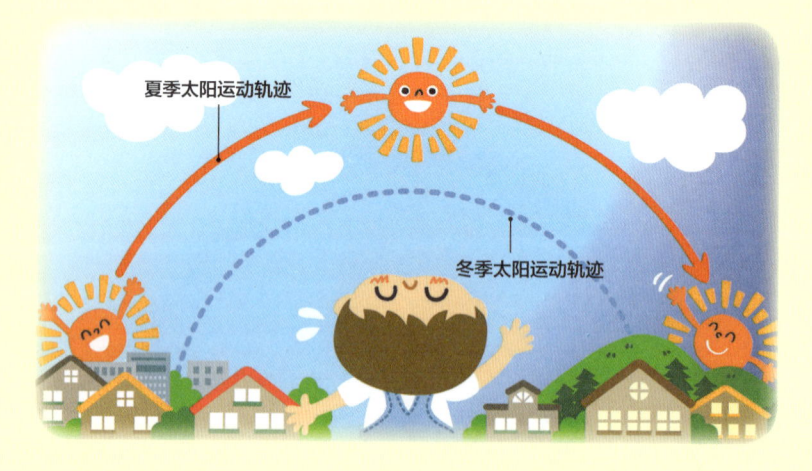

夏季太阳运动轨迹

冬季太阳运动轨迹

第171页的答案 C 气味

小知识 太阳在一年中的运动轨迹会发生变化是因为地球的自转轴是倾斜着的。
小测验 在日本一到夏天,太阳高度角会有什么样的变化? A 变大 B 变小

答案在下页

樱桃是樱花树结的果实吗？

在观赏过美丽的樱花后，我们就可以吃到可口的樱桃了吗？

读过的日子（　年　月　日）（　年　月　日）（　年　月　日）

20

植物

春天，樱花树上花团锦簇，场面非常壮观。在日本，许多人都把观赏樱花作为一项传统活动。

然而店里卖的樱桃是否就是美丽樱花结下的果实呢？

无论是我们在春季赏樱时观赏的樱花树，还是结果实的樱桃树都属于蔷薇科李属植物，只是属于不同的种类。赏樱时的樱花树大多是为了能开出美丽花朵而改良过的染井吉野（樱花的一种）樱亚属，而结果的樱桃树属于樱桃这个种类。

樱桃树结出的樱桃也可以分成很多种类。现在日本樱桃的品种大部分是明治时期从欧洲传过来的叫作"欧洲甜樱桃"的品种。欧洲樱桃经过各种改良，据说现在在世界范围内已有上千种。其中仅日本就有60多种。

染井吉野是在江户时代由江户樱和大岛樱杂交而成的。染井吉野不能用种子进行种植。今天，在日本所有的染井吉野都采用嫁接的方式来培育。嫁接是把一种植物的枝或芽，嫁接到另一种植物的茎或根上，利用接在一起的两个部分长成一个完整的植株。

染井吉野不怎么结果，但是在开完樱花后有时会结出和樱桃相似的果实。这种果实与食用樱桃相比又小又涩，所以不可食用。

樱桃树开花之后，在枝丫部位会长出花茎，在花茎尖端开花。因为子房发育的问题，一根小树杈上会开出两朵花，所以结果时也经常能看到两颗连着的樱桃。但是因为品种不同，花茎的枝数也不同，而且不一定所有的花朵都会结出果实，所以不一定所有的樱桃都是两颗连在一起的。如果5个花茎的根部连在一起的话，也会有5颗樱桃连在一起的情况。

第172页的答案　A 变大

小知识 在日本，樱桃有"樱花之子"的意思。
小测验 染井吉野的培育方法是什么？

答案在下页

173

21 骨折后，骨头是怎样愈合的？

实际上，骨头也会成长发育并且衰弱。

读过的日子（　　年　　月　　日）（　　年　　月　　日）（　　年　　月　　日）

身体

大家有过骨折的经历吗？骨折后，要尽量保持不动，将骨折处妥善固定，不知不觉中断裂的骨头就会重新连在一起。那么断裂的骨头到底是如何愈合的呢？

我们一直觉得骨头如同一个整体保持不变，其实在骨头中有许多活细胞在积极地活动着。这些细胞中，有参与骨组织形成的"成骨细胞"，也有参与骨骼破坏的"破骨细胞"。骨骼并不是一生不变的，旧的骨骼损坏后，会长出新的骨骼。在几个月到几年的时间里，骨骼会慢慢地进行再造重生。

骨折后，不只是骨头受损，骨头周围和其中的血管也会被切断，容易形成淤血。

数十天之后，成骨细胞开始活动，使骨折处形成的骨样组织逐渐骨化，之后摄取血液中的钙进行钙化形成坚硬的新骨。骨折处的血块和坏死骨则被破骨细胞分解，随后被人体吸收。最后成骨细胞进入伤处，完成最后的工作。

从骨折到完全康复所需的时间，根据年龄、骨折状况等不同会有所不同，但是基本在1~2个月之内。愈合后的地方比骨折之前要大，但是会逐渐复原。

生物的身体具有自我修复功能，即使皮肤割伤或蹭伤，最后也会痊愈。随着医疗的发展，骨折后可以通过治疗或手术来痊愈。但是仍然有因为骨折导致死亡的事件发生，比如因为断裂的骨头扎进器官中，或者伤口感染细菌等各种各样的原因。

特别对于老年人来说，因为体力衰弱，骨质疏松，容易导致骨折，所以更需要注意。因此，平日里确保骨骼健康是很重要的。

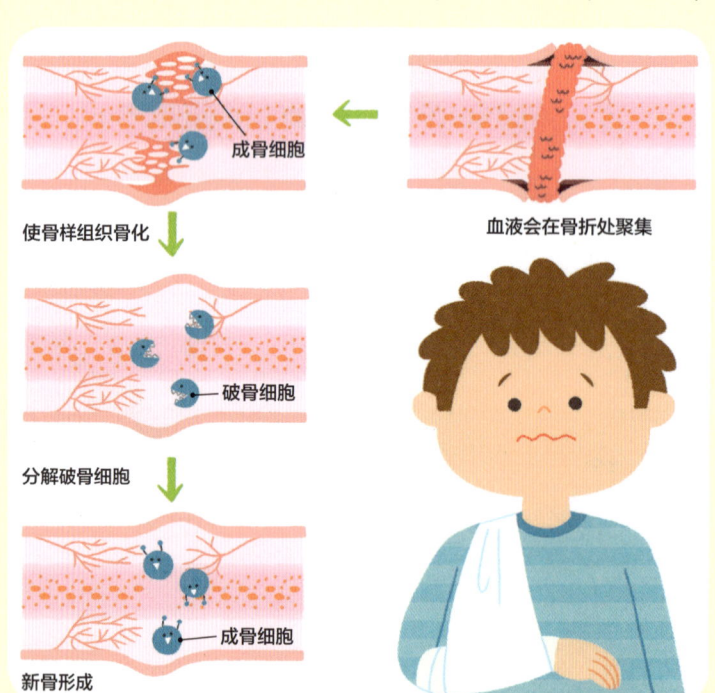

— 成骨细胞
使骨样组织骨化
— 破骨细胞
分解破骨细胞
— 成骨细胞
新骨形成

血液会在骨折处聚集

第173页的答案：嫁接

小知识 轻度损伤的不断累积可引起疲劳性骨折。
小测验 参与骨骼破坏的细胞叫作破骨细胞，那参与骨组织形成的细胞叫作什么？

答案在下页

174

为什么蛇没有脚也能移动？

它们笔直的身体是如何往前走的呢？

读过的日子（　年　月　日）（　年　月　日）（　年　月　日）

22

动物

身体呈 S 形逶迤前进

直行前进

身体像手风琴一样伸缩前进

匍匐侧移

我们所了解的蛇是没有脚的。可是距今数千万年前诞生的蛇的祖先是有脚的。为什么蛇后来没有脚了呢？实际上我们至今都没有明白其中的原因。因为蛇要钻到地底，没有脚会更方便；蛇要在水里生活，所以也就不需要脚了等等，关于原因人们众说纷纭。可是为什么蛇没有脚却能迅速移动呢？这与它们肚皮底下的鳞片有很大关系。

蛇的表皮长有很多细小的鳞片，不过肚皮下面的鳞片却有些不同，这些鳞片大而宽，排列整齐，名字叫作"腹鳞"。腹鳞从前朝后像屋瓦一样重叠排列。如果用手指从蛇的头部抚向蛇尾，会感觉非常顺滑，但是如果从相反方向抚摸的话，就会感觉蛇鳞刮手指。这种构造有助于蛇在地面匍匐前进。

蟒蛇等大型蛇类会通过肌肉使腹鳞竖立成波浪状，通过蛇鳞在地面固定的力量来移动身体。如果是日本锦蛇和菜花蛇的话，它们在立起腹鳞的同时还会扭动身体，以"S"形逶迤（wēi yí）前进。大多数蛇类都是通过这种方式前进的。当然，还有的像蝮蛇一样，立起腹鳞的同时身体像手风琴一样一伸一缩地前进。还有的蛇不是笔直前进而是向侧方向移动，比如栖息在沙漠里的角响尾蛇。因为在沙质地面腹鳞不容易钉住地面，所以只有提起身体并使之弯曲匍匐向侧面移动。

看来不同种类的蛇，其前进的方式也是各式各样的啊。

第174页的答案：成骨细胞

小知识 蛇有100～140块脊骨，所以能够自由弯曲身体。
小测验 在蛇的腹部又宽又大的鳞片叫作什么？

答案在下页

175

23 恐龙是从蛋里孵出来的吗？

人类发现了恐龙蛋化石，了解了它们的各种生活习性。

读过的日子（　　年　　月　　日）（　　年　　月　　日）（　　年　　月　　日）

古生物

恐龙与现存的蜥蜴和鳄鱼一样，属于爬行类动物，距今约2.5亿年前至6600万年前在地球上生存过。蛋壳可以防止蛋壳内部的水分流失，所以爬行类动物会在陆地上产卵繁衍后代，恐龙也同样是将蛋产在陆地上的。

我们为什么会知道恐龙是产卵的呢？首先恐龙属于爬行类动物，其次人类还发现了恐龙蛋化石。中国的北部地区以及蒙古国广阔的戈壁沙漠地带，乃至世界各地都有发现恐龙蛋化石。一般来说，蛋里面是黏稠的状态，即使里面有新生儿，因为骨骼柔软所以几乎不可能以化石的形式存留下来。因此不能确认恐龙蛋内部的情况，要想知道这枚蛋是什么类型的恐龙蛋是非常困难的。可是如果在蛋的附近发现它爸爸妈妈的化石或是即将孵化的恐龙蛋，那就可以知道这是什么类型的恐龙蛋了。

那么恐龙宝宝是如何生活的呢？大多数恐龙并不是由父母抚养的，小恐龙自打出生以来就自食其力。这与我们人类已知的爬行类动物几乎一样。不过也有的恐龙会养育自己的后代，其中最有名的就是慈母龙。慈母龙的拉丁语名字的意思就是"好妈妈蜥蜴"。慈母龙产卵时，会先用土培起一个土包，然后在土包上面挖出低洼的凹面，再将蛋产在凹面里。它们还会为刚孵化出的小恐龙捕食，养育小恐龙。因为发现了多个产卵的巢穴聚集在一起，所以我们认为恐龙是多个家庭联合养育子女的。

恐龙还有很多让人觉得不可思议的地方，单纯研究恐龙蛋也会让我们了解很多东西呢。

第175页的答案：腹鳞

小知识　还有一种恐龙像鸟类一样，会亲自孵卵。
小测验　慈母龙的拉丁语名字是什么意思？

答案在下页

"下蜃景"是什么？

你见过远处飘忽不定的景色吗？

读过的日子（　　年　　月　　日）（　　年　　月　　日）（　　年　　月　　日）

24

天气·气象

会逃跑的水　　下蜃景

在炎热的夏季，有时会看到地面近处的景象飘忽不定地闪烁，好像笼罩着一层雾霭。这种现象叫作"下蜃景"。为什么会产生这种现象呢？

当阳光照射到地面时，地面温度升高，离地面较近的空气也会升温，所以地面的空气就会膨胀变轻。当这种稀薄的空气与没有升温的厚重空气混合以后，在空气中就会同时存在空气稀薄的部分和空气厚重的部分。当阳光穿透空气密度不同的地方时会产生微弱的"折射"现象。折射的方式会因空气密度而异，所以在稀薄空气和厚重空气的交界处，阳光的折射现象会比较复杂。根据光的折射性质，交界处就会产生空气流动一样的现象，于是就会看到飘忽不定的朦胧景色，这就是下蜃景的真面目。

下蜃景现象不仅仅只在酷热的夏季产生，有时我们会看到远处的马路上好像有一湾水，这也和下蜃景一样，是由冷热空气的混合而产生的现象。当地面温度升高，靠近地面的地方，温暖的空气就会扩散到地面周围。当地面周围温暖的空气与上空的冷空气交界处的温差较大时，就会产生较强的光的折射现象。所以从远处看，天空和远处的景色就会产生折射，因此远处的马路看起来就好像有一湾水。当我们走近原本应该有水的地方时，就会发现那里其实根本没有水。而且当我们往水湾附近走的时候会发现水湾也在移动，我们根本无法接近那一湾水。因为无法触及这湾虚幻的水，所以我们叫它"会逃跑的水"。

第176页的答案　好妈妈蜥蜴

小知识 同样原理，能够看到远处倒映的景色的现象叫作"海市蜃楼"。
小测验 当空中或远处的景色等发生折射，就像有一湾水在远处的现象叫作什么？

答案在下页

177

25 肥皂泡泡是如何吹起来的？

普通的水和肥皂水有什么区别？

读过的日子（　　年　　月　　日）（　　年　　月　　日）（　　年　　月　　日）

生活

大家玩过肥皂泡泡吗？如果吹得好的话，就可以吹出很大的泡泡。可是到最后都会破裂。为什么能吹出肥皂泡泡呢？肥皂泡泡为什么最后会破裂呢？

水是由很多细微的水分子结合在一起形成的，水分子之间相互牵引产生作用力，这种力量叫作"表面张力"。有时我们会看到树叶或者雨伞表面的水滴，以圆滚滚的水珠形态滚落下来，这种水滴的表面就存在表面张力。因为水的表面张力很强，所以即使向水中吹入空气想把它吹大，水也会立刻返回原状变成水滴。因此，普通的水并不能像肥皂泡泡那样被吹成气泡。

在制作肥皂泡原液时，会用到肥皂或者洗涤剂。肥皂和洗涤剂能够弱化水的表面张力，属于"表面活性剂"。将表面活性剂放入水中，水的表面张力变弱，这样水滴就容易变薄，可以被吹大。此外，表面活性剂能够在水分子的表面结合在一起，形成一层薄膜。所以放入肥皂和洗涤剂的肥皂泡原液就容易吹出既薄又大并且表层带有薄膜的泡泡来。

那么肥皂泡泡为什么会容易破裂呢？在地球上通常都受重力作用，所有的东西都有一种向下落的力量。肥皂泡原液也会缓慢地从上向下流，因此泡泡上方的薄膜会越来越薄，并且水分也会蒸发，这也加速了薄膜变薄的速度。当肥皂泡无法再变薄时，便会破裂。在宇宙空间站这种没有重力作用的地方，肥皂泡除非是碰到什么物体才会发生破裂，否则基本上都是轻盈地一直在空中飘荡，不会破裂。听说在南极这种极寒地带，吹出的肥皂泡泡会立刻冷冻并凝固。

第177页的答案 下雪景

小知识 在肥皂泡原液中放入糖水，水分就不易蒸发，这样制成的肥皂泡就不容易破裂。
小测验 水分子相互牵引的力量叫作什么？

答案在下页

178

挖掘机的轮胎为什么不是圆的？

26

这与挖掘机工作的场地环境有关系。

读过的日子（　年　月　日）（　年　月　日）（　年　月　日）

在工地现场等地，我们会看到既能挖土又能搬运材料的挖掘机。大多数挖掘机并没有采用像汽车一样的圆形橡胶轮胎，而是用带子将轮胎包裹住，形成横向宽宽的奇异的形状。为什么会这样呢？

这个带状轮胎的名字叫作"履带"，履带是由多枚短小的铁片连接而成的，也有的是用橡胶制成的。

履带里面包裹着轮胎，通过轮胎的转动来带动整体移动。

如果使用普通轮胎，安装上长长的铲斗后轮胎就会离开地面无法前进。而且普通轮胎与地面接触面积较小，容易陷进泥坑或者打滑，也不能爬比较陡的坡路。

但如果是履带车的话，不论什么样的坑洼路都不容易陷进去或者打滑，而且具有很强的抓地力，能够保证车辆正常前行。幅度较宽的履带车与地面有较大的接触面积，所以也能战胜较陡的斜坡。

因为挖掘机经常用于地面坑洼的工地现场，所以要采用履带式轮胎。

履带式轮胎不仅仅适用于挖掘机，还适用于一些农业机械和坦克等。至于履带的宽度和材质，则需要根据其中的轮胎数量、使用的场所和目的来决定使用什么样的履带。

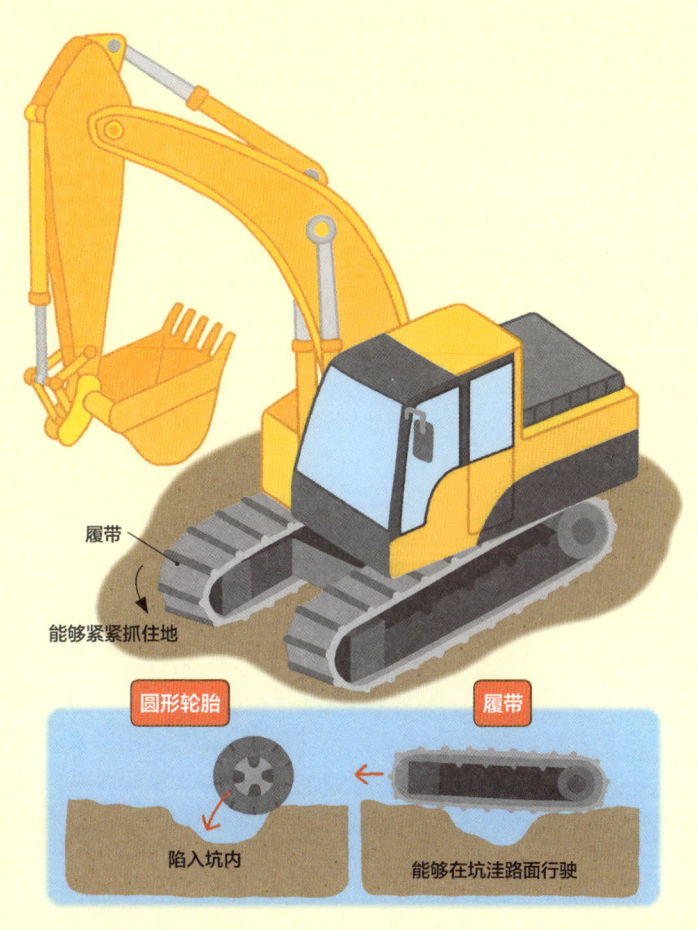

工具·物品

履带
能够紧紧抓住地

圆形轮胎　　　履带
陷入坑内　　　能够在坑洼路面行驶

第178页的答案：表面张力

小知识 通过更换挖掘机前面的铲斗可以铲东西或者抓东西。
小测验 挖掘机的轮胎部分使用的带状物体叫什么？

答案在下页

179

27 为什么**晚上**必须**睡觉**呢？

我们的身体里有自然形成的生活规律。

读过的日子（　　年　　月　　日）（　　年　　月　　日）（　　年　　月　　日）

身体

一到晚上该睡觉的时间，我们就会犯困。为什么人总会在相同的时间段犯困呢？人类的身体里与生俱来就有一种生活规律，那就是"晨兴夜寐"。在没有窗户和钟表的房间里做实验会发现，基本上也是这种规律。像这种即使没有钟表也能够感受到时间的感觉叫作"生物钟"。生物钟是绝大多数生物都具备的基本生存技能，以形成白天和晚上不同的生活习性。根据最近的研究发现，我们人类体内的生物钟周期大约是25个小时。一天有24个小时，但我们的身体所感受到的时间比这要长1个小时。能够协调这种时间差的正是"太阳光"。因此，我们早上起来可以通过沐浴晨光来调节体内的生物钟。

如果晚上不按时睡觉、过着不规律的生活会怎样呢？有些人在晚上熬夜到很晚，早上就无法按时起床，如此反复就会昼夜颠倒。这种生活方式与人类原本的生活节奏相反，所以体内的生物钟就会紊乱，大脑和身体的功能也会受损。例如，学习学不进去、运动能力退化等情况。而且对细菌和病毒的抵抗力也会减弱，容易生病。最可惜的是，由于无法酣然入眠，即便蒙头大睡也会有挥之不去的困意。

有的人会经常熬夜到很晚，但是如果养成早睡早起的好习惯，好处是很多的。我们应该遵循身体自然形成的生活节奏并借助太阳的光芒，度过精神饱满的每一天。

第179页的答案｜履带

小知识 我们在睡觉时，是深度睡眠和浅度睡眠反复交替进行的（P346）。
小测验 人类即使没有钟表也能够感受到时间的与生俱来的技能叫什么？

答案在下页

180

吸尘器是如何将垃圾吸进去的？ 28

将垃圾吸入后，垃圾去哪了？

读过的日子（　年　月　日）（　年　月　日）（　年　月　日）

使用吸尘器时，只要一按开关，吸尘器就可以将垃圾吸进去。那么吸尘器里面是什么构造呢？

吸尘器可以分成两种，一种是尘袋式吸尘器，另一种是尘杯过滤式吸尘器。

尘袋式吸尘器将垃圾吸入吸尘袋中，在吸尘袋后方安装有强力的鼓风机，通过强风将垃圾吸进去。一起被吸入的空气会通过吸尘袋上的细孔排出。

而尘杯过滤式吸尘器则利用了"离心力"这一原理。离心力指的是高速旋转的物体形成向外牵引的力量。比如汽车在拐弯时就会感受到向外侧牵引的力量，这就是离心力。

尘杯过滤式吸尘器将分离垃圾和储存垃圾的空间分开处理。

首先将吸入的垃圾集中在第一个空间，垃圾和空气混在一起像龙卷风一样高速旋转。通过高速旋转，比空气重力大的垃圾由于较大的离心力会飞向外侧，于是就会进入储存垃圾的空间。

这时还会存在一些与空气无法彻底分离的细微垃圾，在向外排气时又被小孔吸进去。这些细微垃圾会进一步被小龙卷风分离，到最后就只有空气会被排出。

尘袋式吸尘器可以连带吸尘袋一起扔掉，不用把手弄脏就可以解决问题。不过，如果吸尘袋里装满了垃圾的话，吸力就会减弱，而且吸尘器在工作时排出的空气也会有些味道。尘杯过滤式吸尘器因为没有吸尘袋，所以在经济方面和环保方面都有优势，而且吸力也不会出现减弱的现象。但是在扔垃圾时容易散落出来，而且清理尘杯也需要花费时间和精力。

无论是哪种吸尘器，作用都各有千秋，目前从吸尘器的吸力、清理方式及声音大小等方面已经投入研究，我们相信吸尘器会变得越来越先进。

工具·物品

尘袋式吸尘器
垃圾集中在尘袋中
- 吸尘袋
- 鼓风机

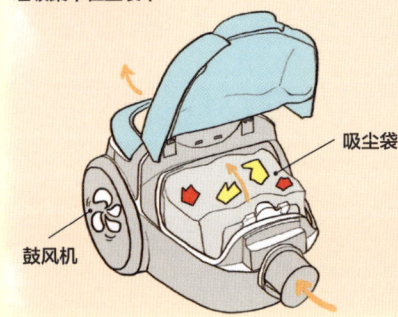

尘杯过滤式吸尘器
将垃圾储存在专用空间
- 分离垃圾的空间
- 储存垃圾的空间

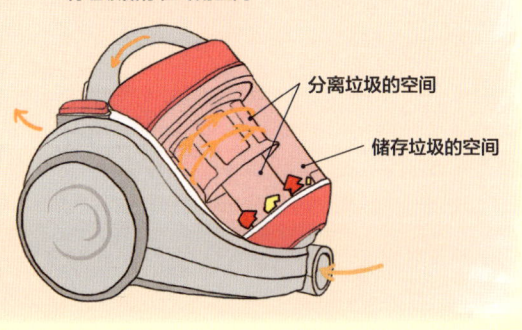

第180页的答案
生物钟

小知识 1912年，瑞典斯德哥尔摩的温勒·戈林发明了横罐形真空吸尘器。
小测验 利用离心力来分离垃圾的吸尘器叫作什么？　A 尘袋式吸尘器　B 尘杯过滤式吸尘器

答案在下页

181

29 蜗牛为什么有壳？

如果蜗牛没有壳会怎么样？

读过的日子（　年　月　日）（　年　月　日）（　年　月　日）

水生动物

肺部

心脏

靠外壳来保护关键部位

蜗牛虽然生活在陆地上，但是它和居住在水田等地里的田螺、河流入海口附近泥沙中的蚬（xiǎn）贝同属于"贝类"动物，所以蜗牛身上有着非常气派的外壳。像蜗牛和田螺等这种具有漩涡状贝壳的贝类叫"螺旋贝类"，而像蚬贝等这种有两面壳的贝类则属于"双壳类贝"（P260）。但是为什么贝类会有外壳呢？

贝类的身体非常柔软，而且大多数贝类并不具有与敌人战斗的武器，所以为了保护自己，它们便不断进化，靠躲在外壳里面来保护自己。贝壳主要是由碳酸钙构成的，这个成分也是我们人类骨骼的重要组成部分。贝类刚出生时，外壳都很小，不过随着身体的成长，贝壳也会不断长出新的部分慢慢变大。

像蜗牛这种住在陆地上的贝类，它的贝壳还有一个非常重要的作用，那就是防止身体干燥。蜗牛与那些有坚硬皮肤或者有鳞片的动物不一样，它们的身体赤裸裸的，没有任何覆盖物。如果就这样裸露在外面，蜗牛就会丢失水分，最终会因干透而死。为了防止丢失水分，蜗牛的身体外表会有一层黏黏的液体覆盖着，并且会时不时地回到自己的壳里来保持水分。

和蜗牛比较接近的动物是鼻涕虫。鼻涕虫虽然看上去好像没有外壳，但实际上它们的外壳退化成了藏在体内的结构。以前鼻涕虫也与蜗牛一样背着一个巨大的壳，但是后来原本用来生成外壳的养分用来生长身体了，所以就看不到外壳了。

在海边岩场等地生活的海蛞蝓（kuò yú）也是贝类的一种，它与鼻涕虫一样没有外壳。

第181页的答案：B 尘杯过滤式吸尘器

小知识 蜗牛会在土壤中产下白色的卵，它们一出生时就带着外壳。
小测验 像蜗牛一样具有漩涡状贝壳的贝类叫作什么？

答案在第184页

6月的故事

文 / 长井理佳、高木荣利

01 为什么蝌蚪长得完全不像青蛙？

因为它们的呼吸方式不一样。

读过的日子（　　年　　月　　日）（　　年　　月　　日）（　　年　　月　　日）

水生动物

大家都知道蝌蚪是青蛙的孩子，但是为什么青蛙小的时候和长大以后会相差那么大呢？青蛙类的动物都属于"两栖类"动物。两栖类动物小时候在水中生活，长大后大多数会来到陆地上生活。几乎所有的青蛙都是在水中产卵，所以由卵孵化出的小蝌蚪刚一出生就必须在水中生活。蝌蚪的身体侧面长有鳃，它们和鱼类一样靠鳃来呼吸，吸入溶解在水中的氧气。它们靠摆动长有尾鳍的长长的尾巴来游动。蝌蚪的嘴里长了一排细细的牙齿，像刮皮刀一样。有了这副牙齿，它们就可以啃食附着在石头上的藓类或者死鱼的尸体等。蝌蚪还有一双很不起眼的眼睛。

蝌蚪长大后，会先长出脚，然后鳃和尾巴消失，最后就可以到陆地上生活了。这时它们将会由原本的用鳃呼吸变为和人类一样的"用肺呼吸"。青蛙以陆地和水边的昆虫为食。为了能够搜索猎物，它们长了一双非常突出的眼睛，还有敏捷的舌头和大大的嘴巴。青蛙除了肺部以外，还可以用皮肤呼吸，所以即使它们藏到地下冬眠，也可以保持呼吸。黑斑侧褶蛙后腿特别长，所以它们擅长跳跃和游泳。蟾蜍后腿比较短，所以它们更适合在陆地上或者水边生活。

所以在水中生活的蝌蚪和在陆地上生活的青蛙，不但相貌不同，身体的构造也大不一样。尽管它们是父母和子女的关系，但是外表的差异很大呢。

肺

鳃

第182页的答案：螺旋贝类

小知识 根据最近的研究发现，蝌蚪也可以用皮肤来呼吸。
小测验 蝌蚪有但是青蛙没有的部位是什么？　A 眼睛　B 鳃　C 脚

答案在下页

184

仓鼠为什么喜欢转滚轮？

它们还留有野生仓鼠的一些习性。

读过的日子（　年　月　日）（　年　月　日）（　年　月　日）

02

动物

你养过仓鼠吗？野生仓鼠在沙漠和草原等干旱地区的地面上挖洞生活。它们既小巧又可爱，是一种非常容易接近的小动物。仓鼠很容易与人类亲近，可以在网笼中饲养。但是有时它们会打架，所以一个网笼中最好只饲养一只仓鼠。饲养时，在网笼中铺上一层厚厚的干草作地面，然后再放入房间、厕所、喂食器和饮水器等必要的物品。最重要的一点是，需要给它放一个滚轮之类的玩具。仓鼠是一种极其活跃的动物，有了玩具它们会玩得非常开心。之所以喜欢转滚轮，这与野生仓鼠原本的生活方式有关系。仓鼠的身体很小巧，也没什么武器，所以为了保护自己它们只能迅速逃跑。如果外出的话，它们会尽量快点发现食物，然后运回自己的窝里。因为保留了野生仓鼠的生活习性，所以即使是人工饲养，它们还是不习惯老老实实地待在那。

仓鼠是夜行性动物，它们在白天睡大觉，傍晚才开始活跃。虽然它们体型小，但是也有说法认为它们平均一天能跑10千米，所以在宽阔的地方饲养仓鼠会更好。但是如果在家里饲养的话，它们就会钻进家具的缝隙，还会咬断电线，所以不能在家里放纵它们跑来跑去。为了防止它们运动不足，必须得给它们一个玩具。仓鼠好奇心强，又好动，偶尔可以用空盒子给它们做个迷宫，或者把它们从小笼子里放出来，让它们自由活动。不过一定要注意别让它们逃走了。

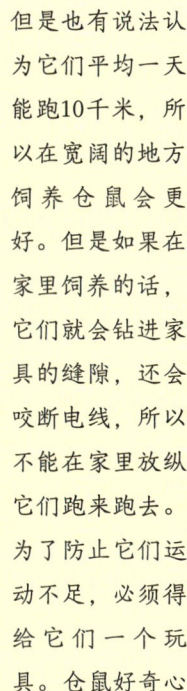

第184页的答案 B 鳃

小知识　仓鼠是杂食性动物，它们不但会吃蔬菜和水果，还喜欢吃芝士和煮鸡蛋。
小测验　仓鼠是夜行性动物。　A 正确　B 错误

答案在下页

185

03 有的人易得蛀牙，这是真的吗？

这与在吃东西的时候，嘴里生成的某种物质有关。

读过的日子（　年　月　日）（　年　月　日）（　年　月　日）

身体

喜欢去看牙医的人应该比较少吧。但是，牙齿突然有刺痛感时，就已经在不知不觉中变成了蛀牙，这时就必须要去看牙医了。

有一种叫作"变形链球菌"的细菌可以将牙齿变成蛀牙。变形链球菌可使夹在牙齿中间的食物残渣中的糖分变酸，这个酸可溶解牙齿。糖分酸化的速度很快，只需要3分钟的时间。所以，饭后要刷牙，把牙齿间的食物残渣和变形链球菌刷掉是非常重要的。

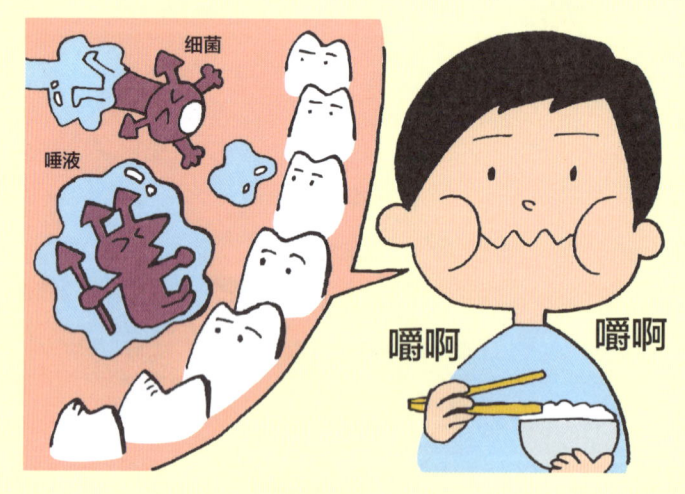

但是，即便每天正确地刷牙，也会有蛀牙。因为导致蛀牙的不只是有的牙齿没有刷到。有容易得蛀牙的人，也有不容易得蛀牙的人。

除了刷牙，导致蛀牙的原因有很多。比如说，牙齿排列得不好，有牙刷刷不到的地方，或者经常吃甜食和容易粘牙的东西。另外还有一个因素，就是和牙齿关系密切的唾液。唾液可以把口腔清理干净，让长出来的牙变得坚硬，并且还可以杀死细菌。也就是说，如果口腔干燥的话，唾液就会减少，就容易长蛀牙。在口腔里有6个分泌唾液的地方，这种构造让人越嚼东西越会分泌大量的唾液。如果有蛀牙，因为牙疼就不能充分咀嚼，口腔就会越来越干，蛀牙的数量也就会增加。再严重的话，可能会得一种叫作"牙周病"的牙龈病。所以说唾液少的人很容易得蛀牙。

有蛀牙的人，首先要接受正规治疗。只有充分咀嚼食物，才能更好地产生唾液，口腔就会湿润，这样就很难产生蛀牙。同时，充分咀嚼可以让下巴充分活动，这有利于大脑工作和血液循环，对身体健康有益。

细菌
唾液
嚼啊　嚼啊

第185页的答案：A 正确

小知识 因为睡觉时很难分泌唾液，所以在睡觉之前要好好刷牙。
小测验 是什么细菌导致了蛀牙的产生？

答案在下页

自己吹的气球为什么飞不起来？

04

根据气体的种类不同，重量也不一样。

读过的日子（　年　月　日）（　年　月　日）（　年　月　日）

生活

在游乐园等地方得到的气球，会轻飘飘地飘起来，一不小心松开了绳子，气球就会飞走。但是，自己吹的气球为什么不会飞走呢？

这是因为吹气球所用的气体不一样。

气体是无色透明的，平常人们对气体的存在一般也不太在意。但是，实际上气体有各种各样的种类，也有各种各样的重量和特性。飘在空中的气球，是加入了一种叫作"氦气"的气体。氦气只有普通空气1/7的重量，是一种轻质气体。用氦气吹的气球，因为比空气轻得多，所以能飘在空中。比氦气还要轻的气体是"氢气"，以前的飞艇都是用的氢气。但是，因为氢气容易燃烧，很危险，所以大部分还是用的氦气。

而自己吹的气球，用的是从嘴里呼出来的气体。我们身边的空气，主要有氮气、氧气和二氧化碳。我们呼吸时，会吸入空气中的氧气，呼出二氧化碳。吸入的空气和呼出的气体相比，呼出的二氧化碳比吸入的更多。二氧化碳的重量约是空气的1.5倍重，呼出的气体比空气要重，所以自己吹的气球飞不起来，会落在地上。

而且，拼命吹起来的气球到了第二天会漏气变小，会不会觉得很失落？

气球是一层很薄的橡胶膜，上面有很多肉眼看不到的小孔。气球漏气就是因为空气从这些小孔泄漏了出去。因此，即便是用氦气吹的气球，也同样会漏气，早晚会落在地上。

氦气

空气

二氧化碳

第186页的答案：变形链球菌

小知识 用气球做成的气球艺术品，是用嘴吹的气球。
小测验 比空气重的气体，是下面的哪一项？　A 氧气　B 氦气　C 二氧化碳

答案在下页

187

05 那些打卷儿的树叶，是谁弄的？

如果仔细观察卷叶象鼻虫建造的摇篮就会发现……

读过的日子（　　年　　月　　日）（　　年　　月　　日）（　　年　　月　　日）

法布尔昆虫记

来自故事《卷叶象鼻虫·锯齿象鼻虫》

（有一段时间，法布尔对卷叶象鼻虫很感兴趣。那就让我们来看看法布尔写的有关卷叶象鼻虫的故事吧。）

卷叶象鼻虫是一种能够将树叶巧妙切开，并且将树叶一层一层卷起来做成一个圆筒形的虫子。它们在树叶里面产卵，幼虫靠吃叶子长大，而这卷起来的树叶就是卷叶象鼻虫的摇篮（因为卷起来的树叶落在地上的一瞬间就像一团信纸落在地面上一样，所以它在日本的名字叫作"落文虫"）。

卷叶象鼻虫有一个近亲，它的名字叫锯齿象鼻虫（因为锯齿象鼻虫可以用它的钳子将树枝或者树叶咔嚓一下剪断，所以才有了这个名字）。锯齿象鼻虫和它的伙伴们也像卷叶象鼻虫一样，会把树叶卷起来，给自己做一个摇篮。

卷叶象鼻虫和锯齿象鼻虫根据品种的不同，它们身体的外形和结构也略有不同。与身材相比，它们的脑袋小小的，外形奇特，怎么看也不像能把树叶做成如此巧妙的形状。

我（法布尔）想，"这些昆虫特有的身形特征与它们做出来的摇篮之间，有什么关系吗？"于是我决定养几种卷叶象鼻虫和锯齿象鼻虫家族的成员来观察一下。

在我家附近最容易抓到的是长足象鼻虫和金绿卷象。

长足象鼻虫是一种红色的小虫子，它用来做摇篮的树叶是一种叫作冬青栎树的坚硬树叶。

仔细观察可以发现，长足象鼻虫会在晚上叶子湿润变软时开始工作。它们先用大大的下颚在离叶子根部不远处的左右两侧各切一个口子，过段时间叶子稍微打蔫后，再从两侧将叶子卷起来，然后把叶子的尖儿也卷上来，这样就可以在里面产卵了。它们卷起来的叶子大约有1厘米左右，

第187页的答案　C 二氧化碳

188

虫卵

锯齿象鼻虫摇篮的横断面

卷叶象鼻虫

卷叶象鼻虫摇篮的横断面

虫卵

锯齿象鼻虫

看上去是个非常可爱的小摇篮。

　　这个摇篮从树上掉落下来后，受到阳光照射，会变得干枯。这时幼虫会进入睡眠停止生长，当再次下雨时它们才会苏醒过来。我知道这件事以后，特别感动。在卷叶象鼻虫和锯齿象鼻虫中，只有长足象鼻虫才有这种功能。

　　金绿卷象有着像金属一样闪闪发光的翅膀，非常漂亮。在辽杨和白杨上可见。

　　它们会先将吻端的口器插入叶子根部的茎上，开一个洞。从树干输送到树叶里的水分被这个洞阻挡，就无法将水分输送到叶子尖端。金绿卷象对于在什么地方开洞能够阻止水分运输是十分了解的。当树叶打蔫变软后，它们会从左向右非常仔细地将叶子卷起来，做成一个像烟卷一样的细长摇篮。如果打开它们的摇篮的话，会看到每片树叶里面有一个或者三四个虫卵。

　　我通过观察卷叶象鼻虫和锯齿象鼻虫发现，这类虫子虽然身体构造略有不同，但是都会将树叶卷成摇篮。它们为了自己的幼虫，才会做出这种安全的摇篮。这种出自本能的意识，能让它们有效地利用自身，将工作完成得特别漂亮。

小知识　卷叶象鼻虫只有雌性才会做摇篮。
小测验　卷叶象鼻虫的摇篮里有什么？　A 雄性虫子　B 虫卵　C 信件

答案在下页

189

06 为什么鸽子走路时头会不停摆动？

它们并不是有意使脑袋来回摆动的。

读过的日子（　　年　　月　　日）（　　年　　月　　日）（　　年　　月　　日）

鸟类

公园和广场上总会聚集着很多鸽子。鸽子的走路方式有什么特点呢？

鸽子在走路时头部会一前一后地来回摆动。那为什么鸽子会做这样的动作呢？

首先，鸽子先把头部向前伸出，身体再跟着前进，脑袋接着再伸出去，鸽子就重复着这样的动作走路。这样摆头走路总觉得很费劲，那鸽子的走路方式为什么如此奇怪呢？

其实秘密就藏在鸽子的眼睛里。鸽子的眼部长着很多肌肉，由于光线刺激，它们为了能使视线更清晰，会调整头部的方位或者快速眨眼等。这种肌肉动作的调整是大脑在无意识状态下进行的判断。以人类为首的哺乳类动物的眼睛就有这个功能，走路的同时眼球可以动，所以能一直盯着同一处风景看。

可是鸽子等鸟类与哺乳类的眼睛结构是不一样的，它们的眼球基本无法跟随视觉转动，这样走路时看风景会很吃力。因此，鸽子会先伸出脑袋，身体向前进时脑袋固定不动，这样一来，看到的景色也就不会晃动了。

也就是说，来回摆动脑袋这种走路方式，其实是为了防止看到的景色晃动。而且，这个动作可以防止身体左右摇晃，还有保持身体平衡的作用。

摇晃脑袋走路的不只是鸽子。在不紧不慢地走在路上啄食东西的鸟类中，有很多都是来回摇晃脑袋走路的。认真观察麻雀、家鸡、野鸡等禽类，可以发现它们也是前后摇晃着脑袋走路的。所以，为了及时发现掉落在地上的食物，这种走路方式还是十分重要的。

向前伸出脑袋

身体向前进

第189页的答案　B　虫卵

小知识 把鸽子的眼睛蒙住，看不见东西的鸽子们在走路时脑袋就不晃了。
小测验 眼球基本不能动的是鸟类还是人呢？

答案在下页

有只用电力驱动的汽车吗？

有一种不用燃烧汽油的汽车。

读过的日子（　年　月　日）（　年　月　日）（　年　月　日）

07

交通工具

电动汽车是非常环保的汽车。普通汽车靠燃烧汽油的能量驱动发动机行驶，而电动汽车靠电力驱动发动机行驶。电动汽车不需要燃烧汽油一类的燃料，所以不会排放废气，而且在马路上行驶也非常安静。电动汽车不仅能在家中插上插头充电，在有充电桩的公共场所也能快速充电。其实从10多年前就已经开始了电动汽车的研发，只不过研发速度太快，有些电动汽车还没来得及登上舞台。但是如今人们已经开始关注电动汽车的环保这一特性，其性能也变得更好了。电动汽车发动机的能量十分强大，一踩油门就能立刻提速，驱动车辆的电费也比汽油费便宜，还不会排放废气。

但是电力汽车也是有缺点的。它的充电时间比较长，而且无法行驶太远的路程。车里开冷气和暖气也需要耗电，蓄电池的电量很快就用没了。加之蓄电池的价钱也十分昂贵，车价也就随之上涨了。而且，火力发电驱动的电动汽车等也要使用到天然气和石油，所以并不能说是真正意义上的对地球环境没有产生负担。

于是便有人研发出"燃料电池汽车"，这种车使用氢气做燃料，它的工作原理是通过与空气中的氧气产生化学反应来制造电力，发电时排出的只有水。而且补给氢气时不像充电那样花费时间，还能行驶更远的路。但是，燃料电池也是十分昂贵的，而且使用氢气在安全方面也存在很多隐患，现在还处于研究阶段。

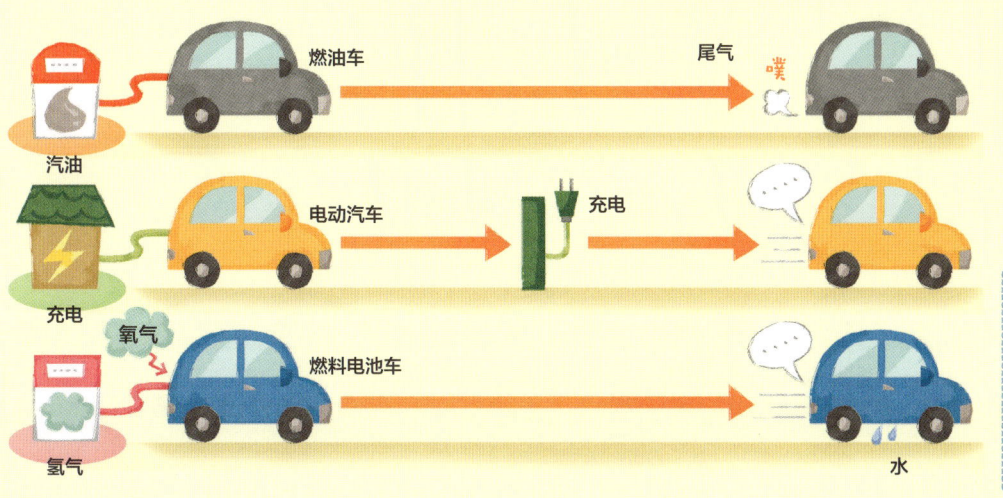

汽油 → 燃油车 → 尾气

充电 → 电动汽车 → 充电

氢气 → 燃料电池车 → 水

第190页的答案　鸟类

小知识 燃料电池汽车只需要3分钟就可以加满氢气，而且能行驶500多千米的路程。
小测验 电动汽车会排放废气。这种说法正确吗？　A 正确　B 错误

答案在下页

191

08 海里的鱼在河里无法生存吗？

在海里和河里生活着什么样的鱼？

读过的日子（　　年　　月　　日）（　　年　　月　　日）（　　年　　月　　日）

鱼类

在海里和河里、湖里生活的鱼有什么不同呢？生活在海里的鱼叫作"海水鱼"。如果动物长时间浸泡在盐水中的话，体内的水分就会不断流失，但是海水鱼的身体结构可以使它们即使长时间待在海水里也能够锁住体内的水分。因为它们会大量喝入海水来补充水分，再从鳃处排出盐分，减少小便的量，以此来保持体内的水分。河里或者湖里的"淡水鱼"几乎不喝水，因为它们长时间处于盐分较少的淡水里，水分会通过鳃和皮肤自然而然地进入到体内。进入到体内的水分几乎都会随着小便一起排出体外，这样可以防止身体发胀。所以说，无论是淡水鱼还是海水鱼，为了调节体内的水分，各自都具有不同的身体结构，因此大多数鱼只能生活在海水或者淡水其中的一种环境中。但是有的鱼既可以生活在海里，也可以生活在淡水里。例如，鲑鱼就是出生在河里，生长在海里，产卵时又返回到河里，香鱼也是这样（P160）。鳗鱼则相反，鳗鱼在海里产卵，而生长在海水和河水的交界处——入海口附近。像这种能够往返于河里与海里的鱼，其鳃的构造可以调节盐分。

还有一种非常厉害的虾虎鱼，只要有水，在哪都能活下去。虾虎鱼不仅能在海水和淡水里生活，有的种类甚至能在水边的泥土和沙石中生活。虾虎鱼种类繁多，即使是同类之间看起来外形特征也会截然不同。那些特征都是它们为了适应周围环境而发生的进化现象。

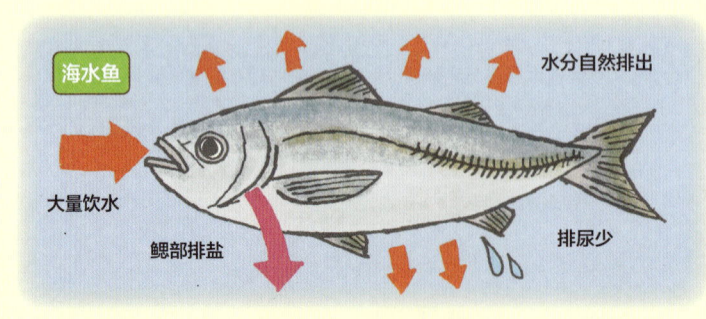

海水鱼　大量饮水　鳃部排盐　水分自然排出　排尿少

淡水鱼　几乎不喝水　水分自然进入体内　大量排尿

第191页的答案　B 错误

小知识 日本研发出了一种既可以饲养海水鱼又可以饲养淡水鱼的"适宜环境水"。

小测验 淡水鱼为了不让身体截止发胀，会不断排尿。　A 正确　B 错误

答案在下页

192

为什么食物上会长霉菌？

关于可食用霉菌和不可食用霉菌的秘密。

读过的日子（　　年　　月　　日）（　　年　　月　　日）（　　年　　月　　日）

09

食物

当我们发现想吃的点心和面包上长了霉菌，一定会吓一跳吧。

霉菌是由一个个我们肉眼看不到的微生物组成的。食物长时间放置在温暖的房间等地，空气中飘浮的霉菌的种子孢子会聚在一起，长成霉菌。孢子聚在一起变大，形成块状，于是就能被我们的肉眼看到了。之后这些霉菌会形成孢子囊。孢子囊是装满孢子的袋子，霉菌可以从中再度放出孢子。霉菌中有如青霉、曲霉等带有毒性的种类，食用后会使人中毒生病，所以一定不要食用发霉的食物。但是，同样是青霉，也有可以用来制作奶酪和制作药品的霉菌，还有制作豆酱和酱油中产生的曲霉也可以食用，它们都是食物制作中不可或缺的霉菌。所以说，并不是所有的霉菌都是有害的。

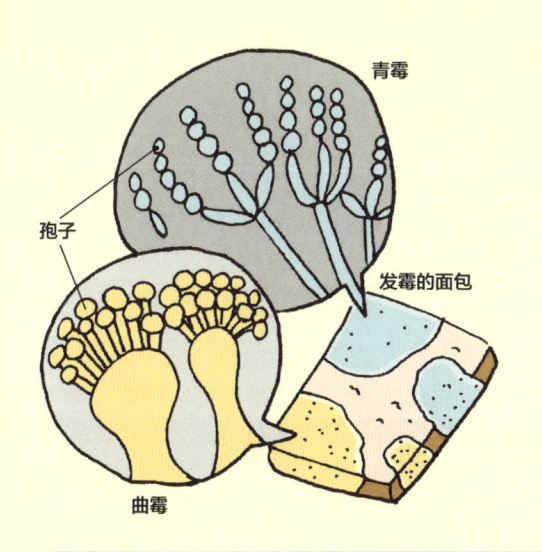

药品

奶酪

除了霉菌以外，空气中还有其他各种各样的微生物。食物经过长时间放置后，会变得又湿又黏，并发出难闻的气味，形状变异，最终腐烂。这是腐败菌的"杰作"。

除此之外，也有许多对人类有益的微生物。比如制作酸奶用的乳酸菌（P372）、制作纳豆用的纳豆菌（P239）、制作面包用的酵母菌（P131）、制作醋用的醋酸菌（P363）。这些菌都起着发酵的作用。发酵是指微生物分解有机物质，再形成别的有机物质的过程。

所以，我们可以根据对人类有无贡献来区别发酵和腐烂。但是无论哪一种，都属于微生物的活动。

青霉

孢子

发霉的面包

曲霉

第192页的答案 A 正确

小知识 在自然界中，霉菌和腐败菌从食物残骸上吸取养分并进行分解。
小测验 霉菌喜欢什么样的地方？　A 凉爽的地方　B 温暖的地方

答案在下页

193

10 月亮为什么会变成不同的形状？

月亮看起来忽胖忽瘦，那是有原因的。

读过的日子（　　年　　月　　日）（　　年　　月　　日）（　　年　　月　　日）

地球·宇宙

从月球表面的图片来看，月球表面的高地呈白色，宽广且凹凸不平。尽管如此，我们在晚上看到的月亮还是皎洁生辉的。随着日期的推移，月亮的形状也会随之发生改变，真可谓妙不可言。

月亮本身是不会发光的，之所以看起来明亮皎洁，是因为月亮反射了太阳光的关系。

但是如果仅仅是由于反射太阳光，月亮又为什么会拥有满月、月牙等不同的样子呢？月亮是球形的，原本的形状是不发生改变的。我们所看到的月亮形状之所以会发生变化，是由月球、地球和太阳三者之间的关系引起的。

月球是围绕地球公转的，而地球是围绕太阳公转的。月球绕到和太阳同一方向时，从地球上看，被太阳照亮的那部分月亮在另一面，而它黑暗的那半球对着地球，这样在地球上就看不见月球了。这时所看到的现象叫作"新月"。

月球一点点转动，从地球上来看，被太阳照射的地方会发生改变，所以看到的月亮的形状也会随之发生改变。新月之后的第3天，因为太阳光从斜后方照射，所以月球上被光照亮的那一面只有很少的一部分，这时月亮的形状被称为"蛾眉月"。大约第7天时，从侧面看，月亮的样子会形成半月。大约第13天时，月亮的样子胖乎乎的像一只柠檬。大约第15天时，月亮会变成和新月时正好相反的样子。我们能看到月球被光照亮的正面，这就是所谓的满月。满月时，太阳、地球、月球大体呈一条直线排列，有时月亮会进入到地球的影子之中，这就是月食。但是三者在一条直线上的情况一年最多有两回，有时一年连一次也不会有。

B 温暖的地方　第193页的答案

194

从地球上看到的月亮的形状

新月（第1天）
峨眉月（第3天）
半月（第7天）
（大约第13天）
满月（大约第15天）
（大约第17天）
半月（大约第22天）
（大约第25天）

被太阳照射的一面
阴影部分

　　满月之后，月亮又会逐渐消瘦，大约第22天时，又会形成半月。历经一个月后，月亮会再度成为新月。就这样月球一边随着阳光照射角度的不同而形成不同的形状，一边围绕着地球做公转运动。因此，月亮的形状看起来是在不断变化的。这种月相的逐渐变化叫作"月的盈亏"。如果了解了月亮的盈亏，就可以在黑暗的房间中，用手电筒照射球体，来模拟月亮盈亏的实验。可以坐在转椅上或者在房间里一边转圈一边观察光线照射在球体部分的形状，就可以明白太阳光照射在月球上是什么样子的了。

　　虽然我们一直都关注着月亮，但是我们也不能看见月球的全貌。因为月球总是用它相同的一面朝向地球进行公转。所以我们在地球上看不到月球的背面。其实，月亮的盈亏这种现象不只发生在月球身上，我们居住的地球也被太阳照射着，因此，如果从宇宙中的某处眺望地球的话，或许地球也会发生盈亏现象。

小知识 1959年，苏联（现在的俄罗斯）成功拍摄了第一张月球背面的照片。
小测验 月球反射的是谁的光？　A 金星　B 太阳　C 地球

11 为什么会有悬雍垂（小舌头）？

悬雍垂可以防止食物进入鼻腔。

读过的日子（　　年　　月　　日）（　　年　　月　　日）（　　年　　月　　日）

身体

大家是否想过，从食物进入口腔到咽下去这之间，在口腔中发生了什么呢？

我们平时仅仅只是简单地吞咽食物吗？其实并不只是如此。请试着站在镜子前，把嘴"啊"地张开看一下。我们可以看到牙齿、舌头和里面的喉咙。这些全部都起着重要的作用。

口腔是食物进入的地方。但是，食物在硬的状态下就咽下去的话，在腹中就能被很好地消化。因此，首先用牙齿将食物嚼碎，然后舌头将食物与唾液混合在一起，这样就容易下咽了。

口腔的上部叫作"上颚"。上颚是由坚硬的骨头和肌肉构成的，后半部分十分灵活。上颚最后面垂下来的部分是"悬雍垂"，也就是小舌头，它有着不可思议的形状。那么，它起着什么作用呢？

食物在嚼碎之后，会被吞咽到喉咙里，但是悬雍垂下有数条通道——在下面的是把食物送到胃部的"食道"和将空气送入肺部的"气管"，在上面的是鼻子吸气的通道。因为喉咙是吸入的空气和食物交汇的地方，所以在这里如果把方向搞错的话就会产生很大的麻烦。

食物在下咽时，首先悬雍垂会向上抬高，堵住鼻子和喉咙之间的地方，这就起

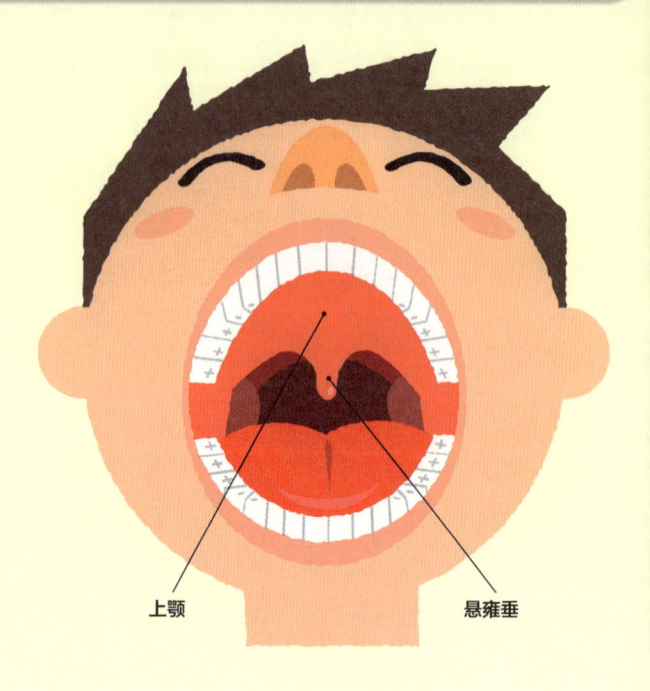

上颚　　　　悬雍垂

到了防止食物进入鼻腔的作用。同时，舌头里面有一个叫作"会厌软骨"的部位会向后退，这样就堵住了气管的入口，防止食物进入肺部。如果这个部位有问题的话，食物就会进入气管，人就会被呛到。

人在吃饭时，口腔中的许多部位都在尽职尽责地发挥着作用。我们偶尔也可以一边回忆这些构造，一边慢慢品味美食。

第195页的答案　B 太阳

小知识 一般认为悬雍垂大的人，容易打呼噜。
小测验 悬雍垂是为了防止食物进入哪里的？

答案在下页

196

花儿是如何决定开花日期的？

难道花儿懂得季节的变化吗？

读过的日子（　年　月　日）（　年　月　日）（　年　月　日）

日本是春、夏、秋、冬四季分明的国家。夏天日照强，天气会变得炎热；冬天寒冷，有的地方还会下雪。开花的季节也基本上是固定的。樱花在春天开放，向日葵在夏天开放，每个季节都有应季的花。这是为什么呢？

植物发芽和生长需要各种各样合适的温度，过热或者过冷都不会发芽。比如牵牛花和金盏花等会在温暖的时候生长，而三色堇和雏菊喜欢在寒冷的时候生长。

绣球作为梅雨季节的代表性花，经常在6~7月开放。这些在雨中盛开的浅紫色和淡蓝色的花，非常漂亮。所以人们都会有一种绣球花喜欢雨水的印象。

绣球在秋天就开始为第二年的花期准备芽，并开始准备过冬。它们喜欢生长在光照不强的树荫下或者山里等地方。在夏季来临之前就会迎来花期。它们非常喜欢水分，一旦干燥便会打蔫。

对于喜水的绣球来说，降雨多的梅雨季节可以保证充足的水分，所以说梅雨季节正是可以让它们不断开出漂亮花朵的美好季节。

植物开花的另一个关键问题是植物一天能沐浴到的阳光时长。春天越来越暖和，日照时间也越来越长，而秋天渐渐变冷，日照时间也变短了。其次，林荫下和向阳处的光照时间也有所不同。植物可以敏锐地感受到温度和阳光的变化，从而来决定一年四季当中最适合自己开花的时期。相同种类的植物基本上会在同一时期开花，以便相互之间可以授粉（P13），繁衍后代。这样第二年就可以开出更多的花。

植物

鼻腔

第196页的答案

小知识 根据环境与气候的变化，开花时期有时候也会错开本应开花的季节。
小测验 绣球喜欢什么样的天气？　A 雨天　B 下雪天　C 晴天

答案在下页

197

13 真的没有叫"杂草"的植物吗?

有一个日本人,曾给1500多种植物起了名字。

读过的日子（　年　月　日）（　年　月　日）（　年　月　日）

传记

牧野富太郎（1862－1957年）

一个老奶奶领着一个小男孩去扫墓,他俩手里捧着漂亮的鲜花。老奶奶说:"你爸爸妈妈生前都很喜欢鲜花,他们一定很开心哦。"于是男孩子说:"嗯,那这些花就是写给爸爸妈妈的信呢。"

这个小男孩的名字叫作牧野富太郎,后来成为世界著名的植物学家。他幼年失去父母,是由奶奶抚养长大的。他出生在日本高知县佐川村,当时家里经营着村里最大的商店,所以生活上衣食无忧。但是他从小身体瘦弱,脸色发青。

10岁时,他开始进私塾学习。在放学的路上,牧野富太郎喜欢到后山去闲逛,看看山上的花花草草。他自小就喜欢花花草草,还会将花采集回家后画在本子上。牧野富太郎12岁时开始上小学,但是他觉得学习内容太简单、太无聊,唯独能让他提起兴趣的,是学校里用来装饰的植物画。而且他还从老师那里得知,在这个世界上还有些植物是没有名字的。牧野富太郎在小学二年级辍学后,一个人继续学习。他观察花草然后将其画出来,或者仔细阅读有关植物的书籍。"如果能发现一种大家都不知道的植物,我要给它起个名字",每当想到这里,他就会兴奋不已。

在他刚20岁时,牧野富太郎想继续学习植物学,所以他去了东京。虽然他只读到小学二年级,但是他自己收集、调查的植物知识非常出色。于是他在22岁那年被特许可以到东京大学的植物学教室学习。牧野富太郎又开始了他热爱的植物学的学习。当时在日本还没有研究植物的学者,也没有哪个日本人给植物起过"学名"。所谓的学名,指的是为动植物起的名字,这

第197页的答案　A 雨天

198

寿卫子细竹

大叶白纸扇

三叶杜鹃

假牛繁缕

上腊杜鹃草

个名字将作为世界通用的名字来使用。在那之前，即使在日本发现了新的植物，也要送到国外去起名。牧野富太郎心想：好吧，我自己发现新植物，我自己来起名字好了。

于是牧野富太郎就开始采集植物，并且做了细致的确认和分类。后来他发现了一种还没有学名的植物，于是就和另一个植物学家大久保三郎一起为其起了个学名，叫作"假牛繁缕"。这是日本人在日本给植物起的第一个学名。要想给新发现的植物起学名，不但要详细调查这种植物，还必须要用拉丁语将其写出来。牧野富太郎是日本人中第一个坚持这项工作的人，他的一生一共为1500多种植物命名。

年轻的牧野富太郎干劲儿十足，"下一步，我想出版一部植物图鉴"。虽然他已经不怎么能从高知县的老家那里获得资金，但还是坚持自己绘图、撰文，然后借来印刷机自己印刷，终于制成了《日本植物志图鉴》这本书。在后来持续3年的时间里，他发行了11册之多的图鉴。牧野富太郎一边在大学执教，一边潜心研究自己喜欢的植物学，一直坚持到94岁去世前，所以他被称为"日本的植物学之父"。牧野富太郎和学生一起到山野之中，一旦开启了"这种植物其实是……"这个话匣子，就刹不住车。大家就拿这事开玩笑，甚至还有一种植物（葡根早熟禾）的名字因此被命名为"伊吹其实*"。深深喜爱花草的牧野富太郎曾饱含深情地说："没有哪种植物的名字叫杂草，它们都有名字。它们的存在就是一种美丽，这与人类的价值观并无关系。"

*伊吹其实：意为一旦打开话匣子，说起来就没完没了了。

小知识 牧野富太郎曾用自己妻子的名字给植物命名，叫作"寿卫子细竹"。

小测验 作为日本人第一次为植物命名，牧野富太郎与大久保三郎起的学名叫作什么？

答案在下页

199

14 为什么会发生地震？

地震是因为地球内部的活动才频繁发生的。

读过的日子（　年　月　日）（　年　月　日）（　年　月　日）

地球・宇宙

众所周知，日本自古以来就是地震多发国，但是地震到底是怎么发生的呢？为什么会有地震多的地方和地震少的地方呢？

地震常常被认为是地面的摇晃，但是事实上是地面之下，地球内部的活动引起的地震。

地球的中心是由叫作"地幔"的岩石（P101）包裹而成的。地幔是经过了数万年甚至数亿年的漫长时间慢慢地移动着的。

地幔的外侧是"地壳"。地幔的上面和地壳的中间，坚硬板状的岩石汇集在一起的部分叫作"板块"。板块大约分为6大板块，覆盖在地球表面，厚度有10～100千米左右。

我们生活的陆地和周围的海洋就在这个板块的上方。因此，一旦地幔发生移动，在地幔上方的板块也会随之移动。特别是板块与板块交界的地方，会移动得更加强烈。如果两个板块发生碰撞的话，有一边就会进入另一边的板块之下。

海洋下面的某个板块和陆地下面的某个板块如果发生碰撞，海洋板块就会移动到陆地板块的下方。陆地板块在被海洋板块吞噬时会发生轻微倾斜，长年累月下来，当倾斜的角度达到极限时，陆地板块会试图返回原状，这时就会发生地震。

如果这种反弹发生在海底的话，海水就会有很大的动静，从而产生波浪，这就是海啸。起初只是小波浪，但随着摇晃的波浪不断传递，在到达海岸时，就会形成10米以上的大浪。

这样一来，在板块相互碰撞的地方就会频繁发生地震。日本列岛因为是4个板块的交界处，所以是世界上特别容易发生地震的国家。仅是身体能感受到的地震，一年当中也要发生2000余次。

地震开始的时候，地面摇晃的强弱用"震度（烈度）"这个单位表现。震度为1度时，屋子里只有小部分的人能感受到晃动。震度为3度时，屋子里的人基本都能感受到晃动。进一步说，震度达到6度或7度时，人完全无法站立，甚至连建筑物也会倒塌。

虽然对"震级"这个单位也有耳闻，但是这是指地震本身的强弱的，不会根据发生地震的地点而改变。

近20年的时间里，在日本发生的大震灾有：2011年的东日本大震灾和2004年的新潟县中越地震、1995年的阪神淡路大震灾等。这些震灾由于地点不同，还引发了海啸、山崩、火灾等各种各样的灾害。

因为日本多发地震，所以在房子的建筑方法上需要采用抗震技术使建筑物更牢固，即使产生晃动也不会轻易倒塌，这种

第199页的答案　假牛繁缕

施工方式叫作"抗震"施工。

还有一点，在建筑物和地面之间可以设置减轻摇晃的装置，这样可以减少由地震带来的摇晃，这种方法叫作"免震"。很多大楼和高级公寓都开始采用免震技术。

在地震来临之前就知道发生的时间和场所，这叫作"地震预报"。虽然人们至今都在不断地研究，但是也无法完全准确地预知地震。即使发生地震，我们也需要沉着冷静地对待它，为此，我们平时可以在这方面多注意一下。

地震发生方式示例

陆地板块　海洋板块

海洋板块向陆地板块下方缓缓地移动

陆地板块被动向下方卷曲

摇摇晃晃　摇摇晃晃　咚！

陆地板块要恢复原状而反弹，便发生地震

小知识 在日本，震度分为0～4、5弱、5强、6弱、6强、7，一共10个等级。

小测验 表示地震本身强弱的单位是哪个？　A 震级　B 震度

答案在下页

201

15 燕子为什么在人的家里筑巢？

因为能保护雏鸟，躲避天敌。

读过的日子（　　年　月　日）（　　年　月　日）（　　年　月　日）

鸟类

一到春天，就能经常在街上看见燕子。它们轻快地掠过空中的身影，非常漂亮。燕子会在屋檐下和车站的屋顶等地筑巢，孕育雏鸟。为什么特意在人附近筑巢呢？

第一个理由就是保护雏鸟，躲避天敌。人们生活的地方比起大自然，蛇、乌鸦和雕等动物不是很多，燕子可以安心地孕育雏鸟。燕子把泥、枯草和唾液混合在一起，做成碗状的鸟巢。这种制作方法和制作日本传统的土墙很相似，非常结实。它们每年都会修补鸟巢，继续使用同一个鸟巢。但是，无论鸟巢有多结实，如果任凭风雨拍打，鸟巢也会破损。为了雏鸟，找一个能防雨的地方非常重要。在这一点上，人类居住的建筑物就刚好合适。

燕子自古以来就因寓意吉祥而被人们所熟知。全国各地都有各种各样的传说，"燕子居宅，吉祥之兆""燕子居宅，没有火灾"等。因此，如果有燕子在自己家里筑巢的话，人们会非常高兴。为了能让它们更容易筑巢，人们会安装平板来支撑鸟巢。如果燕子窝掉下来，人们也会用纸箱或者木板再送回高处。燕子在野鸟当中也是很弱小的鸟类，所以要借助人力生存。

燕子不离人类近一点的话就不能生存下去，这么说虽然有些奇怪，但是如果在街上看到燕子，我们还是要爱护的。

第201页的答案　A　震级

小知识 燕子一般飞行时速是50千米左右，最高时速是200千米。
小测验 燕子的天敌是哪个？　A 人类　B 蛇　C 蜻蜓　答案在下页

202

大猩猩真的性情温和吗？

它们咚咚地捶胸的原因是……

16

读过的日子（　　年　　月　　日）（　　年　　月　　日）（　　年　　月　　日）

大家见过大猩猩吗？其实，大猩猩是和人、黑猩猩等同属于"人科"的动物。

19世纪中期，第一次遇到活着的大猩猩的探险家对人们说，雄性大猩猩非常残暴，是好战的动物。因此，在很长一段时间内，大猩猩都被认为是一种可怕的动物。但是，通过学者们的研究，人们发现这是一个很大的误解。实际上，大猩猩并不好战，是有着温和性格的动物。人们觉得大猩猩残暴的原因是大猩猩会"捶胸"。捶胸就是用两只手敲打自己的胸，发出像敲鼓一样的很大的声音。

当大猩猩发现有敌人靠近或者很兴奋时，就会站起来捶胸。最初看到这种情形的人们觉得，这是大猩猩要进攻的信号。但实际上，只要对方没有靠近，没有构成威胁的话，大猩猩是不会攻击的。它们只是在警告对方"不要靠近我"，以此来避免无用的争斗。此外，大猩猩以雄性为中心过着群居生活，群体里会有很多小猩猩。通过咚咚地捶胸可以使敌人难以靠近，这也是为了保护家族，远离危险。大猩猩的胸部肌肉下面，有储存空气的气囊，用手垂直地捶打这个气囊，就会发出很大的声音。据说这个声音能响彻两千米以内的地方。

由于以前有人说大猩猩残暴，再加上它庞大的身躯，很多人都认为大猩猩是食肉动物。其实大猩猩是吃各种果实的，基本上是食草动物，也不会主动去袭击别的动物。

动物

第202页的答案：B 蛇

小知识 雄性大猩猩长大后，后背周围会变成白色，这被称为"银背"。
小测验 大猩猩敲打胸脯时会发出很大的声音，这个动作叫作什么？

答案在下页

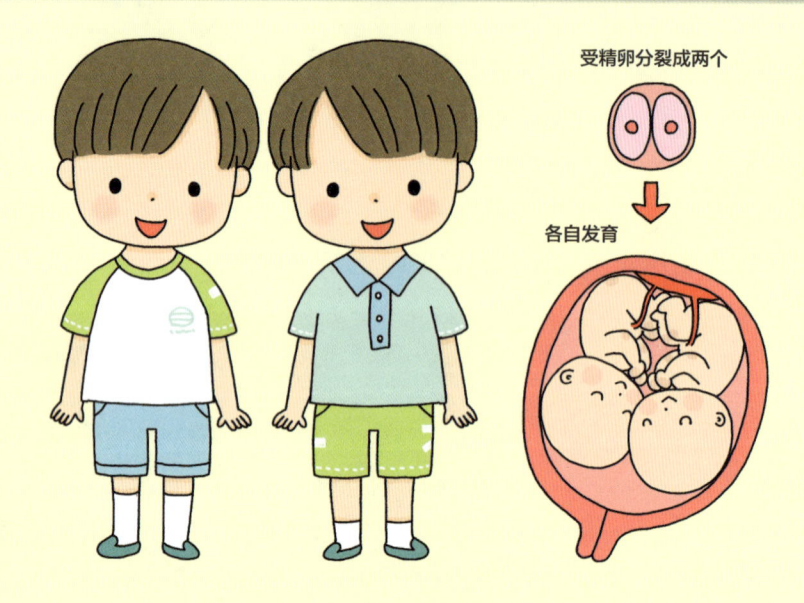

17 为什么双胞胎长得那么像？

双胞胎相似的秘密竟隐藏在遗传基因里！

读过的日子（　　年　　月　　日）（　　年　　月　　日）（　　年　　月　　日）

身体

受精卵分裂成两个

各自发育

我们体内的细胞里有遗传基因，这遗传基因类似于创造我们的身体和特质的设计图（P30）。我们出生的时候会分别从父母那里获得各自一半的遗传基因。因为这一半基因是从父母身上随机选出来的，所以可能的组合数量是无限的，于是即使是同一父母生出来的孩子，相貌和身体的构造也会不一样，因此兄弟姐妹会各不相同。不过，因为双胞胎是携带相同遗传基因出生的，所以相貌、身体、声音等会很像。那么，为什么双胞胎会携带相同的遗传基因呢？

婴儿的生命是由父亲体内的精子和母亲体内的卵子结合诞生的，这叫作"受精"。原本精子和卵子相结合后只会生成一个受精卵，但在母亲体内发育的过程中产生卵裂，便形成了两个受精卵。产生卵裂的受精卵分别发育成胎儿，于是便会生出双胞胎。双胞胎原本是由同一个受精卵发育的，所以携带的遗传因素也是相同的。但是也有两个人明明是双胞胎却完全不像的情况。因为虽然是一起出生的，但它们在母体内发育的受精卵并不是同一个，而是两个不同的受精卵。所以，有同一个受精卵发生卵裂形成两个受精卵发育成双胞胎的情况，也有两个受精卵各自发育成胎儿的情况。

由一个受精卵发育出来的双胞胎叫作"同卵双生儿"，由两个受精卵发育出来的双胞胎叫作"异卵双生儿"。"异卵"有发育成龙凤胎的可能，但是"同卵"只会发育成两个男孩或者两个女孩。

第203页的答案　捶胸

小知识 双胞胎中先出生的是哥哥或者姐姐，后出生的是弟弟或者妹妹。
小测验 同卵双生儿是携带相同的遗传基因出生的。　A 正确　B 错误

答案在下页

204

为什么水冷却后会变成冰？

水是由名为水分子的小颗粒组成的。

读过的日子（　　年　　月　　日）（　　年　　月　　日）（　　年　　月　　日）

18

生活

　　水总是潺潺地流着，看起来好像并没有什么形状。但是如果将水放入冰箱冷却，就会变成坚硬的冰。这是怎么回事呢？

　　水是由"水分子"这种小颗粒组成的。水分子非常小，在显微镜下也不能看到。

　　水在可变状态（液体）时，分子可以自由地在各处来回移动。但是当温度变低时，分子的运动就会渐渐变得迟缓起来。当温度降至0℃以下，分子相互挨着不再移动时，水就变成冰了。因为分子停止运动，所以水就变成了形状不会改变的状态（固体）。当水加热至100℃时，分子会一个个飞出来，变成没有形状，肉眼看不到的水蒸气的状态（气体）。

　　这种变化现象不只是水特有的。我们周围的一些东西也会随着温度的不同，其性质也会发生改变。

　　可是，在盛满水的杯子里放入冰的话，我们会发现冰会浮在水的上面。原本是同样的两个东西，为什么变成冰的水就会更轻？大家不会觉得很奇怪吗？

　　平常，构成固体的分子会很整齐地排列着，但是变成冰时的水分子，为了留出空隙形成了特别的排列方法。分子和分子之间由于要有空隙，所以体积变大了。

　　满满一容器的水结成冰后，冰会超出容器的边缘。这是水分子之间有了空隙体积变大的缘故。但是因为只是增加了空隙，所以原本冰的重量就和最初放入水的重量是一样的。也就是说同样体积的水和冰相比，冰的重量更轻，所以冰可以浮在水上。

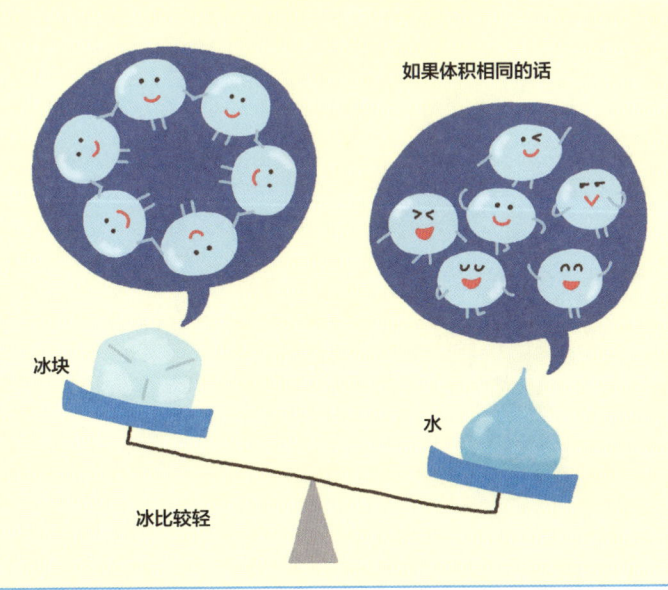

如果体积相同的话

冰块　　　　　　　　　水

冰比较轻

第204页的答案　A 正确

小知识 水以外的许多物体，固态时比液态时重。
小测验 水在几摄氏度以下会变成冰？

答案在下页

205

19 印刷术是什么时候发明的？

由于印刷术的发明，才使得图书变得大众化。

读过的日子（　年　月　日）（　年　月　日）（　年　月　日）

发明・发现

平时我们所见到的教科书、漫画书、传单等都是印刷出来的。印刷是将文字、图画、照片等印在大量的纸或者布上的一种技术。

在印刷术还没有发明之前，书都是用手一本一本抄写下来的，因此书在当时十分贵重，只有身份尊贵的人才可以拥有。为此人们想出了木版印刷。木版印刷的印刷方式是先在木板上雕刻文字，制成可以印刷的母版，接着在表面上涂上墨，再在上面放纸进行按压便可得到印刷版。这样一来，就可以轻松地印出内容相同的书。

这种印刷方式是7世纪时在中国发展起来的。虽然木版印刷十分方便，但是因为木板还是太软，表面很容易破裂，所以印刷张数是有限的。另外，刻错文字的话，整版都必须要从头开始重刻。到了11世纪，中国的毕昇发明了用黏土烧制的活字。活字是一个个单独雕刻成的文字，组合在一起诞生了活字印刷。活字因为可以变换着摆放，所以可以重复使用。之后在15世纪中期，德国的古登堡又发明了和现在相近的新的印刷方法。

谷登堡既不用木制也不用陶制，而是使用金属制成的活字来进行印刷。使用从榨葡萄汁的机器中得到的灵感制成印刷机进行印刷，得到了干净而且可以大批量生产的印刷方法。

这种印刷技术，转眼间就在欧洲广泛传播开来。由于古登堡的发明，贵重的图书成了每个人都能拥有的东西，进而能帮助人们掌握各种各样的知识。

第205页的答案：30

小知识 世界现存最早的印刷品是唐朝时期创作的《金刚经》。
小测验 古登堡的印刷技术没有在欧洲广泛传播。　A 正确　B 错误

答案在下页

206

植物的藤蔓为什么能盘旋生长？

20

这是为了生存。

读过的日子（　　年　　月　　日）（　　年　　月　　日）（　　年　　月　　日）

"攀藤植物"只能缠绕在其他植物或者杆等东西上生长。要说最常见的攀藤植物就是牵牛花了。我想大家应该都见过牵牛花缠绕在什么东西上的样子吧。除此之外还有西瓜、丝瓜和依附在墙壁等地方生长的爬山虎，都是攀藤植物。

光合作用是植物生长的基础条件（P88）。因此，攀藤植物们为了能够充分地沐浴阳光而不断向上攀爬。植物向上生长不可缺少的是支撑着身体的茎，但是攀藤植物并没有那么结实的茎。为了弥补这一弱点，攀藤植物会缠绕在其他植物或者杆上生长。不依靠自己的身体而是依附别的东西，这样即使没有结实的茎也能向上生长。而且就算刮大风，缠绕在支持物上的攀藤植物也不用担心被风吹倒。

藤蔓缠绕的方式会根据种类的不同而不同，而遗传因素则决定着缠绕的方式。要是看见攀藤植物缠绕在某种支持物上的话，大家可以观察一下它们是如何缠绕的。

植物

第206页的答案　B 错误

小知识 爬山虎长有吸盘，所以它们能依附在墙上生长。
小测验 攀藤植物长着可以支撑身体的结实的茎。　A 正确　B 错误

答案在下页

207

21 熊真的喜欢蜂蜜吗?

这是两头淘气的小熊的故事。

读过的日子（　　年　　月　　日）（　　年　　月　　日）（　　年　　月　　日）

西顿动物记

来自故事《塔拉克山的熊王》

（这是西顿写的有关熊的故事。）

在美国塔拉克山，猎人兰·凯尔延抓了两头灰熊宝宝并养了起来。它们的名字分别叫吉尔和杰克。吉尔总是很怕人，杰克喜欢撒娇，总是跟在猎人兰的身后。兰为了不让自己养的杰克和野生熊混在一起分不清，就在杰克的耳朵上戴了一个环。如果被其他的猎人当作野生熊的话，也许会挨枪子儿，那可就麻烦了。可杰克好像特别讨厌这个耳环，发了很多次火。最终兰也没办法，只好摘了下来。"喂！杰克！你看有蜂蜜！"兰发现了蜂巢后朝着杰克大喊。于是杰克就开心地跑了过来，用它的鼻子嗅了嗅。因为杰克最喜欢的就是蜂蜜了。杰克知道蜜蜂有尖锐的刺，所以它小心翼翼地接近蜂巢。当来到蜂巢的入口处时，它会快速舞动自己的前脚，瞄准一个角度，啪啪啪！把来来往往的蜜蜂都打

第207页的答案　B　错误

落下来。当它把蜂巢外面的蜜蜂都打落以后，就会在地上刨坑并晃动蜂巢。这样蜂巢里面的蜜蜂就都会飞出来，一直到最后一只蜜蜂杰克都不会放过。当打败了所有的蜜蜂以后，杰克会美美地舔起它最喜欢的蜂蜜，舔啊舔，一直舔干净。有一次杰克发现倒挂在树枝上的蜂巢，可是好不容易拿到的蜂巢里却没有蜂蜜。没办法，它只好拿蜜蜂的宝宝来充饥。

有一天，猎人兰结束了一天的工作后回到家，发现家里乱成一团，食物也散落了一地，吉尔和杰克正在上面打滚。兰很生气，"看看你们都干了什么！"这些食物因为杰克和吉尔的恶作剧都被浪费了。"我受够了！"在气头上的兰决定要将这两头熊宝宝卖掉。可是这两头熊宝宝不在了以后，他又觉得很寂寞。兰后悔不已，心想：我太傻

了，杰克，你快回来吧！

兰虽然很后悔，但是什么也没有做。

几年后，兰去追捕传说中的"塔拉克山熊王"。这头熊王非常强壮，经常袭击村里的牛羊。猎人兰决定要用陷阱抓住熊王。熊也分吃草根、草莓的素食主义者和喜欢荤腥的肉食主义者，但是熊王却似乎喜欢蜂蜜。蜂蜜陷阱非常好用，兰成功地抓获了熊王，把它送到了动物园里。当兰去看熊王时，他突然发现熊王的耳朵上有个洞。"啊？莫非这是？"那是以前兰给杰克准备戴耳环时打的耳洞。"竟然会这样！杰克！我要是知道是你的话，我不会这么做的！"兰哭着向杰克道歉。可是栏笼中的杰克已经不记得兰了。杰克的目光跳过兰，注视着远方。也许它是在寻找自己生活过的塔拉克山吧。

小知识 在俄语中，熊的意思是"爱吃蜂蜜的动物"。
小测验 杰克喜欢的食物是什么？　A 草莓　B 鲑鱼　C 蜂蜜

209

22 为什么一到梅雨季节就总下雨？

降雨趋势由南向北不断移动。

读过的日子（　年　月　日）（　年　月　日）（　年　月　日）

天气·气象

春夏之交时，会有一段时期阴雨连绵，这叫作"梅雨"。这个时期，在日本的上空有一种叫作"梅雨锋"的锋线在一直移动。

所谓的"锋"，指的是暖气流与冷气流交锋后在地面形成的锋面。在锋面前线，暖气流遇冷后降温形成云，云形成降雨。

冬季时，在日本上空笼罩的是冷气流，当夏季来临时，会从南方刮来温暖气流，这样暖气流就会与冷气流相撞。这两种气流强度不相上下，无论哪一方都不会轻易撤退，所以梅雨季节将会持续一个月甚至一个半月的时间。

日本的梅雨将会从冲绳县开始，逐渐北上。从南方刮来的暖气流势力不断增强，所以梅雨锋便会不断向北移动。梅雨季节开始的时候叫作"入梅"，梅雨季节结束的时候叫作"出梅"。新闻或者天气预报会对日本全国各地入梅和出梅的日期等进行预报，但是北海道没有梅雨季节，所以北海道地区并不播报这些内容。梅雨锋的势力自南向北越来越衰弱，等临近北海道时，几乎已经消失了。梅雨季节的降雨量占日本全年的25%～30%。如果在这个时期没有充足的降雨，那随后而来的夏季则会出现雨水不足的现象，这将会对生活和农作物的生长产生巨大的影响。

虽然阴雨连绵的天气的确让人不开心，但是梅雨季节的降雨对我们来说也是宝贵的资源。梅雨季节降雨量低的时候叫作"空梅"。

冷空气　暖空气

第209页的答案　C 蜂蜜

小知识 梅雨是在中国、韩国、日本等东亚地区出现的气候现象。
小测验 北海道有梅雨。　A 正确　B 错误

答案在下页

210

为什么会打嗝？

过一会儿自然就会停下来……

23

读过的日子（　年　月　日）（　年　月　日）（　年　月　日）

身体

如果身体内的横膈膜发生痉挛，就会打嗝。

横膈膜位于胸腔与腹腔的中间，是一层圆拱形的膜状肌肉。横膈膜在我们呼吸时，发挥着非常重要的作用。

吸气时，横膈膜下降，使吸入的空气充满肺部。相反，呼气时，横膈膜上升，肺部会收缩排出气体。如此反复完成呼吸动作。

可是，如果是突然吃了热的东西或者凉的东西，或者嗓子被食物堵住等情况时，空气的呼入方式与平时就会不一样。这时横膈膜就会痉挛。

如果在痉挛时吸气，就会发出"嗝"的声音。话说回来，大家有没有人在打嗝时，突然被"啊！"的一声吓到过？这是一种常用的制止打嗝的方法。

在受到惊吓的瞬间，呼吸停止了，横膈膜受到的刺激就会减轻，在这种状态下，好像就会停止打嗝。

除此之外，可以慢慢地深呼吸，或者吸气后屏住呼吸去喝水，这也是非常有效的制止打嗝的方法。要想制止打嗝，主要就是要让发生痉挛的横膈膜恢复正常。总之，在呼吸的节奏基础上恢复过来就好了。

不过打嗝对身体并没什么害处，没必要非得制止打嗝，即使不刻意去制止，过一会儿自然就会停下来。

吸气时
肺　气管
横膈膜　下降

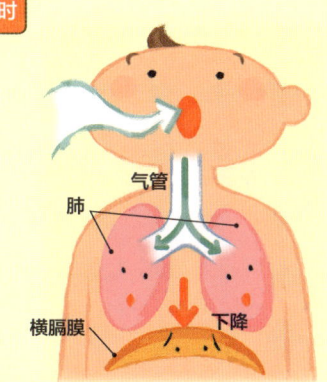

呼气时
上升

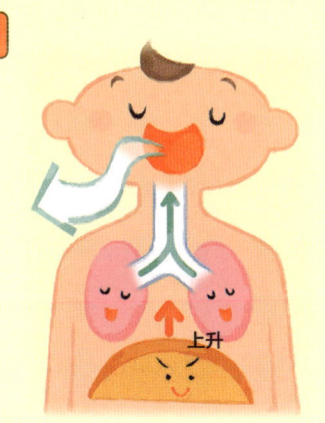

打嗝时
嗝 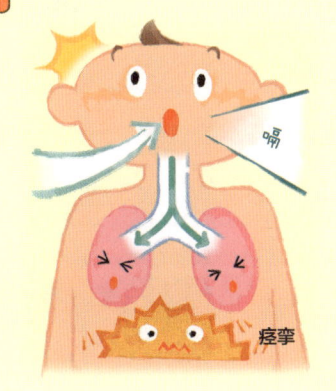
痉挛

第210页的答案　B 错误

小知识　打嗝的叫法根据地区的不同，还有"打嘎""呃逆"等说法。
小测验　打嗝是由于横膈膜的痉挛引起的现象。　A 正确　B 错误

答案在下页

211

24 大海和天空为什么是蓝色的?

大海和天空呈现蓝色与阳光有关……

读过的日子（　年　月　日）（　年　月　日）（　年　月　日）

地球・宇宙

天空和大海的蓝色十分美丽，但不管我们把海水放入水桶，还是把空气装入塑料袋时，蓝色都消失得无影无踪了。这到底是怎么一回事呢？

大海、天空呈现蓝色是和阳光有着密切关系的。

阳光看起来好像只有白色，并没有其他的颜色，但其实阳光是由红、橙、黄、绿、蓝、靛、紫这7色混合而成的。在这7种颜色中各有特点，蓝光容易被散射，而红光和黄光被散射则比较难。了解每种光的散射能力是解开大海和蓝天为什么看起来是蓝色的这个谜题的关键，所以要牢记于心。

首先先来解释一下大海为什么看起来是蓝色的。红光和黄光容易被水吸收，因

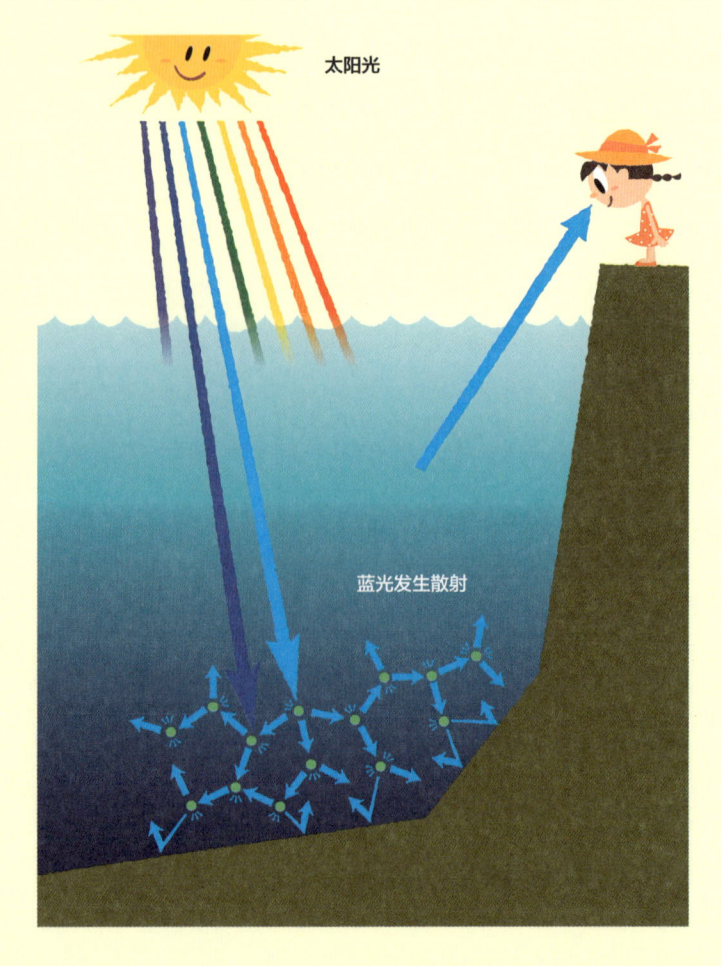

太阳光

蓝光发生散射

第211页的答案　A 正确

212

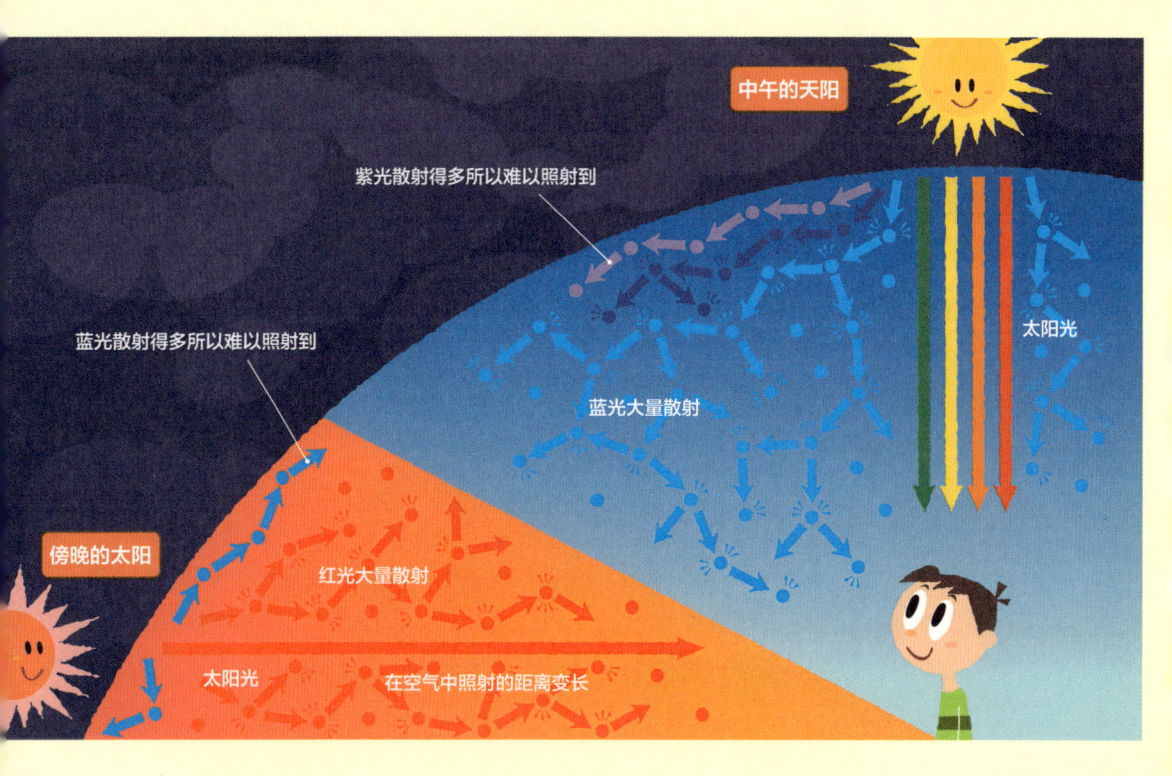

此，当阳光射入水中时，蓝光以外的光就会消失，而没有被吸收留下来的蓝光就会这样一直射向海底。之后接触到海底或者浮游生物再进行反射。反射的光进入人眼时，我们就看到了蓝色的海。

那么，天空又为什么是蓝色的？

大气中飘浮着许多浮尘和分子等我们肉眼看不到的颗粒。当太阳光穿过大气射到地面时，被散射的红光和黄光可以不触碰这些颗粒，直直地照射到地面。这是阳光直接进到我们肉眼的原因，因此可以看到黄色或白色的阳光。而蓝光和靛色光很容易触碰这些粒子，触碰到粒子的蓝光和靛色光会发生散射现象。被散射了的蓝、靛色光布满天空，就使天空呈现出一片蔚蓝了。但是最容易被散射的紫色，因为在天空的最上层，散射的光细且零散，所以在地上的我们看不到紫光。

但是天空不可能总是蓝色的。到晴天的傍晚时，天空中会染上美丽的红色。傍晚的太阳和白天的太阳不同，其处在较低的位置上，因此，和白天相比，傍晚时阳光穿越大气层的路程会变长。于是，光碰到颗粒的次数也会变多。蓝光碰撞颗粒的次数增多，散射太多次，所以肉眼就看不到了，而白天大部分直直地穿过大气层的红光，在长距离中也碰撞颗粒发生了散射，所以肉眼可以看到红光。

如果大气中的水滴和尘埃特别多，无论是蓝光还是红光都会碰撞粒子进行散射，这时各种颜色混合起来，天空看起来就会呈现白色。云彩看起来是白色的，可能也是这个原因（P230）。相反的，当大气中的水滴和尘埃特别少时，只有蓝光布满天空，这时的天空看起来就会分外蓝了。

小知识 人们用"茜红"来形容晚霞的颜色。
小测验 大海之所以是蓝色的，是因为蓝天的映射。　A 正确　B 错误

25 怎样消除难闻的气味？

有一种方法，可以吸附气味的分子，让气味消除。

读过的日子（　　年　　月　　日）（　　年　　月　　日）（　　年　　月　　日）

工具·物品

我们生活的地方弥漫着各种气味，门厅、厨房、厕所等，产生气味的地方是数不清的。如果是好闻的气味还好，但是如果是难闻的味道，我们恨不得立刻将其消除。气味本身是微小分子形状的，因为这种分子飘浮在空气中，所以当它们进入我们的鼻子时，我们就会感觉到"难闻"或"好闻"。

消除难闻气味的一种方法就是借助"炭"的力量。炭的中间空着很多小孔，所以只要气味的分子一进入小孔当中，就出不来了。也就是说，炭可以锁住气味的分子。炭的小孔不仅能吸附气味的分子，也可以捕捉到水中的脏东西。如果把炭放入水中，水会变得清澈。虽然炭具有如此强大的能力，但也不能永远消除气味。当小孔中填满分子后，就不能再发挥作用了。

炭借助小孔吸附气味分子来消除气味。除此之外，还有一个方法就是消除气味本身，这需要使用除味剂。除味剂的原理是把气味原本的成分分解，组合成其他的没有气味的物质。因为可以消除气味本身，所以可以说是相当好的方法。但是这种方法也有弱点，那就是一种除味剂不能消除多种气味。但是，如果根据气味的种类来选择除味剂的话，也是行之有效的方法。

鞋

炭

香烟

宠物的尿

第213页的答案　B 错误

小知识 咖啡豆也和炭一样，具有锁住气味分子的能力。
小测验 炭可以永远地消除气味。　A 正确　B 错误

答案在下页

214

恐龙为什么会消失？

一般认为是由于巨大的陨石坠落。

读过的日子（　　年　　月　　日）（　　年　　月　　日）（　　年　　月　　日）

26

古生物

恐龙在距今约2.5亿年前的地球上生活过，后来演化成很多种类。但是，在大约6.6千万年前，恐龙突然消失了。这时除了恐龙还有很多其他的生物都灭绝了。到底发生了什么，让它们都灭绝了呢？

有关恐龙灭绝的原因有很多说法，其中较为公认的是由于巨大的陨石坠落而导致的。陨石坠落到地球上后，灰尘和水蒸气会形成厚厚的云层笼罩在上空，太阳光线被遮挡，地球上的温度急剧下降。而且巨大冲击还会引起地震、海啸和森林火灾等灾害。恐龙无法忍受如此巨大的环境变化，所以灭绝了。现在在墨西哥的尤卡坦半岛仍可以看到当时坠落的陨石痕迹。巨大的陨石坑直径约180千米。

关于恐龙灭绝的原因，还有其他的解释，例如火山喷发、疾病等，不过真正原因到现在仍旧不太清楚。现在还有很多人为了弄清真相而进行持续不断地研究。恐龙大约在6.6千万年前灭绝后，就再也没有出现过。不过据说目前仍旧生存的鸟类是由恐龙进化而来的。1995年，在中国发现带有羽毛的恐龙化石，这与现在的鸟类很相似。此外，在已发现的恐龙化石中，还有一些是窝里的恐龙蛋和小恐龙。据此考虑，恐龙有可能是在窝里养育子女，这一点与鸟类也比较相似。

恐龙并非完全灭绝，它们与现存的鸟类有一定的关系。如果这么想的话，好像恐龙距离我们的生活也不是那么遥远。

第214页的答案　B　错误

小知识　有的恐龙全身只有70厘米，体重还不到1千克，可以放到双手之上。
小测验　据说恐龙灭绝的原因是什么与地球发生了碰撞？

答案在下页

215

27 为什么会有各种各样的生物？

达尔文在加拉帕戈斯群岛得出了一个结论。

读过的日子（　年　月　日）（　年　月　日）（　年　月　日）

传记

查尔斯·罗伯特·达尔文（1809－1882年）

查尔斯·罗伯特·达尔文于1809年出生于英国。他小时候因为不喜欢学习，经常挨父亲的骂，但是他的好奇心却比谁都强，他会经常收集一些贝壳和昆虫等来观察。

长大以后，达尔文还是沉迷于生物、岩石以及化石等的研究。

有一天，达尔文收到了一份令人意外的邀请，"想不想去环游世界？"他曾经就读的剑桥大学的老师向贝格尔号考察船推荐了达尔文。这是一个可以观察全世界各种生物的绝好机会。"当然，肯定要去啊！"达尔文立即答应了。

1831年，达尔文满怀欣喜地登上了贝格尔号，历经5年的时间去过了世界上的很多地方。每当到达一个新的地方，达尔文都会积极地上岸去采集标本或者挖掘化石。

在大约第4年时，贝格尔号来到了加拉帕戈斯群岛。这是一个位于太平洋的群岛，每个岛屿都不大。虽然它们相隔的距离并不太远，但是每个岛屿上的气候和温度都不一样，上面生长的植物也不尽相同。有一天达尔文抓了几只乌龟，结果岛上的人说："这只乌龟是那个岛上的，那只乌龟是另外一个岛上的。"达尔文听到后很吃惊，说："你们知道哪只乌龟是哪个岛上的？"岛上的人说是的，因为每个岛上的乌龟都有它们自己的特征，这样就可以区分这些乌龟了。达尔文想："为什么同是乌龟却又如此不同呢？"

达尔文通过这一发现得出了一个结

巨大陨石

第213页的答案

216

植物丰富的岛屿　　　　　　　　　植物稀少的干燥岛屿

可以吃到低处植物的短脖加拉帕戈斯象龟　　　可以吃到高处植物的长脖加拉帕戈斯象龟

论，即"生物为了适应它们生活的环境，会不断进化"。周围的环境并不都是一样的，如果发生了火山喷发，瞬间就会发生变化。达尔文认为"不能顺应周围环境变化的生物会死去，而能够适应新环境并不断进化的生物才能继续生存下来。"

可是在当时的社会，人们都相信世间万物都是由神创造的，万物从一开始就是这个样子。达尔文在环球旅行之前也是这么认为的，但是现在他相信自己的新观点是正确的。他认为"生物是不断进化的"。

为了验证这一观点，他又进行了更深入的研究。历经了20多年，1859年，达尔文出版了《物种起源》这本书。

《物种起源》遭到了人们的各种批判，因为他动摇了人们一直相信的东西。人们都为此感到震惊，甚至有人说达尔文是英国最危险的人，但是达尔文坚决不放弃自己的研究。

现在已经有很多人接受了达尔文的观点，认为这是进化生物学的基础。达尔文通过自己坚持不懈的观察和思考改变了这个世界。

小知识 达尔文的祖父伊拉斯谟斯也曾研究过生物进化。
小测验 达尔文周游世界乘坐的科学考察船叫作什么名字？

28 为什么打雷时会发出很大的声音，还伴有闪电？

云层中的电荷会瞬间被释放出来。

读过的日子（　　年　　月　　日）（　　年　　月　　日）（　　年　　月　　日）

天气·气象

大家见过积雨云吗？

积雨云是在夏季出现的厚厚的云层，它的形状就像冰激淋。云层不断变大就会产生"打雷"现象，形成雷雨云。

在云层上空，因为气温很低，可以冷却空气中的水蒸气，所以云层中富含水和冰的颗粒。

冰的颗粒受到来自四面八方移动气流的推动而相互撞击，产生静电（P56）。静电伴随云层的增长不断积蓄并会达到一定的极限。

一般来说，空气并不导电，但是云层中的静电已经达到极限无法再继续存留时，只能释放到空气中，而这就是雷电。

详细解释的话，云层中形成的静电会赋予小的冰颗粒以正电荷，大的冰颗粒以负电荷。

携带负电荷的大块冰颗粒由于重力关系会聚集在云层下方。受到这种负电荷的作用，在云层的上方以及地表会聚集正电荷。

当云层下方的负电荷与云层上方及地面上的正电荷像磁铁一样相互吸引时，就会产生雷电。

在云中聚集的电荷会瞬间被释放出来。之所以会有闪电，那是因为雷电通过的路径周围的空气产生了高温现象，其温度可高达几万摄氏度。因为雷电会自动选择容易通过的地方，所以它们通过的路径是弯弯曲曲的。

在打雷时会发出巨大声响，这是因为受热的空气瞬间膨胀，周围的空气产生了剧烈的震动。

可我们发现，打雷时总是先看到"咔嚓"一道闪电，然后才会听到轰鸣的雷声。这种时间上的差异是因为光和声音的传播速度不同。

光的传播速度是每秒30万千米（相当于绕地球7周半），而声音的传播速度只有每秒340米左右，所以才会先看到闪电，再听到声音。

如果我们测出闪电和雷声之间的时间差，将秒数乘以340，就大概可以算出我们所在的位置和打雷的地方的距离。

可是如果打雷的地方距离我们非常近，我们该怎么办呢？

较好的办法就是躲进建筑物里或者车内。因为雷电可以在物体表面传导，所以如果躲进建筑物和车里的话，雷电就会在外侧传导，最后消失在地面上，这样就可以确保安全。

如果在户外时遇到打雷天气，要尽量

第217页的答案　贝格尔号

218

云层中的电荷分为
正电荷和负电荷

冰颗粒之间相互
撞击产生静电

小的冰颗粒

冰颗粒

大的冰颗粒

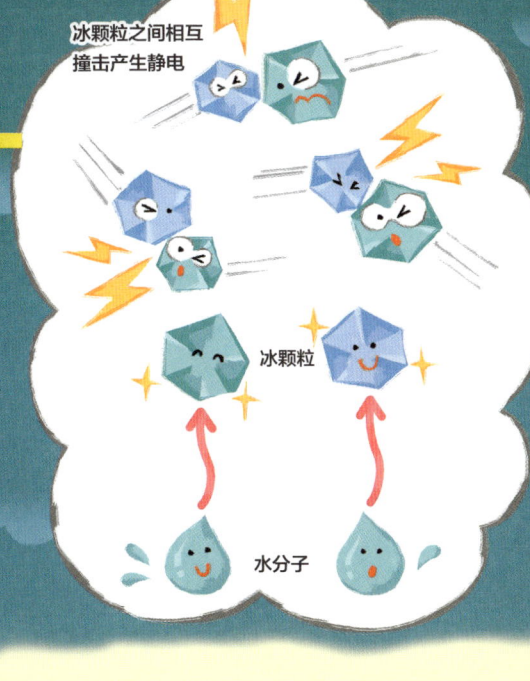

水分子

正负电荷瞬间释放

轰隆隆……

噼里啪啦

降低身体高度。在日本以前有种说法叫"雷公偷肚脐"，如果像保护肚脐一样猫着腰，身体的高度自然也就降低了，这样可以防止被雷电击到。

雷电容易落到高处，所以在大树下避雨是相当危险的。此外，在空旷的地方打伞也很容易导致落雷，所以要务必小心。

小知识 日本人认为雷电是神仙发出的声响，所以其日语写作"神鸣"。

小测验 在云中冰颗粒相互撞击会聚集什么？ A 水 B 雪 C 静电

答案在下页

219

29 虫子在下雨天时躲在哪里？

它们自有一套防雨的办法。

读过的日子（　年　月　日）（　年　月　日）（　年　月　日）

虫类

在阳光明媚的日子来到户外，我们会在各种场所见到虫子，可下雨的日子却没怎么看见过。那么下雨天时，虫子在哪里呢？

我们人类在下雨时可以打伞或者去什么地方躲雨，虫子也是如此。它们会躲在叶子的背面或者地下来躲雨。

昆虫的身体表面覆盖着一层"表皮"，这是一层非常结实的膜。表皮可以防止水分进入身体，即使稍微淋点雨也无大碍。

蝴蝶和蛾的翅膀上有一种"鳞粉"，这其实也是由表皮形成的。鳞粉密密麻麻地分布在翅膀上，有防水作用，所以蝴蝶和蛾在雨后可以马上飞起来。

虽然昆虫都有各自的防雨方法，但是偶尔也会看见在小水湾里溺水窒息而死的虫子。

昆虫不是靠嘴而是靠身体侧面叫作"气门"的小孔来呼吸的，当身体溺水时，气门关闭导致它们无法呼吸，所以就会死去。因此，昆虫也需要躲雨。

可是大家见过蚂蚁的窝吗？

它们的窝在地下就像一个迷宫，如果雨水灌入窝里的话，蚂蚁们会溺水吗？

不，不会的。在蚁穴中有大量的空气，由于空气的作用，雨水几乎是灌不进去的。即使雨水进到蚁穴里，也只会渗入到堆在蚁穴入口周围的土壤中去，蚁穴里面也不会发大水。

看来，下雨天蚂蚁们是可以安心度过的。

第219页的答案　C 静电

小知识 鳞粉是带颜色的，如果去掉鳞粉，蝴蝶的翅膀是透明的。
小测验 昆虫的身体覆盖着一层叫作什么的膜？

答案在第230页

220

太阳到底是什么样的？

太阳由气体形成，能发光发热。像太阳这样能够自己发光发热的天体叫作"恒星"。因为地球距离太阳很远，所以太阳看起来不大，但其实太阳的直径大约是地球的109倍。那么就让我们来了解一下太阳的构造吧！

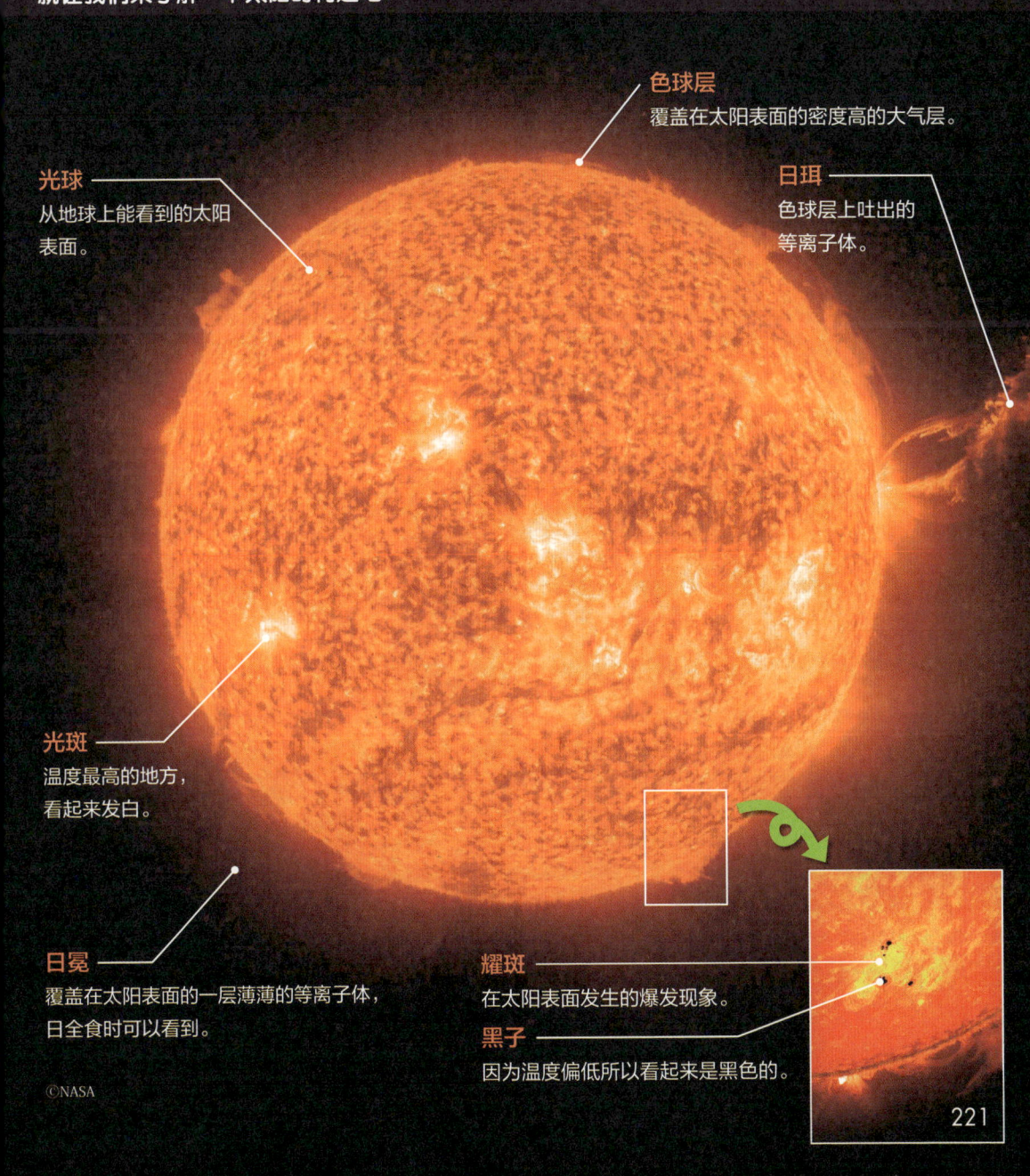

色球层
覆盖在太阳表面的密度高的大气层。

光球
从地球上能看到的太阳表面。

日珥
色球层上吐出的等离子体。

光斑
温度最高的地方，看起来发白。

日冕
覆盖在太阳表面的一层薄薄的等离子体，日全食时可以看到。

耀斑
在太阳表面发生的爆发现象。

黑子
因为温度偏低所以看起来是黑色的。

©NASA

让故事更有趣些吧

"太阳系" 到底是什么样的?

受太阳引力的影响，除了地球还有其他星球也在围绕太阳旋转。这些星球和星际介质的集合叫作"太阳系"。太阳系有大大小小很多星球，我们来看看与地球一样的"行星"吧！

木星
从太阳开始数第五个行星。它是太阳系中最大的行星。木星是气态行星，有厚厚的大气层。自转速度很快，木星上的一天大约只有10个小时。
- 直径：大约是地球的11倍
- 重量：大约是地球的318倍
- 一年：大约等于地球上12年的时间

金星
距离太阳第二近的行星。日落后或日出前可以看到金星在低空闪着明亮的光。因为离太阳太近，所以深夜看不到金星。
- 直径：与地球几乎一样
- 重量：大约是地球的4/5
- 一年：约225天

太阳
是太阳系的中心

水星
在太阳系中距离太阳最近的行星，也是最小的行星。没有大气层，表面像月球一样有很多环形山（圆形凹陷）。
- 直径：大约是地球的2/5
- 重量：大约是地球的1/17
- 一年：约88天

地球
距离太阳第三近的行星。大气中含有氧气，在太阳系中只有地球有很多水覆盖着表面。在地球以外的星球尚未发现生物。
- 直径：12756千米
- 重量：大约是60亿吨的1万亿倍
- 一年：约365天

火星
从太阳开始数第四个行星。因为火星的土壤和沙尘里含有大量氧化铁，所以火星表面看起来是铁锈的红色。火星上有太阳系最大的火山。
- 直径：大约是地球的1/2
- 重量：大约是地球的1/10
- 一年：687天

距太阳的距离及公转周期

行星在太阳周围旋转的轨迹是固定的。距离太阳越远，围绕太阳一周所花费的时间就越长。地球围绕太阳一周大约需要365天的时间，我们将这段时间称作一个恒星年。距离太阳越远的行星，公转周期越长。

海王星

在太阳系中距离太阳最远的行星。海王星也是冰行星，气温非常低。
- 直径：大约是地球的4倍
- 重量：大约是地球的17倍
- 一年：大约等于地球上165年

天王星

从太阳数第七个行星，天王星是冰行星，自转轴垂直于轨道面。
- 直径：大约是地球的4倍
- 重量：大约是地球的15倍
- 一年：大约等于地球上84年

土星

从太阳开始数第六个行星。土星也是气态行星，而且有太阳系最壮观的"光环"。这个光环主要由水冰组成，围绕土星旋转。
- 直径：大约是地球的10倍
- 重量：大约是地球的95倍
- 一年：大约等于地球上30年

©NASA

让故事更有趣些吧

地球在转动！

围绕太阳的转动叫作"公转"，地球自己的转动叫作"自转"。地球在自转的同时也在公转。由于自转和公转，地球上出现了白天和黑夜，还出现了一年四季。

地球自转

地球以连接北极点和南极点的"自转轴（地轴）"为中心，大约每24小时就会旋转一圈，这叫作"自转"。地球上被太阳光照射的一面是白天，没有照射到的一面是黑夜。

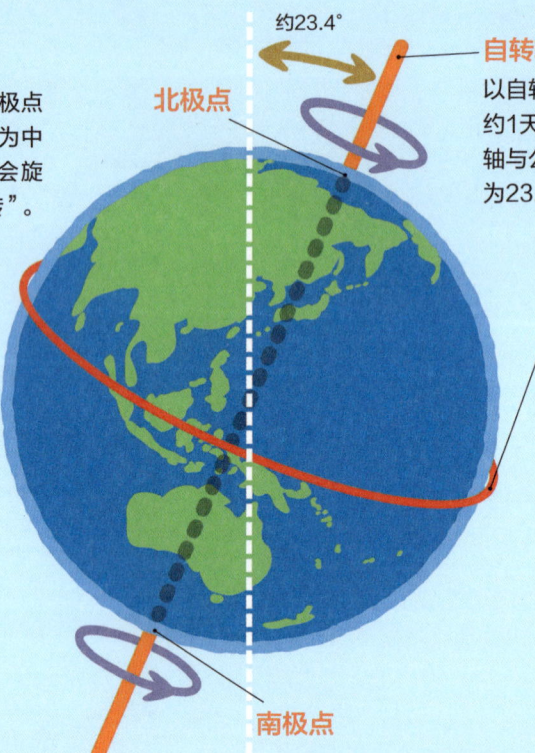

约23.4°

北极点

南极点

自转轴（地轴）
以自转轴为中心，地球大约1天可以转一圈。自转轴与公转面之间的夹角约为23.4°。

赤道
是与自转轴垂直的平面，穿过地球中心和地球表面的交界线。

夏（夏至）
夏至是北半球一年中白昼时间最长的一天。在我国大约是6月22日左右。

为什么夏季的光线那么强？

根据季节不同，阳光照射的角度也会发生变化。

夏天中午太阳高度角高，所以光线是从正上方直射下来的。因为光线几乎没有发生扩散现象，所以光线很强。

冬天太阳高度角低，阳光斜着照射在地面，光线较为分散，所以比夏季要减弱一些。

夏　　　　冬

224

地球公转

地球在自转的同时还会围绕太阳旋转，旋转一周的时间大约是365天，这叫作"公转"。自转轴和公转面并非垂直关系，所以太阳照射在地球上的时间会根据季节的不同而发生变化。我国的春夏秋冬之所以四季分明，也是这个原因。

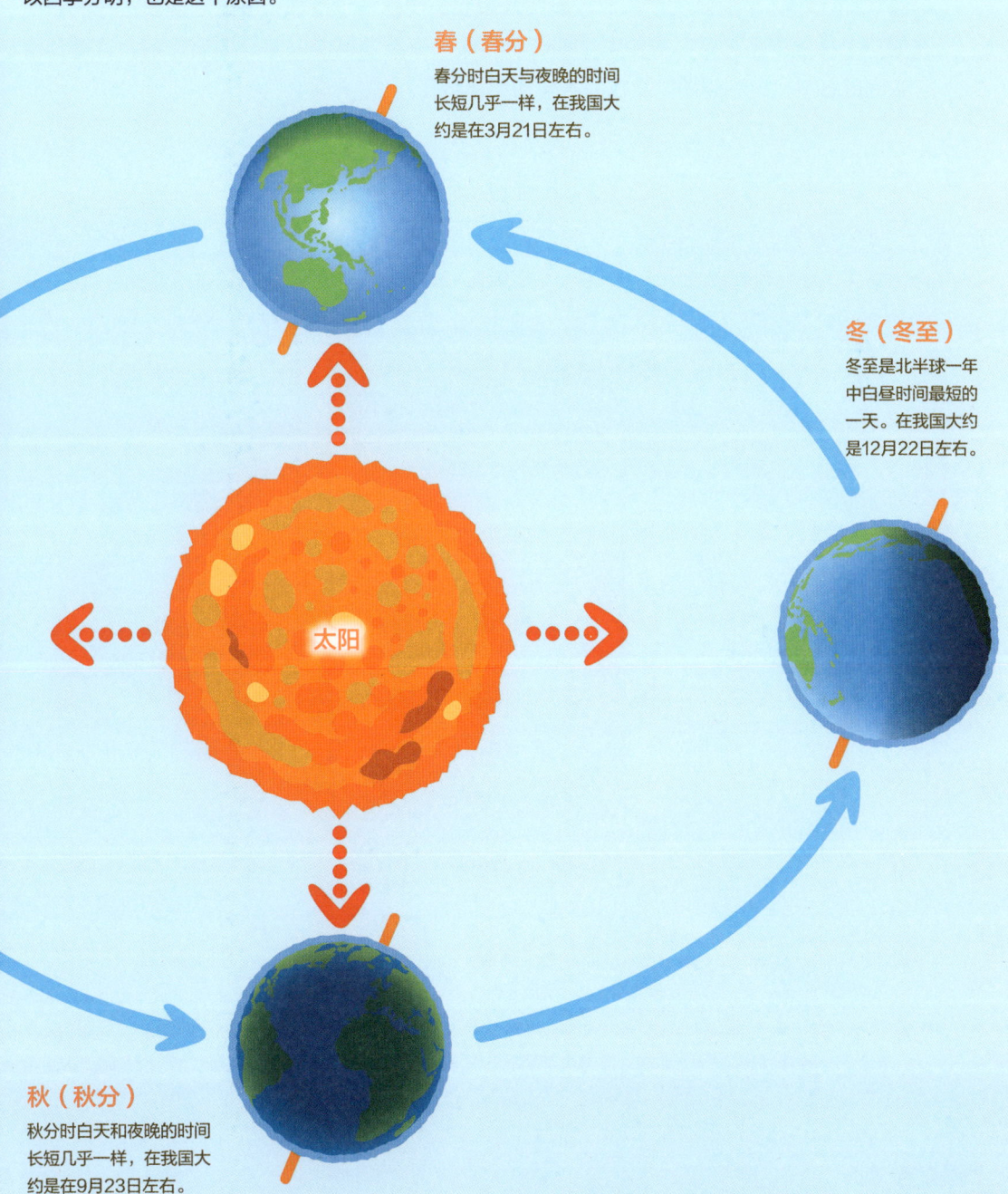

春（春分）
春分时白天与夜晚的时间长短几乎一样，在我国大约是在3月21日左右。

冬（冬至）
冬至是北半球一年中白昼时间最短的一天。在我国大约是12月22日左右。

太阳

秋（秋分）
秋分时白天和夜晚的时间长短几乎一样，在我国大约是在9月23日左右。

让我们来了解一下生物的进化吧！

地球大约在46亿年前诞生，从地球诞生开始到出现第一个生命，度过了漫长的时间。现在地球上栖息着各种各样的生物。那么就让我们来看看其中一部分的历史吧。这里介绍了生物的名字、诞生时期以及它们各自的身体特征。

蓝藻
（约27亿年前）

细菌类。它是最开始进行光合作用，在地球上制造氧气的生物。现在仍有存活。▶P138

皮卡虫
（约5亿年前）

像鼻涕虫一样的海洋生物。据说是最先有脊椎的动物。

（照片来源：日本群马县立自然史博物馆）

三叶虫
（约5亿年前）

生活在海里的节肢动物，脚部分为很多节，像螃蟹和虾一样，有坚硬的外壳。

（照片来源：日本群马县立自然史博物馆）

约38亿年前
诞生了最初的生命

约5.42亿年前
生物种类增加
（寒武纪生命大爆发

※ 插图和照片均是以化石为基础的想象图和复原模型。

腔棘鱼
（约4亿年前）

肌肉发达，具有强而有力的鱼鳍。鱼鳍后期进化成脚，成为四肢动物。▶P284

巨脉蜻蜓
（约3亿年前）

它是一种巨型昆虫，张开的翅膀宽度可达60厘米。虽然很像蜻蜓，但其实并不是蜻蜓类的动物。▶P108

始祖鸟
（约1.5亿年前）

披羽的恐龙。体型大小像鸡，身体很重，所以推测始祖鸟并不能飞行。▶P359

鱼甲龙
（约3.6亿年前）

有4只脚，是最早从海里过渡到陆地生活的两栖类动物。在水中生活的时间比在陆地的时间要长。

（照片来源：日本爱媛县综合科学博物馆）

始盗龙
（约2.5亿年前）

据说是最原始的恐龙，有锋利的牙齿和尖锐的爪，以捕捉蜥蜴和哺乳类动物为食。

（模型制作：荒木一成
照片来源：日本福井县立恐龙博物馆）

暴龙
（约7千万年前）

大型食肉恐龙，体长约12米，下巴很大，牙齿尖锐，咬合力极强。

（照片来源：日本Ibaraki Nature Museum）

约2.5亿年前
恐龙时代开始

慈母龙
（约7000万年前）

食草恐龙，因为发现了它们的窝以及恐龙蛋的化石，所以可以推测出它们养育子女。▶P176

乍得沙赫人
（约600万年前）

最早用两脚走路的人类。手臂很长，外形像黑猩猩。

剑齿虎
（约300万年前）

身长约2米的猫科动物，据推测剑齿虎会袭击猛犸，有又大又长的犬齿（獠牙）。

（照片来源：日本GujolabCo., Ltd.）

始祖马
（约5000万年前）

它是马的祖先，哺乳类。恐龙灭绝后，鸟类和哺乳类动物开始繁殖。

猛犸
（约400万年前）

与大象相似，有巨大的门齿。据推测，最古老的猛犸诞生在北非。▶P252

智人
（约20万年前）

目前的人类。约从4万年前开始分居于世界各地。▶P399

（收藏地：日本马博物馆）

约6600万年前
哺乳类动物开始繁殖

约600万年前
人类祖先诞生

约20万年前
出现现代人（智人）

7月的故事

文／森村宗冬

01 白云和乌云哪里不同？

云本来的颜色就有白色和黑色之分吗？

读过的日子（　年　月　日）（　年　月　日）（　年　月　日）

天气·气象

天空中飘浮的云大部分是白云，但是有时也会出现乌云。既然都是云，那为什么颜色会有所不同？难道是因为乌云里混入了灰尘或垃圾吗？

云是由水汽凝结成的飘浮在空中的可见聚合物。陆地和大海中的水分，在阳光的照射下，大量蒸发变成水蒸气升向高空。由于高空温度较低，水蒸气遇冷凝结成水滴或者冰晶。许多的水滴和冰晶聚集在一起就形成了云。

大家都知道水滴和冰晶是无色透明的，那聚集在一起形成的云也应该是无色透明的，而天空中却出现了白云和乌云，这是怎么一回事呢？

云的颜色不同是由于阳光可以向各个方向进行反射。外观是白色的云，其中的水滴和冰晶比较小，太阳光可以很容易地穿过。在遇到水滴和冰晶时，阳光被反射到各个方向，于是云被照得很明亮，看起来是白色的。

但是，水蒸气的量增多的话，云中的水滴和冰晶会相互推搡，难以聚集在一起，所以云越变越大。这样阳光难以穿过，阳光被反射的量也会变少，因此，云出现了阴影，看起来是黑色的。因为乌云中有着满满的水气，所以有时会突降暴雨。天空中有许多黑色的积雨云也是这个原因。

云的颜色的差异除了与水滴、冰晶的大小有关系，还与观看角度有关。同一片云，从远处斜看的话是白色的，但是仰视时会出现阴影，所以云看起来就是黑色的。另外，如果俯视的话，因为没有阴影，所以看到的云都是白色的。乘坐飞机时，如果有俯视云的机会，那就好好地观察一下吧。

水滴和冰晶的不同之处

白色　太阳光可以通过
黑色　太阳光不容易通过

视角不同

从远处看　白
仰视　黑
俯视

表皮　第220页的答案

小知识　如果我们乘坐的飞机在云层上飞行的话，就不会遇到降雨。
小测验　随着形成云的水滴和冰晶颜色的变化，云的颜色也发生着变化。　A 正确　B 错误　答案在下页

230

为什么牵牛花在清晨开花？

牵牛花是如何感知到清晨的呢？

02

读过的日子（　年　月　日）（　年　月　日）（　年　月　日）

牵牛花的盛放总会让人感觉到夏天的气息。有些牵牛花会从7月初开放到秋末。在8~9世纪时，牵牛花作为一种中草药从中国传入日本，一直深受日本人民的喜爱。

在日语中，牵牛花的说法为"朝颜"。这是因为牵牛花是在清晨开放，在午后凋谢。虽说它们在清晨开花，但并不是在太阳刚刚升起的时候，而是在天还未亮的凌晨3点~4点就绽放花蕾。这么早开花是为了把昆虫都吸引来。

牵牛花在开花时，雄蕊的柱头触碰雌蕊的柱头，在开花时会自动完成授粉。授粉就是雄蕊的花粉沾到雌蕊的柱头上结出种子的过程（P166）。为了防止授粉失败，牵牛花要用香甜的花蜜吸引昆虫来帮助自己完成授粉活动。可是这种方法看起来简单，其实比想象的要难得多。因为昆虫的数量有限，而要进行授粉的花朵又太多。因此从远古时期起，植物们就开始想尽办法吸引昆虫来帮助自己授粉。

牵牛花为了吸引更多的昆虫，选择了其他种类花朵开放较少的清晨开放。牵牛花在天还没亮时就会开放，这是长久以来为了生存而保留的智慧。那么牵牛花是怎么感知到开放时是清晨的呢？其实，牵牛花并不知道清晨的具体时间，只是能感知黑暗罢了。在太阳落山之后持续8~9个小时的黑暗后，牵牛花就会开放。所以，如果一直处于明亮的状态，牵牛花是不会开花的。

牵牛花这么早开花，是为了完成第二天的授粉活动。它真的是一位怀揣绝佳生存技能的高手啊！

植物

早上，太阳升起前绽放

夜幕降临后连续8~9个小时保持花苞的状态

第230页的答案：B 错误

小知识 到了秋天，太阳的落山时间变早，因此牵牛花开花的时间也会提前。
小测验 牵牛花不通过昆虫搬运花粉不能完成授粉活动。　A 正确　B 错误

答案在下页

03 用眼睛能识别出有毒的生物吗？

生物如果有毒的话，会主动警示。

读过的日子（　年　月　日）（　年　月　日）（　年　月　日）

动物

在大自然中，有的生物会带有毒性。植物有毒是因为它们要保护自己，防止被动物吃掉。同理，有的菌类和蘑菇等也具有毒性。也有很多动物具有毒性，比如鱼类、两栖类、爬虫类等。动物之所以具有毒性，是因为它们不但需要保护自己，还要利用自己的毒性来捕食。例如，鸭嘴兽是一种神奇的动物，虽然它们是哺乳动物，可是它们会产卵。它们后脚的趾甲里藏有毒素，而且只有雄性鸭嘴兽才有毒。这是与其他雄性鸭嘴兽和敌人战斗时使用的武器。

在动物界中，一些有毒的动物外观颜色非常鲜艳，一看便知它们有毒。其实外观颜色鲜艳的动物是在主动警告别人"我有毒，别靠近我"，所以这种颜色叫作"警示色"。最典型的就是"箭毒蛙"。它们生活在中南美洲的热带地区，大小约是3～6厘米。它们的外形很漂亮，在草木茂盛的热带丛林中非常显眼，被誉为"会动的宝石"。箭毒蛙皮肤的颜色有蓝色、黄色、红色等很多颜色，能从皮肤分泌出剧毒。如果人接触到它们的皮肤，就会麻痹神经，哪怕只是几毫克的毒素也能置人于死地。不过这种毒素对于在丛林中生活的人们来说，却是难得的宝物。因为人们可以将这种毒液涂在箭头上，用来狩猎。这也正是"箭毒蛙"名字的由来。

除了箭毒蛙，还有水母、蛇、蝾螈、蜘蛛和昆虫等颜色鲜艳的动物。虽然这些动物外表颜色鲜艳，但是大多数都有毒，所以大家一定注意不要用手去触摸它们。

箭毒蛙

僧帽水母

鸭嘴兽

第231页的答案　B 错误

小知识 还有很多动物具有毒性，例如蜂、毛毛虫、贝类、章鱼、螃蟹等。
小测验 生活在丛林里的人们，使用哪种青蛙的毒涂在箭头上？

答案在下页

为什么用放大镜看的东西更大？

04

放大镜使用的是怎样的透镜呢？

读过的日子（　年　月　日）（　年　月　日）（　年　月　日）

工具·物品

我们可以透过玻璃看到东西，看到的东西不会变大。但是，通过放大镜看的话，看到的东西比实际的要大。既然放大镜的透镜也是用玻璃做成的，那么为什么看到的却不同呢？

原来，人能看到东西是因为有光。光照射在眼前的东西上再进行反射，反射光进入眼睛，这样人就能看到东西了。一般来说，光具有直线传播的性质。但是，通过放大镜的话，光传播的方式就会稍微有些变化。

放大镜的透镜叫作"凸透镜"，和普通玻璃的制作方法稍微有些不一样。如果从侧面看的话，正中间的部分稍微有些厚，像铜锣烧的形状。

在空气中直线传播的光线，通过凸透镜后，本该直线传播的光会稍微向内侧倾斜。光照射在性质不一样的东西上，传播方向也会发生改变，这种现象叫作"光的折射"。

我们可以尝试用放大镜看一下青蛙。照射在青蛙身上的光会进行反射，并以直线的形式射向凸透镜，当光通过凸透镜时，会进行折射，向内侧倾斜，再进入人的眼睛。

我们的大脑，通过以往的经验判断"光是沿直线传播的"，也会默认折射后进入眼睛的光也是直线传播的，并以此来判断东西的距离和大小。也就是说，我们会

真正的青蛙

用放大镜看到的青蛙

有种错觉，觉得在光直线传播过来的方向有只青蛙，大脑判断比它实际的位置更远的地方才是它真实的大小。然后，脑海中会进行大小的匹配，这样通过凸透镜看到的青蛙，就比实际的要大。

那么，能够用放大镜看远处的东西吗？用放大镜看手里拿着的东西，然后一点点将拿着东西的手移远，在移动到某点时就能看到上下颠倒的东西。这也是由于光的折射而产生的现象。

如果用放大镜去看太阳等物体的光，强光会聚集在眼睛上，非常危险。不只是太阳，所有能发出强光的东西，都绝对不能用放大镜去看。

第232页的答案：箭毒蛙

小知识 还有其他利用光的折射原理制造的透镜，例如鱼眼透镜等。
小测验 放大镜的正中间比较厚的透镜叫作什么？

答案在下页

233

05 太阳有不落山的时候吗?

在地球上,有一整天都有太阳的地方。

读过的日子（　　年　　月　　日）（　　年　　月　　日）（　　年　　月　　日）

地球·宇宙

欧洲和加拿大的北部以及北极地区的一部分,一到夏天就会出现"白夜"现象。到了半夜太阳也不下山,天空就那么一直亮着,迎接黎明。为什么会出现这种现象呢?秘密就在于地球是倾斜着的。

地球一直在转动,这种转动被称为"自转"(P224)。地球转动时和地球仪一样,中间的轴是固定的。现实中的地球虽然没有中间的那个轴,但是我们可以假设有个看不见的中心轴,这个轴叫作"地轴"。地轴从地球的正中间穿过,连接地球的北极点（地轴的北端）和南极点（地轴的南端）,稍微有点倾斜,白夜就是因为地轴倾斜引起的。地球大约24个小时自转一圈。在转动的这个时间范围内,太阳光照到的地方和照不到的地方交替变化,产生白昼与黑夜。太阳光能照到的地方是白昼,照不到的地方是黑夜。

进一步说,地球要用一年的时间绕太阳一圈,这被称为"公转"。公转和自转结合起来,一年365天,在时间和季节变化的同时,太阳光照射的地点也会发生变化。因为地轴的倾斜,夏季,北极的某些区域会一直被阳光照射,也就是处于没有黑夜、一直能看见太阳的状态,这就是"极昼"现象。在北极点,极昼大概会持续半年左右的时间。发生白夜现象时,太阳会进行不可思议的运动,不再是东升西落,而是一直在地平线上保持着大约一致的高度运动。另外,在北极发生白夜时,对面的南极则处于"极夜"的状态,即太阳完全不出来,一整天都是黑暗的状态。

北半球的夏季
- 地轴
- 北极
- 一整天都可以看见太阳
- 一整天都看不到太阳
- 南极

第233页的答案：凸透镜

小知识 白夜时,因为太阳光太强,所以基本看不见星星(P71)。
小测验 太阳一整天都不出现的现象叫作什么?

答案在下页

234

海马是鱼吗？

和它的外表一样，海马的特征也很有趣。

读过的日子（　年　月　日）（　年　月　日）（　年　月　日）

06

在海洋生物中，海马因为拥有有趣的外形而广受欢迎，其在日语中的说法为"龙的私生子"。"龙"非常大，外形像蛇，是能在天空翱翔的想象中的动物。"私生子"是指继承了龙的血统、遗落在人间的孩子。在英语中海马被称为"Seahorse"，"Sea"的意思是海，"Horse"的意思是马。

当然，海马既不是龙的孩子也不是海里的马，而是属于海龙科的鱼。以前的日本人看过它的外形后不认为海马是鱼，而是觉得它"好像龙的孩子"，才给海马起了一个"龙的私生子"这样的名字。而对于使用英语的人来说，因为它的外观"与马相似"，所以才起了"Seahorse"这个名字。

海马生活在热带和温带的温热海水中。它们栖息在珊瑚聚集在一起形成的珊瑚礁（P81）或海草茂盛的地方。海马种类繁多，大小从1.4厘米到30厘米不等。海马是肉食性动物，所以会将比自己小的鱼或虾及其他鱼类的鱼卵吸入像管道一样细长的口中。

一般的鱼类都是靠鱼尾左右摆动来游动的，但是海马却是头朝上尾巴朝下，像是站立的姿态，利用胸鳍和背鳍忽闪忽闪地扇动着游动的。

此外，雄性海马还有一个明显的特征，那就是会在腹部的育儿袋中养育下一代。繁殖期将近时，雄性海马腹部就会膨胀起来，长出一个叫作"育儿袋"的袋状物，

雌性海马会在这里放入几十甚至几百枚卵。卵会在袋中孵化，并最终离开雄性海马的育儿袋。

另外，它们还有一个技能就是可以乔装成海里的其他东西，来蒙蔽敌人的眼睛。它们用尾巴钩住海草和珊瑚时，身体就会变成相同的颜色，混淆在一起。

海马不仅仅拥有少见的体型，和其他鱼类相比还有很多的不同之处。

水生动物

胸鳍

背鳍

海马

第234页的答案：极夜

小知识 海马没有牙齿和胃。
小测验 小海马是在雌性的体内孵化的。　A 正确　B 错误

答案在下页

235

07 银河到底是什么？

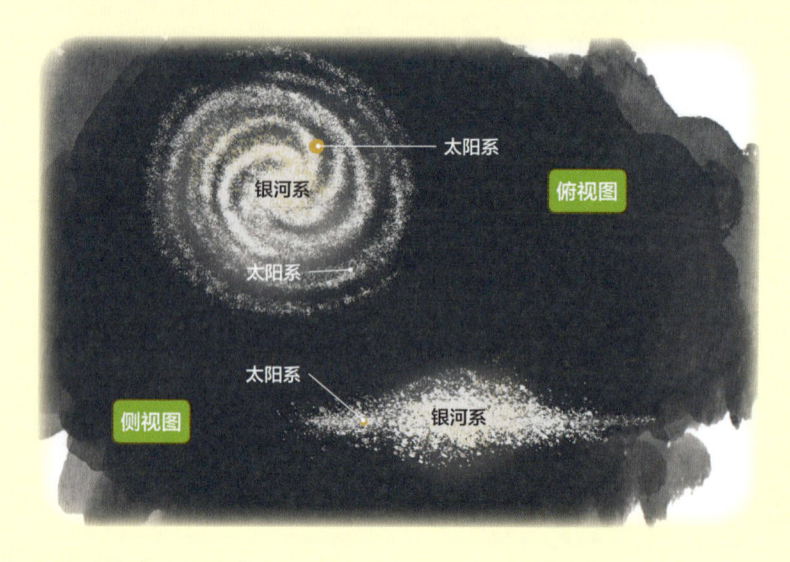

在夜空中飘浮的美景是由什么构成的？

读过的日子（　年　月　日）（　年　月　日）（　年　月　日）

地球·宇宙

俯视图：太阳系、银河系
侧视图：太阳系、银河系

银河仿佛是夏季悬挂在夜空中流淌着星星的河流。实际上我们每天都能看到银河，只是在农历七月初的"七夕夜"抬头仰望天空的人比较多。这可能是因为那天是牛郎和织女见面的日子吧。

很久以前，在银河西畔住着一位勤劳的仙女，她的名字叫"织女"。织女每天都会用织布机织布。孤儿牛郎依靠哥嫂过活。嫂子为人刻薄，他被迫分家出来，靠一头老牛自耕自食。在有灵性的老牛的帮助下，牛郎与织女相遇并结婚了。然而天帝大发雷霆，将他们二人分隔在银河两岸，并且一年只允许他们在农历七月初七那天的夜晚见面。

织女变成了天琴座的织女星，牛郎变成了天鹰座的牛郎星，它们都是著名的夏季星座。以地球为首，水星、金星、土星等八大行星（P222）在不停地围绕太阳旋转。这个星系被称为"太阳系"。在宇宙中像这种以恒星为中心，其他行星围绕恒星旋转的星系有很多，这些星系汇合在一起，称为"星系"。包含太阳系的星系又叫"银河系"或者"天河"，里面汇集了大约2000亿颗恒星。从上空来看，银河系的形状像一个漩涡；从侧面看，银河系就像一个浅盘子。

因为地球总是在移动，所以根据季节不同，能看到银河系的方式也会发生变化。在夏季，可以从侧面观看银河系的中心，所以我们看到的星空就像流淌的河流，延绵弯曲伸向远方，而这正是我们看到的银河。银河全年都可以看到，但是冬季略显模糊。那是因为冬季地球移动到了不利于观察银河系中心的位置。

第235页的答案：B 错误

小知识 人们在17世纪初期才知道银河是由很多星星构成的。
小测验 银河只在农历七月初七才能看到。　A 正确　B 错误

答案在下页

236

08 为什么大部分草和叶子是绿色的？

其实这与植物的营养摄取方式有关。

读过的日子（　　年　　月　　日）（　　年　　月　　日）（　　年　　月　　日）

在日本，樱花纷飞，万物复苏的5月被称为"新绿的季节"。漫山遍野的草木都会发出新芽，一片绿色的世界。花朵有各种颜色，可叶子为什么只有绿色的呢？

和我们人类一样，植物也需要摄取营养。当然，它们并不是需要吃什么东西，而是通过"光合作用"来制造养分（P88）。它们通过根系将水分吸收上来，再通过"导管"将水分输送到茎叶，还会通过叶子背面的"气孔"来吸收二氧化碳，太阳光等可以通过叶子表面来吸收。当这些条件都具备时，它们就可以开始进行光合作用了。植物以水和二氧化碳为原料，将阳光转换为能量，制造出"淀粉"之类的营养成分。这些营养成分与水分一起，通过"筛管"输送到植物全身。营养所到之处都会不断生长。

光合作用主要在叶子里的"叶绿体"中进行。正如名字一样，叶子之所以是绿色的，其秘密就隐藏在这叶绿体中。在叶子的横切面上用显微镜可以看到叶绿体位于细胞中。叶绿体中含有能够吸收阳光的"叶绿素"，叶绿素是绿色的，所以叶片整体也呈绿色。叶绿体排列在叶子中，能够充分吸收阳光。秋天，完成光合作用的叶绿素会发生变化，原本是绿色的叶子会变成红色或者黄色，于是就出现了能长成"红叶"的植物（P330）。

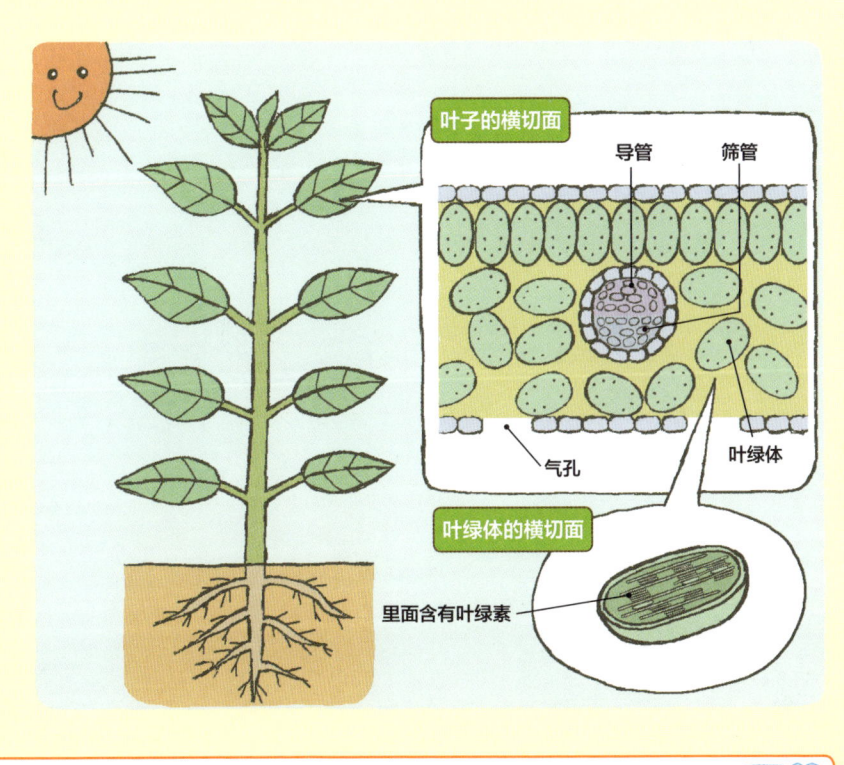

植物

叶子的横切面　导管　筛管　气孔　叶绿体

叶绿体的横切面　里面含有叶绿素

B 错误　第236页的答案

小知识 红色的海藻中的叶绿素能进行光合作用，其红色的色素属于花青素，不能进行光合作用。
小测验 叶绿体中能够吸收阳光的是什么物质？

答案在下页

237

09 为什么被蚊子叮了会感觉痒？

因为我们很难察觉到被蚊子叮。

读过的日子（　年　月　日）（　年　月　日）（　年　月　日）

身体

一到夏天，就不知道从哪儿冒出来许多蚊子来吸我们的血。不知不觉中，身上有很多地方被蚊子叮，会感觉特别痒。可是为什么被蚊子叮了就会痒呢？

蚊子将口针插入人体或者动物身体上来吸血，但是它们并不是插入后就立即开始吸血，而是会先释放出自己的唾液。释放唾液是为了防止别人发现它插入口针吸血，能起到麻醉的作用。此外还可以防止蚊子吸入体内的人血凝固。

当蚊子吸完血飞走之后，我们的皮肤就开始隐隐发痒，其实这是蚊子的唾液引起的过敏反应（P419）。当异物进入血管中，为了将异物排挤出去，很多血液会汇集到一处，于是就会出现鼓包和发痒的现象。

但是为什么蚊子会吸人和动物的血呢？其实，蚊子一般靠吸食草木的汁液或者花蜜来生活。但是到了产卵的季节，为了产卵它们需要一种叫作"蛋白质"的营养成分，而草木的汁液和花蜜中并没有这种成分，因此才会吸食人类和动物的血来获取蛋白质。也就是说，吸血的只有产卵的雌性蚊子，而雄性蚊子并不会吸血。雌性蚊子一次会吸5~7毫克的血，每吸一次需要2~3天的时间来消化，最后会在肚子里孕育出100~400颗卵。一切准备就绪后，它们会到水边产卵，2~3天后会孵化出一种叫作"孑孓（jié jué）"的蚊子幼虫。孑孓变成虫蛹之后就会成长为我们所熟知的蚊子。

到了夏季，蚊子会被人类温暖的身体、呼出的二氧化碳、汗液的味道以及黑色衣服等所吸引。被蚊子叮咬以后，不仅会痒，还会传播疾病。特别在国外，有的蚊子会携带可怕的病毒，所以尽可能使用防虫喷剂等方式避免被蚊子叮咬。

第237页的答案：叶绿素

小知识 蚊子在25℃~30℃的气温中较为活跃。
小测验 什么会吸食人类的血？　A 雌性蚊子　B 雄性蚊子　C 孑孓

答案在下页

为什么纳豆会黏糊糊的?

你看见过其他能拉丝的食物吗?

读过的日子（　　年　月　日）（　　年　月　日）（　　年　月　日）

10

食物

纳豆菌

纳豆的原材料是大豆。大豆被称为"地里长出来的肉"，含有丰富的蛋白质和维生素。制作纳豆时，需要先将大豆蒸熟，然后趁热放入溶解在水中的"纳豆菌"，最后放入盒子里，或者用带有纳豆菌的稻秆（去掉稻皮的部分）包住。纳豆菌是一种微生物，它与"双尾菌"和"乳酸菌"等一样，是对我们身体有益的菌。大豆粘上纳豆菌后，要放在温暖的地方，这样纳豆菌才可以发挥功效。纳豆菌吞噬掉大豆中的营养成分后不断增加数量，这一过程叫作"发酵"（P193）。纳豆菌发酵时会产生一种叫作"多聚谷氨酸"的物质，而这就是纳豆黏糊糊的真正原因。多聚谷氨酸是一种像链条一样能够连接起来的物质，所以如果提拉的话，就会拉丝，能拉得很长。

连续发酵20小时左右后，要放到5℃左右的环境中冷藏。冷却后，纳豆菌就会停止活动，这样就可以做成发酵程度刚刚好的纳豆。想要纳豆中黏糊糊的多聚谷氨酸能够与纳豆中味道最好的谷氨酸黏合在一起，就要在吃纳豆时充分搅拌，这样好的味道才能发挥出来，吃起来会更香。此外，黏糊糊的成分除了会让纳豆吃起来更美味，还富含营养，可以帮助人体吸收钙质，促进肠胃动力助消化。

纳豆的原材料自不必说，通过发酵后产生的黏糊糊的成分中营养丰富，吃起来也很美味。这其实是我们在成长时应该多摄取的极好的食物。

第238页的答案 A 雌性蚊子

小知识 日本的秋田县横手市是生产纳豆的地区之一，那里有"纳豆发源地"的石碑。
小测验 大豆因为富含蛋白质和维生素等，所以被称为什么？

答案在下页

239

11 为什么螃蟹会横着走路？

它们长了很多脚，为了能快速移动，才会用这种不同寻常的方式来走路。

读过的日子（　年　月　日）（　年　月　日）（　年　月　日）

水生动物

一提起螃蟹，很多人脑海里都会浮现出它们横着走路的画面。明明眼睛长在前面，为什么要横着走路呢？那是因为螃蟹的脚长得与众不同。

包括蟹钳在内，螃蟹共有10只脚，左右各5只。每只脚由7节构成，靠关节连接。这种关节的构造有点像我们人类的胳膊肘和膝盖。我们人类的胳膊肘和膝盖只能朝一个方向弯曲。比如伸出胳膊，将手掌朝上，弯曲胳膊，这时胳膊会朝我们脸的方向弯曲过来而不会朝相反的方向弯曲。螃蟹的脚也是如此，为此平时走路时它们只能横向前进。不过它们脚的根部关节却可以前后左右自由活动，所以它们在信步游荡以及攀爬岩石时，都可以随意向前或者向斜侧方移动。不过它们只在必要的时候采取这种移动方式，而且时间很短，基本上还是以横向移动为主。

根据种类不同，有的螃蟹会向前移动。比如日本列岛周边深海里的"高脚蟹"，不但可以前后左右移动，也可以斜向移动。这是因为它们的脚不但又细又长，而且脚上的关节还可以自由活动，脚与脚之间的间隔也很大。此外还有一种叫作"短指和尚蟹"的螃蟹，它们也有细长的脚，可以向前移动。

还有的螃蟹可以朝后面走路。生活在印度洋和太平洋温暖海域的"蛙型蟹"和"三齿琵琶蟹"就可以朝后走。不过，虽说是朝后走路，其实也只不过是会慢慢倒退而已。如果被敌人攻击的话，它们并不能朝向后面快速移动。因为白天比较显眼，所以它们基本都潜在海底的沙子里藏起来。

第239页的答案 地里长出来的肉

小知识 生活在日本北海道以北的"帝王蟹"并不是螃蟹的同类，而是寄居蟹的同类。

小测验 螃蟹不会向前走路。　A 正确　B 错误

答案在下页

沙漠是怎么形成的？

虽然都是沙漠，但是由于形成方式不同，其种类也不同。

读过的日子（　年　月　日）（　年　月　日）（　年　月　日）

我们将寸草不生，只有沙子和岩石的地方叫作"沙漠"。据说现在地球上的陆地面积大约有1/5被沙漠侵占。自然形成的沙漠主要分为以下四种类型。

第一种是"贸易风沙漠"。一年到头都是地球上最热的地方叫"热带"，第二热的地方叫"亚热带"。热带由于太阳光照，海面和地面的水分温度升高，不断蒸发，于是就会形成云层和降雨（P80）。降完雨之后，曾经是云层的地方会只剩下水分含量低的空气。这些水分含量低的空气继续受阳光照射，变得非常干燥，会流入附近的亚热带。干燥的空气使这些地区加速干燥，就形成了贸易风（信风）沙漠。

第二种是"沿海沙漠"。在水温较低的海洋附近的陆地上，即便是海水受到太阳光照射也不容易蒸发水分，所以不容易降雪、降雨，结果导致干燥加速，就形成了沙漠。

第三种是"中纬度沙漠"。位于中纬度的内陆，周边没有海洋，只有陆地。因为距离海洋遥远，所以海面上的湿润空气根本到达不了。没有湿润的空气就不会形成降雨，自然干燥就会加速。

第四种是"雨影沙漠"。这些沙漠都位于高山山脉的下风向。当湿润的空气遇到山脉时便会形成云，产生降雨。因为降雨会将云中的水分消耗殆尽，所以翻过山脉来到海拔低的陆地上的空气就会非常干燥。下风向的地区不下雨便会加速干燥的进程，形成沙漠。

此外也有因为人类活动而形成的沙漠。在原本是森林和耕地的地方过度砍伐森林，或者过度放牧使家畜吃光地表的植物，或者连续多年耕种同一种农作物，就会使土地养分流失，不容易生长植物，最终导致土地沙漠化。

在沙漠里因为阳光直射，所以白天特别热，而且地面和空气中的水分不足，无法储存热量，因此太阳落山后气温会骤降。沙漠中缺少食物和饮水，因此人类很难生活下去。目前全球沙漠化进程不断加剧，为了保护我们的生活不受影响，更多地了解沙漠是非常重要的。

小知识 "沙丘"与沙漠不同，"沙丘"是依靠风和水的搬运而形成的一堆沙子。
小测验 除了自然形成的沙漠，也有人为原因导致形成的沙漠。　A 正确　B 错误

13 昆虫的本能是什么？

法布尔做了一个实验，以研究昆虫与生俱来的一些特质。

读过的日子（　　年　　月　　日）（　　年　　月　　日）（　　年　　月　　日）

来自故事《掘土蜂》

法布尔昆虫记

　　（在土中刨坑，以猎取其他昆虫为生的蜂就是"掘土蜂"。这是法布尔写下的关于掘土蜂的故事。）

　　在掘土蜂中，有以蟋蟀为食的褐毛扁股泥蜂，还有以螽（zhōng）斯为食的飞蝗泥蜂。这些蜂不是以比自己弱小的昆虫为食，而是以比自己强悍的对手为食。这是它们与生俱来的特征，也是它们的本能。

　　据我（法布尔）的观察，它们将猎物放回巢中，幼虫孵化后以猎物为食物。掘土蜂察觉到猎物时，瞬间会用大牙或长满针的腿压制住猎物，随后敏捷地用臀部的针刺中猎物，但并不是要杀掉它，而是麻痹它的神经，使猎物处于一种昏睡状态。之后掘土蜂们将猎物带回巢穴，蜂王将卵产在猎物上，因为猎物是活的，所以即使时间久也不会被腐蚀。最终孵化出的幼虫会吃掉猎物。幼虫在安全的巢穴中被养大，直到成年后离开巢穴。

　　掘土蜂没有学过狩猎的方法，同样，褐毛扁股泥蜂捕食蟋蟀，飞蝗泥蜂捕食螽斯，都是自然的行为。它们依靠本能出色地完成捕食。

　　但是，本能也有不好的一面，比如对猎物的管理。褐毛扁股泥蜂出于本能，要狩猎4次，因为一只幼虫需要4只蟋蟀。但是对于狩猎的褐毛扁股泥蜂来说，重要的是要进行4次狩猎，而不是将4只蟋蟀搬回巢穴。有时蟋蟀会在运到巢穴之前滚落，有时只运回了两三只，它们甚至有时还会稀里糊涂地用蟋蟀堵住巢穴的洞口。

　　掘土蜂只会遵循本能，没有自我思考。掘土蜂让我们明白了，其实本能一词同时包含着聪明和愚笨。

第241页的答案　A 正确

小知识　飞蝗泥蜂只捕食体内有卵的雌性螽斯。

小测验　褐毛扁股泥蜂在确认是否有4只蟋蟀之后会堵住洞口。　A 正确　B 错误

答案在下页

242

首位诺贝尔奖女性得主是谁？

14

她是一位不断学习的具有划时代意义的女性。

读过的日子（　　年　　月　　日）（　　年　　月　　日）（　　年　　月　　日）

诺贝尔奖涉及物理、化学、生理学或医学等六个领域，授予在这些领域对人类做出重大贡献的人。这是举世闻名的奖项（P401），于1901年首次颁发。首位诺贝尔奖女性得主是玛丽·居里。

玛丽出生于波兰的华沙，是五兄妹中年龄最小的一个。凭借着对学习特别的热爱，她在15岁时以第一名的成绩从女子学院毕业。玛丽怀揣着"想继续深造"的念头，和二姐一边工作一边攒钱为上学做准备。她们想先送姐姐去巴黎上大学，等到姐姐毕业可以工作时，玛丽再去巴黎投奔姐姐。她们十分困苦，是因为家庭经济困难，再加上当时波兰不允许女子上大学。之后不久，玛丽的父亲找到了一份稳定的工作，家里才开始宽裕些。玛丽趁着这个机会前往法国，在巴黎大学攻读了物理学。

之后，玛丽以第一的成绩完成了学业，并和物理学者皮埃尔·居里结婚，她的名字变为了玛丽·居里。婚后因为要和丈夫一起进行物理学研究，所以玛丽没有选择回波兰，而是继续留在了巴黎。

这个时期的物理学领域有了许多新发现。最令人可喜的是在矿物中发现了放射线。居里夫妇对此也投入了很多精力，经过潜心研究，成功发现了放射元素钋（pō）和镭。凭此成就，1903年，居里夫妇被授予了诺贝尔物理学奖。玛丽也成了首位诺贝尔奖女性得主。

传记

玛丽·居里（1867－1934年）

B 错误

第242页的答案

小知识 1911年，玛丽因关于镭的研究而第二次获得诺贝尔奖（化学奖）。
小测验 玛丽因在哪个领域的贡献成为首位诺贝尔奖女性得主？

答案在下页

15 为什么天气炎热时会没有食欲？

炎热的天气不仅能让人们没有食欲，还可能会导致某些疾病。

读过的日子（　　年　　月　　日）（　　年　　月　　日）（　　年　　月　　日）

身体

有没有在炎热的夏季，总感觉没什么食欲，饭量也会减少？为什么天气一变热就会没有食欲呢？这其实有很多原因。

第一点是缺少水分和营养不足。在炎热的时候，人为了降低体温，身体就会出汗。于是很多盐分和矿物质就会和汗液一起被排出体外。结果就会导致营养失调，身体出现不适。

第二点是肠胃的工作状态不如以前。人如果在炎热的地方，消化和吸收的功能就会减退，因此会出现不消化或者营养难以吸收的现象。而且夏季喝冷饮的次数增加，肚子受凉后，肠胃功能也会被弱化。如果肠胃状态不佳，自然就不会有很旺盛的食欲。

第三点是"自主神经"发生紊乱。自主神经指的是控制身体的消化、血液的流动以及流汗、体温等自我调节功能的神经。自主神经为了战胜酷暑，会自发地调节肠胃的状况和体温等，使身体处于良好状态。可是如果连续多日天气都很炎热的话，自主神经的负担就会加重，而且我们经常会在有空调的凉爽环境和外面炎热的环境中不断更换，身体周围的温度也会发生急剧变化，自主神经就会不堪重负，导致无法做好调节工作。如果自主神经紊乱，不仅会没有食欲，还会因为消化不良而引起便秘、拉肚子、头疼、眩晕、焦躁等全身不适的症状，这种症状叫作"苦夏"。当发生苦夏症状时，就必须要注意防止中暑。中暑是由于炎热气候所导致的身体的水分、盐分和营养成分丢失，或者无法适当调节体温进而引起的身体不适等症状，有时甚至会导致死亡。所以如果身体感到不适就不要勉强，在留意自己身体状况的同时还应注意营养，进行适当运动和注意休息。

第243页的答案　物理学

小知识 在日本，为了在夏日补充营养，人们习惯于在"暑伏期间的丑日"吃鳗鱼。

小测验 夏天之所以食欲下降是因为体内的营养均衡被打破。　A 正确　B 错误

答案在下页

244

为什么体育项目会不断刷新纪录？

揭开谜底的钥匙就是科学研究。

16 生活

读过的日子（　年　月　日）（　年　月　日）（　年　月　日）

以前都说在体育项目的世界纪录中，"人类的百米速度不可能打破10秒""百米自由泳不可能打破50秒"。可是在1968年的墨西哥奥运会上，美国运动员吉姆·海因斯创造了百米9秒95的成绩，首次突破10秒大关。目前的世界纪录保持者是牙买加的尤塞恩·博尔特，他的成绩是9秒58。

在1976年的蒙特利尔奥运会上，美国运动员吉姆·蒙哥马利的百米自由泳取得了49秒99的好成绩。目前的世界纪录保持者是巴西的西埃罗·费罗，他的成绩是46秒91。体育竞技项目之所以能够不断刷新纪录，是因为体育科学在不断进步。比如以前我们认为只要大腿和小腿的肌肉发达就能跑得快，但是由于计算机分析技术的发展，我们明白了其实髋关节的肌肉才非常重要。所以加强有效利用髋关节肌肉的跑步方式的研究后，世界纪录就会有新的突破。

有效的训练方法固然重要，但是间接性休息的时长、有效消除疲劳的饮食、能快速康复的按摩方法等都逐渐开始采用。用科学研究方法，运动员们就可以以良好的状态参加比赛。

此外，比赛用的工具也进行了科学改良。比如速滑冰鞋下面的冰刀，以前是从脚尖到脚后跟，固定在脚下。后来根据研究，诞生了脚后跟和冰刀可以脱离的"脱位冰刀速滑法"，并成为主流。这种脱位冰刀加强了蹬冰力，在更新纪录方面起到了重要的作用。而且，比赛设施也进行了改良，这样能让运动员更容易发挥自己的真实能力。

就这样，运动员和他们身后的支持者们通力合作，不断刷新世界纪录。这些研究目前仍在进行。

第244页的答案：A 正确

小知识 测量田径比赛的计时器也在不断改进。
小测验 在百米自由泳中没有人能突破50秒大关。　A 正确　B 错误

答案在下页

245

17 "强对流引发的短时强降雨"是什么？

强对流引发的短时强降雨常见于城市地区。

读过的日子（　年　月　日）（　年　月　日）（　年　月　日）

天气气象

一到夏天，就会经常听到"强对流引发的短时强降雨"这个词。强对流引发的短时强降雨指的是在短时间和小范围内大量降雨的现象。这会给我们的生活带来很大的影响，会造成公交停运，引发洪水和停电等现象。形成强对流引发的短时强降雨的积雨云是在城市上空形成的，而且积雨云很快会变大，最终会形成能够强降雨30～40分钟的大型积雨云。

导致强对流引发的短时强降雨的积雨云的形成方式与"热岛现象"（Urban heat island effect）有关。英语中的"Heat"是"热"的意思，"Island"是"岛屿"的意思。由于城市地区绿植较少，而且混凝土大楼较为集中，地面还铺着柏油，加上汽车和空调不断排出热气以及夏日的强烈光照，城市内部会产生高温现象。于是大量的水蒸气会漂浮到上空，在上空遇冷后变成云。水蒸气源源不断地飘浮到上空，云就会瞬间变大，由此骤降暴雨。

夏季气温高，单位体积空气含水量大，且蒸发量大，大气层不稳定，就容易形成强对流引发的短时强降雨。而可怕之处在于，从云的形成到降雨之间的时间非常短。因为是突然大量降雨，所以容易引起河流泛滥和危及生命的灾害。只要具备条件，任何地方都可能产生强对流引发的短时强降雨，目前还很难预测。但是根据过去的数据和调查以及气象雷达的性能提升，已经可以在某种程度上预测出来。在日本，一般是由气象局和气象公司来公布这类预报。

第245页的答案 **B 错误**

小知识 热岛现象加上地球温室效应（P40），导致城市地区的热岛现象不断加剧。
小测验 导致短时间强暴雨的云，主要是在什么地区形成的？

答案在下页

246

为什么海水是咸的？

地球上起初是没有海洋的。

读过的日子（　　年　月　日）（　　年　月　日）（　　年　月　日）

如果你在海里游过泳的话，就一定知道海水是咸的。喝进去后会发现海水很咸，如果弄进眼睛里，会感到很刺眼，那就麻烦了。

海水之所以是咸的，是因为里面溶解了大量的盐分。如果将地球上海水里的盐分都提炼出来的话，可以在整个地球表面撒上高达88米的盐层。

海水之所以能溶解大量的盐分，与地球的形成有着密切的关系。很久以前，刚诞生的地球表面上覆盖着火红色的黏稠的岩浆，它是个炽热的火球，所以那时并没有海洋。

后来地球冷却下来，空气中含有的大量水蒸气遇冷后变成云，最后以降雨的形式降落在地面上。这些云里含有强烈的"酸性"气体，所以这个时期下的雨也具有很强的酸性。因为酸性雨水可以溶解物质，所以地面上的岩石就被溶解了。酸性雨水和溶化了的岩石成分一起混合，会形成"氯化钠"，氯化钠就是盐。

一直下的酸性雨汇集在大地上的坑洼处，形成富含盐分的大型水坑，这就是最初的海洋。后来继续下雨，大地上的岩石也在不断溶化。几十亿年以后，水分蒸发，降雨使海水增加，水分蒸发后又形成降雨，如此反复。每次降雨都会将陆地上的盐分运送到海洋里，盐分并不会蒸发，所以会一直留在海洋里，结果就变成现在咸咸的海水了。

地球·宇宙

水蒸气

由雨水与陆地的成分混在一起形成的盐分流入海中

第246页的答案 城市上空

小知识 人类血液里含有钠和钾，这与海水的成分很相似。
小测验 如果将海水里的盐分都提炼出来撒在地球上，地球会被盐覆盖。　A 正确　B 错误

答案在下页

247

19 为什么果冻会那么柔软有弹性?

让果冻柔软有弹性的原材料会让我们大跌眼镜。

读过的日子（　　年　　月　　日）（　　年　　月　　日）（　　年　　月　　日）

食物

果冻口感软滑，是非常好的甜点之一。果冻主要是使用明胶粉制成的。如果想制作水果果冻，除了明胶粉，还可以添加一些砂糖，另外再加入橘子、菠萝等水果和水。

制作时，首先在锅中放入水和砂糖再加热，用小火将砂糖充分融化；然后放入已经用水泡好的明胶粉，充分搅拌并注意不要让锅内沸腾；再在果冻的模子里放入水果，将锅里的液体倒入模子里；最后稍微冷却后放入冰箱，冷藏2～3个小时后，美味的果冻就做好了。可是为什么果冻会那么柔软有弹性呢？其实它的秘密就藏在原材料明胶粉里。

明胶粉是由大量的"氨基酸"成分聚集而成的，而氨基酸是形成蛋白质的原料。氨基酸一般是以细长锁链的形状联结在一起，一旦温度发生变化就会改变形态。用热水把明胶溶化后，氨基酸原本的锁链状结构就会散开并在水中自由游动，再加上水分子也是自由游动的，因此明胶会变成黏稠的状态。如果将溶化后的明胶冷却，氨基酸又会再次恢复到锁链状联结在一起，可水分子却被锁在了里面，水分子的运动就会变得很缓慢。这时明胶就会变成柔软有弹性的啫喱状。这种氨基酸和水分子之间的运动变化就是果冻柔软弹滑的秘密所在。

那么能让果冻柔软弹滑的明胶又是由什么制成的呢？其实明胶是将牛和猪等动物的骨头和皮里面含有的"骨胶原"蒸煮后提取的物质。骨胶原是蛋白质的一种，是对身体健康有益的食物。

黏稠的状态

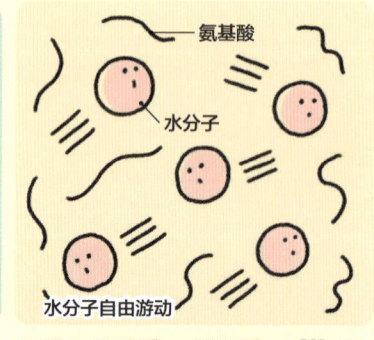

氨基酸

水分子

水分子自由游动

柔软弹滑的啫喱状

水分子不能自由移动

第247页的答案　A　正确

小知识 炖鱼的汤汁凝固后形成的"鱼冻"是由鱼的蛋白质变成的啫喱状物质。

小测验 明胶是由什么制成的？　A 动物的骨头和皮　B 植物　C 蒟蒻（jǔ ruò）

答案在下页

248

狼很聪明吗？

曾经有一只聪明的狼，它成功地躲过了人类设置的陷阱。

读过的日子（　　年　月　日）（　　年　月　日）（　　年　月　日）

西顿动物记

来自故事《狼王洛波》

（下面是西顿写的关于一只聪明的狼的故事。）

在美国的卡兰波高原有一只狼，被称为"老狼洛波"和"狼王"。之所以会有这种名字，是因为这只狼非常强悍，强悍得令人觉得匪夷所思。洛波和它张牙舞爪的手下们总是袭击高原牧场里的牛羊。它们最喜欢吃的是肉，特别是出生一年肉质软嫩的小母牛。对于其他的牛和羊，它们甚至连瞥都不瞥一眼。不仅如此，它们甚至还会恶作剧咬死这些牛羊。有一次它们竟然一个晚上咬死了250只羊。当然，人们并不会将洛波它们放走或者赶走就草草了事。为了能抓住这些狼，人们设置了陷阱，但是每次都被洛波识破而以失败告终。

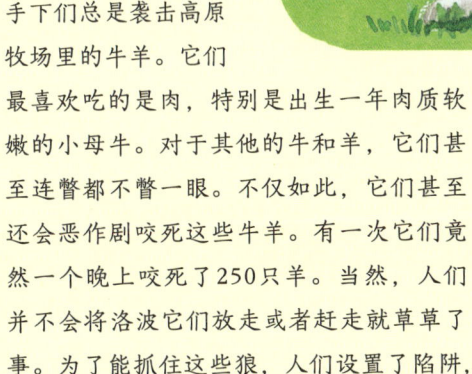

有一次，人们在刚咽气的牛身上涂上了毒药。这时洛波一伙凭借敏锐的嗅觉发现有毒，于是它们只吃没有涂毒药的地方，然后扬长而去。还有一次，人们将牛肉浸在毒药里，设置了几个陷阱。可是洛波却将这些肉叼到一起，好像在说"你们这些愚蠢的人类"，在这些肉上面撒了很多尿并拉了屎。这么一来，那些专门用来对付狼的陷阱也不管用了。它们可以根据味道和土壤的状况，看穿什么地方埋有陷阱，并且逐一把陷阱挖出来。洛波的"老谋深算"不止如此，它还深知猎枪的威力，所以只要人类掏出枪来，它们就会迅速逃跑。

虽然洛波凭借智慧耍弄了人类，但是当它的"妻子"布兰卡被人类猎杀时，它显然开始惊慌失措了，并且最终落入了陷阱里。不知道是因为被人类剥夺自由而愤怒，还是因为失去爱妻布兰卡而悲伤，或许二者皆有吧，洛波被抓到以后便开始绝食，不久便一命呜呼了。

A 动物的骨头和皮
第248页的答案

小知识 即使在夜里，狼的视力也很好，而且能够以每小时50千米的时速奔跑很长的距离。
小测验 人们在牛肉上抹上毒药，洛波上当了吗？　A 上当了　B 没上当

答案在下页

249

21 脚底为什么会凹进去？

这浅浅的凹陷在人类走路的时候，起了很重要的作用。

读过的日子（　　年　　月　　日）（　　年　　月　　日）（　　年　　月　　日）

身体

如果摸一摸脚底，会发现脚底有一块是凹进去的。即便是光脚走路，这块凹陷的地方也不会碰到地面，所以日语把这块部位称为"不踩土的脚心"（译者注：即足弓）。为什么会有这种构造呢？

人类每只脚从脚踝往下的部分各有26块骨头，大致可分为三大部分，脚趾头上的是"趾骨"，中间部分是"跖（zhí）骨"，脚后跟的部位是"跗（fū）骨"。这些骨头依靠"韧带"和肌肉来衔接支撑，形成了拱形的足弓。足弓在行走时，可以吸收震动，有缓冲的重要作用。四足动物是没有这种足弓的。也就是说，这种足弓正是人类为了用双脚直立行走而进化出来的特征。人类在出生时并没有足弓，伴随着成长，足弓逐渐变大，最后变成明显的凹陷形状。可是有的大人也没有足弓，这种脚叫作"扁平足"。一般来说，无法形成足弓或者足弓不明显，是由于没有充分运动或者长期穿不合脚的鞋造成的。没有足弓的人，就缺少了缓震的部位，所以很容易累，而且经常会感觉脚疼。不仅如此，他们还容易摔倒、不能快速移动。没有足弓对脚整体的运动也会产生影响。

要想拥有强健的足弓，需要练习光脚走路，穿不挤脚的鞋，练习前脚尖点地站立或用脚趾夹毛巾等，这样会比较有效果。

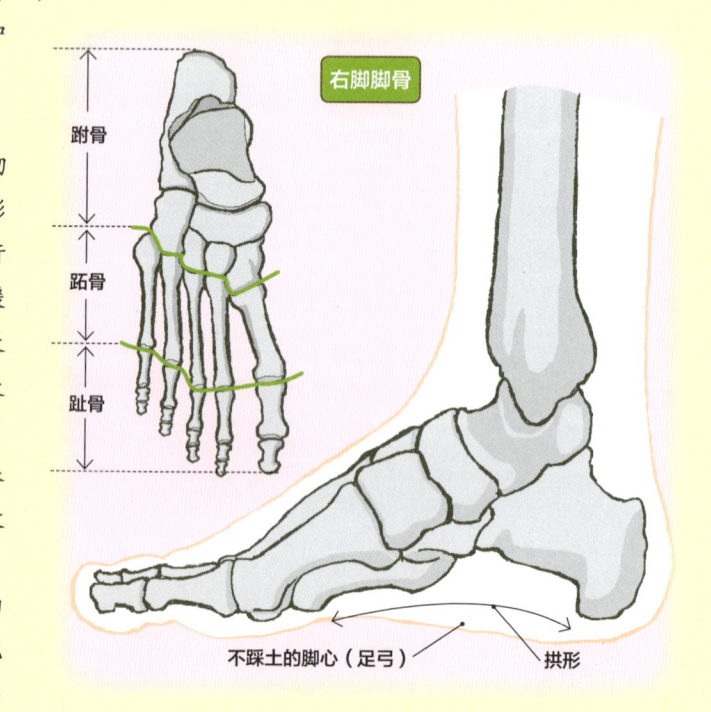

右脚脚骨

跗骨
跖骨
趾骨

不踩土的脚心（足弓）　　拱形

第249页的答案　B 没上当

小知识 足弓是在从刚学会走路开始到8岁左右这段时间逐渐形成的。
小测验 没有足弓的脚叫作什么？

答案在下页

250

蚯蚓靠吃什么生存？

虽然长相不讨喜，但是蚯蚓可是农民的好朋友。

读过的日子（　　年　　月　　日）（　　年　　月　　日）（　　年　　月　　日）

22

虫类

　　蚯蚓遍布世界各地，在日本大约有200多种。蚯蚓的特征就是没有骨骼，支撑身体的是穿过体腔内部中心位置的长长的肠子和覆盖在周围的管状组织。它们在移动时会伸缩管状组织，因此这类动物叫作"环节动物"。蚯蚓对于农民来说，非常难得。因为蚯蚓可以增加土壤养分，帮助农作物生长。

　　蚯蚓能增加土壤养分的原因有很多。首先，它们在土里钻来钻去，就像在进行人工松土一样，而且它们能钻到人们无法触及的土壤深处，使水分和空气更加畅通。蚯蚓之所以在土壤里钻来钻去，是因为它们要吃掉土壤中的腐叶、动物和虫子等的尸体，并且它们吃饱以后，会特意跑到地面上来排便。它们在土壤深处进食，然后将排泄物排到地面，这也相当于在松土。其次是蚯蚓的粪便。蚯蚓一天能排泄与自己体重相同的粪便，这是非常好的肥料，而且混杂了蚯蚓粪便的土壤还会有适当的间隙，这样既有利于储藏水分和空气，也有利于保持空气畅通。第三是蚯蚓的体液。蚯蚓没有肺，靠皮肤呼吸，一旦皮肤干燥就无法呼吸，所以它们总是分泌一种液体，让自己的身体滑溜溜的。这种液体可以让土壤更容易松动，而且其含有的主要成分是"氮"。氮是植物生长不可缺少的物质，在化肥里面肯定含有氮。也就是说蚯蚓排泄的粪便可以成为肥料，分泌的液体中含有植物生长所需的氮，而且还能松土。

　　如果土壤中有大量的蚯蚓，土质就会变得松软、营养丰富。所以自古就有"有蚯蚓的地是好地"的说法，因此蚯蚓很受人们的欢迎。

水和空气储存在蚯蚓粪便的空隙里

蚯蚓的粪便

第250页的答案：扁平足

小知识 蚯蚓的身体即使被切成两段也不会死，它会变成两条蚯蚓。
小测验 蚯蚓会给土壤带来不好的影响。　A 正确　B 错误

答案在下页

251

23 猛犸是大象吗？

猛犸和大象非常像，那么它们的区别在哪里呢？

读过的日子（　年　月　日）（　年　月　日）（　年　月　日）

古生物

猛犸与现在的非洲象和亚洲象有着共同的祖先，可以说是大象的一种。大象的祖先诞生于距今约6000万年前，那时它们还没有长长的鼻子，长得像猪，体型也不如现在这么大。它们生活在水边或者森林里，后来地球环境变冷，森林减少，草原面积增加，很多食草动物为了寻找食物来到了草原地带。由于草原视野开阔，为了不让食肉动物发现自己，它们必须时刻警惕着。喝水时尤其危险，它们弯腰喝水时如果被食肉动物袭击，就很容易被抓住，所以食草动物们不断进化，它们站着喝水，即便是被偷袭，也能立刻逃走。很多动物都是脖子变长，但是象类却是鼻子变长了。它们保持站立的姿态，用长长的鼻子吸水，然后把水送进嘴里。而且大象们会在草原上吃掉很多草，身体不断壮大，这样就不容易受到食肉动物的攻击了。

大约300万年前，整个地球进入了"冰河期"。冰河期的气候异常寒冷，不断有很多动物死去。猛犸好不容易存活了下来，它们有的迁徙到温暖地带，有的为了抗寒身体发生了变化。真猛犸象在猛犸中进化成为最能抵抗严寒的物种。它们身高约3米，全身覆盖着长长的毛，最长的可达90厘米。它们主要生活在欧洲、北美洲和亚洲等地，是猛犸中最为繁盛的一族。可是包括真猛犸象在内的大型猛犸在大约1万年前全部灭绝了。只有生活在温暖岛屿上的身高1米的侏儒猛犸是在那之后的几千年后才灭绝的。猛犸从地球上消失的原因尚不明确，目前仍处于研究阶段。

第251页的答案：B 错误

小知识 2010年在西伯利亚发现了3.9万年前冰冻的猛犸象尸体。

小测验 地球到了寒冷的冰河时期后，猛犸都灭绝了。　A 正确　B 错误

答案在下页

最初拍摄的电影是什么样的？

24

很多媒体和设备产生之后才有了今天的电影。

读过的日子（　　年　　月　　日）（　　年　　月　　日）（　　年　　月　　日）

发明·发现

内容有细微差别的图片，每秒连续观看10张以上，人就会感觉画面在动。这其实是利用了人眼睛的错觉（P310），形成了"视觉遗像"。这个现象是由英国的皮特·M.罗杰特医生于1824年发现的。与此同时，摄影技术得到了长足发展。1884年，美国发明了胶卷，在这之前的照片都是使用单张胶片，一张一张地替换拍照，胶卷诞生以后，让人们可以进行连续拍照。发明家们利用视觉遗像现象与连续拍照的胶卷组合起来，诞生了新的想法。1889年，大发明家托马斯·爱迪生（P350）发明了能够连续拍摄照片的"活动电影机"。1891年，他又发明了能够连续观看照片的"活动电影放映机"。使用这种活动电影放映机观看时需要从一个圆筒状的小窗口往里看，一次只能一个人观看。爱迪生拍摄了他助手打喷嚏的影像并公开，自此开启了电影时代。在1895年时，法国的卢米埃尔兄弟发明了"电影放映机"，这种机器可以将连续拍摄的照片投射在荧幕上。这一发明可以满足多人同时观看电影的需求。

卢米埃尔兄弟

胶卷

最初的电影放映机

在日本，首次将电影搬到荧幕上是在1897年。由于看起来有点像活动的照片，所以当时在日本被称为"活动照片"，自此以后在日本也制作了很多电影。不过这个时期的电影没有声音，而且还是黑白的，所以屏幕下方会有乐队演奏音乐。当时在日本还有一种职业叫"移动解说员"，他们会站在屏幕的旁边，为观众解说电影的内容。

1902年，法国拍摄的科幻电影《月球旅行记》大约有14分钟，这是世界上第一部有故事情节的真正意义上的电影。后来在1927年出现了有配音的电影，1932年出现了彩色动画。目前电影的拍摄技术和播放技术也在不断进步发展。

B 错误 第252页的答案

小知识 电影艺术Cinema是由希腊语中表示"动"的"Kinematos"一词来的。
小测验 最开始传入日本的电影叫作什么？

答案在下页

25 潜水艇为什么能上浮和下沉？

其实原理和充满气的救生圈能上浮和下沉是一样的。

读过的日子（　年　月　日）（　年　月　日）（　年　月　日）

工具·物品

潜水艇是船的一种。通常船是浮在海面上的，而潜水艇不仅能浮在海面上，还能潜在水中，主要负责海上的巡视工作。

潜水艇装有相当于眼睛的"被动声呐"系统。当它潜在水中时，被动声呐系统通过捕捉附近微弱的声音，来知晓海上的船和其他潜水艇的动向。当要了解外面的状况时，可以使用潜望镜。潜望镜能伸长15米左右，可以360度观察周围的情况。潜水艇内的驾驶室、指挥室等航行中必要的场所就不必说了，除此之外还有餐厅、洗手间、淋浴室等生活设施。

潜水艇之所以可以下沉是因为装有可以充气和排气的装置。想潜入海里时，因为有开关，海水可以充入水舱中，排出空气的同时增加了更重的海水，所以潜水艇可以很容易地下沉。上浮时是把空气舱的空气充入水舱中，排出海水，这样水舱内就充满空气了。排出海水的潜水艇重量变轻，加上充入空气使得潜水艇可以上浮。把充满空气的救生圈放入水中，松手后，救生圈会稳稳地浮在水面上。同样的道理，潜水艇也可以浮起来。

除了潜水艇还有其他船也可以潜在海中。日本有以勘察海底为目的的潜水艇，名字叫作"深海6500"。正如名字所示，它的下潜深度可达6500米。它可以用来调查海底资源及海洋生物，甚至可以勘测与地震相关的情况等。

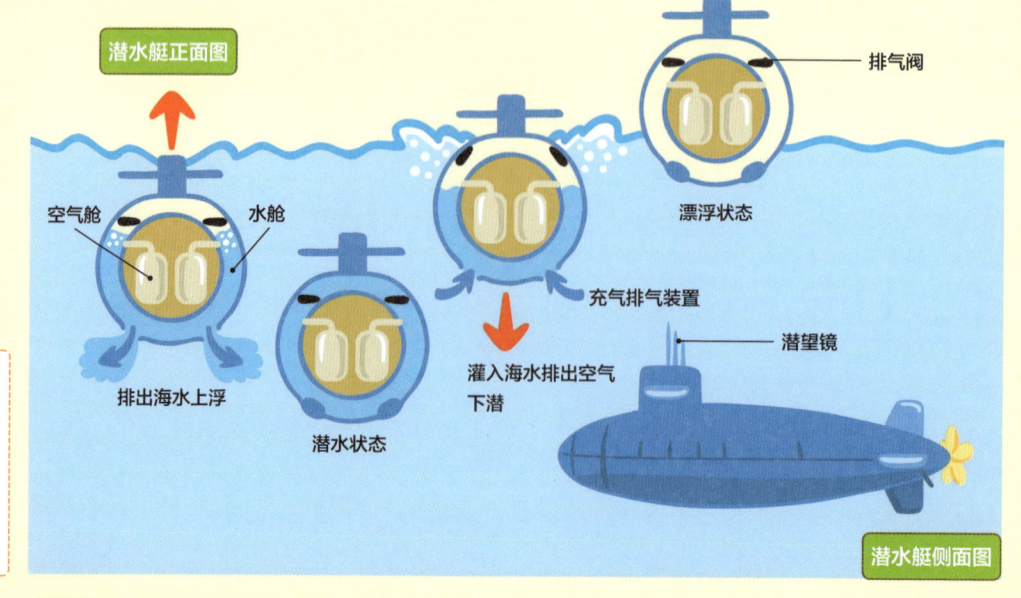

潜水艇正面图 — 空气舱 — 水舱 — 排出海水上浮 — 潜水状态 — 灌入海水排出空气 下潜 — 充气排气装置 — 排气阀 — 漂浮状态 — 潜望镜 — 潜水艇侧面图

小知识 潜水艇可以使用舵轮来控制前进的方向。
小测验 潜水艇上浮时需要什么？　A 引力　B 海水　C 空气

答案在下页

254

为什么会流鼻血？

这是因为鼻子中的毛细血管破裂了。

读过的日子（　年　月　日）（　年　月　日）（　年　月　日）

26

身体

人既可以用鼻子呼吸也可以用嘴巴呼吸。虽然两种方式都可以让人进行呼吸，但是两者使空气进入肺的途径是不相同的。用嘴呼吸时，空气直接进入肺部，不会经过任何处理，会直接将寒冷、干燥的空气送至肺部。但是用鼻子呼吸时，首先鼻毛可以除去部分杂质，添加适度的湿气，加温后再送入肺部。哪种方式对肺有益，这是显而易见的。

给空气加温的正是鼻子中的血管。在鼻孔处1厘米左右的地方聚集着许多毛细血管。这些血管非常容易破裂。所以不只是在鼻子受到撞击、拨弄鼻子时血管才会破裂，在擤（xǐng）鼻子时也会使毛细血管破裂。比如在咳嗽等时，鼻黏膜十分脆弱，稍微用力也会破裂，有时甚至不激动也会破裂。大家一定有过在浴缸泡很长时间而流鼻血的经历吧？这是因为身体处于温热状态下，血液循环通畅导致的。流势凶猛的血液冲破血管，使血管破裂。过敏性鼻炎和花粉症等患者，因为鼻黏膜脆弱，所以更容易流鼻血。

当流鼻血时，要先用干净的纱布、面巾纸按压鼻子或把药棉塞入鼻孔；然后用力按住鼻翼根部，使鼻子的位置高于心脏；最后用冷毛巾给鼻翼根部降温，血管收缩后就很容易把血止住了。

此外，流鼻血时，过去有种做法是使流鼻血者的身体向上平躺，但是这样做的话，血液很容易流入气管，所以最好还是安静地坐着。

✗ 不能平躺或仰头

✓ 紧紧按住鼻翼根部

第254页的答案 C 空气

小知识 流鼻血超过30分钟的话，就有患血液疾病的可能，所以一定要多加留意。
小测验 流鼻血时要躺下。　A 正确　B 错误

答案在下页

255

27 为什么海龟在产卵时会哭？

难道它们是因为痛苦或者悲伤才哭吗？

读过的日子（　年　月　日）（　年　月　日）（　年　月　日）

水生动物

龟属于"爬行类"动物，与蛇、蜥蜴等是同类。要说龟的外形，首先就是那个包住自己身体的大龟壳，休息或者外敌侵犯时，它们会非常麻利地把头和4条腿缩进壳里。其中有一类龟与生活在陆地、河流和湖泊里的龟不一样，它们生活在海里，叫作"海龟"。海龟也分很多种，有红海龟、绿海龟、棱皮龟、玳瑁（dài mào）等。

海龟的4条腿像划船用的船桨一样，靠着这4条腿它们可以在海里畅通无阻，而且这4条腿在海龟产卵时也起着关键作用。海龟们一般是在沙土地面上挖坑，然后将卵产在坑内。雌性海龟在产卵期会提前爬上安静的海滩，然后用自己的前腿和后腿开始挖坑，它们会持续挖1个小时左右。坑的深度大约有50厘米，它们会在坑里产出100～120个乒乓球大小的卵。待产卵结束后，雌性海龟为了不让别人发现自己的宝宝在这里，会用腿再把坑恢复原状，然后回到大海里。

可是雌性海龟在产卵时，双眼会流泪。难道是因为产卵过于痛苦才哭的吗？其实它们并不是在哭，而是将多余的盐分排出体外。海龟在进食时，会过度摄取海水中的盐分，位于眼睛上方的"盐腺"就会将这些多余的盐分和体液一起排出去。当然，它们在地面上产卵的整个过程需要2～3个小时，流泪也是为了防止眼睛干燥。

大约两个月后，小海龟就会破壳而出，然后游向龟妈妈所在的那片海。

第255页的答案　B 错误

小知识 产过卵的雌性海龟会在同一片沙滩上产卵。
小测验 雌性海龟在产卵时，由于悲伤而流泪。　A 正确　B 错误

答案在下页

256

动物没有蛀牙吗？

家养的宠物比野生动物有更容易得蛀牙的环境。

读过的日子（　　年　月　日）（　　年　月　日）（　　年　月　日）

28

动物

　　动物的牙齿，根据食物不同，在大小和外形上也有所不同。狮子和老虎等食肉动物所有的牙齿都非常尖锐，这是为了能够撕碎猎物的肉、咬碎它们的骨头，而且它们还会张开大嘴，露出这种尖牙来恐吓敌人。而食草动物的牙齿是平的，那是因为它们要用平平的牙齿来嚼碎草之类的食物。而吃各种东西的杂食性动物，它们的前牙是尖尖的，后牙是平的，尖牙用来吃肉等，平牙则用来吃果实和植物。

　　根据动物种类的不同，换牙次数也会不一样。鱼类和爬虫类动物等不使用的牙齿会不断脱落，并且会不断长出新牙齿。哺乳类动物换牙的次数因种类而异。不过听说最近一段时间，宠物也开始出现蛀牙。由于主人溺爱宠物，他们会喂宠物大量含糖的食物。导致蛀牙的主要原因是变形链球菌（P186），这种菌最喜欢的食物就是砂糖。

　　因为动物不会刷牙，所以一旦吃了甜食，糖分就会附着在牙齿上，于是细菌就会不断繁殖，最终导致出现蛀牙。动物园里的动物也会因为蛀牙的问题而烦恼不断，那是因为客人会喂动物一些糖果和巧克力等人类的甜食。而野生动物却不会有蛀牙，因为在大自然里几乎没有含有砂糖的食物。肉食动物偶尔会出现蛀牙，那是因为争斗使牙齿受伤，或者年纪大了之后被磨光了的牙齿上附着了细菌引起的。

第256页的答案　B 错误

小知识 婴儿的牙齿上最初是没有变形链球菌的，后期大人会将这种菌传给婴儿。
小测验 动物园里的动物不会得蛀牙。　A 正确　B 错误

答案在下页

29 为什么烟花是五颜六色的？

制作烟花的炮药中暗藏了生成颜色的秘密。

读过的日子（　　年　月　日）（　　年　月　日）（　　年　月　日）

工具·物品

在日本，人们非常喜欢烟花，特别是在夏天，到处都会有烟花大会。烟花除了有红色、蓝色和绿色，还有其他各种颜色。正如它的名字，就像色彩斑斓的花朵盛开在夜空中。

烟花里装满了炮药，在爆炸和燃烧时就会显示出各种颜色。这种炮药由火药和金属粉末制成。火药是一种点火后能爆炸的粉末，在爆炸时会产生橙色的光。如果只加火药，那么烟花就只有橙色一种颜色，而能让烟花五彩缤纷绽放的是混在火药中的金属粉末。根据不同的金属粉末，在燃烧时就会产生不同的颜色。烟花爆炸时产生的红色、蓝色和绿色等颜色就是因为里面混入了不同种类的金属粉末。

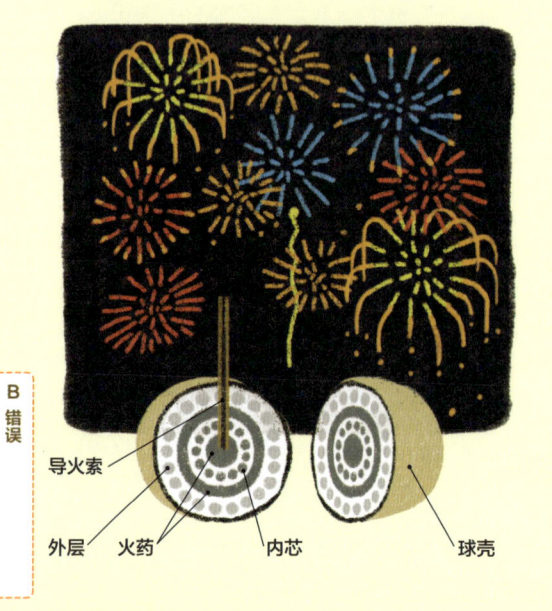

烟花的炮药芯塞在一种叫作"球壳"的球形容器中。如果将在空中绽放圆形图案的烟花球壳打开看一下，就会发现里面整整齐齐地装满了很多小圆球，这叫作"光珠"。光珠分"内芯"和"外层"，内芯摆在中心部位，外层摆在内芯外面以及靠近烟花球壳边缘的部分。光珠的摆放方式决定烟花的形状。每一颗光珠都是按照规定的颜色，使用金属粉末层层包裹做成的。烟花绽放时之所以会出现不同颜色的变化，就是因为在制作光珠时，每层的金属粉末都不一样。

在烟花的炮药中心部位还有一根叫作"引线"的火药。这部分是一直延伸到炮药外侧的导火索，一点火亮珠就会爆炸。烟花的炮药是由专业的"烟花师傅"手工制作的，他们会在亮珠的摆放方法和颜色设计上煞费苦心，花上几周甚至一个多月的时间来处理这些工作。不过制作的效果不等到烟花升天，谁也不知道，这特别考验他们的技术，所以说这是"一炮定乾坤"的工作。

第257页的答案：B 错误

导火索　外层　火药　内芯　球壳

小知识 因为日本江户时期的烟花只有火药，所以那个时期的烟花只有橙色。
小测验 在烟花的炮药中摆放的小圆球叫作什么？

答案在第260页

258

8月的故事

文 / 山本省三

01 为什么贝壳有各种形状？

通过外形，我们可以知道它们的生活方式。

读过的日子（　年　月　日）（　年　月　日）（　年　月　日）

水生动物

你能说出几种贝类的名称？杂色蛤、文蛤、海螺、鲍鱼……你知道这些贝类都是什么形状的吗？杂色蛤和文蛤由两片贝壳合拢在一起，将贝壳的软体包住。海螺的外壳是螺旋状的，它的身体蜷缩在贝壳里，如果煮着吃或者烤着吃的话，我们会发现海螺肉的尾部是一圈一圈扭起来的。那么鲍鱼又是什么样的呢？鲍鱼只有一片贝壳，而且贝壳里面的软体也不是像海螺那样呈螺旋状，但是如果仔细观察的话，我们会发现在鲍鱼的贝壳上还残留着螺旋状的痕迹。因此，我们把杂色蛤和文蛤称为"双壳类"，将海螺和鲍鱼称为"腹足类"。可为什么贝壳的形状会不一样呢？最初，贝类的祖先是靠刺来保护自己柔软的身体的，后来这些刺汇聚在一起，变成了贝壳。有的变成两片贝壳，也有的变成螺旋状贝壳。之所以形状各异，是因为它们生活的环境不同。比如海螺的贝壳上有尖角，那是因为它们生活在海水流动速度较快的地方，在潮流激烈的环境中生活的海螺一般就会有长长的尖角，而在潮流稳定的地方生活的

海螺尖角就会较短。这种构造可以防止它们在海水里滚来滚去，而且不容易被潮水冲走。鲍鱼是靠吸附在岩石上生活的，所以为了防止脱落，它们进化成了较平的形状。杂色蛤和文蛤这种双壳贝类几乎都是藏在沙子里生活的。除此之外，还有竹蛏（chēng）这种细长的贝类也藏在沙子里生活。

知道了贝类的形状，也就能了解到其生活方式。

此外，章鱼和鱿鱼其实原本也是贝类，但是因为它们可以迅速移动，所以就不需要贝壳的保护了。因此这些品种的动物几乎都没有贝壳。

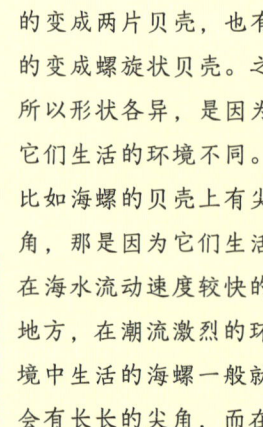

竹蛏　　　海螺

光珠 第258页的答案

小知识 有的鱿鱼类动物会将贝壳进化成硬壳存留在体内。
小测验 与海螺相同的腹足类动物是什么？　A 鲍鱼　B 杂色蛤　C 文蛤

答案在下页

为什么山分喷火和不喷火两种？

02

富士山之所以成为日本最高的山的秘密是……

读过的日子（　年　月　日）（　年　月　日）（　年　月　日）

地球·宇宙

区分一座山喷不喷火的关键就在于这座山是不是活火山。山下有没有"岩浆"是判断一座山是不是活火山的标准。岩浆是岩石在地下受热融化后形成的物质。岩浆喷出地表被称为"喷发"。所有活火山都有岩浆可以喷发，而死火山则没有岩浆不可以喷发。

为什么岩浆会喷发？岩石融化后会变轻，导致它们涌向地面。岩浆并非一下子全部喷出地面，而是在几十年到几千年间反复喷发。当岩浆积蓄到山顶时就会引起喷发。从火山中喷溢出的高温岩浆叫作"熔岩"。比如，日本鹿儿岛县有一个樱岛，因为活火山经常喷发，所以我们可以得知它是一座有地下岩浆的火山。

那么，日本富士山是怎样的呢？

现在的人都从未见过富士山喷发。这么说的话，难道富士山不是活火山吗？

事实正好相反，富士山是一座活火山。根据历史记载，富士山300年前喷发过。由于富士山反复喷发，熔岩不断积累，再加上火山灰和火山碎屑交替堆砌，使富士山成了日本第一高山。通过调查也可以知道富士山下存在岩浆。富士山存在至今，无论何时再次喷发都不奇怪。日本有一百多座在过去1万年内喷发过，直到现在还在活跃的火山。在世界范围内，日本算是火山特别多的国家。这是因为日本列岛处在"环太平洋火山地震带"，易形成火山。

火山喷发会带来严重的灾害，但是也有其价值。因为喷出的熔岩而形成的奇观，可以用于观光游览。得益于高温岩浆的作用，还会形成温泉（P370）。我们在利用火山带来的价值的同时，也要注意安全。

富士山中的火山

- 新富士火山
- 小御岳火山
- 古富士火山
- 先小御岳火山

第260页的答案：A 鲍鱼

小知识 不仅陆地上有火山，海洋里也有，它们被称为"海底火山"。

小测验 富士山是在大约多少年前喷发的？　A 100年前　B 200年前　C 300年前

答案在下页

261

03 如何将弹珠放入波子汽水瓶中?

波子汽水的瓶口分明比弹珠小……

读过的日子（　　年　　月　　日）（　　年　　月　　日）（　　年　　月　　日）

工具·物品

据说波子汽水是1853年美国海军军官培理因黑船事件来浦贺（现在的神奈川县内）时传入日本的。当时的波子汽水为了不让碳酸挥发掉，使用木塞封住瓶口，为了不让泡沫喷涌，又用金属丝缠好。过了很久，英国人海勒姆科德发明了可以代替木塞的弹珠来封口，于是人们用"科德瓶"命名了这个在1872年发明的瓶子。1887年，这种瓶子开始传入日本，之后开始大量生产，并在日本全国范围内流行起来。

那么，波子汽水是怎么制作的？

其实，弹珠并不是在瓶子做好之后压入的。以前是把瓶子上下部分分开来做，把弹珠放入后再粘在一起。但是，这样很费事，需要将瓶口做大，把弹珠放入后，再把玻璃瓶加热融化，使瓶口缩小。而现在有了在瓶口放入弹珠，再用塑料盖盖住的方法。

我们来阐释一下如何用弹珠封口。

先在装有弹珠的瓶中，放入带有波子汽水味道的糖汁。接着，在瓶中注入汽水，将瓶子快速倒置。弹珠在碳酸气体的压力下，快速移到瓶口，就能达到封口的目的。

那么波子汽水的名字是如何得来的呢？有柠檬风味的汽水在英语中表示为"lemonade"，其在日语中发生了音变，从"lemone"变为"ramone"，最后变成"ramune"。现如今，日本市面上卖的波子汽水，不仅有柠檬味，还出现了各种不同的口味。

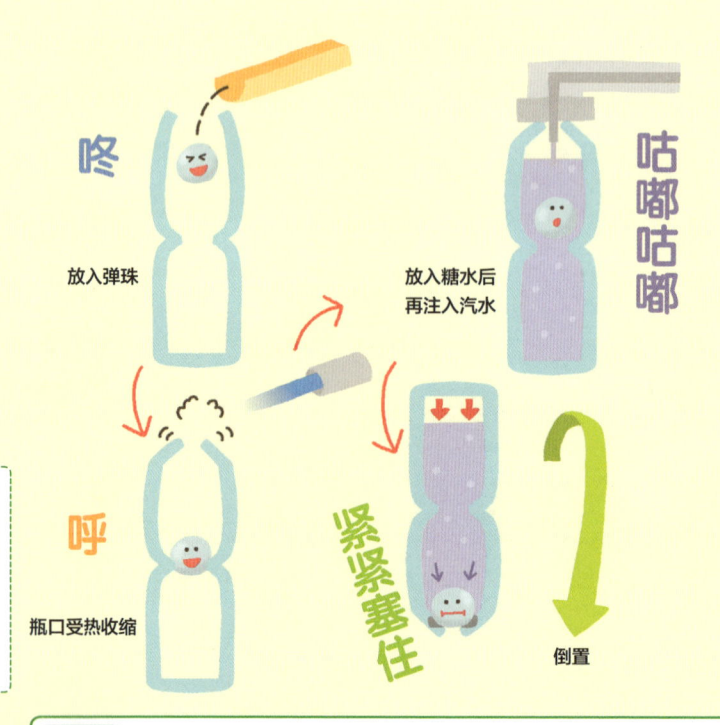

咚　放入弹珠

呼　瓶口受热收缩

放入糖水后再注入汽水

咕嘟咕嘟

紧紧塞住

倒置

第261页的答案　A 300年前

小知识 在日本和波子汽水类似的饮料"西打"（cider），读音和有苹果酒之意的"cidre"很像。

小测验 是哪国人想到用弹珠封口的？

答案在下页

262

为什么吃辣的东西会出汗？

人们在吃辣的东西时，不仅感觉很热，还会有火辣辣的痛感。

04

读过的日子（　年　月　日）（　年　月　日）（　年　月　日）

一到夏天，我们便会出很多汗。但是，你知道使我们出汗的情况其实可以分三种吗？

第一种是当我们热的时候会出汗。这种汗在蒸发时会吸收身体表面的热量，起到降温的作用。

第二种是在我们紧张时手脚和腋下会出汗，也就是出冷汗或者急汗。

第三种就是我们吃咖喱饭和泡菜等辛辣食物时也会出汗。

但是为什么我们吃辣的东西会出汗呢？而且只有脸和头部周围出汗，很少有全身都出汗的情况。这个原因到现在也还没有查明。

人们食用辛辣食物时会感到火辣辣的，被热水烫到也会感到火辣辣的。由此可知，辣味并不是由味觉神经传入大脑的，而是由能感觉到热和痛的神经传入大脑的。我们的大脑发出"降低身体温度"的指令，然后通过出汗的方式快速降低体温。生活在高温地区及低温地区的人们大多喜欢吃辛辣食物。高温地区的人们通过吃辛辣食物，出汗降低体温，从而产生降温的效果。而低温地区的人们通过吃辛辣食物以达到保持身体体温的目的。辣味主要的来源有辣椒、生姜等，但在日本还有一种辣味的代表食物——芥末。可是即使我们食用芥末也是不会出汗的，因为芥末的辣味并不是因为它自身的热度，而是我们身体的冷觉感受器通过神经刺激身体所导致的。

身体

英国 第262页的答案

小知识 除此之外，含有辣味成分的东西还有胡椒和花椒。
小测验 令我们出汗的情况有几种呢？　A 两种　B 三种　C 四种

答案在下页

263

05 火箭和航天飞机有什么不同？

它们飞行的方式和使用的燃料都是不同的。

读过的日子（　　年　　月　　日）（　　年　　月　　日）（　　年　　月　　日）

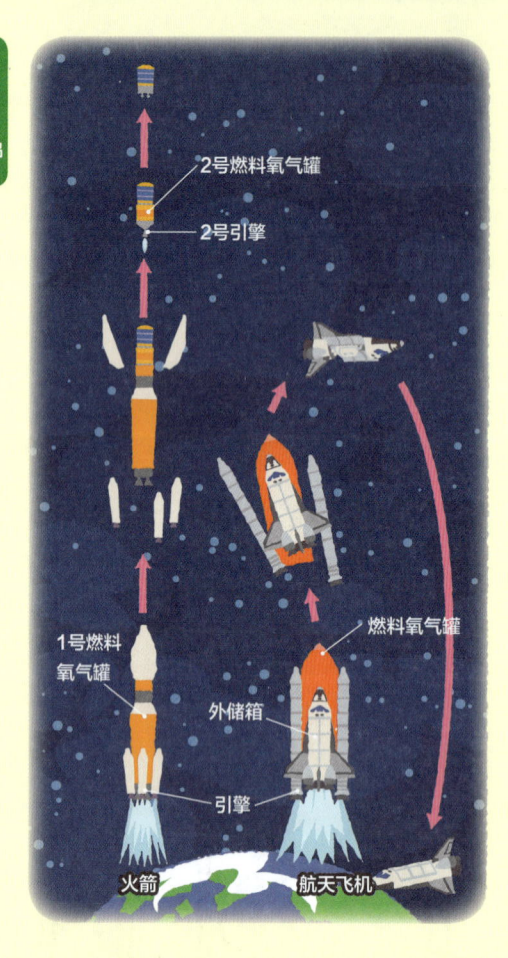

工具·物品

图中标注：
- 2号燃料氧气罐
- 2号引擎
- 1号燃料氧气罐
- 燃料氧气罐
- 外储箱
- 引擎
- 火箭
- 航天飞机

为什么火箭能飞到遥远的宇宙中呢？因为火箭通过燃烧固体燃料和液体燃料来制造瓦斯，而瓦斯喷出时产生的反作用力能使火箭飞到宇宙中。空气中的氧气是进行燃烧的必要条件（P105），但是，宇宙中并没有氧气。因此，人们把氧气压缩成固态和液态形态装进燃料罐，火箭便可带着燃料罐飞到宇宙中去。压缩成固态和液态后的氧气比气态时的体积更小，所以可以大量携带。氧气与燃料相遇后燃烧，产生瓦斯。用尽的燃料与氧气罐和引擎在中途会从火箭处分离，火箭的重量因此而减轻，速度也随之提高，于是便向着宇宙飞出去了。

但是，火箭全都是使用一次后就报废了，想把同一艘火箭多次发射到宇宙中是不太可能实现的。因此，美国研发出了一种能多次往返宇宙的航天飞机。航天飞机的主体利用装有燃料和氧气的燃料外储箱、安装引擎的发动机组以及固体助推器的力量飞向宇宙。在宇宙中，航天飞机和火箭一样，把燃尽的部分引擎和燃料、氧气外储箱分离。然后，向上飞的动力与地球重心相互平衡，航天飞机便可以持续围绕地球航行。

航天飞机返回地球的时候，如果飞行速度缓慢的话，就能受地球引力的影响落回地面了。如此一来，经过整修后的航天飞机还能再次飞向宇宙。不过，2011年7月，随着航天飞机的最后一次发射，它的历史使命也随之画上了句号。

第263页的答案　B 三种

小知识 2013年，日本宇宙航空研究开发机构（JAXA）成功发射了一枚使用低成本固体燃料的火箭。

小测验 航天飞机返回地球的时候飞行速度缓慢。　A 正确　B 错误

答案在下页

石头为什么是硬的？

石头的形成方式大致可分为三大类。

读过的日子（　　年　　月　　日）（　　年　　月　　日）（　　年　　月　　日）

石头和岩石有什么不同呢？大型的石头被称为"岩石"，它们的主要区别是大小不同，我们就暂且将石头和岩石统称为"岩石"吧。那么岩石是如何形成的呢？岩石的形成方式大致可以分为三种。

第一种是火山地下的高温岩浆在地表或者地下冷却后凝固形成的"火成岩"。凝固时由于岩石的主要成分坚硬的"矿物质"颗粒会凝聚在一起，所以火成岩有时会非常坚硬。

第二种是一部分地表断裂后成为泥土和砂石，经历长时间的堆积而形成的"沉积岩"。在沉积岩的上面沉积的泥土和砂石由于重力关系，会被压得很严实，因此也会变得非常坚硬。在这种沉积岩的内部，有时还会发现动植物的化石（P154）。

第三种是火成岩或沉积岩的岩石在地底深处受热或因压力的影响而形成的"变质岩"。变质岩由于温度和压力的关系，也是非常坚硬的。

我们再来介绍一下岩石的主要构成部分矿物质吧。如果用放大镜观察岩石的话，我们会发现上面有很多小颗粒和碎片，这些都是矿物质。大多数矿物质都是以"结晶"的形式整齐排列。结晶既有六面体结晶也有三角形的结晶，还有菱形结晶、片形结晶、线形结晶等各种形式。岩石中含有的矿物质有很多种类（P113）。其中之一就是"石英"，石英是一种非常坚硬的矿物质，晶莹剔透。形状清晰的石英叫作"水晶"。此外，"长石"是在地球上最为常见的矿物质，一般岩石中都会含有长石。还有"云母"，它的结晶特点是薄薄的片状，所以可以一片一片地剥离下来。

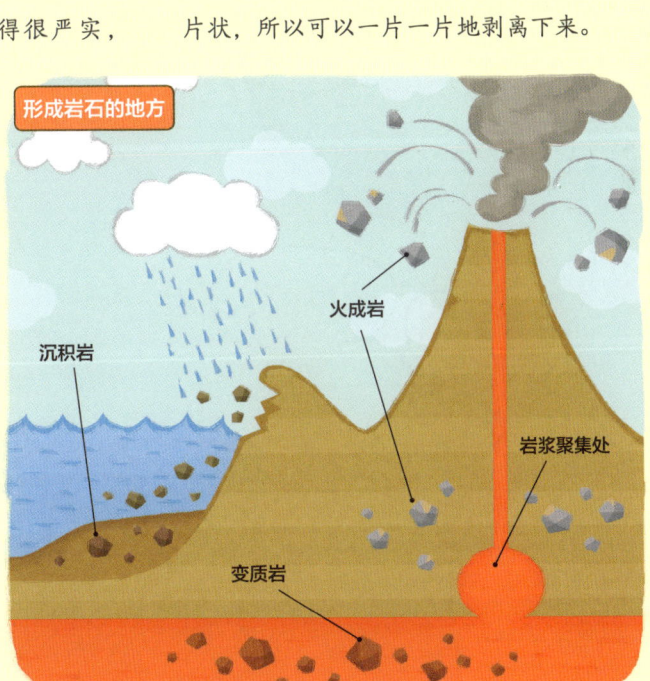

地球·宇宙

形成岩石的地方

- 沉积岩
- 火成岩
- 岩浆聚集处
- 变质岩

第264页的答案　A 正确

小知识 在矿物中，既坚硬又有漂亮的颜色和光泽的叫作"宝石"。
小测验 火成岩是由什么物质冷却而形成的？

答案在下页

265

07 为什么香蕉皮会变颜色？

香蕉皮的颜色从绿色变成黄色最后变成黑褐色。

读过的日子（　年　月　日）（　年　月　日）（　年　月　日）

食物

我们平时吃的香蕉大多是在亚洲及南美洲等温暖地区种植的。香蕉的果实很柔软，易受到磕碰，所以一般会趁着果实还是绿色的时候摘下。绿色的香蕉运到日本以后，会放到充有"乙烯"气体的温暖房间里，待香蕉变黄后再拿到市场销售。乙烯是一种从苹果等水果中散发出的气体，它可以用于催熟水果，如果将绿色的香蕉和苹果放入同一塑料袋里的话，香蕉也会变黄。

香蕉从绿色变成黄色以后，如果把它放到冰箱之类的低温环境中冷藏的话，香蕉皮就会都变成黑色。香蕉树是一种生活在温暖地区的植物，所以香蕉不喜寒冷。变黑了的香蕉味道也会大打折扣，所以保存香蕉的时候不要放到冰箱里。不过有的时候即便不放到冰箱里，香蕉皮的颜色还是会发生变化。仔细一看你会发现，香蕉皮上有很多褐色的小斑点。这并不是因为香蕉受到了磕碰，而是因为香蕉熟透了。香蕉上的小斑点叫作"麻点"，这表示香蕉的甜度又增加了。

香蕉皮就是这样从绿色变成黄色，最后又变成了褐色。大家可以根据颜色变化把握吃香蕉的时机。如果想吃甜香蕉，那就等到它出现小麻点的时候吧。如果想吃冰凉的香蕉，那就在吃之前放到冰箱里几个小时就可以了。

瑟瑟发抖

麻点

第263页的答案　岩浆

小知识 把香蕉吊起来放的话，就不容易受到磕碰。
小测验 香蕉皮上的褐色小点点，是快要腐烂的标志。　A 正确　B 错误

答案在下页

什么时候开始有算盘的？

算盘是从很久以前就有的计算工具。

读过的日子（　　年　　月　　日）（　　年　　月　　日）（　　年　　月　　日）

08

发明・发现

沙算盘

1800年前，中国发明了与现在较为相似的算盘。在650年前的绘画中就已经描绘出将木质算珠穿在小木棍上的算盘。所以可以推测出，在当时算盘已获得普及。大约在500年前，算盘从中国传入日本。在外观上是上面有两个算珠，下面有五个算珠。由于受到中国"算盘"发音的影响，所以日本将其起名为"sorobann"。到了日本江户时期，商业活动频繁，算盘开始被广泛使用。在当时的私塾里面，学童除了识文读字，还要努力学会如何使用算盘。1935年，日本的算数教材（即现在的数学教材）进行了大刀阔斧的改革，日本的算盘也由上二下五的形式变为现在的上面一个算珠下面四个算珠的形式。

算盘的原型在很久以前就有了，到底是谁发明的并不清楚，但是大约在4000年前，在埃及和美索不达米亚（今伊拉克的一部分）地区就有人使用"沙算盘"了。沙算盘是一种计算工具，通过在沙子或泥土上划条线，然后在上面摆放石头和贝壳来进行计算。

2500年前，在埃及、希腊及罗马等地出现了在平滑的木板以及岩石上划线，然后在上面摆放小石子和小骨头等作为算珠来计算的"线算盘"。在2000年前的罗马，据说还有一种在青铜板上刻出凹槽，然后在凹槽里面嵌入算珠的"槽算盘"。这种槽算盘是否传入到中国，我们不得而知。在

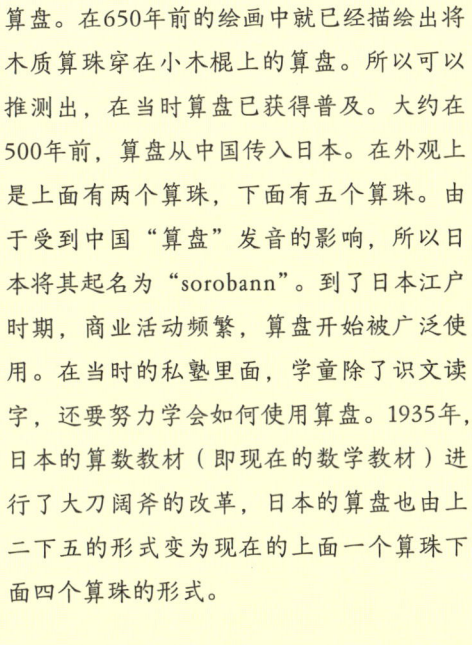

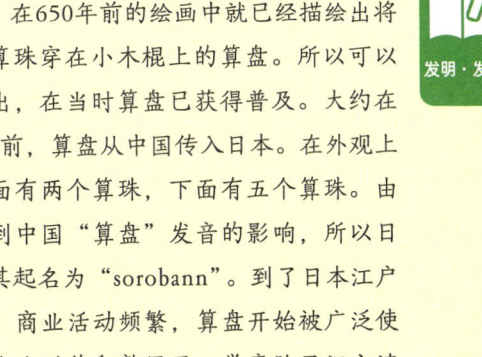

第266页的答案　B 错误

小知识　算盘在西方叫作"abacus"，意为"平板"。
小测验　算盘刚传入到日本的时候，上面就只有一个算珠。　A 正确　B 错误

答案在下页

267

09 为什么山谷里能听到回音？

震动的空气遇到山体又被反弹了回来。

读过的日子（　年　月　日）（　年　月　日）（　年　月　日）

生活

如果你在山上，大声喊"喂"，然后就会听到相同的声音，简直就像在山的那一边有人在回答一样。在日本，古时候的人们认为这是山神或者是树灵的回应，所以把这种情况称之为"山彦"（在日语中指山谷的回音）或者"回声"。

不仅仅是山，如果是在隧道或者澡堂里，同样也会听到回音。声音通过空气震动进行传播（P123），这种震动如果遇到山体或者墙体便会反弹回来，空气继续震动，这就是能听到山鸣谷响的原因。

越是坚硬的墙壁，声音的反弹效果就越好。相反，如果墙面是海绵的或者用柔软的材质包裹上，声音就会被吸收并减弱。在音乐教室和音乐会演奏大厅里，如果声音过度回响，就容易与接下来的声音混在一起，所以在墙面上会有很多小孔，这些小孔就是为了吸收声音的。

不过大家有没有发现，在运动会等场所时，当好几个喇叭同时广播时，它们相互之间的声音是有时间差的。声音的震动就像水面荡开的波纹，以发音点为圆心向外扩散，距离圆心越近的地方，就能越早听到声音。也就是说，近处的喇叭和远处的喇叭即便在同时播放相同的内容，也总是会先听到近处喇叭的声音，然后才会听到远处喇叭的声音。

另外，声音在空气中的传播速度是每秒340米，回音如果是在两秒以后传回来的话，也就是说传过去1秒，传回来1秒，一共两秒，那就说明到对面的山需要1秒钟。那么用1秒乘以340米，就可以得知声源地距离对面的山有340米远。

第267页的答案 B 错误

小知识 在宇宙中听不到声音，因为没有可以用来震动的空气。
小测验 在音乐教室和音乐会的演奏大厅里，墙面上会有很多小孔，那是为了吸收什么？

答案在下页

268

树液是为什么而存在的？

是为了帮助树木抵御寒冷和细菌。

读过的日子（　年　月　日）（　年　月　日）（　年　月　日）

10

植物

大家知道在吃日式薄煎饼的时候涂在上面的枫糖浆是用什么做的吗？枫糖浆的英语是"maple syrup"。"maple"是枫树的意思，"syrup"是糖汁的意思。"maple syrup"就是"枫树的糖汁"的意思，也就是说枫糖浆是将枫树分泌的糖汁加工制成的物质。树液可以通过光合作用（P88）将叶子产生的营养成分输送给树木全身。因为在这些营养成分中含有糖类，所以不管是哪种树木，树液都有一定的甜度。只是枫树的树液比一般的树液要更甜一些。这又是为什么呢？

因为这种树木生活在加拿大等寒冷地区，到了冬季，如果没有防范措施的话，树木中的细胞会被冻住，树木会因无法继续生长而导致死亡。所以枫树为了抵抗严寒便会停止生长，在根部将多余的养分变为更甜的物质来储存。在春天即将来临的时候，枫树为了继续生长，会从根部释放树液做好准备工作。所以说，只在雪刚刚融化的初春时节，才能从枫树上取下甜甜的树液。

虽说无论哪种树的树液都有甜度，但是树木为了保护自己，树液中往往会掺杂着杀菌和杀虫的物质。为此，有很多树木的树液苦味要更强烈一些，特别是那种树皮薄、容易受伤的树木更为常见。因为这种树不但要用树液将伤口覆盖好，还要防止细菌和虫子的侵害。不过有一种柞（zuò）树，这种树木的树皮较厚，树液里面的杀菌成分较少，比较甜，所以周围会聚集很多虫子。树液接触到外界的空气便会发酵，如此一来，便成为很多昆虫的美食。

声音　第268页的答案

小知识 橡胶是由橡胶树分泌的树液制成的。
小测验 能分泌枫糖浆的树木是哪种？　A 枫树　B 银杏　C 山茶

答案在下页

269

11 独角仙是大力士吗？

有着大大犄角的独角仙，每天就知道打架。

读过的日子（　年　月　日）（　年　月　日）（　年　月　日）

虫类

雄性独角仙有着大大的犄角，看上去就很强壮，但为什么它们会长这种犄角呢？其实，它们就是为了打架时用的。雄性独角仙之间会经常打架，大多数打架的原因是为了夺取异性。如果两只雄性独角仙喜欢了同一只雌性独角仙，它们就会通过打架来决定谁能和雌性独角仙交配。在打架的时候，它们将犄角插入对方身体下方，然后向上用力抛出对方。谁获得了胜利谁就可以和雌性独角仙交配。所以，不需要打架的雌性独角仙，是没有犄角的。

此外，雄性独角仙为了不让其他雄性独角仙进入自己的领地，或者防止其他动物偷走自己的粮食——树液，还会使用犄角来圈地。

如果独角仙和锹甲打架的话，谁会赢呢？好像大多是独角仙赢，因为它们擅长将对手铲起来后扔出去。不过一旦被锹甲的双角夹住，独角仙动弹不得也会输掉。

那么独角仙到底有多大力气呢？

大型的独角仙体重大约为10克。如果将一头系有重物的线缠在它们的犄角上，它们能拉动200克的重物，堪比它们体重的20倍。这就好比一个体重50千克的人，能拉动一台汽车一样。由此看来独角仙还是非常有力气的。

身体和犄角都很大的独角仙，擅长打架也总爱打架，所以它们经常浑身是伤。小一点的独角仙知道自己可能会输给对方，所以不怎么打架。不过它们会在大独角仙不在的时候，偷偷地去跟雌性独角仙亲热或者偷吃树液。它们不靠自己的身体，而依靠自己的智慧也能在大自然中生存下去。

第269页的答案　A 枫树

小知识 日本北海道起初没有独角仙，但是有人将独角仙从本州带去北海道，所以其数量在不断增加。
小测验 独角仙的犄角是用来做什么的？

答案在下页

270

蜣螂为什么要滚粪球？

法布尔对蜣螂类动物进行了观察。

读过的日子（　年　月　日）（　年　月　日）（　年　月　日）

12

来自故事《圣甲虫》 — 法布尔昆虫记

（法布尔在法国的牧羊场观察了一种昆虫，这是在当时发生的一段故事。）

在地面上有一种虫子，它们会滚动比自己大的圆球。这种虫子叫作"圣甲虫"，是蜣螂的一种，而那圆球竟是羊粪。为什么圣甲虫要滚动粪球呢？

因为粪球是它们的食物。虽然它们也可以就地进餐，但是有时候会有同伴来抢它们的美食，所以需要将粪球运到远处的洞里，这样就可以慢慢享受它们喜爱的粪球了。如此看来，它们为了防止食物被偷抢，还想优哉进餐，将粪便滚成粪球运回洞里是个非常不错的想法。只要圣甲虫闻到粪便的味道，它们就会立即跑过去，用头部前面的锯齿和前腿将粪便切成圆形。

它们并不是从零开始将原材料做成圆球，而是将切割好的粪便作为芯，不断滚动粘上粪便，这样粪球就会不断变大，最终变成圆球。这样做主要是为了便于运输，至于为什么要滚比自己大的粪球，那是因为圣甲虫特别能吃。粪便原本便是动物吃下食物的残渣，所以并没有多少营养。正因如此，它们需要多吃一些。圣甲虫将粪球运回自己远处的洞中以后，会啃上半天。

像这种蜣螂类动物，除了圣甲虫，还有一种体型很小、腿很长的屎壳郎。这种虫子在搬运粪球的时候，雌雄会共同协作，运回洞口后，雌性将会将虫卵产在粪球上。蜣螂滚粪球也不仅仅是为了食物，也是为了用粪球来养育后代。

第270页的答案：打架

小知识 法布尔调查的昆虫其实并不是圣甲虫，而是台风蜣螂。
小测验 蜣螂是从零开始做粪球吗？　A 正确　B 错误

答案在下页

271

13 "机关人偶仪右卫门"是谁？

他在日本被称为"东方爱迪生"，他发明了"射箭童子"和"万年自鸣钟"。

读过的日子（　　年　　月　　日）（　　年　　月　　日）（　　年　　月　　日）

传记

田中久重（1799—1881年）

在日本，自古以来就流传"机关人偶"的民间艺术，比如小人偶可以自己拿起箭然后放箭，并且能射中靶心。在江户时期，有一个小男孩，对这种有趣的机关人偶非常着迷，他叫田中久重。

田中久重于1799年出生在日本福冈县久留米市一个加工龟甲的手工艺人家里。从小就耳濡目染手工艺制作的他，也是一个心灵手巧的人。在他出生的地方，每当过节的时候，就会有安装了发条和齿轮等的机关人偶乘坐在花车上游行，这在当时非常有名。小时候，田中久重就一边看书，一边把在街上看到的机关人偶给做了出来。后来他将家业让给了弟弟，决心要成为一名机关人偶师。

田中久重被赐号"机关人偶仪右卫门"（右卫门是一种荣誉的象征），他带着自己制作的机关人偶来到大阪、京都甚至是江户（今日本东京）向人们展示，获得了大家的好评。后来移居到大阪、京都的田中久重又发明了折叠式的烛台和"无尽灯"（译者注：即长明灯），无尽灯是一种会自动给灯芯加油的永远不会熄灭的灯，他因此变得越来越有名。后来他又继续学习天文学，制作出了一款日式钟表"须弥山仪"。再后来，他又学习了西方科技，在1851年发明了刻有西方钟表刻度和天象的"万年自鸣钟"。隔年他还制作出了蒸汽船的模型。

他的蒸汽船模型得到了大家的认可，受佐贺藩（今日本佐贺县）的邀请，最后完成了日本首个蒸汽机车的模型。后来时代变更，由江户时期进入明治时期，他继续研究发明，相继开发出了机床和照相机等。1875年，他在东京银座开办工厂，制造电报机、电话机等。1881年，拥有多项发明的"东方爱迪生"田中久重去世。

第271页的答案：B 错误

小知识 田中久重在银座开办的工厂是现在的电器厂商"东芝"的前身。
小测验 "须弥山仪"是一种什么样的器械？　A 钟表　B 乐器　C 地球仪

答案在下页

272

为什么把干冰放进水里会冒烟？ 14

不会融化成液体，不会把周围弄湿的不可思议的"冰"。

读过的日子（　年　月　日）（　年　月　日）（　年　月　日）

买冰激凌和蛋糕的时候，服务员经常会问"需要放干冰吗？"我们所看到的干冰是一种颜色发白的冰，那它和普通的冰有什么区别呢？

冰是由水冻结而成的，而干冰则是由二氧化碳冻结而成的。二氧化碳是空气中的一种气体，我们在呼吸时也会吐出二氧化碳。那么，如何制作干冰呢？首先，要给二氧化碳加压，使气体的二氧化碳变为液体状态；然后，由于突然间压力减小了，液态二氧化碳的温度也会随之下降；最后，液态的二氧化碳就会变成如同细碎的雪花一般的固体，把它们收集起来凝固在一起就形成了干冰。

"干冰"的意思就是"干燥的冰"，由于它们不会融化成液体、不会弄湿周围物体而得名。制作完成的干冰温度在-80℃左右，干冰的温度极低，如果人直接触碰会导致皮肤瞬间被冻伤，所以接触的时候一定要戴上干燥的手套。把干冰放在水里就会产生气泡，并冒出白色烟雾一样的东西，这是由于干冰接触到水后升温所导致的。它融化后不会变成液体，而是变成了二氧化碳气体。但是，这种白色烟雾并不是二氧化碳，变成气体的二氧化碳是无法用眼睛看见的。这种烟雾是空气中原本的水蒸气遇低温二氧化碳冷却后形成的肉眼可见的白色小水滴。这种情况和寒冷天气时我们呼吸所产生的白色哈气（P413）是一样的原理。

工具·物品

水分子　水　干冰

第272页的答案　A 钟表

小知识 舞台演出时，波涛和瀑布等效果都是用干冰营造的。
小测验 干冰是用什么制成的？

答案在下页

15 为什么山脉两侧的天气不一样？

风沿着山坡上升的时候，所带动的空气的温度也会发生改变。

读过的日子（　　年　　月　　日）（　　年　　月　　日）（　　年　　月　　日）

天气·气象

明明还没到夏天，就有气温超过30℃的日子了。你是否在电视播出的天气预报节目中听到过用"焚风效应"来形容这种天气的说法呢？

风沿着迎风坡上升时成云致雨，越过山的另一侧时，气流下沉导致周围的气温上升，这就是焚风效应。"焚风"是指气流越过欧洲的阿尔卑斯山脉后在山谷形成的一种又热又干燥的风。从此，这种现象被称为"焚风效应"。但是，为什么山脉两侧的天气会不一样呢？其原因就在于风。风吹到山脚下，便沿着山的斜坡到达山顶，之后又从山的另一侧吹下去。风在沿着山坡上升的时候所带动的空气每升高100米，温度就会降低0.6℃。也就是说，一座海拔为2000米的山，空气的温度大约会下降12℃。空气的温度一旦下降，空气中所包含的部分水蒸气就会凝结成水或者冰，然后成云致雨（P80）。

降过雨后没有了水分的干风，由山顶向山的另一侧下降。此时被风带动的空气，每下降100米，温度就会升高0.6℃。风在沿着山坡上升和下降的时候，温度的变化方式的差异是由空气湿度的不同和海拔的下降引起的。风越过一座海拔2000米的山脉下降到山脚时，其温度会增加12℃。我们来看一下温度的变化，初始温度是20℃的话，山顶是10℃，另一侧的山脚竟变成了22℃，温差竟有2℃。

曾经因为焚风效应的影响，在2009年2月的寒冬季节，日本静冈县和神奈川县的气温竟超过了25℃。

成云致雨　　干燥的风

空气温度下降　　气温上升

第273页的答案：二氧化碳

小知识 焚风现象所产生的高温干风，会引起森林火灾。
小测验 温度上升是发生在风沿着山坡上升的时候还是下降的时候呢？

答案在下页

向日葵总是朝向太阳吗？

这么说，一半对，一半不对。

读过的日子（　　年　　月　　日）（　　年　　月　　日）（　　年　　月　　日）

16

植物

向日葵之所以叫这个名字，是因为它会朝着太阳的方向转动。可向日葵真的总是朝向太阳吗？其实这么说，一半对，一半不对。

只要你种植过向日葵就会发现，向日葵的叶子在茎秆上的排列顺序像螺旋楼梯一样，这样它们相互不会遮挡，每片叶子都可以接收到阳光照射。向日葵花的根部也就是茎的顶端部分，总是朝向太阳生长。那是因为向日葵的茎部在生长过程中，不朝阳的那一面总是长得很快，所以看起来向日葵总是朝向太阳。当向日葵花越来越大，茎部停止生长时，就会停止转动。花朵只是正常开放，不会再朝着太阳转。所以说，向日葵的茎部总是朝向太阳生长在转动，但是花朵本身并不转动。因此，如果说向日葵总是朝向太阳，那是因为正在生长的茎部总是朝向太阳转动，所以"向日葵总是朝着太阳"是对的。但是向日葵的花并不具备朝向太阳转动的性质，所以说这么说也是不对的。另外，还有一种说法，说向日葵之所以叫这个名字，是因为它的花朵的形状和颜色像太阳，所以才叫向日葵。

向日葵的花朵虽然看起来像一朵花，但实际上它却是上千个花朵的集合体，而且仔细看，你会发现有两种花朵。围在周围一圈的黄色花瓣既没有雄蕊也没有雌蕊，所以不能结出种子。它们存在的意义主要是向授粉的蜜蜂等昆虫宣传自己，告诉昆虫们"这儿有花朵呢"。向日葵真正的花朵是花瓣内部褐色的部分。这些小突起正是向日葵的花，每个突起都是一朵小花。这些小花既有雌蕊也有雄蕊，所以可以结出种子。

向日葵的种子，既可以吃，也可以用来榨油。向日葵不仅可以用于观赏，在我们的生活中也起着重要的作用。

下降　第274页的答案

小知识 朝向太阳生长的植物，不仅仅只有向日葵，几乎所有的植物都有这个特性。
小测验 朝向太阳的是向日葵的哪个部位？　　A 茎的前端　B 雄蕊　C 花朵

17 为什么被太阳晒过后会变黑?

这是太阳光中的紫外线搞的鬼。

读过的日子（　　年　　月　　日）（　　年　　月　　日）（　　年　　月　　日）

身体

如果我们在海边或者泳池等地长时间被太阳照射的话，皮肤就会被晒得发黑或发红。

这其实是太阳光中的紫外线搞的鬼。你知道太阳光有7种颜色吗？看看彩虹便可知道。太阳光照射在雨滴上会形成彩虹，我们从中能看到7种不同的颜色（P286）。存在于紫色光线外侧的光，我们称之为"紫外线"；位于红色光线外侧的光，我们称之为"红外线"。不过这两种光线靠人的肉眼是看不到的。

我们如果被紫外线适当照射的话，身体可以制造出"维生素D"。这种营养成分可以使骨骼更坚硬，而且紫外线还可以杀菌，可用于治疗皮肤病。紫外线虽然有好的一面，但也有不好的一面。紫外线会让皮肤老化，出现皱纹和松弛现象。最可怕的是紫外线还会引发皮肤癌。

被太阳照射以后皮肤颜色变深，是因为皮肤中的黑色素增加了。在太阳光照射时，黑色素会聚集在皮肤表层来吸收紫外线。这样是为了保护身体，防止我们的身体被紫外线过度照射。黑色素增加后会与污垢等一起脱落，所以过段时间皮肤还会恢复到原来的颜色。不过在皮肤深处形成的黑色素会继续残留在里面，后期会形成色斑或者雀斑。

另外，如果在短时间内大量被紫外线照射，黑色素无法及时吸收，就有可能会引起红肿晒伤等现象。

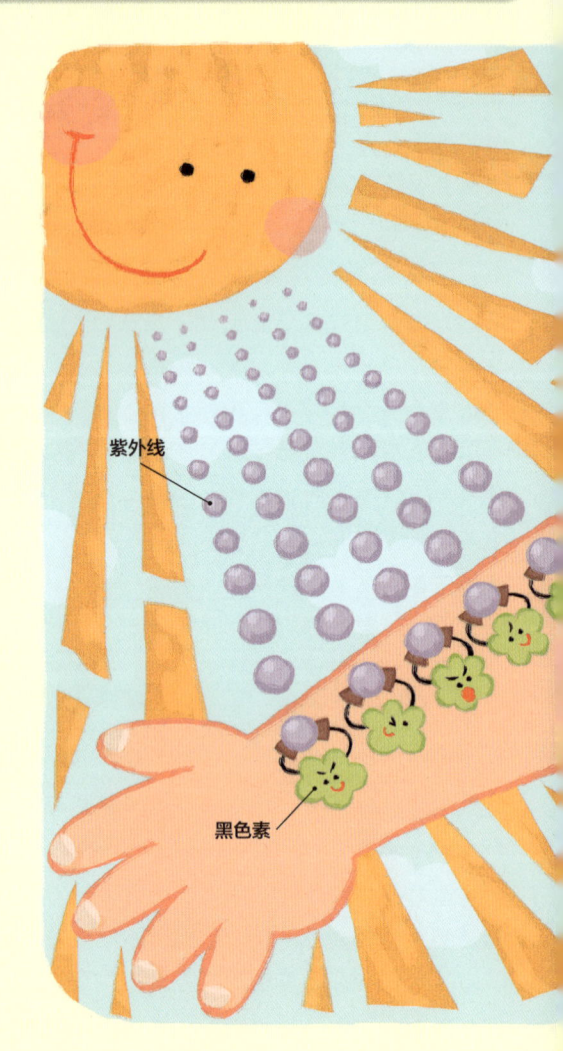

了解了紫外线的功能之后，我们就知道，不能被太阳过度照射了。

紫外线

黑色素

第275页的答案 A 茎的前端

小知识 不仅仅是夏季，春季和秋季也有大量的紫外线，需要特别注意。
小测验 被太阳晒过后皮肤会变黑，这是因为皮肤里含有什么物质？

答案在下页

276

土壤是由什么形成的？

这是地球几十亿年来形成的物质。

读过的日子（　年　月　日）（　年　月　日）（　年　月　日）

18

大家玩过泥巴吗？泥巴就是土壤，但土壤是怎么形成的呢？土壤是岩石和石头等物质"风化"后形成的。就是说，土壤是岩石和石头被水冲刷、被冰冻后开裂、被植物的根破坏后不断变得细腻而形成的物质。地球最开始只有岩石，在经历几十亿年后，便形成了土壤。根据颗粒的大小，土壤分为几种：2毫米以上的被称为"砾"，即小碎石；2毫米以下的被称为"砂"；比0.02毫米还要小的，被称为"粉砂"；还有更小的颗粒，比0.002毫米更小的颗粒叫作"黏土"。这些小颗粒中混入腐叶等营养物质便形成了"土壤"。需要花费上百年的时间，才会形成1厘米深度的土壤。地面的土壤层，深的地方有5～10米，一般厚度都是2米左右。越往深处，石块就越多，最后便都是岩石。

因为土壤里含有的物质不同，所以颜色也有很多种。偏黑色的土壤里面含有火山喷发出的灰烬和石头颗粒以及腐烂掉的落叶。这种土壤在日本各地都有。偏红色的土壤里面含有铁元素，因为铁被氧化所以看起来是红色的。在日本冲绳县的海边，还有一种叫"星沙"的土壤，里面的颗粒是星星的形状。虽然名字里有个"沙"字，但它并不是沙子，而是生活在海里的小型生物"有孔虫"的壳。此外，在日本各地的海边还有用脚踩上去会发出声音的"鸣沙"，其主要成分是"石英（P113）"的碎片。

地球·宇宙

不同深度的土壤的区别

湿润松软的土壤

混有砂石等的土壤

开始风化的岩石

黑色素

第276页的答案

小知识　黏土的颗粒极其细腻，是可以用来做陶瓷的原材料。
小测验　比0.002毫米还要小的土壤颗粒叫作什么？

答案在下页

277

19 为什么海蜇会蜇人？

不能快速游动的海蜇是为了保护自己才变得有毒的。

读过的日子（　　年　　月　　日）（　　年　　月　　日）（　　年　　月　　日）

水生动物

在大海里忽闪忽闪游动的海蜇，其实并不擅长游泳。它们是依靠身体的收缩，每次才能移动一点点。几乎所有的海蜇都不能游得特别快，所以它们平时喜欢"随波逐流"，漂在水里。它们以从伞部伸出来的口腕捕捉的浮游生物为食。因为不能快速游动，所以一旦遇上危险，就不能迅速撤离。为了保护自己，也为了已经入口的猎物不会逃走，海蜇便会分泌毒素。部分海蜇的毒素，对于人类来说是一种剧毒。

蛇等动物是通过咬住对方来放毒的，而海蜇是通过"蜇"。在海蜇的伞部边缘长有一些突起的"触手"，如果有生物碰到触手，海蜇就会从触手里伸出很多刺来扎对方。在这些刺里面还有一些细针管，这些针可以刺到更深的地方，并且毒素会通过这些针管被释放出来。在澳大利亚，曾经有人被海蜇蜇后15分钟就死了。所以说，有些海蜇的毒素是非常恐怖的，而且即便是比较弱的毒，如果被蜇到两次，也会有很大的杀伤力。海蜇的毒针不仅仅只在触手上，有的海蜇，会让毒针长满全身，所以一定不要用手摸海蜇。

如果一旦被海蜇蜇到，要立即上岸，不要活动身体。因为一旦活动身体，毒素会蔓延得更快。而且不要用手触摸被海蜇蜇过的地方，否则毒针有可能扎得更深。要先用海水将海蜇的触手洗掉，然后再用自来水清洗被蜇过的地方，并迅速就医。

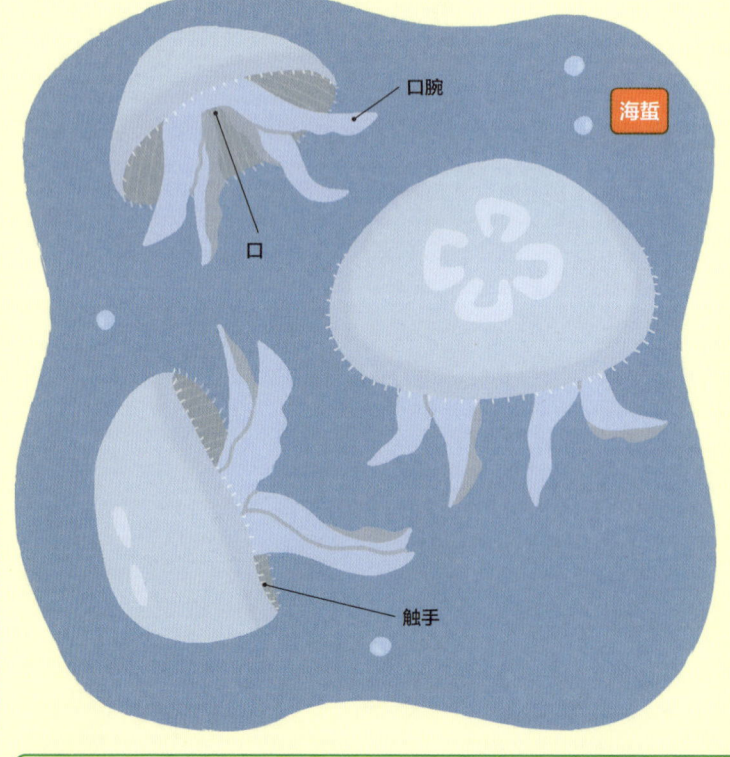

口腕

口

海蜇

触手

第277页的答案：黏土

小知识 一般人可能会认为海蜇在海里，其实有的海蜇会生活在河里和湖里。

小测验 被海蜇蜇到以后，首先要用什么清洗？　A 海水　B 自来水　C 糖水

答案在下页

278

为什么兔子的耳朵那么长?

这是一只左耳朵有缺口的小兔子的故事。

读过的日子（　年　月　日）（　年　月　日）（　年　月　日）

20

西顿动物记

来自故事《棉尾兔》

（有一种兔子的尾巴像一团柔软的棉花球，它们叫作棉尾兔。这个故事与一对棉尾兔母子相关。）

兔妈妈和兔宝宝一起生活在沼泽岸边的草窝中。兔宝宝的左耳上有一个缺口，是它小时候被蛇咬后留下的伤痕。所以它有个外号，叫"豁耳哥"。兔妈妈为了不让兔宝宝再遭受这样的灾难，所以拼命教它该如何保护自己。

其中一个方法就是，要侧耳倾听周围动物发出的声音。因为它们的耳朵又长又大，所以听力很棒。

"哥儿，你听好了。松鸦（森林里叫声很大的一种鸟）是一种非常聪明的鸟，如果那些总是袭击我们的老鹰、猫头鹰、猫之类的动物向我们靠近的时候，松鸦便会大声呼叫来通知我们。因为它们也是松鸦的敌人。如果松鸦叫起来，你就逃到荆棘多的地方去。"

因为兔子有着松软的毛，所以荆棘丛中的刺并不会扎到它们。

"还有，你躲到水里也很安全。因为很多动物都怕水。有牛蛙叫的地方应该就会有水池，如果遇到危险，你就朝着牛蛙叫声传来的地方跑。"

还有一个是兔妈妈教兔宝宝用后脚敲地面的技巧。

如果"咚"只敲一次就是"要注意啦！"的意思；如果是"咚，咚"慢慢地敲两次，则是"你来呀"的意思；如果是"咚咚咚"快速敲三下，那是"快跑！"的暗号。因为它们都长着长长的耳朵，所以即便是在200米以外的地方，也能听得很清楚。

豁耳哥从妈妈那里学到了很多经验，并学会了如何赶走狐狸和猎犬。有一次，一只大公兔想霸占它的窝，豁耳哥也成功地赶跑了这只入侵的兔子。温柔的兔妈妈死后，豁耳哥和一只母兔结了婚并生下了很多小兔宝宝。

第278页的答案　A 海水

小知识　兔子的左右耳可以根据不同方向的声音，朝不同的方向转动。
小测验　是什么动物咬了兔宝宝的左耳朵？　A 鳄鱼　B 野猫　C 蛇

答案在下页

279

21 "巴甫洛夫的狗"是什么实验？

一看见食物就会流口水的机制是……

读过的日子（　　年　　月　　日）（　　年　　月　　日）（　　年　　月　　日）

传记

伊万·巴甫洛夫（1849—1936年）

　　清晨，图书馆还没有开门，在门口有一位埋头阅读科学书的少年。他就是后来世界著名的生理学家伊万·彼德罗维奇·巴甫洛夫。

　　巴甫洛夫于1849年出生在俄罗斯的梁赞，是教会牧师家中的长子。为了继承家业，他就读于神学院。在当时的神学院，有些科学图书是不允许读的，因为这些书的内容违背了神的旨意。但是巴甫洛夫无论如何都想读科学图书，于是他就拜托了一位他认识的图书馆职员，偷偷地把这些书弄到手。结果巴甫洛夫被这些书里所描绘的动物身体内部构造图深深地吸引。"要是可以的话，我好想研究动物的身体啊。"巴甫洛夫不顾父母的反对从神学院退学，决定去圣彼得堡大学学习动物生理学。大学毕业后，巴甫洛夫在军医学校就职，之后又收到了俄罗斯首所医学研究所的邀请。在设备充足的研究所里，巴甫洛夫进行了他之前就开始筹划的关于狗的实验。这个实验的内容是，将食饵只放在狗的嘴里，确认是否会从胃部分泌出消化液。在这之前，人们普遍认为，把食物吞进胃里以后，挤压胃壁才会分泌出消化液。但是从巴甫洛夫的实验中可以得知，嘴部可以将刺激传递给大脑，进而分泌消化液。由于这一发现，巴甫洛夫在1904年获得了诺贝尔生理学或医学奖。

　　后来巴甫洛夫在给狗听完某种声音后再喂食，如此反复多次。结果发现这只狗只要听到这个声音，嘴里便会充满唾液。于是就诞生了一个理论，那就是动物与生俱来就会产生的某种反应，被称为"无条件反射"，后期通过学习而产生的反应叫作"条件反射"。巴甫洛夫于1936年去世，当时的脑部研究并没有现在这么发达，可他却是一位已着眼于研究身体器官与脑部之间的联系的学者。

第279页的答案：C 蛇

收集唾液的装置

小知识 巴甫洛夫给用于实验的每一只狗都起了名字。

小测验 巴甫洛夫在图书馆偷偷读的是什么书？　A 童话　B 历史　C 科学

答案在下页

蝙蝠不是鸟类吗？

它们为了听清某种声音，有着大大的耳朵。

读过的日子（　年　月　日）（　年　月　日）（　年　月　日）

22

动物

　　能振翅高飞的蝙蝠，看起来很像鸟类，但实际上蝙蝠和我们人类一样，它们也是用母乳哺育后代的"哺乳动物"。它们与鸟类最大的不同之处在于，翅膀不是由羽毛组成的，而且手指和脚趾中间长有一层薄膜。为了能够飞行，蝙蝠的脚部肌肉退化无法站立。它们不飞行的时候，需要倒挂着休息。蝙蝠还有一处与鸟类不同，鸟类的耳朵只有一个耳眼，没有突出的部分，而蝙蝠却长着大大的耳朵。这对大大的耳朵能够有效地帮助蝙蝠在黑暗中顺利飞行，这样它们就不会在飞行中撞到什么东西。蝙蝠主要在夜间活动，无法光靠眼睛来飞行，所以它们会发出人类不能听到的、频率很高的声音，并能根据反弹回来的声音来寻找猎物和躲避障碍物，这种频率很高的声音叫作"超声波"。蝙蝠有时会在母子之间发出超声波，也有的蝙蝠会利用这种超声波来确认相互的位置。蝙蝠的耳朵为了能够准确收集并分辨这种反弹回来的超声波，所以耳朵长得非常大。

　　除了蝙蝠，还有其他动物也使用这种超声波，那就是海豚。海豚会从鼻子深处发出一种声音，并在头部"额隆"处产生振动将声波范围扩大，于是声音就会向前传播。当声音遇到障碍物后反弹，海豚就可以对它们的猎物鱼群进行定位。但是，海豚没有像蝙蝠那样的大耳朵。另外，也没有听说过海豚的耳朵里有耳垢。所以说，海豚是用下颚收集声音使骨骼产生振动，然后传递到耳朵深处的，也就是说它们用细长的下颚代替了耳朵。

C 科学　第280页的答案

小知识 蝙蝠的食物主要是昆虫类，但是有的蝙蝠也吃水果。
小测验 蝙蝠和海豚发出的频率非常高的声音叫作什么？

答案在下页

281

23 为什么大人的肩膀会酸痛？

因为人类是用两条腿直立行走的。

读过的日子（　　年　　月　　日）（　　年　　月　　日）（　　年　　月　　日）

身体

你是否给父母按摩过肩膀呢？一边给父母按摩肩膀一边聊天是一件非常令人开心的事。但是，如果肩膀酸痛得厉害的话，就会出现身体发麻、头痛等严重不适的症状。肩膀酸痛这种症状有几处让人觉得很不可思议的地方。第一，在小孩子身上很少见到肩膀酸痛的症状；第二，这种情况多发生在女性身上；第三，很少听到外国人说起肩膀酸痛。

我们为什么会肩膀酸痛呢？是因为人类是用两条腿直立行走的。细长的脖子为了支撑起由大脑组成的沉重的头部，重量便会由脖子传向肩膀的肌肉。如果肌肉时而紧张时而放松的话，血液流通会很顺畅。但是，如果一直以同一个姿势坐着或者站立工作的话，脖子和肩膀的肌肉会僵硬，导致血液流通不畅。因此肌肉就会变得更硬，从而引发肩膀酸痛的症状。

小孩子的肌肉是柔软的，所以不易引起肩膀酸痛。女性引起肩酸的原因大多是因为女性的脖子比男性细，支撑头部的肌肉较弱。另外，很少听外国人说起肩膀酸痛，是因为他们不把这种情况称为"肩膀酸痛"，而是叫"脖子酸痛"，外国人身体的肌肉含量比亚洲人多，头的重量不易传给肩膀承担。

最近了解到，一旦需要咬紧牙关去努力做事时，就会导致下颚关节紧张，压力便会传到脖子和肩膀的肌肉上，进而会产生肩膀酸痛的症状。可能努力的人和好强的人肩膀酸痛的时候比较多吧。

想要缓解肩膀酸痛的症状，就不要一直保持同一个姿势，时不时稍做运动休息一下是很重要的。泡温泉的时候，可以把毛巾放在肩膀上捂热，再做一下按摩也非常有效。

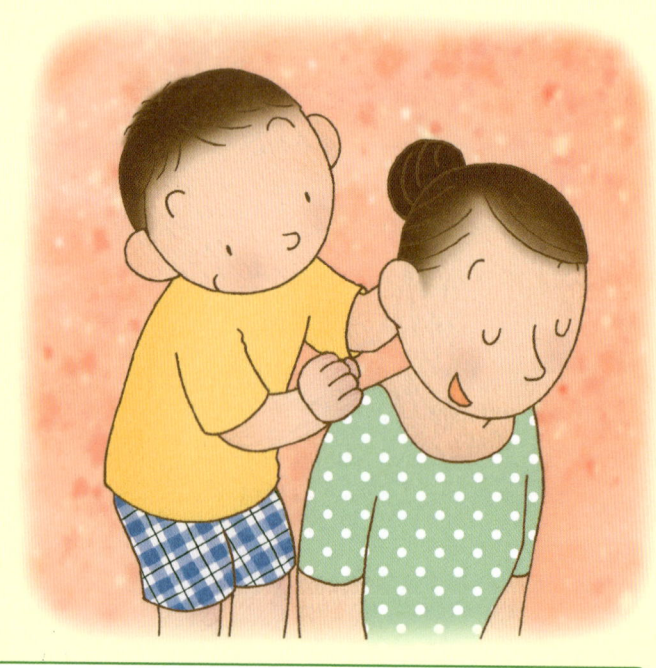

第281页的答案　超声波

小知识　一个成年人大脑的重量大约和一个西瓜一样，约重4千克。
小测验　一直保持同一个姿势可以治愈肩膀酸痛。　A 正确　B 错误　　答案在下页

282

为什么虫子会聚集在亮的地方？

24

大多数的虫子都有着不可思议的习性。

读过的日子（　　年　月　日）（　　年　月　日）（　　年　月　日）

虫类

夏天的夜晚，总是能看见路灯周围聚集着蛾子之类的虫子们，而且，只要是明亮的东西，哪怕是火焰，虫子也会冒着被烧死的危险飞进去。所以便有了"飞蛾扑火，自取灭亡"这一谚语。

可为什么虫子要聚集在明亮的地方呢？实际上，多数昆虫都需要通过眼睛等部位来感知光的方向，从而采取行动。比如，蚂蚁需要依靠判断太阳的位置等返回蚁巢。还有，像蝴蝶和蜻蜓这样拥有背部接受阳光才能飞行的特质。蛾子是典型的在夜间飞行的虫子。但是蛾子在全黑的环境中并不能飞行，它们需要依靠月光才能飞行，太阳出来之后便和蝴蝶、蜻蜓一样，背部接收阳光继续飞行。在很久以前的晚上，光源只有月亮。现在有比月亮离我们更近的光源——路灯等人造光源。被这种光照在背部的蛾子就会向光源靠近。那么，聚集在一起的虫子们为什么会围绕在路灯的周围呢？

通过进一步详细的调查，人们发现蛾子会靠近其感知到的光源，并且身体会向两只眼睛感受到强光的方向发生倾斜。因为人造光的距离要比月亮近很多，如果身体的一侧被光照射，就会持续围绕在光的周围。月亮在很远的地方，蛾子的两只眼睛感受到的是同等强度的光，因此，飞行的时候身体不会向某一方倾斜。

不只有蛾子会聚集在光的周围，很多虫子都有这种习性，所以利用这种习性可以抓到虫子。首先，打开房子外面的电灯，在电灯的周围撑开床单之类的白色的布，只需这样，就能抓住很多聚集到一起的虫子。但是，在满月的时候和风大的日子，虫子就不怎么聚集在一起。

第282页的答案：B 错误

小知识 在不同的时间聚集在路灯周围的虫子，其种类也会不同。
小测验 聚集在路灯周围的虫子，需要灯光照射身体的哪个部位呢？

答案在下页

25 "活化石"是怎么回事？

有一种动物大约和4亿年前的模样没什么区别。

读过的日子（　年　月　日）（　年　月　日）（　年　月　日）

水生动物

"活化石"指的是从很久以前开始一直存活到现在，外貌几乎没有改变的生物。1938年在南非发现了一种生物，它的名字叫作"腔棘鱼"。在这之前只发现过腔棘鱼化石，据人们推测这种鱼已经在大约7000万年前就灭绝了。被发现的活体腔棘鱼具有化石鱼的明显特征。地球上的生物都是在海洋里诞生然后才转移到陆地上来的（P227）。腔棘鱼保留了准备从海洋向陆地转移的鱼类的特征。这主要是鳍的部分。一般鱼类的鳍像一把蒲团扇，身体内部会排列着几支细细的鱼骨，外面被一层薄膜覆盖，而腔棘鱼的鳍却长着结实的肌肉，特别是胸鳍和腹鳍非常强壮。也就是说，后期这种鳍将会变成腿，转移到陆地上生活后，可以行走。

后来，由于可以在海里观察活的腔棘鱼，我们发现这种长有肌肉的鳍可以完成很多一般鱼类无法完成的细微动作。腔棘鱼还让我们弄清了鱼类变成陆地动物的过程。虽然以前通过化石也可以了解很多，但是像腔棘鱼这种活化石可以让我们了解到更多内容。

除了腔棘鱼这种活化石，还有其他的动物，例如同样是海底生物的鹦鹉螺，它们类似于体内有甲壳的鱿鱼；还有与背着坚硬甲壳的蜘蛛、蝎子有亲缘的鲎（hòu）等。此外，还有银杏树，只有一个品种存活了下来，所以也被称为活化石。

第283页的答案：后背

小知识 从1938年发现第一只腔棘鱼到发现第二只腔棘鱼之间，竟然相隔了14年。
小测验 腔棘鱼与其他的鱼最不一样的是什么地方？　A 鳃　B 鱼鳞　C 鳍

答案在下页

284

真的有外星人吗？

说不定在什么地方也有像地球一样的行星。

读过的日子（　　年　　月　　日）（　　年　　月　　日）（　　年　　月　　日）

26

地球・宇宙

当我们抬头仰望星空，可以看到点点繁星。也许有人会想，那些星球上或许有外星人呢？不过可惜的是，一般情况下，能够自己发光的"恒星"上是没有外星人的。因为恒星与太阳一样，温度非常高，所以恒星上不可能有生物。即便是有外星人，那也是生活在像地球一样围绕恒星旋转的"行星"上。可在行星里面，有的因为离恒星太近，温度过高，生物生存所必需的水分会蒸发掉。有的因为离得太远，温度过低，水分就会结冰，在这种环境中，生物也无法生存。如果是像地球一样，温度适宜并且有充足水分的行星的话，也许会有外星人。但是因为行星自己不能发光，所以要寻找这样的行星非常难。尽管我们借助太空望远镜等工具，已经在太阳系以外发现了3000多个行星，但目前还不能确定这些行星上有没有生命迹象。

以前，天文学家和美国国家航空航天局（NASA）曾经向外星人发送过地球信号。1974年，位于波多黎各的阿雷西博天文台向武仙座的"M13球状星团"发出过电波，电波里包含数字、人类的外形及地球上的人口等信息。可是据计算，这些信息需要2.5万年后才能到达M13球状星团。而且，如果外星人发现这一信息，即便是立即给我们回信，也需要2.5万年。所以说，要寻找外星人真的很难，而且非常耗时。

目前，在地球以外的星球尚未发现生物，也没有收到类似于外星人发来的信息。虽然如此，外星人还是有可能存在于某个星球的。

2.5万年后……

谢谢你们的来信
你们要等我回信哦

第284页的答案 C 鳍

小知识 之所以将信息发送到M13球状星团，是因为那里汇集了50万个恒星。

小测验 像地球这样围绕在恒星周围的星球叫作什么？　A 行星　B 彗星　C 卫星

答案在下页

285

27 彩虹为什么有7种颜色？

雨后的天空，彩虹会出现在与太阳所在位置相反的方向。

读过的日子（　　年　　月　　日）（　　年　　月　　日）（　　年　　月　　日）

天气·气象

彩虹是一种非常靓丽的景象，它的真正面目其实是我们每天都在沐浴的阳光。太阳光通常看起来是偏白的颜色，其实它是由各种颜色的光组合而成的。关于这个问题，我们可以利用"三棱镜"对着太阳看下便可知道。三棱镜是一种三角的柱状玻璃，阳光通过三棱镜时会产生折射现象，分成红、橙、黄、绿、蓝、靛、紫7种颜色。我们还可以用装入水的塑料瓶或者玻璃杯来代替三棱镜，大家不妨对着阳光尝试看一次。

光在通过物体时，能够在交界面上产生折射现象，折射的角度因光的颜色不同而略有差异。之所以能看到7种颜色就是因为它们各自折射的角度不同，因此我们说太阳光有7种颜色。当雨滴充当三棱镜时所产生的现象就是彩虹。雨后，细小的水分子仍大量飘浮在空中，拨开云雾的太阳光照射到水分子上，就会产生7种颜色的折射现象。而且，能够看到彩虹的地方一定是与太阳相反的方向。因为太阳光通过水分子折射反弹回来，再次映射在我们的眼里才能形成彩虹。

接下来，我们来介绍一下如何动手制作彩虹。

在一个晴朗的白天，背对着太阳，使用喷雾器或者喷壶，或者将水管的头用手按住，这样就可以喷出很多细小的水滴。如此一来，我们就能看到一些小小的美丽彩虹了。

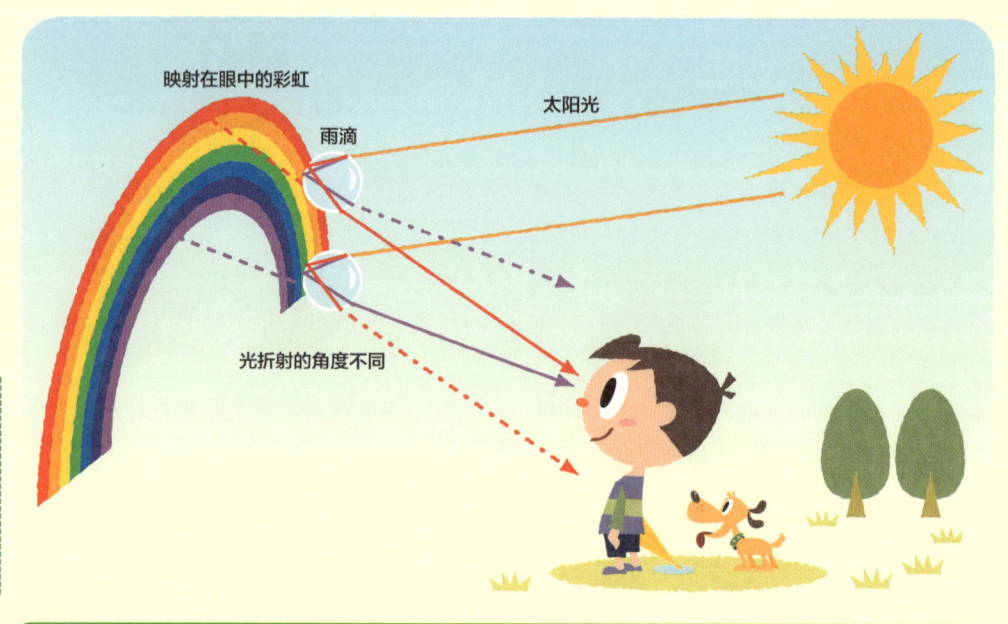

映射在眼中的彩虹　雨滴　太阳光

光折射的角度不同

第285页的答案　A 行星

小知识 在彩虹的外侧有时会隐约看见另一个彩虹（副虹）。
小测验 彩虹是由什么光反弹形成的？

答案在下页

有个人真的成为鸟爸爸了？

他有一个大发现，他发现小鸡会跟在自己的父母后面走。

读过的日子（　年　月　日）（　年　月　日）（　年　月　日）

28

传记

"我想成为一只灰雁。"儿时的康拉德·洛伦兹之所以想成为一只灰雁，是因为他最喜欢的《尼尔斯骑鹅历险记》里面出现了灰雁。洛伦兹于1903年出生于阿尔登堡，即现在的奥地利的一个医生家庭。他自幼喜欢动物，一直很想从事动物研究工作，但是他最后还是听从了父亲的意见，勉勉强强地学了医学。即便如此，他仍旧没有放弃研究动物。洛伦兹在宠物店买回乌鸦的雏鸟喂养期间，他发现了一个问题。雏鸟以为洛伦兹是它们的父母，只要看不到洛伦兹就会鸣叫呼喊他。于是洛伦兹又养了很多乌鸦的雏鸟来观察，并且记录下来。他的日记后来被德国的著名动物学家奥斯卡·海因洛斯看到，洛伦兹因此开启了成为动物学专家的道路。

洛伦兹在他最喜欢的灰雁身上，取得了很大的研究成果。有一天，洛伦兹在人工孵蛋的机器前观察情况时，刚出生的雏鸟与洛伦兹目光相对。自此以后，这只雏鸟就认定洛伦兹是它的父母，总是跟在洛伦兹的身后。后来洛伦兹通过研究发现并证实"这种动物有一种本能，刚出生时第一眼看到比自己大的动物，便会默认这就是自己的父母"。而且基于这种本能，雏鸟会将眼前的画面深深刻印在脑海里，因此将其命名为"印记"。

洛伦兹还创立了"动物行为学"，这指的是通过近距离观察动物，发现动物某些行为的秘密。这一学说得到了大家的肯定。1973年，洛伦兹与他的研究同伴尼古拉斯·廷伯根和卡尔·冯·费舍尔三人，一起获得了诺贝尔生理学或医学奖。洛伦兹于1989年去世，享年85岁。

康拉德·洛伦兹（1903－1989年）

第286页的答案：太阳光

小知识 洛伦兹将他记录的动物生活整理成书并出版了，书名为《所罗门王的指环》。

小测验 洛伦兹小时候想成为一只兔子。　A 正确　B 错误

答案在下页

29 为什么棉花糖会那么蓬松柔软?

砂糖旋转后融化成的液体,可以做成棉花糖。

读过的日子(年 月 日)(年 月 日)(年 月 日)

食物

在日本的庙会上,有很多好玩的游戏,比如说钓气球、捞金鱼等。还有许多好吃的,比如炒荞麦面、章鱼小丸子、糖苹果*和棉花糖。但是棉花糖为什么会那么蓬松柔软呢?

我们在庙会上看到的做棉花糖的机器,那是一个大盆中间有个滚筒,机器通过电力或者燃气输送动力,滚筒便会转动起来。将一些颗粒状的材料放入滚筒中,就会从滚筒上的小孔飞出一些像棉絮一样的东西。用筷子将这些棉絮拢在一起,就做成了棉花糖。其实放在筒里的小颗粒是"粗糖",即粗粒的砂糖。砂糖遇热后会融化为液体,在滚筒中被加热的液体糖因旋转会从小孔中分散出来。由于离心力的作用,这些飞散出来的砂糖会飞向外侧。所以这些液体状态的糖就会拉得更长。这些像细线一样的糖液冷却后凝固,然后用筷子将这些糖线缠绕在一起,线与线之间形成的间隙,会让棉花糖变得蓬松柔软。机器转得越快,就越能做出上等的棉花糖。

制作棉花糖时的温度要比140℃稍微高一点点。如果温度再高些,达到165℃的话,可以做成硬糖,更进一步如果达到190℃的话,则可以做成焦糖布丁里的焦糖了。如果将液体状态的糖熬到快要糊锅底的话,不仅有甜味,还会有一点点苦味。根据砂糖制作时的温度不同,可以做成各种糖果。

制作棉花糖时,大多以粗糖为原料,不过用精致白砂糖也可以做成棉花糖。但是使用绵白糖或者黑糖做原料的话,因为水分较多会湿软一些,所以做不成蓬松柔软的棉花糖。

第287页的答案 B 错误

*糖苹果:一种类似于糖葫芦的小吃,在苹果外裹上一层糖浆制成。

小知识 砂糖可以让食物长久保存或者变得更柔软可口。
小测验 棉花糖是用哪种糖做成的? A 黑糖 B 绵白糖 C 粗糖

答案在下页

为什么人一转圈就会晕头转向？

虽然身体停止了转圈，但是大脑还没能及时停下来。

读过的日子（　年　月　日）（　年　月　日）（　年　月　日）

30

身体

三个半规管

能够感受到身体转动的细毛

在日本有一个敲西瓜的习俗。敲西瓜的人把棒子握在手里，记住西瓜所在位置后蒙上眼睛，原地转圈然后去敲西瓜。敲瓜的人虽然打算朝着西瓜的位置径直走过去，但是因为晕头转向，所以根本无法径直走过去，有的人甚至会摔倒。为什么会发生这种现象呢？那是因为在我们人类的耳朵深处有"内耳"，内耳里面有一种可以感知身体平衡的器官。这种器官叫作"半规管"，主要是由装满液体的三个弧形管构成。三个管的朝向各有不同，里面长有像毛笔笔尖一样成束的细毛。当身体晃动或者旋转时，里面的液体也会产生晃动，细毛也会顺水而动。于是细毛的根部就会通过神经将这种运动传递给大脑。这样我们的大脑就会知道自己的身体在转动。此外，运动时大脑也可以从眼睛那里得到信息，并会根据身体的转动调节眼部的动作。如果身体停止了转动，眼睛也能立刻停下来就好了，可眼睛好像无法做好这份工作。

如果转动一下装了水的杯子然后放下，就会发现杯子里的水还会持续转动一段时间。半规管里也是这个原理。里面的液体在持续晃动时，大脑就会错误地理解为"还没停"。于是眼睛就会继续从大脑那里接受指令，继续保持之前的动作。这样身体就维持不了平衡，所以会摇摇晃晃的。

如果想不东倒西歪地走过去敲准西瓜的话，就要像芭蕾舞演员或者花样滑冰的选手一样，通过不断的练习来适应转圈，使大脑能立刻发出正确的指令以便及时让眼睛停下来。

第288页的答案 C 粗糖

小知识 花样滑冰选手的视线不会跟着旋转的方向移动，这样眼睛就不会跟着转了。
小测验 通过眼睛传递给大脑信息，大脑便可知道人的身体在转动。　A 正确　B 错误

答案在下页

289

31 肉食性动物只吃肉吗?

营养不均衡是否会导致身体状况变差呢?

读过的日子（　年　月　日）（　年　月　日）（　年　月　日）

动物

人们经常说"为了健康，不能只吃肉，也要吃蔬菜"，我们人类是既吃蔬菜又吃肉的"杂食性"动物。不同的动物所吃的食物也不尽相同。以肉食为主的狮子和狼等动物被称为"肉食性动物"。以食用植物为主，常被肉食性动物当作猎物的斑马、长颈鹿、大象等动物被称为"草食性动物"。此外，还有以虫为食的食蚁兽和既吃肉又吃植物的熊这样的杂食性动物。

那么，像狮子和狼这样的肉食性动物真的只吃肉吗？如果只吃肉的话，导致营养不均衡，身体状况是否会变差呢？

肉食性动物捕获猎物需要有锋利的爪牙。当抓住草食性动物之后，它们会先用自己锋利的爪牙豁开草食性动物的肚皮，并最先吃掉内脏。肉食性动物完全不吃蔬菜但依旧健康，也许就是因为这个原因吧。草食性动物的内脏中富含从绿叶和草中获取的大量营养。肉食性动物因为吃了草食性动物的内脏，从而能够补充缺少的营养。同时，肉食性动物的身体中拥有特殊机制，能够制造出蔬菜所富含的维生素C等营养素。

然而，人类的身体当中没有肉食性动物那种制造营养素的功能。并且由于我们将肉加热后食用，维生素等营养素在加热过程中已经流失。因此，人类在饮食上需要注意保持蔬菜和肉类的均衡。

第289页的答案：B 错误

小知识 狮子只吃掉被它捕杀猎物的身体的1/6，剩余部分留给其他肉食性动物吃。
小测验 以下哪种动物不是肉食性动物？　A 狮子　B 狼　C 斑马

答案在第292页

290

9月的故事

文 / 天沼春树

01 圆球为什么会弹起来？

当圆球撞击到物体时，有一种像弹簧的力量在发挥作用。

读过的日子（　年　月　日）（　年　月　日）（　年　月　日）

生活

物体相撞时，物体承受的力和反弹给对方的力是相同的。像乒乓球这种重量轻的物体，撞击时的力量会反弹回来，因此会弹得很高。而铁球因为很重，所以即使有反弹的力作用在铁球上，也不会弹起来。圆球能否弹起来，除了重量还与材质有关。当圆球碰到墙壁或者物体时，形状会产生变化。圆球本身为了返回到原始的形状，会产生反弹力，而这正是圆球能弹跳起来的原理。橡胶球因为外侧的橡胶具有收缩功能，所以弹力会增加，而且里面的空气一旦缩小体积后再反弹回原始状态，也使得圆球的弹力更好。体育项目中使用的球类，在生产制造时会调整重量和材质，并计算弹力。

例如，在足球里面有一层橡胶材质的球胎，里面充满空气。如果在较软的草地或者球场踢球时，可以用天然橡胶球胎；如果在较硬的土球场踢球的话，则要用合成橡胶球胎。这么做主要是为了让足球无论在哪种地面，弹起的高度都一样。外侧的草质外皮由12块正五边形和20块正六边形缝制而成。因为天然皮革会吸水增加重量，所以要使用防水的人造革。也有为了防止在接缝处渗入水分，采用特殊黏合剂将这些皮块黏合在一起的做法。这是为了无论在晴天雨天都能踢球而想出的对策。

棒球的球是在硬软木外表贴上两种橡胶，然后一圈一圈地缠上粗毛线、细毛线和棉线，最后覆盖上牛皮缝合而成。在职业棒球联赛上，"能飞的球"和"不能飞的球"经常会成为话题。因为棒球在使用的材质、橡胶的粘贴方式和线的缠绕方式上稍有不同，弹力就会发生变化，而且使用皮革的材质也会对投手投球产生影响，哪怕只是一点点的差别也会对比赛结果产生巨大的影响，所以为了能够公平竞争，调整球是非常重要的一环。

第290页的答案 C 斑马

一发生碰撞形状就发生变化然后再弹开

小知识 橄榄球中使用的球的形状像是将圆球拉长的"椭圆球"。
小测验 橡胶球先缩小然后弹跳。　A 正确　B 错误

答案在下页

292

为什么青椒的味道是苦的？

其实绿色的青椒成熟后也会变甜。

读过的日子（　　年　　月　　日）（　　年　　月　　日）（　　年　　月　　日）

02

食物

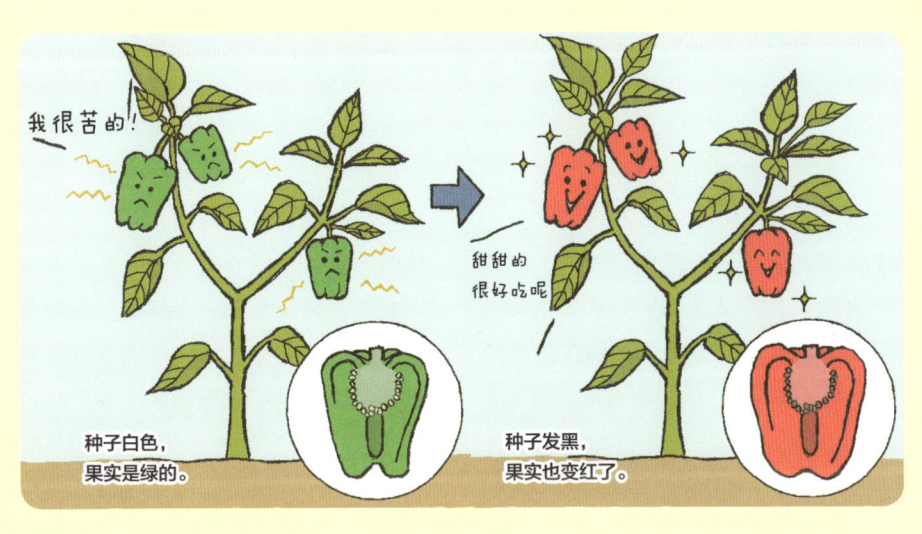

我很苦的！

甜甜的很好吃呢

种子白色，果实是绿的。

种子发黑，果实也变红了。

　　大家知道哪种蔬菜的外形和青椒很像吗？答案是彩椒。彩椒主要在欧洲栽培，有红色、黄色、橙色、白色、紫色、黑色等很多种颜色，色彩缤纷。彩椒不像青椒那么苦，它的味道是甜的。其实，如果让青椒持续生长，它也会像彩椒一样变成红色。成熟后的青椒也会退去苦味，是甜味的。也就是说我们平时吃的青椒是还没有熟就被摘了下来的。

　　在切青椒的时候，我们会看到里面有白色的种子，这其实是种子前期的状态。当这些种子变黑时，果实也就成熟变红了。这样动物就可以吃掉果实，并将种子带到远方。可如果种子还没有长成熟就被吃掉的话，那么种子就会失去生命力。所以为了防止种子在未成熟阶段被吃掉，果实是绿色的，而且有苦味不好吃。

　　那么，大家喜欢青椒吗？有些人即使小时候讨厌吃青椒，长大后也会自然而然地喜欢上青椒。这又是为什么呢？在我们的舌头上有味觉细胞，可以感受到酸、甜、苦、咸。对于孩子来说，舌头上能够感知味道的味蕾密度和范围大，他们对味道非常敏感，所以他们比大人更容易感觉出青椒的苦味。另外还有一种说法就是，孩子的舌头还并不能区分出有毒的味道和对身体有害的味道，所以他们会自动屏蔽刺激性强的味道，例如辣的食物和苦的食物。

　　青椒虽然有点苦，但是含有丰富的维生素C和其他营养素。其实有个吃青椒的小窍门，用油炒着吃的话，发苦的物质会溶解，这样青椒就会很好吃，大家不妨试一下！

第292页的答案 A 正确

小知识 红色青椒中含有的"胡萝卜素"比普通青椒的2倍还多。
小测验 如果青椒持续生长，就会变成彩椒。　A 正确　B 错误

答案在下页

293

03 猫的眼睛为什么在暗处会发光？

猫眼的构造可以让它在黑暗的地方也有很好的视力。

读过的日子（　年　月　日）（　年　月　日）（　年　月　日）

动物

大家可能都见过闪闪发光的猫眼吧？其实这些光线并不是从眼睛发出来的。猫是一种在夜间活动的"夜行性动物"，所以它们眼部的构造能让它们即使在黑暗的地方也有很好的视力。那么从根本上讲，眼睛是如何看到东西的呢？比如说，在眼前有一只老鼠，首先照射在老鼠身上的光线反射后进入瞳孔，然后在眼睛深处有一个构造叫作"视网膜"，视网膜就会像屏幕一样映射出老鼠的模样。这个画面又通过神经细胞传到大脑中，所以大脑就能够认识到眼前有老鼠。如果反射到瞳孔里的光线很少的话，画面就会变暗，就会看不清老鼠。

可是猫的眼睛只需要人类眼睛所需光线的1/6就能看得非常清晰。那是因为光线进入猫眼的瞳孔后，要穿过视网膜，在视网膜的深处有一个叫作"反光膜"的地方进行反射。如此一来，光线的量就会变成以前的2倍，所以猫只要有一点点光线就能看清东西。猫眼之所以看起来会发光，也是因为存在这种反射现象。此外，瞳孔还有一种可以调节光线的功能，这就好比相机的光圈。在黑暗处，为了能收集到更多的光线，瞳孔会放大；相反，在明亮的地方，就会变小，这样进入到眼中的光线就会变少。猫眼的这种功能尤其明显，所以它们非常擅长睁大眼睛或者眯着眼睛来调节进入眼中的光线的量。

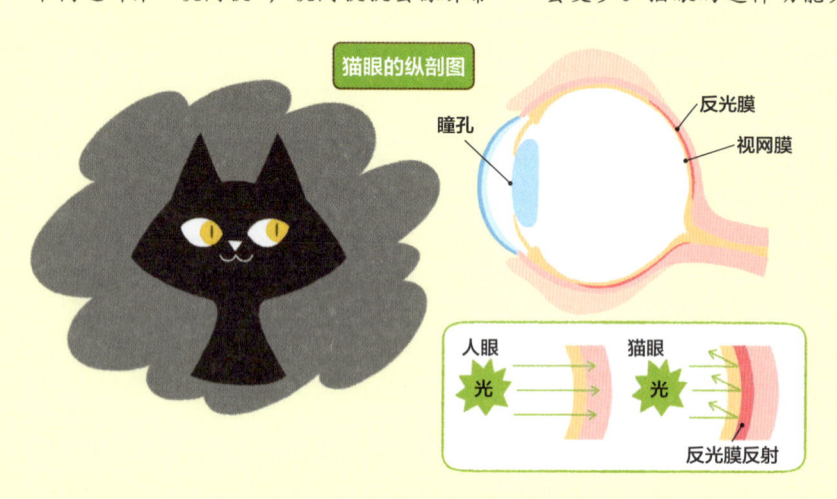

在日本，把事物和人的态度总是发生变化的情况比喻为"像猫的眼睛一样，变来变去"。据说在古代，人们甚至可以通过猫眼的瞳孔大小来判断时间。狐狸和狼等夜行性动物也和猫一样，在眼睛的视网膜后面有一层反光膜。加上它们的鼻子和耳朵也非常灵敏，所以也可以帮助它们在夜间捕食，这也是为了适应生活环境而不断进化的结果。

猫眼的纵剖图

瞳孔　反光膜　视网膜

人眼　猫眼
光　　光
　　　反光膜反射

第293页的答案 B 错误

小知识 据说猫分不清颜色，比如说在猫的眼睛里，会把红色看成灰色。

小测验 猫眼的构造可以让光发生反射。　A 正确　B 错误

答案在下页

294

为什么有的银杏树不能结果？

04

植物也分雄性和雌性呢。

读过的日子（　　年　　月　　日）（　　年　　月　　日）（　　年　　月　　日）

植物

　　满地黄色的美丽银杏树叶以及银杏果，会让我们感受到秋天即将接近尾声。可是你知道吗？有的银杏树是不能结果的。银杏树有雌株和雄株之分，只有雌株才会结果。很多植物的花朵中有雄蕊和雌蕊，有的植物是雌蕊与雄蕊在同一朵花中，也有的是只有雌蕊或者雄蕊，而也有像银杏树这种一整棵树都是雌性或者雄性的植物。

　　4月份的时候，雄性银杏树会在树叶的间隙里开出浅黄色的雄性穗状花序，同时雌株会开出绿色的雌球花。这两种花都没有花瓣，雌球花的顶端会有突出的小圆球，这一部分后期将会结成果实。此外，因为雌花有突出的部分，所以雄花的花粉很容易附着在雌花上。授粉后半年左右，大约是10月时，雌株会落下成熟的黄色种子。果实内部非常柔软，里面的种子就是我们通常所说的"银杏果"。吃的时候，要吃种子硬壳里面的部分。

　　虽说银杏果很好吃，可是落在地面的银杏果会散发出非常强烈的气味。这种味道并不是银杏果腐烂的味道，而是因为果实中含有大量的白果酸物质。据说这种强烈的气味可以防止自己的果实被动物吃掉。作为观赏树木，最近好像有些地方开始只栽种雄性银杏树，这样路边就不会散落一地散发刺鼻气味的银杏果了。

A 正确　答案见第294页

小知识 杨梅、细叶冬青和花椒等也是雌雄异株。
小测验 能结出银杏果的树木是雄株还是雌株？

答案在下页

295

05 车轮是从什么时候开始出现的?

这是一个划时代的发明,从此人们可以用更省力的方式来搬运货物。

读过的日子(年 月 日)(年 月 日)(年 月 日)

发明·发现

车轮在我们的生活中扮演着非常重要的角色,例如汽车的轮胎就是其中的一种。在搬运重物的时候,有的是系上绳子拖拽,有的是用带轱辘的板车拉,显然后者更省力。因为车轮在旋转时,与地面之间接触的面积很小,所以摩擦力就会减小。

在车轮出现之前,搬运重石时需要在地面上放上几根"滚木",然后再放上石头进行运输。利用滚木搬运也可以节省很多的力,是一个非常出色的想法。但是如果要长途搬运的话,就需要多次移动滚木。据说大约在5000年前,古代的美索不达米亚人开始使用车轮,他们用这种圆形的板来制作陶器——陶轮。同一时期,也出现了用来搬运货物的手推车。起初的车轮是将树木切成圆轮,或者用石头制作,呈圆盘的形状。

大约在4000年前的美索不达米亚,出现了与今天较为相似的车轮。当时的车轮有点像木质的自行车轮胎,几根细长的木质"辐条"呈散射状连接外侧的车圈和中心点。这种结构可以减轻车轮自身重量,加快运输速度。特别是当时的战车靠马来拉动,所以这种轻便且行驶速度快的车轮很快就得到了广泛的认可。

在距今2000年前的罗马,会在木质的车轮外侧箍上一圈铁皮,这大大增加了木质车轮的牢固性。所以在那之后的1900多年里,一直都在用这种形式的车轮。我们目前使用的橡胶轮胎和金属车轮是在1860年以后才诞生的。

滚木
辐条
空心轻便
木质车轮
石质车轮

第295页的答案:雌株

小知识 人们根据车轮的构造,发明出了用于钟表和机器的齿轮。
小测验 在上面放上重物,用来运输的圆木叫什么? A 滚炉 B 滚轮 C 滚木

答案在下页

月球是如何形成的？

原因众说纷纭，目前仍在调查。

读过的日子（　　年　　月　　日）（　　年　　月　　日）（　　年　　月　　日）

06

地球・宇宙

月球是围绕地球旋转的卫星，直径约为3500千米，大约是地球的四分之一，这么大的卫星是比较少见的。那么，月球到底是如何形成的呢？

关于月球的起源，有很多说法。例如"爆炸学说"，认为月亮是地球还处于炽热柔软的阶段时，由于爆炸而炸飞出去的一个星球。还有"捕获学说"，认为月亮只是偶然路过地球周边，由于受到地球引力的影响而被地球捕获。还有"同源说"，认为地球和月球是由同一团大气和尘埃形成的两个星球，大的星球就是我们居住的地球，小的星球便成了月球，并且开始围绕地球旋转。可是这几种学说在理论上都有自相矛盾的地方，所以还不能肯定地说到底哪一种说法是正确的。

目前普遍认可度较高的说法是"大撞击假说"。地球刚诞生不久，被一个非常大的天体撞击，撞击产生的碎片在地球周边最终形成月亮。这一学说的诞生源自于美国阿波罗飞船从月球上带回来的石块，因为在石块中含有与刚诞生的地球相同的物质，后来通过研究又发现了能够证实发生过撞击的东西。如果能够证实大撞击假说是真实的，那么我们也许可以通过研究月球来了解地球诞生时的一些情况。

日本也在进行月球考察，2007年发射的"月亮女神"探测卫星收集到了大量的数据，即使现在也仍旧在使用当时的数据。日本还计划发射新型的探测器，探测器将在月球上着陆，并对月球内部进行详细调查。

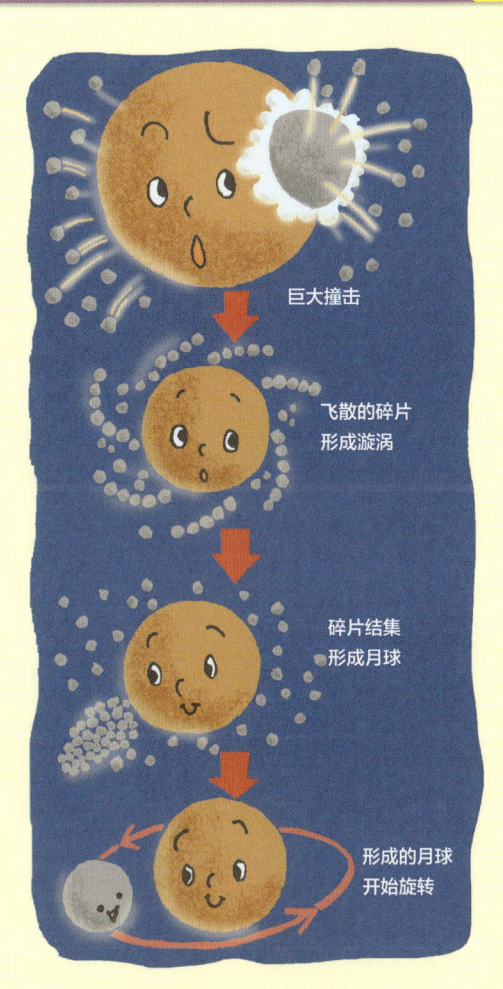

巨大撞击

飞散的碎片形成漩涡

碎片结集形成月球

形成的月球开始旋转

第296页的答案　C 滚木

小知识 根据大碰撞学说的内容，与地球相撞的大型天体约有火星那么大。

小测验 2007年，日本发射的月球探测卫星叫作什么？　A 鹰隼号　B 月亮女神　C 竹取号

答案在下页

297

07 为什么洗澡时手指会皱巴巴的？

看上去皮肤被泡软了……

读过的日子（　　年　　月　　日）（　　年　　月　　日）（　　年　　月　　日）

身体

如果泡澡的时间特别长，我们手指的皮肤就会被泡得发胀且变得皱皱巴巴的。这种现象是由于皮肤上的"角质层"大量吸收水分引起的。我们身体上的皮肤一共有三层，自外而内分别是表皮、真皮和皮下组织。表皮的最外层是角质层。当角质层大量吸收水分时，它下面的结构不会发生任何变化，只有角质层发生膨胀，这样就会产生皱纹。特别是手指尖儿和脚趾尖儿，因为长有指甲，与其他没有太膨胀的皮肤比起来，皱纹会格外明显。手掌和手指由于吸收水分而产生皱纹的现象，在泡完澡15~30分钟后水分蒸发，就会自行消失，所以不必担心。

其实，角质层原本的功能是防止外界的水分进入身体，或者当身体水分不足时锁住水分。因为手掌和手指上有大量的"汗腺"，所以原本水分就很多，容易发胀。角质层虽然覆盖全身，但是不同部位的角质层，厚度并不一样。例如手掌和脚掌有多层角质层，比身体其他部位要厚。这种构造很结实，所以便于拿东西和走路。脚后跟的角质层会更厚，大约是手掌角质层厚度的5倍。

较厚的皮肤覆盖在我们身体表层，能起到保护的作用。它们可以调节体温和水分含量，当碰撞到物体时还可以弱化对身体的冲击力，也可以防止细菌进入身体，作用非常多。

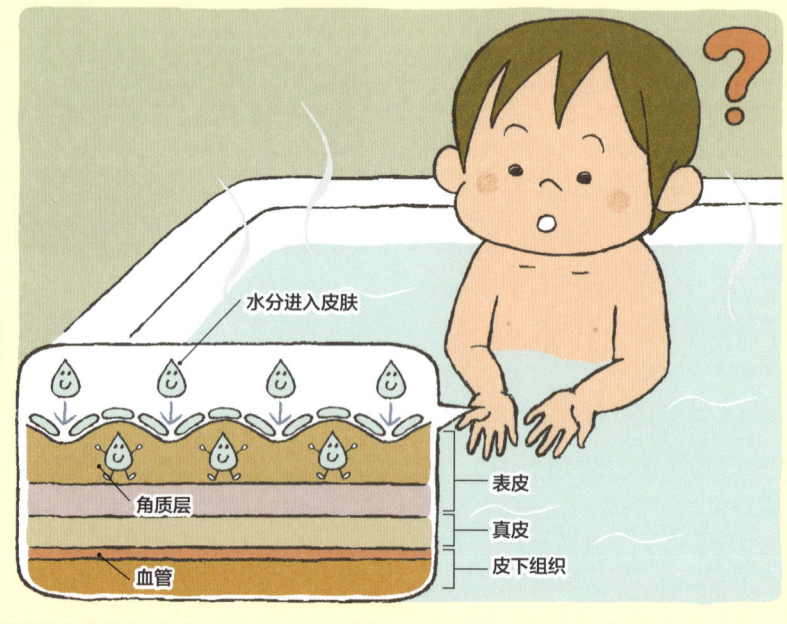

第297页的答案　B 月亮女神

小知识 在现代医疗技术中，可以实现皮肤移植。
小测验 角质层属于皮肤的哪一层？　A 表皮　B 真皮　C 皮下组织

答案在下页

画《蒙娜丽莎》的人是科学家？

08

这个人对所有事物都想弄清楚其结构原理。

读过的日子（　年　月　日）（　年　月　日）（　年　月　日）

传记

列奥纳多·达·芬奇（1452—1519年）

陈列于卢浮宫的世界名作《蒙娜丽莎》的作者是15~16世纪意大利的著名画家列奥纳多·达·芬奇。达·芬奇既是一个画家，也是一个发明家，同时，他还从医学角度研究过动物的身体结构，所以他还是个科学家。达·芬奇从14岁左右就开始以艺术家的身份离家学习绘画。为了使自己的画更逼真，达·芬奇想准确了解骨骼与肌肉的状况，所以他参观过人体和动物的解剖。因为强烈的好奇心，所以他不仅要看到表面，还要看到其内部结构。起初他是为了绘画才去参观解剖的，但是后来他逐渐被这些自然形成的构造所吸引。不仅如此，他还曾经设计过桥梁、运河水道、武器等一些具有实用价值的工具和器械。

达·芬奇从国王以及各地的领主那里得到了一些工作，所以他不仅在美术方面，还在建筑学、土木工程等方面展露过自己的才华。他之所以能够研究、设计出这些东西，主要是因为他对了解一切事物的结构原理总是富有激情，进而研究出更方便的工具。令人吃惊的是，大约在500年前，当时达·芬奇仔细观察了鸟类，然后画出了像滑翔机一样的飞行器和像直升机一样的利用螺旋桨升空的机器的设计图。

达·芬奇将自己的研究大量记录在笔记本上，虽然一半以上都丢失了，但是即便如此，目前仍有7000多页的插图和设计图被保存了下来。有趣的是，笔记本上的文字全部都是左右颠倒的"镜像字"，如果不将这些文字照映在镜子上的话，几乎没有人能看懂。之所以要使用"镜像字"，目前有两种说法，一种说法是达·芬奇这样做是为了保护自己的发明和新发现，还有一种说法是因为达·芬奇是个左撇子。

A 表皮
第298页的答案

小知识 列奥纳多·达·芬奇的意思是"芬奇村的列奥纳多"。
小测验 达·芬奇的笔记是用什么样的文字记录的？

答案在下页

299

09 厕所冲走的东西最后去了哪里？

这些污水将会被集中净化处理。

读过的日子（　　年　　月　　日）（　　年　　月　　日）（　　年　　月　　日）

生活

我们如厕后只要轻松一按马桶上的开关，哗……大小便甚至是卫生纸都会被冲得无影无踪。可这些东西究竟被冲到哪里去了呢？

在冲厕所或者拧开水龙头时放出来的水叫作"上水"。上水在净水厂被净化以后，通过管道输送到千家万户。而使用过之后从卫生间或者下水道流走的水，叫作"下水"。这些水都通过下水道流向"污水处理厂"，在这里经过处理后流向河流或者海洋中。

我们的大小便中含有很多细菌，如果不处理就直接排入河流或者海洋中的话，会形成污染。在河流和海洋中，有一种需要用显微镜才能看得见的微生物，它们会吃掉水里的脏东西。但若脏东西太多的话，吃掉脏东西时就会消耗大量氧气。这样水里的氧气就会不足，鱼类等生物就会死亡。而这些生物死亡后的尸体会腐烂，就会更进一步污染河流和海洋。过去，人们曾经将未处理的脏水直接排放到河流和海洋中，导致细菌大量繁殖，从而爆发了传染病。

流入污水处理厂的污水首先要被放入"沉砂池"，在这里会去除容易沉淀在水底的大颗粒砂石和垃圾。去除掉大颗粒垃圾后，污水会被放到像游泳池一样的水池中。在这里污水会被缓慢搅拌，一些细小的垃圾沉淀后被清除掉。水池分为很多种，污水逐一通过这些水池时被逐步净化。下一个水池就是微生物发挥作用的地方了。它们会吃掉水中的脏东西，然后自身由于重力关系沉到水底，这样就可以进一步净化污水了。为了让微生物能更有效地发挥作用，在这个地方会使用机器搅动水，这样就会混入更多的空气。

污水通过几个水池后，虽然表面上看

镜像字　第299页的答案

300

水再生中心（污水处理厂）

家庭等建筑

沉砂池

通过下水管道把下水集中起来

清除大颗粒砂石与垃圾

清除细小垃圾

通过搅拌混入空气

微生物吃掉脏东西

药物消毒

流入河流、海洋中

垃圾处理设备

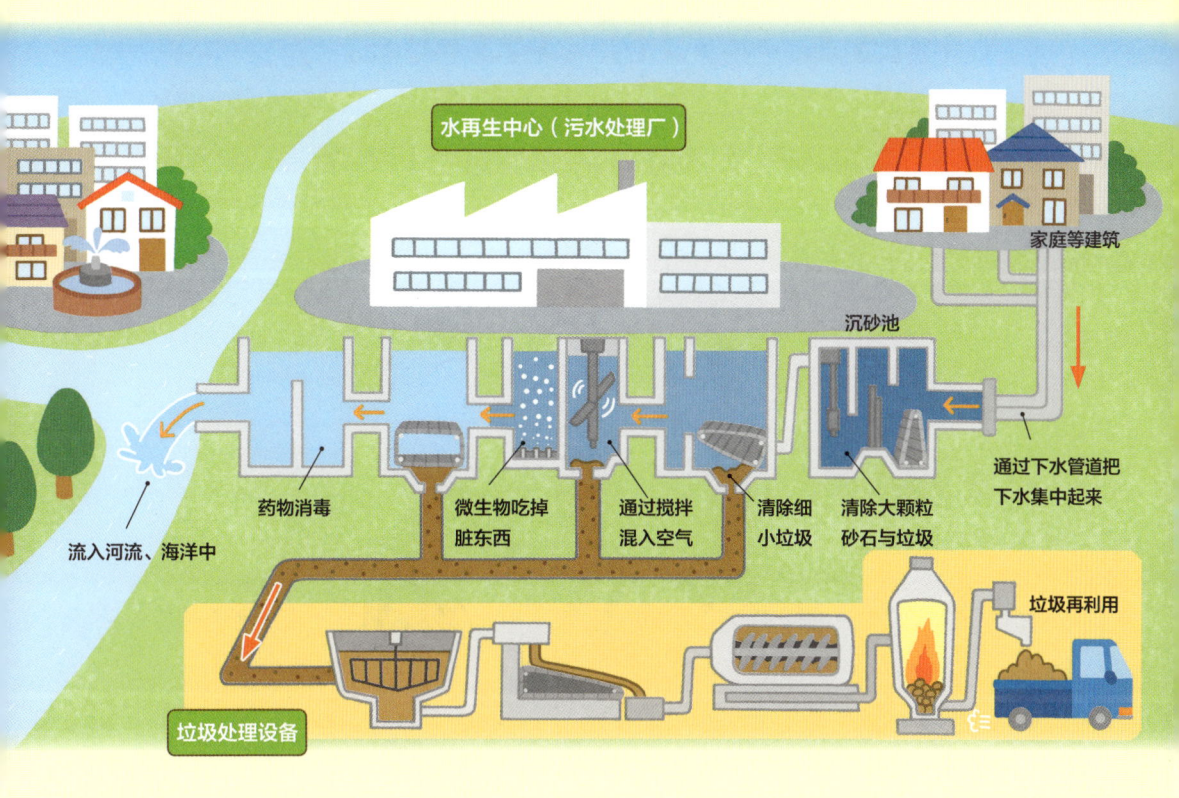

垃圾再利用

起来已经很干净了，但是这还远远不够。因为污水中含有我们肉眼看不到的细菌，所以最后要使用药物进行消毒。消毒用的是"氯气"，而氯气也会用于游泳池的消毒。考虑到环境问题，最近也开发了一些紫外线消毒和臭氧消毒等方法，这样就可以避免使用药物了。

经过污水处理厂的净化处理，水会被排入河流或者海洋中。通过层层处理去除里面的污染物后，水资源又返回到大自然中。那么，去除的那些垃圾又将去往何处呢？这些垃圾会被送到垃圾处理设备中进行燃烧处理，变成灰后埋入地下，或者再次利用制成肥料或者烧制成砖。据说最近几年还可以通过处理，使这些原本是垃圾的物体变成炭一样的燃料，然后送到火力发电厂用于发电。

污水处理厂不仅可以将水资源进行净化处理，还可以尽量将污水里的垃圾进行有效利用。不过，污水处理厂也有非常棘手的问题，那就是油。因为油不溶于水，而且还会黏附在管道上，所以要想分解这些油脂非常困难。有时油脂甚至还会凝固形成白色的油脂块。所以为了防止油脂堵塞下水管道，日本人会在清洗餐具之前将油脂擦掉，在日本还会使用药品将油脂凝固成肥皂进行再利用等，以尽量减少油脂流入下水管道。

小知识 在日本全国，最近由"污水处理厂"更名为"水再生中心"的场所逐渐增多。
小测验 吃掉污水中的脏东西，起到净化作用的生物是什么？

答案在下页

301

10 含羞草为什么会闭合？

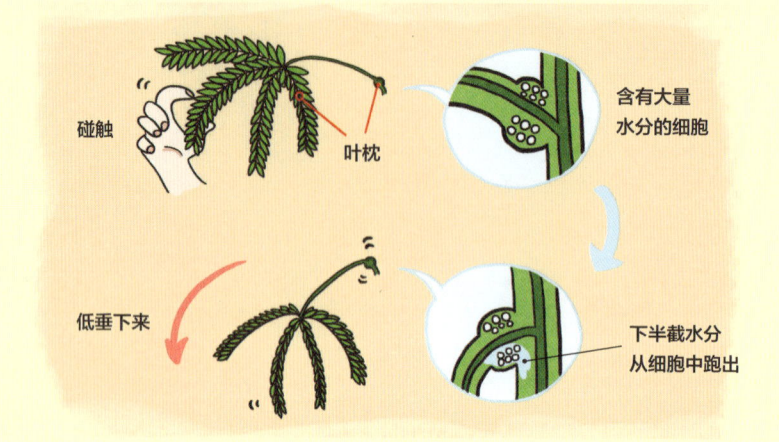

一碰含羞草，它就会闭合，真是一种神奇的植物。

读过的日子（　年　月　日）（　年　月　日）（　年　月　日）

植物

碰触　叶枕　含有大量水分的细胞

低垂下来　下半截水分从细胞中跑出

你见过含羞草吗？这是一种原产自南美洲巴西的植物，只要一碰到它的叶子就会很害羞地合上，并低下头。含羞草又叫"感应草"，是一种会动的神奇植物。含羞草的动作分为两种，一种是叶柄整体向下弯曲低垂，一种是只有小叶子闭合。这两种动作的相同之处是动起来都非常快，然后缓慢恢复原状。如果是叶柄整体低垂下来的话，需要10~30分钟才会恢复原状。

含羞草能够闭合叶子的秘密就藏在叶柄、小叶基部的一个个突出的"叶枕"之中。叶枕中有一种细胞含有大量的水分，所以平时是鼓鼓的充盈的状态。当有异物碰到含羞草时，叶枕下面的水分会从细胞中流失，如此一来上面就会变重，下面由于失去水分会萎缩，所以看起来好像是下垂的样子。当碰触含羞草时，在株体内部会有微弱的电流流过，这便是水分子移动的指挥信号。动物可以使用肌肉来运动，而会动的植物几乎都是这样利用细胞中的水分子来运动。不过至于为什么含羞草要闭合叶子，原因至今尚不明确。有人说这样也许是为了防御动物和虫子等敌人的攻击，也有可能是为了保护自己不受暴雨的袭击。但是人们发现，不仅仅是有东西碰触它时才会闭合，含羞草对光线也是有反应的，所以含羞草会在白天张开叶子，晚间像睡觉似的合上叶子。据说这样可以防止水分和热量的散失。而且含羞草对光的反应，并不是通过电流信号来控制，而是会释放出一种物质来控制叶子的开合动作。

会动的植物有很多种，例如捕食昆虫的食虫植物（P403）、夜幕降临后就会合上叶子的合欢树，对强度声波敏感并且会摆动的舞草等，它们产生动作的原因和动作方式都各有不同。

第301页的答案：微生物

小知识 郁金香和藏红花也能通过感知朝夕的气温变化而进行开合运动。
小测验 含羞草之所以会闭合低头，是因为叶枕细胞里的什么成分在移动？

答案在下页

天空和宇宙的界限在哪里？

在哪个范围内有空气？

读过的日子（　　年　　月　　日）（　　年　　月　　日）（　　年　　月　　日）

11

地球·宇宙

地球周围被一层大气（空气层）所包裹，我们将有大气的部分称为"大气层"。从地表往上大约500千米以内都属于大气层。宇宙与地球最大的不同点就是有无空气。地表500千米以上的部分叫作"散逸层"，散逸层几乎没有空气。所以这一层基本上可以说是天空和宇宙的分界线。

大气层根据特征，又可以分为四层。距离地面10千米之内的部分叫作"对流层"，在这一层越往上温度越低，因为冷空气和暖空气会引发"对流"现象，所以水蒸气会遇冷成云致雨或下雪。从对流层往上到离地面50千米之内的区域属于"平流层"，在平流层随着高度的增加温度会上升。保护地球生物的"臭氧层"就位于这层之中。大量的紫外线照射会对身体有害，而臭氧可以吸收多余的紫外线。此外，平流层的下半部分因为不会产生天气变化，所以喷气式飞机通常是在这一带飞行。但是平流层的底部因为受到气流的影响，大部分区域会刮强劲的西风或东风。在平流层的上方到距离地面80千米的区域属于"中间层"，中间层的空气非常稀薄，气温会降低到-90℃。在这一区域里面含有能够反射地面电波的"电离层"。因为可以让电波传递得更远，所以电离层经常用于通信方面。在距离地面80~500千米的"热层"，几乎就没有大气了。在这一区域里可以看到极光。流星也是从热层划向中间层时才能看到。

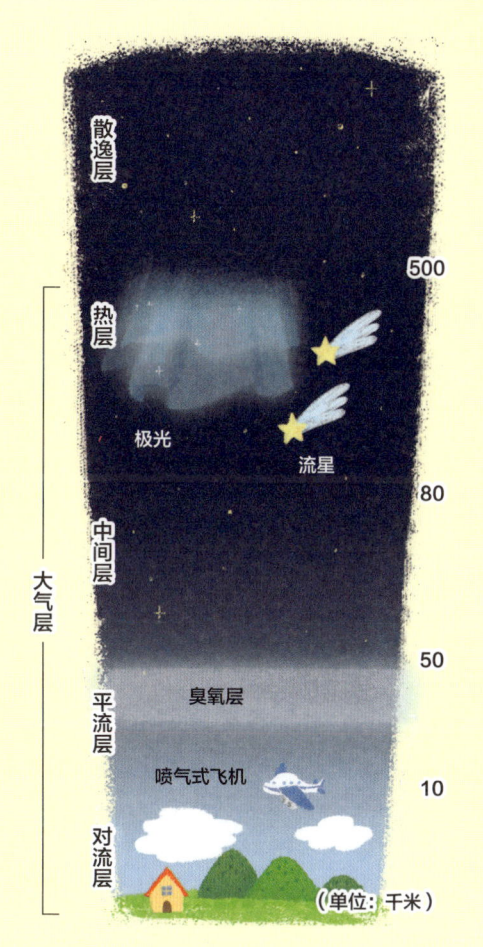

散逸层 500
热层
极光　流星 80
中间层
大气层
50
平流层　臭氧层
喷气式飞机 10
对流层
（单位：千米）

小知识 国际航空联合会（FAI）将地面100千米以上的空间定义为"星际空间"。
小测验 极光出现在哪一层？　A 对流层　B 平流层　C 热层

答案在下页

第302页的答案
水分子

303

12 橡子上为什么会有小孔？

法布尔解开了橡子上有小孔的秘密。

读过的日子（　　年　　月　　日）（　　年　　月　　日）（　　年　　月　　日）

法布尔昆虫记

来自故事《栎实象甲》

　　（橡树上会结出橡子。有一天法布尔走在橡树下，他发现橡子上有小孔，于是他想弄清楚这到底是怎么回事。下面就是当时发生的故事。）

　　有种虫子叫作栎实象甲，它们有着像吸管一样的长针。这种细长的头管外形很像长喙的鹬鸟或是大象，所以在日本这种虫子叫作橡鹬象甲。

　　我（法布尔）发现这种虫子用自己像钻头一样的长针管在橡子上面开孔。那只虫子跨在橡子上面，耗费1个多小时来钻孔。我想：它们钻孔是不是因为要在里面产卵呢？于是我在研究室将结有橡子的橡树枝，放上雌性的栎实象甲来观察。这只雌性栎实象甲连续在一个橡子上钻孔花费了8个小时。当我以为它要开始产卵的时候，它却放弃了这个橡子，又在别的橡子上开始钻孔，好像是为了让幼虫有可口的食物，而在寻找成熟的橡子。成熟橡子的底部像棉花一样柔软，这样幼虫出生后吃起来就会比较方便。

　　栎实象甲终于钻完了洞，它只将屁股在洞口处停顿了一下就离开了。我拿起橡子一看，场景让我很吃惊。因为它们的卵密密麻麻地堵满了刚才钻好的孔。它究竟是怎么在一瞬间将卵产在小孔的深处的呢？为了解开这个谜团，我解剖了雌性栎实象甲。结果我发现在它的肚子里还藏了一根用来产卵的细管，这根细管与它的头管长度差不多。只要在产卵的时候，这根细管会迅速伸到小孔深处。这样我就明白为什么这些虫子要在橡子上钻孔了。

第303页的答案 C 热层

小知识 在日本约有50种头管细长的栎实象甲。
小测验 栎实象甲从口部的头管产卵。　A 正确　B 错误

答案在下页

触摸屏是如何感应的？

利用电流等各种方法。

读过的日子（　年　月　日）（　年　月　日）（　年　月　日）

13

工具・物品

有的智能手机和电脑的液晶显示器会使用触摸屏。在透明的触摸屏上有安装"电极"，电极的作用就像开关一样可以开关电流，这样只需用指尖或者触屏笔轻轻接触屏幕，就可以完成操作。触摸屏的工作原理有很多，最具备代表性的有两个。

第一个工作原理是"电阻式触摸屏"，将带有电极的薄膜和玻璃屏进行叠放，二者之间有极小的间隙，互不粘连。用手指或者触屏笔接触屏幕时，触碰点会下陷，这样电极与电极就可以连接在一起，电流便可以流通。这种形式的触摸屏多用于银行的ATM机（自动存取款机）、自动售票机以及游戏机等。

另一种工作原理是"电容式触摸屏"，由两块带有电极的玻璃屏构成。根据电极的分布位置不同，工作原理也有不同之处。电极位于四个角的触摸屏，叫作"表面式电容触摸屏"；很多电极布满屏幕的形式叫作"投射式电容触摸屏"。像我们的智能手机这种，可以用两个手指将画面扩大或者旋转的，就是使用了含有很多电极的投射式电容触摸屏。电容式触摸屏的屏幕一直会有电流经过，当手指触碰屏幕时，屏幕表面的电流会发生变化，机器读取这种变化后便会收到各种命令。电容式触摸屏与电阻式触摸屏相比能够接受更细微的指令，但是必须得是电流能够流通的物体接触它才行，如果戴上普通的手套来接触屏幕，屏幕就会没有反应。

除此之外，还有电磁力、超声波、红外线等种类的触摸屏，这些方式都各自具有优缺点。1960年美国首次研制出触摸屏，1980年左右日本也开始研发。现在，触摸屏已经成为我们生活中非常常见的技术产品，随着医疗和教育第一线等的使用频率增加，今后触摸屏一定会变得更方便。

电容式触摸屏　　　　**电阻式触摸屏**

第304页的答案　B 错误

小知识 有一种可以用于电容式触摸屏的手套，那是因为手套里面编织了能通电的材料。
小测验 触摸屏是日本发明的吗？　A 正确　B 错误

答案在下页

305

14 考拉宝宝吃父母的粪便?

动物们养育宝宝的方法各不相同!

读过的日子（　年　月　日）（　年　月　日）（　年　月　日）

动物

只生活在澳大利亚大陆的野生考拉（树袋熊）以桉树叶为食。小考拉是在考拉妈妈肚子上的育儿袋中长大的。刚出生的小考拉只有2厘米长，0.5克重。它们藏在妈妈的育儿袋中喝考拉妈妈的奶长大。即便是过了哺乳期，小考拉也不能立刻吃桉树叶。在出生后的6个月左右，小考拉开始从考拉妈妈的育儿袋中露出脑袋。育儿袋的进出口位于下面，于是小考拉从育儿袋中伸出脑袋的地方，正好是妈妈屁股的旁边。为什么会是这种构造呢？因为小考拉要从育儿袋中伸出脑袋吃妈妈的粪便。

考拉妈妈为宝宝排泄出来的粪便其实是一种"半流质软食"，这是一种在盲肠中只消化了一半的粪（食物）。桉树叶很硬又不好消化，所以考拉妈妈吃进去经过消化就会变软，这样考拉宝宝就可以吃了。而且考拉宝宝通过吃软食可以增加体内名为"肠内细菌"的微生物，因为桉树叶略带毒性，所以它们需要用这种肠内细菌来分解毒素。这样考拉宝宝过段时间后就可以独立吃桉树叶了。所以说软食是非常重要的离乳食。

与考拉相同，兔子也会吃自己的粪便。兔子吃下的草经过盲肠的消化，第一次排泄出来的是软粪。而吃掉软粪后再次消化排泄出来的干燥的粪球，兔子是不吃的。

从盲肠排泄出来的粪便，含有制造蛋白质的肠内细菌和维生素等丰富的营养成分。食草动物借助微生物的力量来制造身体所需的蛋白质，也就是说它们吃粪便其实是为了获取营养。除此之外，还有大象、斑马、土拨鼠等食草动物大多数也会吃自己的粪便。

第305页的答案　B 错误

小知识 考拉的盲肠是所有哺乳类动物中最长的，大约有2米。
小测验 考拉宝宝之所以吃妈妈的粪便是因为妈妈没有奶水。　A 正确　B 错误

答案在下页

人为什么会长白头发？

头发能够染上颜色，它的秘密是……

读过的日子（　　年　　月　　日）（　　年　　月　　日）（　　年　　月　　日）

15

身体

　　每个人大约有10万根头发，每天会生长0.3~0.5毫米，3~6年后会脱落长出新发。头发之所以会变长，是因为发根处（头发根部的圆头）的"毛乳头"和"毛母细胞"在发挥作用。毛乳头将血管中的养分集中在一起，输送给毛母细胞，促进头发生长。于是，接到命令的毛母细胞开始分裂，头发就会变长。与此同时，毛乳头周围的"黑色素细胞"开始汇集在一起，生成能够使头发变黑的黑色素。在毛母细胞不断分裂制造头发的时候混入了黑色素，所以头发就变黑了。

　　但是，由于某些原因，黑色素细胞和黑色素无法产生的时候，从发根长出的头发就没有被染色，于是就变成了白发。白发并不是被染的颜色，那只是没有黑色素的透明的头发。经过光的照射，看起来像白色的而已。如果掺入少量黑色素的话，头发的颜色就会变浅，或者是黑白相间的花白头发。至于黑色素为什么无法产生，原因尚不明确。如果上了年纪，细胞的再生能力减弱，白发就会增多。有时即使是年轻人，也会因为生病和精神压力等因素长出白发。据说这是因为血管萎缩或者营养不足引起的。

　　人的头发有各种颜色，有黑发、褐发还有金发等。这是因为发根的色素有两种，一种是接近黑色的色素，一种是接近红色、黄色的色素。中国人由于黑色色素比较多，所以黑发人比较多。不仅是头发，我们身体上的毛发还有眼睛的颜色都是由黑色素决定的。

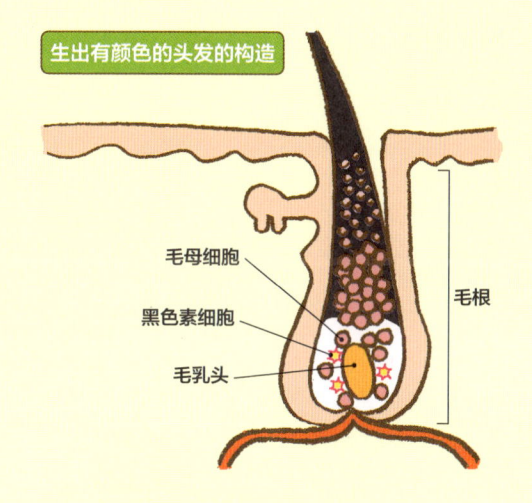

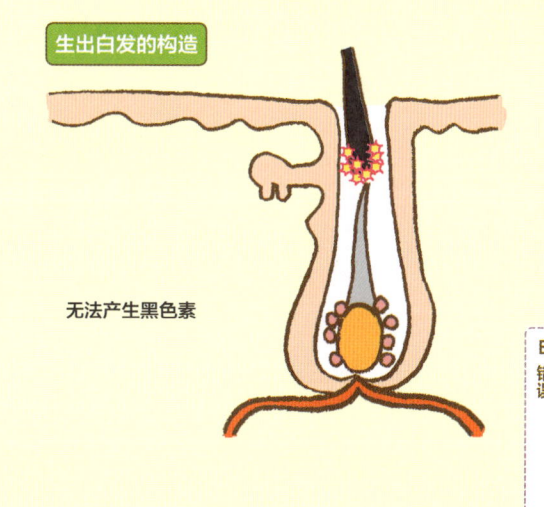

生出有颜色的头发的构造

毛母细胞
黑色素细胞
毛乳头
毛根

生出白发的构造

无法产生黑色素

第306页的答案　B 错误

小知识 黑色素的种类和数量是由父母遗传给孩子的（P80）。
小测验 之所以有白头发是因为头发里缺少什么？

答案在下页

307

16 狐狸真的很狡猾吗？

有一对狐狸夫妇，它们利用智慧互相帮助。

读过的日子（　年　月　日）（　年　月　日）（　年　月　日）

西顿动物记

来自故事《银狐多米诺》

（在传说和童话里，狐狸大多是狡猾的角色。那么，真正的狐狸是什么性格呢？这是一只银色狐狸的故事，西顿给它起了个名字，叫作多米诺。）

多米诺和它的妻子白爱丽盯着候鸟雁群不放。它俩藏在草丛中将雁群夹在中间，慢慢靠近。白爱丽先从草丛中跳了出来，跳起奇怪的舞蹈。她一边吸引大雁们的注意力，一边靠近雁群。白爱丽每接近雁群一些，大雁们就会往后退一些。多米诺早已埋伏在大雁们后退方向的草丛中。就在大雁感觉到危险，想要飞起来的时候，多米诺已经一跃而起扑向了大雁。夫妻二人的作战计划非常成功。

有时候白爱丽被猎犬追赶，多米诺便跑到猎犬附近作诱饵。现身的多米诺被30多条猎犬和很多猎人同时追赶。在逃跑的路上，多米诺的腹部被猎枪击中，因为它不停地用力奔跑，所以鲜血顺着它的腿淌了下来。尽管多米诺伤痕累累，但它还在拼命地跑。当它越过了小山丘，终于逃到自己熟悉的山脚下时，又面临了新的危机。多米诺虽然甩掉了刚才那些猎犬，可是又来了一条猎犬，这条猎犬开始不断地追逐多米诺。这条猎犬叫"黑酷乐"，它曾经捕杀过多米诺的兄妹，是多米诺最大的敌人。多米诺已经筋疲力尽，被猎犬追赶到河边时，它突然发现河面上的流冰。于是多米诺使出全身力气，拼命跳到一块流冰上，紧接着又跳到了其他的流冰上逃走了。追上来的黑酷乐也跳到了流冰上，但被冲到了河流的正中间，结果黑酷乐既不能跳到对岸，也不能原路返回，就这样被冲到瀑布那里摔死了。多米诺彻底从追赶它的猎犬手中逃了出来。

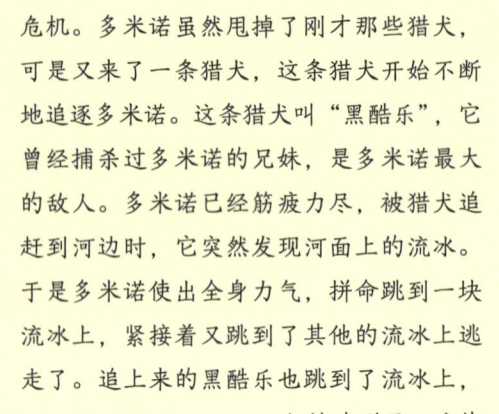

（也许有人觉得狐狸在捕食和逃跑时的样子很狡猾，但是身体弱小的狐狸为了能够在严峻的大自然中生存下来，确实需要充满智慧的头脑和敏捷的思维。）

第307页的答案 黑色素

小知识 银狐是一种黑毛中掺杂着白毛的狐狸。
小测验 白爱丽是因为想和大雁玩耍才跳舞的。　A 正确　B 错误

答案在下页

月球可以居住吗？

地球和月球的环境哪里不一样？

读过的日子（　年　月　日）（　年　月　日）（　年　月　日）

17

地球·宇宙

美国的宇航员尼尔·阿姆斯特朗于1969年代表人类首次登陆月球。也许在不久的将来，人类会在月球建立观测基地，并在月球上生活。那么月球是一个什么样的地方呢？月球上几乎没有像地球一样的大气，重力也只有地球的1/6，如果我们在月球上用相同的力量弹跳，能比地球上高出6倍。月球的自转比地球慢，所以白天和夜晚的时间长度大约各是地球的14天左右的时间。也就是说，在月亮上的一整天，是在地球上28天的时间。月球上的气温变化非常明显，根据地区不同，有的地方白天能超过110℃，有的地方夜间能达到-170℃。因为月球几乎没有大气层，所以太阳光的热量基本就是直接照射在月球上。因此日出的时候异常炎热，日落的时候异常寒冷。

地球上空由于存在臭氧层和磁场，所以可以减弱对人体有害的紫外线和辐射的影响。而月亮表层却没有任何保护层，因此对于人类来说，月球上的环境十分恶劣，并不适合我们居住。但是月球表面因为没有大气，所以几乎不受天气的影响，这是观察地球和宇宙的适宜场所。于是就有人提议，可以在恶劣的环境中建设大型保护设施或者在地下建设生活区等。但是最重要的是月球上是否有水资源。如果很多人居住在月球上，食物和水无法全部依赖地球。所以目前正在调查月球上是否存在水资源。如果月球上真的有水资源的话，我们可以利用水来制造氧气或者发电。

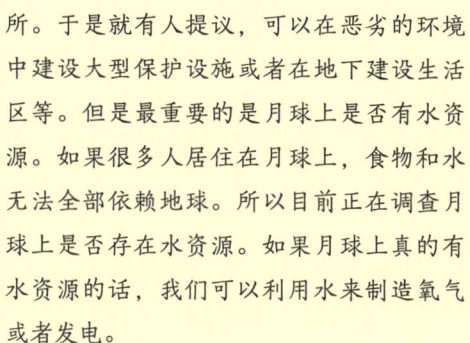

还有人提出了梦幻般的想法，要通过天空的天梯来衔接太空和地球，这样人们就可以自由往来于地球和太空之间了。这需要使用上万千米的"太空绳索"来衔接地面和宇宙空间站。也许不久以后，中小学生的游学旅行目的地就会是月球或者宇宙空间站了呢。

第308页的答案 B 错误

小知识 月球平均每年会远离地球3.8厘米。
小测验 月亮的重力是地球的多少倍？　A 1/6　B 6倍　C 60倍

答案在下页

309

18 眼睛的错觉是如何引起的？

利用这种错觉，可以看到令人不可思议的画面。

读过的日子（　　年　　月　　日）（　　年　　月　　日）（　　年　　月　　日）

身体

有一种"立体画"，一幅画有两种效果，或者明明是平面画看起来却像存在真实的物体一样，非常立体，这种画便是利用了人类视觉上的错觉。其实我们的眼睛并不能将周围所有的东西都看到。在眼睛的深处，有一层像影像屏幕一样的"视网膜"，视网膜上存在感光"盲点"，在盲点上的影像是看不到的。左右双眼都存在盲点，眼睛会通过我们察觉不到的快速微动来补偿盲点的影像。

映射在视网膜上的画面不是立体的，而是平面图。这些信息通过大脑进行横、宽、高的计算又重新架构成立体画面，所以我们觉得自己看到的画面是立体的。可是，如果在平面画上立体图的话，大脑在计算横、宽、高的时候就会发生混乱，无法做出准确的判断。这么一来，明明是在平面的墙壁上画的图，看起来却是立体的，这样就形成了"立体画"。

眼睛之所以会产生这种错觉，其中的一个原因与大脑有关。因为大脑有一个习惯，那就是映射到眼睛里的物体，大脑会根据以往的经验来判断是什么。例如，我们都知道"物体离得越远，看起来就越小"这个道理，所以当大脑在判断距离较远的物体时，感觉会比实际要小一些。再比如，我们都知道"影子在背阴侧"，当影子出现在有光线的那一侧，我们就会觉得很奇怪。

在美术方面有许多利用大脑这种基于经验进行判断的特点而画出的立体画作品，大家不妨查一查，非常有意思。

三个一样大的小女孩，但是站在远处的女孩看起来更大一些

小知识 立体画的种类很多，例如看起来是动的画面、空间扭曲的画面等。

小测验 在视网膜上感觉不到光的地方叫作什么？

答案在下页

什么时候开始有数字的？

在世界各国，数字是为了使用方便不断演变成今天这样的。

读过的日子（　年　月　日）（　年　月　日）（　年　月　日）

19

发明·发现

很久以前，在数东西的时候人们会使用手指之类的。当数量变大时，就会利用绳子打结或小石子来计算，或者在动物骨头等上刻下数字来记录。在距今5000多年前的古埃及，有人想出了从1开始的数字，并将其记录在由植物做成的莎草纸上。另外，在巴比伦尼亚还出现了记录在黏土板上的楔形数字。在买卖物品和计算日期时都要使用到数字，自古以来人们的生活就离不开数字。在古代文明比较繁盛的地区，人们都想出了独特的计数方式，例如希腊数字、罗马数字和中文数字等。据说表示"什么也没有"的"0"是在6世纪中期的印度诞生的。0出现以后，又诞生了每10个数就向前进一位的"十进制"计算方法。再后来又出现了0乘以任何数都等于0及"正数""负数"等数学想法。也就是说，0诞生以后，数字的使用得到了很大的发展。

使用0的十进制计算方法在8世纪的时候由印度的天文学家传到了阿拉伯。我们现在使用的数字就是用阿拉伯数字来表示的。因为出现了0，所以10加上1等于11，100加上1等于101，这样数字就可以采用非常浅显易懂的形式表现出来了，而且在计算的时候也非常方便。

阿拉伯数字在11世纪的时候传到了欧洲，目前在世界范围内得到了广泛的使用。不过我们熟悉的电脑却只靠0和1这两个数字来操作，所有的命令都由0和1的组合构成。所以说，0的出现是具有划时代意义的。

罗马数字　I II III IV V VI VII VIII IX X

印度数字

中文数字　一 二 三 四 五 六 七 八 九 十

楔形文字

阿拉伯语数字

希腊数字　α β γ δ ε

盲点　第310页的答案

小知识 时间的分、秒是每60个数向前进一位的"六十进制"。
小测验 发明中文数字的是哪个国家？　A 埃及　B 中国　C 日本

答案在下页

311

20 有可以食用的花吗？

有时我们吃的菜肴中会装饰美丽的花朵。

读过的日子（　　年　月　日）（　　年　月　日）（　　年　月　日）

植物

　　有没有人在沙拉或者汤里面见过玫瑰、金鱼草之类的颜色鲜艳的美丽花朵呢？其实，这些花都属于"食用花卉"，和蔬菜一样，这些花也可以作为食材加工并可食用。食用花卉与观赏花卉不同，在利用农药防治病虫害这一方面会有所控制。在日本，人们自古以来就食用一些与鲜花有关的料理，例如油菜花或者菊花等。虽说有些花卉可以食用，但是并不是所有的花都可以吃。观赏花卉因为并没有考虑到食用因素，所以有时会喷洒农药来防止病虫害。除了市面出售的专门用来食用的花卉和自己用心栽培的花卉以外，其他的花卉不可贸然尝试。特别是有些花卉有剧毒，需要格外小心。生长在田间地头的彼岸花，大家都知道那是有毒的。可水仙、铃兰、侧金盏花等我们常见的花，其实也是有毒的。有些花不仅仅花朵有毒，比如水仙，由于茎叶很像韭菜的叶子，所以发生过多起误食中毒事件。

　　有些植物虽称不上有毒，但是含有一些发苦发涩的成分，所以非常难吃。比如涩柿子，因为含有"丹宁"所以会发涩。之所以会结出这么涩的果实，与青椒发苦（P293）是同一个道理。在种子还没有成熟的时候，果实的味道很难吃，动物自然也就不会喜欢吃。当种子成熟以后，果实的味道会变得美味，这样动物就会被吸引过来吃果实，种子就会被带到很远的地方。

　　不仅仅是食用花卉和植物，其他的不能食用的植物为了能够生存下去，都有自己的好办法。了解一些这样的常识是非常有趣的事情。

第311页的答案　B 中国

小知识　食用花卉不仅仅是漂亮，大多数还富含营养。
小测验　日本没有种植食用花卉。　A 正确　B 错误

答案在下页

大米为什么是白色的？

有没有带颜色的大米呢？

21

读过的日子（　　年　月　日）（　　年　月　日）（　　年　月　日）

除了白色的大米，你有没有见过略微带点茶色的大米呢？即便是同一品种的大米，因为加工方式的不同，所以颜色也会不一样。收获后的水稻要进行脱粒，将稻粒从稻穗上摘掉，只保留"稻谷"，但是这并不能直接吃，还需要将外侧的稻壳去掉，加工成精米。在加工过程中，被剥掉的壳的厚度决定了产出的米的品种。

首先，只将稻谷最外侧的壳去掉的是糙米。糙米会保留"胚"，水稻胚生长时会长成大米的芽，所以糙米是茶色的。糙米中含有大量的维生素和矿物质等营养成分和食物纤维，于是最近开始受到人们的青睐。在糙米的基础之上，继续将胚和茶色的"糠层"去掉的话，米粒就会变成白色，这就是我们平时吃的白米。大米外形细长圆滑，但是如果仔细看的话，你会发现有个地方会缺一块，缺少的这一块正是曾经生长胚芽的地方。再将白米最外面的一层"细糠"去掉的话，就变成了可以直接用来煮饭的"免淘洗米"。

上述的糙米、白米以及免淘洗米都是"粳米"。除了粳米，黏糯的"糯米"也是大米。糯米可以用来蒸红豆饭，或者捣成年糕。糯米也是进行精加工后可以直接食用的米，所以也是白色的。也就是说，大米外侧的糠是带颜色的，如果将糠去掉，就会变成白色。但是有的米本身就是带颜色的，比如黑米、紫米、红米等。

全世界每年大约生产大米6亿多吨，其中有90%的大米产于亚洲，最大的生产国是中国，其次是印度和印度尼西亚。日本自古以来就被称为"瑞穗之国"，象征稻谷丰收。虽然日本在全世界大米产量排名中只排名第十一位，但是其上乘的品质和口味，在其他国家也很受欢迎。如今以面包为主食的家庭有所增加，但是还是希望大家能够重视和珍惜我们祖先自古以来精心培育出的水稻。

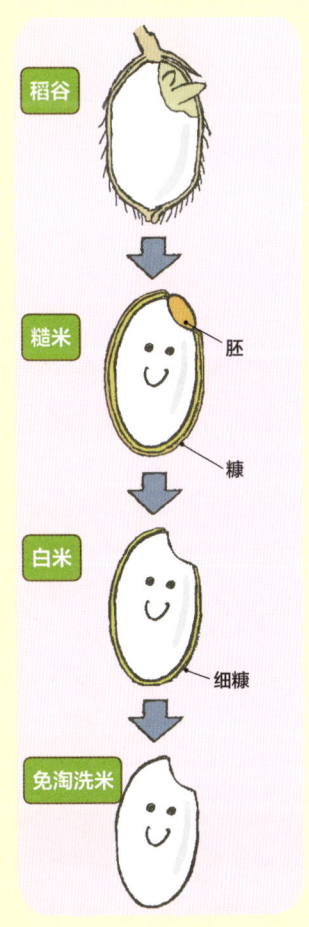

食物

稻谷
糙米 — 胚
— 糠
白米
— 细糠
免淘洗米

第312页的答案 B 错误

小知识 五谷米、十谷米等并非有颜色的大米，而是里面混有小麦、紫穗稗、豆类等粮食。
小测验 带有颜色的粳米是哪个？　A 糯米　B 糙米　C 免淘洗米

答案在下页

313

22 人们是如何知道地球在动的？

曾经有段时期，人们认为地球是宇宙的中心。

读过的日子（　年　月　日）（　年　月　日）（　年　月　日）

传记

伽利略·伽利雷（1564－1642年）

很久很久以前，人们都觉得太阳、月亮和星星是围绕地球旋转的，这叫作"地心说"。到了16世纪，尼古拉·哥白尼（P125）和约翰尼斯·开普勒等天文学家发觉实际上可能是地球在围绕着太阳转，这叫作"日心说"。伽利略·伽利雷出生于意大利比萨，长大后在大学教数学和天文学等学科。45岁的时候，他听说荷兰人发明了望远镜，于是他自己也用两个镜片制作了望远镜开始观测天体。

"月球的表面是凸凹不平的""月亮的圆缺并不是它真的少了一块，可能是地球的影子遮挡住了月亮""木星的周围，有4个小卫星在围绕它不停旋转""太阳的表面有黑点，而且还是会移动的黑点"……通过观测得到的大量记录，伽利略确信地球是个圆形的星球，并且在围绕太阳旋转。1632年，伽利略将观测结果归纳后出版了《天文对话》一书，他在书中主张"日心说"理论。可伽利略并没有将自己的想法直接表述出来，而是问了三个人，让他们说出"到底太阳是中心，还是地球是中心"。之所以采取这种形式，是因为当时基督教一直信仰"地心说"，任何人如有异议就会被认为背叛了神的旨意。在这之前有的学者还因为主张"日心说"而受到了惩罚。

伽利略也被罗马宗教裁判所传唤，押上了法庭。如果伽利略不承认"日心说"是错误的说法，那将是背叛基督教和罗马宗教裁判所的重罪，会受到严厉的处罚。伽利略忍辱在认错书上签字时嘴里仍旧嘟囔着："即便如此，地球还是在转动的"。后来伽利略在家中受到监视甚至是软禁。

在伽利略去世350年后的1992年，当时的罗马教皇向伽利略道了歉。

第313页的答案　B 糙米

小知识 伽利略发现的4个木星的卫星被命名为"伽利略卫星"。
小测验 伽利略为了观测天体而制作出的工具是什么？　A 罗盘　B 镜子　C 望远镜

答案在下页

314

为什么蜻蜓的眼睛那么大？

它们靠又大又圆的眼睛的哪个部位来看东西呢？

读过的日子（　　年　月　日）（　　年　月　日）（　　年　月　日）

23

虫类

在秋天，经常可以看到飞舞的蜻蜓。与身体不太协调的就是它们那双大大的眼睛。蜻蜓的眼睛叫作"复眼"，是由1~2万个小眼睛组成的。蜻蜓的眼睛之所以这样，是因为它们需要一边在空中飞一边捕食，这是它们与在地面活动的昆虫最大的不同之处。因为蜻蜓的眼睛是鼓起来的圆拱形，所以除了自己的身后，蜻蜓能看到上下左右所有的方向。因为它们需要飞行捕食，所以练就了一双视力极好到可以洞察周围一切的眼睛。构成复眼的众多小眼睛叫作"小眼"，呈六角形。当光线进入小眼后，小眼会将其传送到能够分辨颜色、明亮度等信息的细胞中。细胞将这些信息输送到能够看到东西的"视觉神经"中，然后再传送到大脑中。1~2万个小眼将眼前看到的景色通过视觉神经传递到大脑进行整合，最终成为一幅画面呈现出来。但是有人认为蜻蜓并不能像人类的眼睛那样，将事物看得非常清晰，它们眼中看到的事物很有可能是一些"点"的集合体。

我们再仔细观察一下蜻蜓的眼睛会发现，在两只复眼中，还有三只小眼睛，被叫作"单眼"。单眼能够区分明亮度，哪怕是微弱的光线变化都逃不过单眼，所以单眼可以辅助复眼。

复眼和人类、动物的黑眼球一样，也有黑色的小点，但是这并不是黑眼球。这些看起来有些黑的部位，是小眼较为集中的部位，这个部位的视力比其他地方要好很多。

在蜻蜓中体型较大的碧伟蜓的复眼占据了头部绝大部分的位置，所以碧伟蜓能够将周围的事物看得非常清楚。它们能够以每小时30千米的速度在空中飞着捕捉苍蝇和虻虫等猎物。碧伟蜓通过自己的复眼能够迅速发现活动的物体，再通过小眼集中起来的黑点准确定位进行捕食。

C 望远镜　第314页的答案

小知识 不仅仅是蜻蜓，其他昆虫及虾、蟹等生物也有复眼。
小测验 由很多小眼睛汇集而成的像蜻蜓那样的眼睛叫作什么？

答案在下页

315

24 为什么吃红薯肚子会胀？

让人不好意思的是，吃完红薯还会放屁……

读过的日子（　　年　　月　　日）（　　年　　月　　日）（　　年　　月　　日）

身体

吃了红薯就容易放屁，这是为什么呢？屁其实是我们吃到肚子里的食物在消化时产生的气体。能够制造这种气体的是肠道内的细菌，它们具有帮助消化的作用。特别是红薯中的淀粉成分，不如土豆等食物易消化，为了消化掉红薯，肠内细菌会增加，所以就会释放出很多气体，而这正是屁的根源。这种气体通过肠道的"蠕动"，会被源源不断地排到大肠的末端，大约6~7个小时后会排出体外。

能够分解红薯等食物中的淀粉，并将其变为营养物质的肠内细菌叫作"有益菌"，这种有益菌会制造出对身体有益的"乳酸"。在消化红薯和豆类时产生的气体会比较多，但是带有气味的物质比较少，因此即便是放屁，也不是很臭。另一方面，还有以肉类等动物性蛋白质为营养成分的肠内细菌"有害菌"。如果有害菌过度增加会对身体产生不良影响，而且它制造出来的气体因为含有"氨"等带有强烈气味的物质，所以一般放出的屁会很臭。如果想增加有益菌的数量，可以吃酸奶、纳豆和海藻这类食品。

放屁并不仅是由于饮食所引起的，从口腔和鼻腔吸入的空气也会被输送到肠内，和肠内的空气一起排出体外。其实我们平时放的屁，有70%是从鼻腔和口腔吸入的空气。如果我们忍住屁不放，会怎样呢？没有及时排到体外的空气有一部分会通过血管进入肺里，然后通过口腔排出。但是大多数空气会滞留在体内，这样我们的肚子就会胀得很大，甚至还会引起便秘。所以我们应尽量做到"有屁就放"。

红薯

复眼 第315页的答案

小知识 从口腔和鼻腔吸入的空气如果从口腔逆向排出的话，那就是打嗝。
小测验 如果吃很多的肉类，放的屁就会很臭。　A 正确　B 错误

答案在下页

316

吊车为什么那么有力气？

能用很小的力气吊起东西来，这是有窍门的。

读过的日子（　年　月　日）（　年　月　日）（　年　月　日）

25

工具·物品

在高楼大厦的施工现场，有像恐龙一样的只是头部在移动，就能轻松地将钢筋等重物搬运的吊车。吊车为什么这么有力气呢？其实，吊车能够吊起重物、搬运货物的秘密就在于吊车里安装着被隐藏起来的"滑轮"。滑轮分为"定滑轮"和"动滑轮"两种。

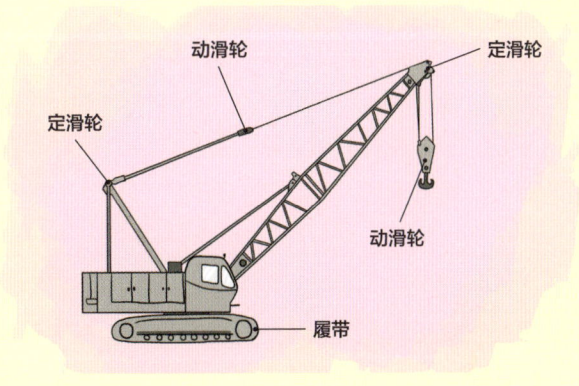

定滑轮是靠顶部和支柱固定的滑轮。吊起东西的时候，把东西挂在连接定滑轮的绳索一端，从另一侧开始拉绳子。这个时候，拉力和东西重量是一样的。但是，使用定滑轮时，因为一侧很容易产生向下的力，所以另一侧的东西就能被吊起来。

动滑轮因为是在绳索中间部分安装的，所以并不固定。和固定的定滑轮配合使用的话，用很小的力气就可以吊起东西。比如，如果在定滑轮和吊起来的东西之间加一个动滑轮，那么仅用一半的拉力就可以把东西吊起来。不过，因为绳索移动的距离变成了两倍，所以吊起东西的工作量并没有改变。也就是说，如果中间加入了动滑轮，拉的距离会变长，但是使用的力相对会变小。这就是滑轮的作用，这是一项非常伟大的发明。

吊车不仅是用一些定滑轮和动滑轮组成的，还需要用电动机，才能用很小的力气吊起来重物。不仅是吊车的部分，支撑吊车的轮胎也是经过人们不断思考的产物。为了在吊起重物时保持平衡，吊车和挖掘机一样使用了履带（P179）。

另外，还有一个叫作"悬臂梁"的辅助装置，这种装置能固定在地面上。这与人们叉开双脚叉着腰就能站得稳是同一个道理。

滑轮的结构

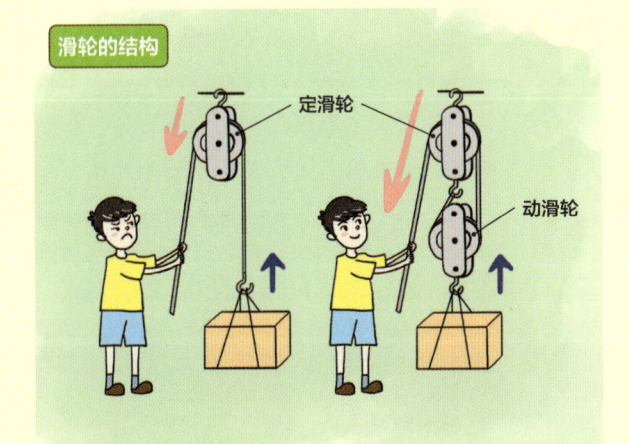

第316页的答案　A 正确

小知识　"吊车"在英语里有鸟类"鹤"的意思。
小测验　靠顶部和支柱固定的滑轮叫作什么？

答案在下页

317

26 熨斗为什么能烫平褶皱？

在熨斗的热量下，能烫平褶皱是有秘密的。

读过的日子（　　年　　月　　日）（　　年　　月　　日）（　　年　　月　　日）

工具·物品

把熨斗放在衣服上面的话，很快就可以烫平衣服上的褶皱。可是衣服上为什么会有褶皱呢？

仔细观察衣服的布料就能发现，布料是由丝线编织而成的。这种丝线是由纤细的纤维集结而成的。把这种纤维放在电子显微镜这种高性能的显微镜下观察，就能明白纤维是由"分子"集结而成的。虽然我们的眼睛看不到，但衣服的布料是由非常细小的分子，像锁链那样连接在一起构成的。没有褶皱的布料，分子的排列是整齐一致的。但是，洗衣服，或者揉搓衣料的话，就会逐渐打乱分子的排列。衣料在这种状态下固定后，便形成褶皱。

那么，把熨斗放上去的话会怎么样呢？首先，在熨斗的热量下，让纠缠在一起、固定了的纤维分子活动起来。然后，用力按压熨斗底下的布料。纤维匀称了，分子也就排列整齐了。布料在这种状态下固定后，褶皱就没有了，就能回到原本崭新气派的样子。

另外，使用熨斗的蒸汽功能时，布料遇到水蒸气，纤维就会吸水膨胀，张力就会变大，从而更容易烫平褶皱。这和用喷雾器把水喷在褶皱上，再用熨斗熨烫是一样的效果。

像这种利用热量和水分，把连在一起的纤维之间的联系弱化，使之恢复原状、排列整齐，就是熨斗的功能。

纤维的分子可以在化学药品等的作用下固化，加强之间的联系，做成不容易起皱的衣服。这样的布料叫作"形状记忆纤维"，这样的加工程序叫作"防皱加工"。

整理睡后蓬乱的头发也和处理衣服的褶皱是同样的方法。一边用温热的毛巾捂热，一边用吹风机把水分吹干的话，头发就会顺直漂亮。因为头发也是由纤维的分子集结而成的，加以热量和水分，就能和纤维的分子一样整齐排列。

平整的衣服　皱印舒展　皱的衣服
纤维分子排列整齐　　纤维分子乱成一团

第317页的答案：定滑轮

小知识 古代的熨斗叫作"火熨斗"，使用时在熨斗中间放炭火。
小测验 将纤维的分子用化学药品等来固化，使之不易起皱的加工叫作什么？

答案在下页

台风是从哪里来的？

观察气象图就会发现台风好像总是来自西边。

读过的日子（　　年　月　日）（　　年　月　日）（　　年　月　日）

27

天气·气象

　　台风形成于靠近赤道的温暖海域。太阳的照射使得海水温度升高，形成了肉眼不可见的水蒸气，上升到空中再变成云。此时，空气开始流动，强风吹向云的中心，含有大量水分的云会渐渐变大，受地转偏向力（P224）的影响开始旋转，如此形成的巨大的漩涡云就是台风。

　　中心部分风速达到17.2米/秒以上的叫作"台风"，低于17.2米/秒的则叫作"热带低压"。海水蒸发产生的大量水蒸气会使台风在大海上逐渐扩大。相反，由于到达大陆后水蒸气被消耗了，台风的力量自然也就变弱了，于是就变成了"热带低压"，时间不长便会消失。

　　但是，在南部海面上形成的台风到底是怎样来到日本的呢？

　　台风首先受东风的推动力影响，向西或西北方向前进。然后受从西侧大陆吹来的风的影响，方向发生了改变，于是开始慢慢接近日本。由于这两种风的挤压，台风总是从西侧靠近日本。把台风一路护送到日本的风会根据季节改变风向，虽然南部海面常年都会产生台风，但只有6~10月份的时候风是正好吹向日本的，因此大多数台风都在这个时期登陆日本。

　　可是，台风来袭时，明明气象图显示有台风袭来，却有一个地区相对晴朗，这是为什么呢？台风以很高的速度旋转，因为它的最外侧部分被"离心力"向外拉拽，所以风无法到达台风中心部分，这个中心部分就是"台风眼"。以台风眼为中心的地区不会刮风下雨，而是相对晴朗。但台风眼的外侧布满会下雨的积雨云，它就像一圈围绕着的墙壁一样，因此台风眼路过之后，强风暴雨就会来临。

台风眼

第318页的答案：防皱加工

小知识 台风的漩涡在北半球是逆时针旋转，在南半球是顺时针旋转。
小测验 台风的正中心，不刮风也不下雨的地方叫作什么？

答案在下页

319

28 为什么蝴蝶和独角仙会化蛹？

它们到底在虫蛹里做些什么呢？

读过的日子（　　年　月　日）（　　年　月　日）（　　年　月　日）

虫类

昆虫是由虫卵发育成幼虫再成长为成虫的。从幼虫期到成虫期，它们的体型也会发生变化。像蜻蜓和蝗虫这种昆虫，从幼虫的形态反复蜕皮成长为成虫的方法叫作"不完全变态"，而像蝴蝶和独角仙一样，经历一次化蛹然后发育为成虫的方式叫作"完全变态"（P14）。

不完全变态的幼虫从虫卵中出生时，虽然翅膀还没长出来，但是大体上已经和成虫的身形很像了。然而，经历过化蛹的完全变态类昆虫，它们的幼虫和成虫的身形完全不一样。虽然完全变态类的成虫有六条腿，但是像毛毛虫、青虫和独角仙等的幼虫都是用很多细小的"腹足"一点一点移动的。成虫和幼虫吃的东西也是不一样的，蝴蝶的幼虫吃的是植物的叶子，独角仙的幼虫则是吃枯叶落地腐烂后形成的柔软的泥土长大的，差别很大。另外，它们的翅膀还没长出来，因此它们与那些在空中飞翔、待在树上的成虫生存环境完全不一样。这是因为储备大量的营养对于长到成虫是十分重要的。毕竟改变身体的结构是一件十分辛苦的事。一旦它们储备了足够的营养，从幼虫到成虫的准备工作就开始了。蝴蝶和独角仙化蛹期间，在厚且结实的外壳内部，它们正随着时间的流逝改变着身体结构。但是，更详细的情况还有待研究。

幼虫的身体在蛹内分解后，变成了成长为成虫所必需的营养。它们的六条腿和翅膀也是在这期间长成的。一旦蛹里成虫的身体形成，蝴蝶或独角仙便会破蛹而出。刚羽化形成的时候，它们的翅膀和身体还处在十分柔软的状态，没过多久就会变得结实。之后，它们便踏上了寻找花朵和树木甜蜜汁液的征程。

蝴蝶的蛹

独角仙的蛹

台风眼 第319页的答案

小知识 蛹的颜色会根据化蛹时的地点和情况改变。
小测验 独角仙会反复多次蜕皮成虫。　A 正确　B 错误

答案在第330页

让我们来看看发明和重大发现的历史吧！

变得让故事更有趣些吧

希波克拉底
（公元前460年左右－公元前375年左右）▶P336

古希腊的医生。研究疾病形成的原因和治疗方法，被称为"医学之父"。

在人类历史中，通过人们的努力和智慧，文明和文化不断发展。有些发明和重大发现极大地改善了人们的生活。接下来我们就按照年代的顺序来看看与这些发明相关的人物吧。

原始时代

石器
（约200万年前）
▶P334

人类学会敲碎石头，用它来制作锋利的刀具和斧头等工具（打制石器）。

鞋
（1万多年前）
▶P98

用植物编织而成或用动物的皮毛等制成的鞋。最初用来给脚部保温和防止受伤。

数字
（5000多年前）
▶P311

在古埃及出现了以"1"为开头的数字，6世纪中期在印度诞生了"0"。

车轮
（约5000年前）
▶P296

古代美索不达米亚出现了用来制造陶器的"陶轮"和用来搬运货物的手推车上的车轮。

纸
（约5000年前）
▶P54

在古埃及出现了与纸较为接近的"莎草纸"，后来中国发明了现代纸的原型。

古代

算盘
（约4000年前）
▶P267

古埃及使用的是"沙算盘"，在1800年前，中国发明了与目前使用的较为接近的算盘。

钟表
（约4000年前）
▶P159

人类发明了利用太阳光测量时间的"日晷"，8世纪以后出现了机械钟表。

321

列奥纳多·达·芬奇
（1452－1519年）
▶P299

《蒙娜丽莎》的作者达·芬奇既是画家又是机械发明家。

伽利略·伽利雷
（1564－1642年）
▶P314

用望远镜观测天体确定了"日心说"，但是当时的社会并没有接受他的说法。

詹姆斯·瓦特
（1736－1819年）
▶P26

改良了靠蒸汽产生动力驱动机械的"蒸汽机"，为工业革命做出了巨大贡献。

尼古拉·哥白尼
（1473－1543年）
▶P125

为了弄清"地心说"不能解释的现象而观测天体，于是提出了"日心说"。

艾萨克·牛顿
（1642－1727年）
▶P68

他发现了世间万物均有吸引它的力量，即"万有引力"定律及其他各种定律和理论。

中世纪 | **近代早期**

1500年左右　　　　　　　　　　　　　　　　1800年左右

活字印刷
（15世纪中期左右）
▶P206

德国的约翰内斯·古登堡将刻有字符的金属进行组合发明了活字印刷。

钢琴
（1700年左右）
▶P398

钢琴的原型是意大利的乐器师巴托罗密欧·克里斯多佛利制作出来的。

热气球
（1783年）
▶P112

法国的孟格菲兄弟成功驾驶了载人热气球飞行。

潜水艇
（1620年）
▶P254

荷兰人德雷贝尔在英国发明了木制的潜水艇。

铅笔
（1760年）
▶P155

德国人卡斯帕·法贝尔在木板上开出一条凹槽，放入石墨笔芯，发明了与现在的铅笔极为相似的书写工具。

电池
（1800年）
▶P373

意大利的亚历山德罗·伏特使用两种金属做出了与目前人们使用的很相似的电池。

华冈青洲
（1760－1835年）
▶P342

研制出全身麻醉药"通仙散"，1804，世界首例全身麻醉手术获得成功。

格里哥·约翰·孟德尔
（1822－1884年）
▶P74

利用豌豆实验得出了"孟德尔遗传定律"。

爱德华·詹纳
（1749－1823年）
▶P165

发明了传染病"天花"的疫苗，在世界上首次完成预防疾病的疫苗接种。

查尔斯·达尔文
（1809－1882年）
▶P216

受到加拉帕戈斯群岛生物的启发，提出了"进化论"并出版《物种起源》一书。

托马斯·爱迪生
（1847－1931年）
▶P350

发明了留声机、改良版灯泡等，有1200多种发明，被称为"发明大王"。

近代

罐头
（1804年）
▶P87

法国人尼古拉·阿佩尔发明了将食物装在玻璃瓶里做成罐头的方法。

动画
（1824年）
▶P144

动画源自英国人约翰·帕里斯发明的"西洋镜"，这是一种利用视觉错觉使画面看上去可以活动的工具。

过山车
（1884年）
▶P376

美国的拉马库斯·汤普森发明了过山车。日本于1955年在东京后乐园游乐场首次投入使用。

蒸汽机车
（1814年）
▶P104

英国人乔治·斯蒂芬森钻研蒸汽机车，在世界上首次将其应用到实际生产中。

电话
（1876年）
▶P352

美国人格拉汉姆·贝尔发明了一种装置，可以将声音以电流的形式进行输送。

电影
（1895年）
▶P253

法国的卢米埃尔兄弟发明了可以将画面投射在荧幕上的"电影放映机"。

阿尔弗雷德·诺贝尔
（1833－1896年）
▶P401

发明了安全的硝化甘油炸药，基于"对人类做出重大贡献的人应给予奖励"这一想法，他设立了诺贝尔奖。

威廉·伦琴
（1845－1923年）
▶P142

发现了能够穿透身体的"X射线"。用X射线拍出的照片可以用于伤病治疗。

玛丽·居里
（1867－1934年）
▶P243

嫁给物理学家皮埃尔·居里后，夫妻共同研究放射性现象。1903年成为首位获得诺贝尔奖的女性。

罗伯·柯霍
（1843－1910年）
▶P158

研究传染病"炭疽热"，探明病原菌是"炭疽杆菌"。

北里柴三郎
（1853－1931年）
▶P368

发现可以消灭病毒的"抗体"，发明了"血清疗法"等，是著名的细菌研究专家。

莱特兄弟
（威尔伯1867－1912年，奥维尔1871－1948年）
▶P93

1903年，装有引擎的飞机"莱特·飞行者1号"首次升空。

近代

1945年左右

直升机
（1907年）
▶P136

法国的保罗·科尔尼研发的载人直升机首次试飞成功。

火箭
（1926年）
▶P264

美国的罗伯特·戈达德首次将液体燃料火箭发射成功。

登陆月球
（1969年）
▶P309

美国阿波罗11号船长尼尔·阿姆斯特朗实现了人类首次登月。

冷冻食品
（1923年）
▶P347

美国人克拉伦斯·博得赛亚发明了将食物快速冷冻的方法。

哈勃定律
（1929年）
▶P332

美国的爱德文·哈勃发现宇宙在不断膨胀这一现象。

野口英世
（1876－1928年）
▶P138

研究南美洲的"黄热病"病因，并研制出了疫苗，挽救了很多人的性命。

魏格纳
（1880－1930年）
▶P50

德国的气象学家，大陆原本是一个整体的"大陆漂移学说"创始人。

罗尔德·阿蒙森
（1872－1928年）
▶P405

挪威的探险家。他依靠爱斯基摩犬拉的雪橇，成为第一个到达南极点的人。

阿尔伯特·爱因斯坦
（1879－1955年）
▶P386

他创立的"狭义相对论"，震惊了物理学界，后又提出"广义相对论"，1921年获诺贝尔奖。

康拉德·洛伦兹
（1903－1989年）
▶P287

通过对灰雁的实验和观察，发现了动物具有"印记"的本能。

现代

IC卡
（1970年）
▶P384

日本的有村国孝发明了这种卡，卡内部藏有能够记录信息的IC芯片。

航天飞机
（1981年）
▶P264

首次飞到太空中的航天飞机是"哥伦比亚号"。2011年航天飞机完成使命，退出历史舞台。

汽车导航系统
（1990年）
▶P418

利用了由人造卫星进行定位的"GPS"功能。

黑洞观测
（1970年）
▶P374

天体观测得到发展后，人们发现了不断向中心部位缩小的"黑洞"。

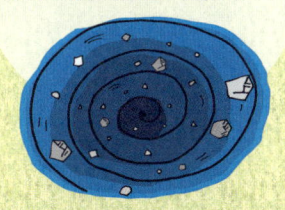

地球温室效应
（20世纪80年代末）
▶P40

"温室气体"大量排放，地球不断变暖这一现象开始受到关注。

iPS细胞
（2006年）
▶P29

日本京都大学以山中伸弥教授为核心的团队开发了iPS细胞（人工多能干细胞）。

325

让故事更有趣些吧

让我们来了解一下水、光和声音吧！

如果用科学的视角来看身边的水、光和声音的话，就会有新的发现。接下来就让我们来看看它们各自的属性和那些不可思议的自然现象吧。

水 不可思议的水

水是由很多细小的"水分子"构成的。在通常情况下是液态水，伴随温度的变化，其存在形式也会发生变化，形成水蒸气或者冰。我们来看看具体的说明吧。

水（液体）
当温度高于0℃，低于100℃时

为什么装果汁的杯子外面是湿的？
▶P94

为什么水冷却后会变成冰？
▶P205

每一个水分子都是自由游动的，所以液态水可以根据容器的形状改变。

水蒸气（气体）
温度达到100℃以上时

水蒸气

气压如果发生变化时，温度也会随之变化。例如在高山上，即使没到100℃水也会变成水蒸气。

水沸腾以后，水分子开始飘散，比液态水更容易产生运动现象。这是眼睛看不见的气体状态。

冰（固体）
温度低于0℃时

冷冻后成为一块固体，水分子之间相互连接排列整齐，几乎不会发生运动现象。这是冻住后的固体状态。

326

光 不可思议的光

我们平时能看到有颜色和闪光的物体，都是由于光的折射或者反射现象而引起的。接下来我们就看看由于光线而引起的令人不可思议的自然现象吧。

●太阳光引起的光现象

彩虹 ▶P286
空气中飘浮的小水滴被太阳光折射后，看起来会有很多颜色。

极光 ▶P378
太阳表面形成的"太阳风"与空气接触，就会产生光的现象。常见于北极或南极附近的地区。

下蜃景 ▶P177
当阳光穿过热空气与冷空气的交界线时，光线会向各个方向折射，地面或者远处的景色看起来就会摇摆不定。

冰晶
空气中凝固的水分子被阳光照射后像钻石一样闪闪发光。

●其他的光的现象

雷电 ▶P218
云中冰分子之间互相摩擦产生的静电瞬间释放，就会发出耀眼的光芒。

流星 ▶P393
太空中的尘埃由于地球引力会落在地球上，降落时与空气产生强烈的摩擦并燃烧，因此会发光。

🎵 不可思议的声音

虽然用眼睛看不见声音,但是声音却可以扩散和传播。声音到底是个什么样的东西呢?我们来思考一下吧。

声音的传播方式

声音其实就是"震动",震动可以通过空气和水等物体像波浪一样传播。我们的耳朵具有将这种震动当作声音来感知的功能。

▶P123

声音的反弹方式

声音如果遇到坚固的物体时会反弹,在浴室或者密闭的空间里唱歌就会产生明显的回音,这是因为声音被墙壁和屋顶反弹回来。山谷回音也是这个道理。

▶P268

听得见的声音和听不见的声音

人类能够区分声音的高低,而狗、蝙蝠和海豚等动物能够听到人类听不到的超高音,即"超声波"。

▶P281

❓ 烟花和雷电的声音为什么总是有延迟?

A 升空的烟花会先闪光,然后再听到声音。这是因为光的传播速度比声音要快。雷电也是这样,我们总是先看到一道闪电,然后才听到轰鸣的雷声。

10月的故事

文 / 下乡里见

01 为什么秋天时叶子会变红或变黄?

是谁给叶子染色了吗?

读过的日子（　　年　　月　　日）（　　年　　月　　日）（　　年　　月　　日）

植物

一到深秋天气变冷时，树上的叶子就开始变色。似火的红叶和金黄的银杏叶十分美丽。可是叶子为什么会变色呢？

叶子的颜色是由叶子中"色素"的种类和含量决定的。所谓色素，是指形成绿、红或黄等颜色的物质。通常叶子是绿色的，这是因为叶子中含有大量的"叶绿素"（P237）。叶绿素存在于叶子细胞的"叶绿体"中，它能吸收阳光，帮助植物进行光合作用并制造养分。

等到秋天光照变弱，植物光合作用的能力也会减弱，根系向上吸收水分的功能也会衰退。如果树木还长有叶子的话，水分会从叶子中蒸发掉，所以树木为了不缺水，就开始落叶。

叶子通过"叶柄"与树枝相连，内部有"维管束"这样的导管穿过。植物在进行光合作用时，通过维管束向叶子输送水分，由光合作用生成的养分再从叶子输回枝干里。到了秋天植物不再进行光合作用时，叶柄与枝干之间就会生成离层，这样就不会向叶子输送水分了。

叶绿素完成了光合作用的使命后会逐渐分解并失去色彩。于是原本存在于叶子中的黄色的"类胡萝卜素"就变得格外显眼。

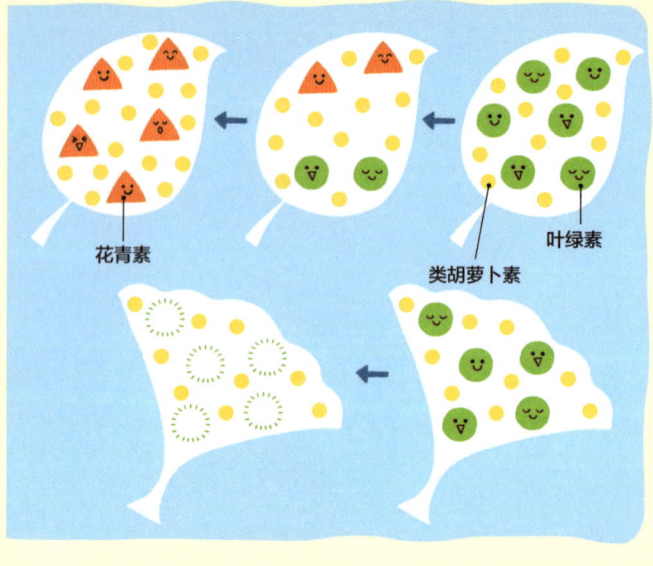

叶子中还会产生红色的"花青素"。这样一来，绿色色素逐渐减少，红色色素不断增加。叶子的颜色由绿色到绿黄红交杂再到红色逐渐变化。

另外，像银杏这样的树种不生成花青素，因为只剩下类胡萝卜素，所以叶子会变成黄色。

早晚温差越大，叶绿素分解得越快。因此在气温骤降时，叶子中含有的色素会不断变化，叶子的颜色也会格外美丽。

花青素　　叶绿素　　类胡萝卜素

第320页的答案　B　错误

小知识 在日语中，变黄的叶子有时不写作"红叶"而写作"黄叶"。
小测验 使叶子变红的色素是哪一个？　A 叶绿素　B 类胡萝卜素　C 花青素

答案在下页

330

男孩青春期为什么会变声？

成年男性与小男孩喉咙的差别在于……

读过的日子（　年　月　日）（　年　月　日）（　年　月　日）

02

身体

你知道男性在成年和孩童时期喉咙部分的构造不一样吗？没错，成年男性有"喉结"。

喉结指"甲状软骨"的凸起部分。可能个体的发育有差别，但通常男生从小学五、六年级开始喉结就会变大，声音变得低沉。这个过程被称为"变声"，是青春期身体的变化之一。到了这样的年纪，通过激素的调节，男生会变得有男子汉气概，女生会变得有女人味，体形会开始出现变化。

那么，为什么喉结变大，声音就会变低沉呢？

声音是由喉咙里带有褶皱的"声带"在气流的冲击下引起振动而产生的（P143）。声带正好位于喉结附近，其内侧紧贴甲状软骨。一到青春期，受性激素的调节，甲状软骨向前突出开始发育，紧贴甲状软骨的声带也一起发育，褶皱部分就会变长。

声带的褶皱越长，气流冲击下振动的速度越慢，发出的声音就会变得低沉。总之，喉结凸起，声带变得越长，男性的声音相应就会越低沉。

女生即使到了青春期，甲状软骨也不会像男生一样发生变化。因为喉结不会突出，声带基本上不会变长，所以一般不会变声。孩童时期，男孩和女孩声带的长度大约都是10毫米，音调的高度也很相似。然而，长大后男性声带的长度大约为20毫米，女性大约为16毫米。据说男性在变声前和变声后，声音会低一音阶（与do si la sol fa mi re do下行音阶类似）。

男生开始变声后的很长一段时间内，容易出现发声困难和破音的现象。在这段时期，为了不让声带受损，切忌大声嘶吼。

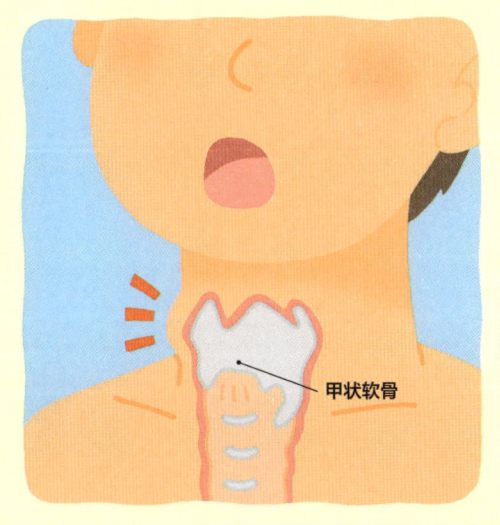

甲状软骨

C 花青素　第330页的答案

小知识　因为喉结像"铠甲"一样保护着喉咙，所以命名为"甲状软骨"。
小测验　我们把男生在青春期声音变低沉这种状况称为什么？

答案在下页

331

03 宇宙有尽头吗？

宇宙有没有止境呢？

读过的日子（　年　月　日）（　年　月　日）（　年　月　日）

地球·宇宙

朝着宇宙空间的任意一个地方前进，会不会终有一天可以走到尽头呢？另外，宇宙又是如何产生的呢？

世界上存在一种"宇宙大爆炸"（The Big Bang Theory）学说。人们一般认为宇宙是在什么都没有的情况下伴随着突然发生的大爆炸而形成的。

在距今约138亿年前，发生过一起大爆炸，于是就形成了如同火球一样极其炙热且高密度的宇宙，并加速膨胀。接着在宇宙大爆炸的三分钟后就产生了形成恒星和星系的物质。并且除了产生各种各样的物质之外，众多天体汇集还形成了无数的漩涡星系。

宇宙并没有就此停止生长，实际上宇宙至今还在持续膨胀。美国天文学家埃德温·哈勃在1929年发现了这个现象。当天体接近地球的时候，颜色看起来更蓝，当它远离地球的时候，颜色看起来更红。哈勃在观测星系时发现了大量的红光，证实星系正在逐渐远离地球，也就是说宇宙还在不断膨胀。

宇宙从开始膨胀至今，已经有138亿年了。而此时此刻，在这个瞬间宇宙也在不断扩展。换句话说，宇宙仍然还有膨胀的空间。

总之，无论去到宇宙的何处，

尽头这样的地方是不存在的。这意味着宇宙永无止境。

宇宙会永远膨胀下去吗？还是会停止呢？或者会不会不久之后便缩小，又回到大爆炸以前的状态呢？谁也不知道。

第331页的答案：变声

小知识 还有一种"宇宙膨胀理论"认为在大爆炸之前宇宙就开始膨胀了。
小测验 "The Big Bang Theory"是什么意思？

答案在下页

332

人被蜜蜂蜇了会死吗？

对于蜜蜂，我们应该注意些什么呢？

读过的日子（　　年　月　日）（　　年　月　日）（　　年　月　日）

04

虫类

虽然人被蜜蜂蜇后死亡的概率极小，但即便如此，日本每年仍会发生近20起这样的死亡事故。其中主要是金环胡蜂造成的蜜蜂蜇人致死事件。因为金环胡蜂有捕食其他昆虫的习性，并且体型很大、毒性很强，极具攻击性。

金环胡蜂或蜜蜂等蜂群一般是以一只女王蜂为中心，由许多工蜂和少数雄蜂组成，它们共同居住在一个蜂巢里。工蜂的职责之一就是保护蜂巢不受敌人侵害。因此靠近蜂巢就会被工蜂视为敌人，它会用毒针进行攻击。

虽然工蜂全都是雌蜂，但是它们不产卵。工蜂尾端像注射器一样尖锐的毒针是由原本用来产卵的器官变化而成的，因此雄蜂没有毒针。另外，根据蜜蜂种类的不同，有不带刺的蜜蜂，也有即使带刺，也只是用来防守的蜜蜂。

在带刺的蜜蜂种类中，金环胡蜂特别危险的原因是它们会在人类居住的场所附近筑巢。黄色的胡蜂会在屋檐下或墙壁上筑起又大又圆的蜂巢。黑胡蜂会在山野中的地下或树木的窟窿里筑巢。人们很可能没有注意到就靠近了蜂巢。

更严重的是还可能被金环胡蜂的毒针蜇很多次。蜜蜂的刺上有像鱼钩一样的"倒钩"，当它离开被刺者时，蜂刺会被拉断，留在对方体内。因此蜜蜂扎过人之后，很快就会死。

另外，金环胡蜂在攻击之前，有用尾针将毒液喷洒到敌人身上的习性。这是为了将敌人的位置告知同伴而做的带有气味的记号。同伴们感受到这个气味之后会一起十分兴奋地猛烈攻击敌人。

因为向前移动容易刺激到金环胡蜂，所以当你遇到它们时，不要引起它们的骚乱，而应慢慢后退着逃跑。

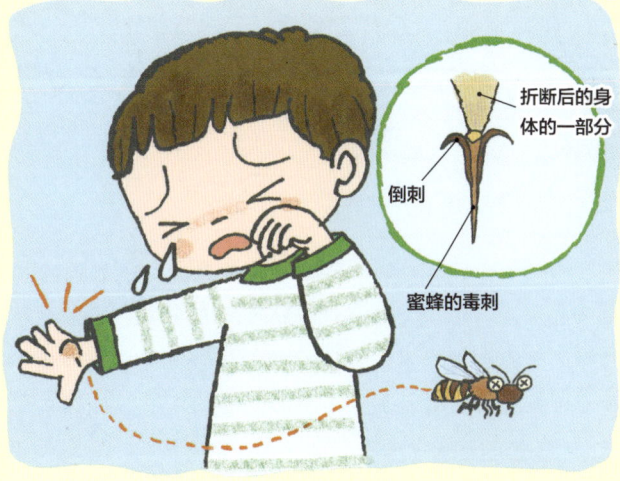

- 折断后的身体的一部分
- 倒刺
- 蜜蜂的毒刺

宇宙大爆炸　第332页的答案

小知识 黑色的蜜蜂也有攻击性。
小测验 蜜蜂蜇过一次敌人之后就会死。　A 正确　B 错误

答案在下页

333

05 人类最早使用的工具是什么？

我们每天的生活中都要使用各种各样的工具。

读过的日子（　　年　　月　　日）（　　年　　月　　日）（　　年　　月　　日）

发明·发现

人类与其他动物最大的区别就在于人类会制作和使用工具。当然也有一些动物也可以制作简单工具，例如已被证实的有：黑猩猩使用去掉叶子的树枝捉蚂蚁；乌鸦用弄弯的树枝把天牛幼虫等从树洞中掏出来。但是，至今只有人类能够将多个零件组装起来并制作出更加复杂的工具。

约200万年前，最早制造工具的是被称为"人属"的人类的祖先。在非洲东岸坦桑尼亚的奥都威古人类遗迹中，与骨化石一同发现的还有石器（用石头制作的工具）。这种人属被命名为"能人"，在拉丁语中是有能力的人的意思。能人制作的工具是较为基础的打制石器，打制石器就是用其他石头将一块石头敲碎或打磨成方便使用的形状。这样一来，就能用打制石器把树上的果实和动物的骨头等敲碎吃掉。而且，打碎石头时掉下来的薄片也可以像刀子一样用来切肉。

此后，人类的祖先便在世界上扩散开来。约180万年前，从非洲到亚欧大陆出现了直立人（直立行走的人类）。直立人会把石头两头磨尖，并会使用形状犹如斧子一样的打制石器。在制作这种石器的时候，他们使用了更高的技术，他们把动物的骨头垫在石头上，并用其他的石头当作榔头敲击。

做这种工具时需要考虑工具的使用方法，而且必须要有预先判断使用结果的思考能力。其他的动物为了生存下去，会进化出眼睛、耳朵、鼻子等感官和羽毛、脚、尾巴等器官，而人类则由于发达的智慧制作出了各种各样的工具。

第333页的答案　A　正确

小知识 因为能够使用火，所以人类再次得到了进步。
小测验 "能人"在拉丁语中是什么意思呢？

答案在下页

为什么狗会摇尾巴？

狗摇尾巴的样子既活泼又可爱。

读过的日子（　　年　月　日）（　　年　月　日）（　　年　月　日）

06

动物

虽然狗不会说人类的语言，但是它们却可以用表情及肢体动作来表达自己的心情。它们的尾巴尤其善于表达。那么，狗使用尾巴来传递什么样的内心情感呢？

它们在高兴、开心和撒娇的时候，都会有十分生动的表情并使劲儿地左右摇晃尾巴，小屁股也会跟着一起扭动，两只前爪吧嗒吧嗒地扒地，仿佛能听见它们开心的笑声。另一方面，当它们缓慢摇动尾巴的时候，你就应该注意了。让我们仔细观察一下狗的举止吧。当狗从脑袋到尾巴的毛全都立起来并露出犬牙的时候，说明它把对方视为敌人，这时候你最好还是不要轻易靠近它。它们不摇尾巴，只是冷静地看着正上方时，则代表它们很自信。相反，当它们在害怕和厌烦的时候，尾巴便会垂下去夹在两腿之间，然后耳朵耷下，低着头，全身上下都蜷缩着。另外，当它们躺在地上露出肚子的时候，则是顺从的意思，传达了自己比对方力量弱，放低姿态的信息。

狗的尾巴从脊柱到尖部越来越细。它之所以能不停地摇晃，是因为组成尾巴的是很多小的骨头。动物尾巴的原本作用是保持身体平衡，而狗则把尾巴当作交流的工具。狗的祖先——狼，是群居动物，狼群中有着十分严格的等级制度，它们为了关系的稳定和信息交换，一直积极地保持互相交流，狗便继承了狼的这种习性。

第334页的答案
有能力的人

小知识 狗为了保持体温，在睡觉等时，尾巴会蜷在身体的周围。
小测验 狗的尾巴是由小的骨头连接而成的。　A 正确　B 错误

答案在下页

335

07 以前用巫术治病是真的吗?

那个时代的人们曾相信生病是因为受到了诅咒。

读过的日子（　　年　　月　　日）（　　年　　月　　日）（　　年　　月　　日）

传记

希波克拉底（公元前460—公元前375年）

希波克拉底出生在距今约2500年前的希腊科斯岛。他的爷爷和父亲都是医生，于是希波克拉底也走上了相同的道路。

从前科学知识十分匮乏，人们普遍相信生病是由于诅咒和神力。希波克拉底的爷爷既是医生又是任职于神殿的神官（主持仪式的人）。爷爷的会诊场所在神殿内，治疗时会向神做祷告，乞求施予巫术，治疗过程也是通过宗教仪式的形式进行的。可是希波克拉底认为病因并非如此，他认为应该把巫术和宗教从医疗层面脱离开，取而代之的应是好好地观察患者的状况，然后记录治疗结果、生病的原因并探索有效的治疗方法。结果他产生了"生活环境和饮食等生活习惯会导致生病"的这种想法。

希波克拉底使用的治疗方法是保持身体清洁、好好吃饭并适当休息，这在如今也是适用的。希波克拉底成为医学界"经验科学"的领军人物。经验科学就是从经验中搜集证据并进行研究。希波克拉底向弟子们也传授了医学和作为医生的心得。后来，他的心得被记录在《希波克拉底全集》一书中，传承至今。希波克拉底在书中说到"治疗疾病，要靠我们自己的身体"。那是人自身就拥有的能力，因此提高身体康复能力显得尤为重要。另外，他还强调了保护患者隐私的重要性，这也成为当今医生最重要的德行之一。

在那个十分久远的年代，作为经验科学的首个提倡从事医学及医疗德行的人，希波克拉底被人们满怀尊敬地称为"医学之父"。

第333页的答案 A 正确

小知识 希波克拉底在书中记录了400多种草本植物的相关调查。
小测验 希波克拉底认为生病是由于神力。　A 正确　B 错误

答案在下页

336

为什么锁头既能锁上又能打开？

08

锁头内部是什么样子的呢？

读过的日子（　　年　　月　　日）（　　年　　月　　日）（　　年　　月　　日）

给门安装的锁头和插进锁孔中的钥匙是一对的。现在常用的是"弹子锁"。弹子锁的内部由内筒和外筒两部分构成。外筒是固定的，把钥匙插进钥匙孔内，内筒就变成了可以旋转的结构。"圆筒销子锁"是弹子锁的代表，细长的钥匙孔中上下各有一个键销和驱动针，在里面的弹簧压着弹子。虽然任意组合起来的键销和驱动针的长度都是相同的，但是它们各自的长度是不同的。

那么，我们来看一看把钥匙插进钥匙孔的过程吧。钥匙上锯齿的位置和弹子的位置是完全匹配的。把弹子推上去后，弹子和驱动针交界处的地方就形成了一条直线。对齐的端部形成的线叫作"截点"。对准截点后，内筒便可以转动，连着内筒的部分随着一起转动时便会拉动锁着门的金属零件。于是，咔嚓一声锁便打开了。

带有锯齿形状的锁叫作"圆盘锁"，这是日本使用最广泛的锁，可以减少小偷使用常用的工具撬锁。最近常用的锁是"圆头内凹锁"，这是将锯齿取而代之的表面附有很多小凹痕的锁。圆头内凹锁根据凹陷的数量和位置，能创造出1000亿种以上不同的钥匙，因此很难配出相同的钥匙，所以是一款防范能力十分强大的锁。

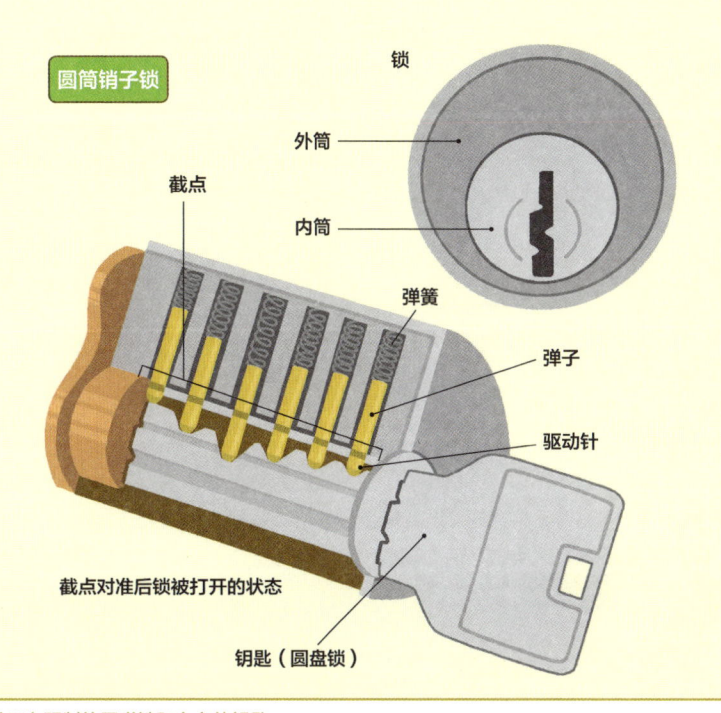

工具・物品

圆筒销子锁

锁
外筒
截点
内筒
弹簧
弹子
驱动针

截点对准后锁被打开的状态

钥匙（圆盘锁）

第336页的答案　B 错误

小知识 目前正在研制使用磁铁和电力的钥匙。
小测验 不使用钥匙，而用其他工具非法撬开他人住所的门的行为叫什么？

答案在下页

337

09 鸽子真的能传信吗？

这是一个能自己回家的鸽子的故事。

读过的日子（　年　月　日）（　年　月　日）（　年　月　日）

西顿动物记

来自故事《信鸽》

（这是一篇西顿写的关于信鸽的故。）

这是一只名叫小由野的信鸽。它以其他鸽子无法接近的速度在天空中翱翔着，犹如一支蓝色的箭。小由野曾在多个长距离比赛中夺得冠军，同时也从事着传递信件的重要工作。

信鸽能够分辨出自己鸟巢的方向，并能准确无误地回到家中。它们之所以能够敏锐地感知到地点和方向，是因为它们耳朵里的"内耳"部分。为了达到回家的目的，强壮且结实的翅膀是十分重要的。进行飞行训练的时候，一打开笼子的盖子，小由野总是最先冲向高空。主人为了训练它们的速度将它们带到陌生的地方，它们从高处以最快的速度分辨方向，随后向着家的方向勇猛地飞去。小由野和其他鸽子一样，不会在途中花费时间吃虫子、喝水。

在漫无目标的大海上辨别方向是十分困难的，鸽子只能依靠耳朵赋予它的方向感来飞行。有一次小由野乘船去进行海上训练。当航行了将近10个小时的时候引擎发生了故障，船迷失在了距离海岸340千米的大雾之中。船员把求救信绑在了小由野的脚上，并把它抛向空中。不久小由野便以一点为目标，向着一道光亮飞去。经过了4个小时40分钟后，饲养小由野的主人注意到了快速飞向鸟巢的小由野。主人从小由野的脚上取下求救信，两分钟后便跑到船舶公司，最终船员们得到了救援。

第337页的答案：偷窃行为

小知识 直到1960年，日本的新闻社等还在使用信鸽传递通信。
小测验 鸽子用身体的哪个部位感知方向？　A 耳朵　B 舌头　C 羽毛

答案在下页

338

为什么玩游戏眼睛会累？

当我们盯着画面的时候，眼睛内部正发生什么呢？

读过的日子（　　年　月　日）（　　年　月　日）（　　年　月　日）

身体

首先，简单说一下看东西的过程。如果眼前有一个苹果，照在苹果上的光会先反射透过覆盖在眼睛表面的透明"眼角膜"进入眼睛。光通过如同镜片一样的圆形"水晶体"，再聚成一个点，并调整焦距。然后，在眼睛内部像银幕一样的"视网膜"上会映射出苹果的图像。映射出的图像信息通过视神经传送到大脑，大脑处理图像信息后，解读出"我看到了苹果"的信息。

那么，水晶体是如何调整焦距的呢？水晶体的上下部分长有细纤维状的"睫状体"。睫状体由悬韧带与水晶体相连接，来调整像弹簧一样的微缩水晶体的厚度。睫状体紧张，会导致睫状肌收缩压，进而迫水晶体，使水晶体变厚。相反，睫状体放松形成扁平的状态，水晶体就会变薄。就像这样，看近处的东西时水晶体变厚，看远处的东西时水晶体变薄。由于睫状体的调节作用，焦距得以调整。

长时间持续看近处物体，睫状体会持续处在紧张的收缩状态。玩游戏时，因为眼睛长时间盯着小小的画面，所以眼睛格外容易受累。此外，由于看得入迷时眨眼的次数减少，会导致眼睛又干又痛。

眼部短时间的疲惫，可以看看远处，再休息一会儿便能恢复。但是如果严重的话，调整焦距的能力就会变弱，再看远处的东西就会变得吃力。玩游戏的时候，时不时看看远处，玩一个小时后休息一下让眼睛放松一下吧。为了眼睛的健康，一定要懂得适可而止哦！

看远处时　　看近处时
睫状体
悬韧带
水晶体
（变薄）（变厚）

第338页的答案　A　耳朵

小知识 眼睛累会伴随着肩膀酸和头痛。
小测验 覆盖在眼睛表面的透明的膜叫作什么？

答案在下页

339

11 山的高度是如何测量的？

是用长尺来实际测量的吗？

读过的日子（　年　月　日）（　年　月　日）（　年　月　日）

地球・宇宙

土地的高度用"海拔"来表示。日本规定，东京湾的海平面的平均高度为海拔0米。也就是说，用和东京湾相比的高度差来决定土地的高度。作为基准的不只是东京湾，每个地区的海平面标准是不同的。

使用"航空摄影测量"技术可以得知山的海拔高度。首先，飞机飞到山的上空几米的地方拍照，同时一点一点地挪动位置并拍摄飞机的正下方。把拍摄出来的照片用特殊的方法叠加分析后，就能把平面的照片用立体的图像表现出来，从这个立体的图像就能了解到地面凸起的程度，从而得知山的高度。

摄影测量和人眼看东西是同理的。我们的眼睛能够感知并捕捉物体所在位置距离的"远近感"，是由于我们的左右眼睛有几厘米间隔，从稍微有偏差的地方却可以各自看见东西。因为左右两只眼睛看见的图像只有少许不同，两个图像在大脑中重叠成一个图像被读解出，因此看见的东西是立体的。

在没有飞机的时代，人们无法从山的上方拍照，便采用"三角测量"的方法来测量山的高度。这种方法把山看作一个巨大的三角形，通过计算得到高度。首先，从山脚下知道海拔的地方定两个地点，并测量两点之间距离。接着，测量两个点仰望山顶时的角度。这样一来，就能用在高中时学到的三角函数计算出山的高度了。从前的人们通过巧妙地利用数学知识，即便不用实际去测量也可以知道山的海拔高度。

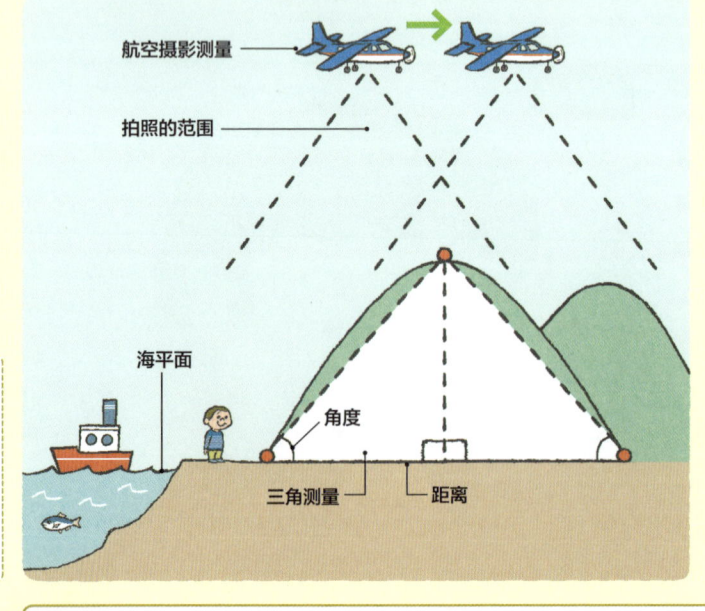

航空摄影测量
拍照的范围
海平面
角度
三角测量
距离

第339页的答案：眼角膜

小知识 人造卫星通过向山体发射信号，可以根据反弹回来的时间得知山的高度。
小测验 土地的高度是以什么地方为基准的？　A 海平面　B 山脚　C 山顶

答案在下页

340

为什么建筑物不会被雷电击中？

这是因为人们利用雷电的特性使用了一样东西。

读过的日子（　年　月　日）（　年　月　日）（　年　月　日）

12

雷电比较容易击中建筑物、大树等较高的物体以及具有金属性质的物体。因此在高大的建筑物的顶端，会装有防范雷电灾害的避雷针。

避雷针是安装在建筑物顶端的尖锐棒体，它与长长的金属丝相连，金属丝的尖端向下延伸并埋设于地面。落在避雷针上的雷电顺着金属丝流入地面，这样就可以令建筑物免受伤害。避雷针从字面来看是躲避雷电的意思，但实际上它是将雷电导向他处。日本的法律规定：高度超过20米的建筑物必须装有避雷针。20米差不多就是6层楼的高度。

避雷针是由美国的本杰明·富兰克林发明的，富兰克林是美国的开国元勋之一，他证明了雷电是云层中积累的电荷。他把绑有金属丝的风筝放飞到空中，发现下方与之相连的莱顿瓶（像现在蓄电池一样的东西）中有电流通过，富兰克林由此得知云中有电。在当时，经常会发生雷电击中高塔、教堂致使火灾发生的情况。富兰克林从放风筝的实验中得到灵感，认为在建筑物的顶端安装一个金属棒，再通过金属丝将雷电引流至地面，就可以使建筑物免受灾害，由此避雷针就诞生了。

在我们生活的现代社会中，被各种各样的电器包围，其中有电线、电话线、网线等金属线。为了不使落在建筑物上的雷电顺着电线流入机器发生危险，使用避雷针就显得尤为重要。

发明·发现

A 海平面　第340页的答案

小知识 1752年，富兰克林进行的实验可以使人触电而亡。这是十分危险的实验。
小测验 富兰克林在研究雷电的实验中使用的是什么？　A 风筝　B 电话线

答案在下页

341

13 麻醉药是如何发明的？

世界上最早成功进行全身麻醉手术的是日本江户时代的医师。

读过的日子（　　年　　月　　日）（　　年　　月　　日）（　　年　　月　　日）

传记

华冈青洲（1760—1835年）

在没有麻醉技术的时代，患者做手术必须承受强烈的痛感。在古代，欧洲和中国做手术时会使用可以产生麻醉作用的草药，但是这种草药只能在简单的像手脚受伤一样的手术之后缓解疼痛。麻醉用的植物当中，有些是使用过量会致死的毒草，这么危险的东西当然无法用于全身麻醉。

然而有资料记载，在距今200年前，纪伊国（今和歌山县）的日本医师华冈青洲首次成功进行了全身麻醉的手术。据说青洲出生那天电闪雷鸣，家人给他起名为震，昵称是云平，希望他日后有所作为。青洲的祖父和父亲都是医生，所以青洲也踏上了从医的道路。

23岁的青洲前往京都学习了最新的东洋医学和荷兰的外科医学。三年后回到家乡，在父亲的诊所工作。因为想拯救手术中饱受痛苦的人们，青洲致力于麻醉药的研究。青洲经过反复试验终于得知：以白曼陀罗和乌头为主，按一定比例将6种草药混合，就能起到麻醉效果。这6种草药每一种都是有毒的，但是青洲使用狗等动物反复进行实验，最终获得了成功。但是，只是拿动物做了实验，还不清楚是否对人类有效。青洲陷入了僵局。这时青洲的母亲和妻子对犹豫不定的青洲说："请把我们当成测试麻醉药的实验体吧。"就这样，经过数次临床药理学试验，全身麻醉的"通仙散"研制成功了。但在成功的背后有着巨大的牺牲——实验中青洲的母亲去世了，妻子双目失明。

之后在1804年，青洲进行了最早的全身麻醉手术。这是为一个60岁的老妇人切除乳房上的恶性肿瘤。之后在他74岁去世前的30年里，完成的大大小小的手术超过150例。

第341页的答案：A 风筝

小知识 据说大约在2000年前，中国有一位名叫华佗的医师发明了麻醉剂"麻沸散"，可惜处方后来失传。
小测验 青洲最早以全身麻醉法完成了什么手术？

答案在下页

松果是什么？

松果到底是花、种子还是果实？松果的样子的确相当独特。

读过的日子（　年　月　日）（　年　月　日）（　年　月　日）

14

日本自古以来就偏爱松树，其中具有代表性的要数长在海岸边的黑松以及种在开阔山林里的红松。松果是松树的球型果实，所以也叫"松球"。

开花植物可分为有花瓣的"被子植物"和没有花瓣的"裸子植物"两大类。松树同杉树和银杏树等一样是裸子植物。裸子植物中的针叶树上可以被看到的种子就是它的球果。松果的表面像整齐排列的鱼鳞，鳞片以松果的中心为轴呈螺旋状分布，每一片鳞片里面都有种子。等到种子成熟时，鳞片变干翘起，重合的鳞片打开，种子就会散落出去。黑松和红松的鳞片有翅果，每片鳞片的内侧有两个翅果。翅果呈翼状，种子可以被风带到较远的地方。种子散落之后，完成使命的松果会从树上落下来。

一棵松树中有雄球花和雌球花。春天开花时，新枝中会率先冒出像孢子茎一样的褐色的雄球花。雄球花借助风力散落花粉，花粉粒的两侧会有像气球一样的东西，使得花粉粒容易飞行。像这样借助风力授粉的花被叫作"风媒植物"。

雌球花最早掉落在树枝上。雌球花的鳞片有细缝，所以雄花飞出的花粉可以从裂缝进入雌花完成授粉活动，然后在第二年秋天结出种子。

春天，在松树的枝干上有还未成熟的松果，这是前一年授粉后在第二年结出的松果。等这些松果再长大一些，到了冬天时就会散落种子。

植物

1~2年的松果
- 雌球花
- 雄球花
- 第一年夏天的松果
- 第二年冬天的松果
- 第三年春天的松果
- 种子
- 从树枝上掉落的松果
- 前一年掉落的松果

第342页的答案：乳腺癌手术

小知识 松果为了在晴天时把种子带得更远，雨天时会合上果壳。
小测验 松果是松树的叶子。　A 正确　B 错误

答案在下页

343

15 蟋蟀是怎么叫的？

蟋蟀是如何发出这样动人的声音的？

读过的日子（　　年　　月　　日）（　　年　　月　　日）（　　年　　月　　日）

法布尔昆虫记

来自故事《蟋蟀》

（这是一个关于法布尔研究蟋蟀翅膀的故事。）

蟋蟀演奏出美妙音乐的乐器靠的是它的两片前翅。蟋蟀前翅的左翅和右翅会重合在一起，虽然内部和外表的构造有些不同，但左右翅的形状完全一样。左右翅膀的外侧有锯齿状的硬筋，内侧有凸起的筋络。右翅内侧的筋络和左翅外侧的筋络重合时就会产生声音。左右摩擦，震动翅膀上的发音镜，就会发出美妙的音调。

螽斯和蟋蟀相反，螽斯是利用左翅发声。可以这么说，蟋蟀是右撇子而螽斯是左撇子。螽斯只有左翅的内侧和右翅的外侧有可以发声的筋络，因此螽斯演奏时一定是左撇子。但是蟋蟀两侧翅膀的内侧和外侧都有可以发声的筋络，本应左边右边都可以演奏，但为什么蟋蟀一定要做右撇子呢？

感到疑惑的我（法布尔）进行了实验研究。我把蟋蟀变成左翅在上右翅在下，为了不伤害到翅膀，我用镊子轻轻地交换它们的位置。可随着蟋蟀翅膀的运动，翅膀又恢复到了原来的样子。我又使用刚蜕皮的还很柔软的翅膀做实验，不出所料，蟋蟀震动翅膀，又变成了右撇子。这是为什么呢？我们并不知道。

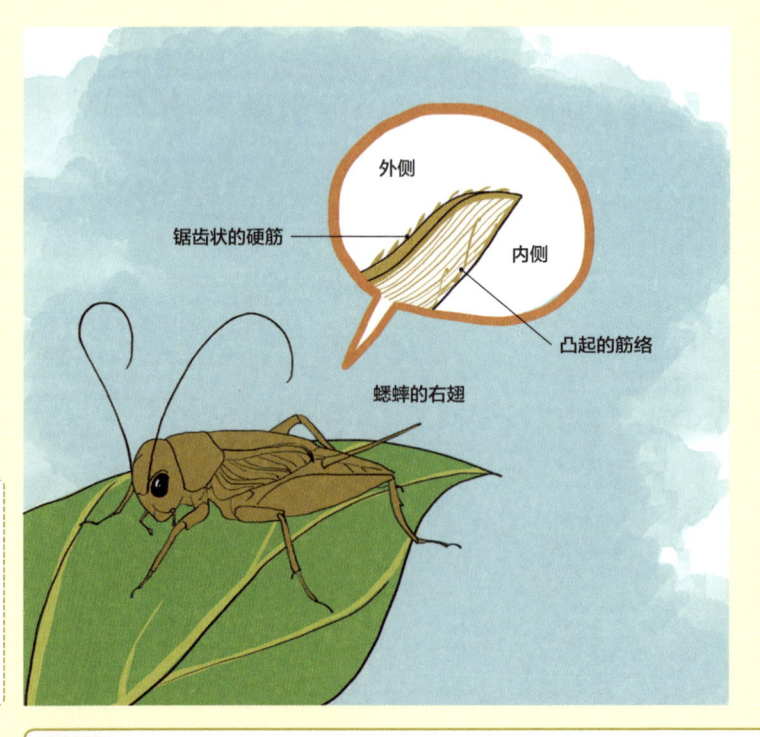

夏天，雄蟋蟀会找寻心仪的雌蟋蟀。遇到心仪的雌蟋蟀后，雄蟋蟀就会发出美妙的声音来吸引雌蟋蟀，而雌蟋蟀会被雄蟋蟀的热情打动并接受雄蟋蟀的求婚。

外侧
锯齿状的硬筋
内侧
凸起的筋络
蟋蟀的右翅

第343页的答案　B 错误

小知识 只有雄性蟋蟀才会鸣叫。
小测验 蟋蟀在鸣叫时会使用几片前翅？

答案在下页

344

云和雾有什么不同？

云和雾的构成成分不同。

读过的日子（　年　月　日）（　年　月　日）（　年　月　日）

16

天气・气象

大家见过雾吗？到了春天和秋天，清晨时屋外会有雾气。爬山时，越往高爬，雾气越重，慢慢地就仿佛置身于云中一样。那么云和雾是不同的吗？

云是这样形成的。首先，水在太阳的照射下受热蒸发，因为热空气较轻，所以形成上升气流（空气从下往上流）。众多的水蒸气借助气流升到空气上端，上升中空气遇冷吸附在尘埃周围，形成小水滴和小冰晶。这样很多的小水滴和小冰晶聚集在一起便形成了云。

云和雾大体是一样的，飘浮在远离地面的空中的就是云，靠近地面的则叫作雾。比如，从山麓来看，山顶的虽然是云，但是居住在山顶的人会认为是雾。还有，1千米内全白看不清的时候叫作雾，能看清的叫作轻雾。

根据雾形成方式的不同又可分为不同的种类。比如，在晴天少风的清晨出现的雾叫作"辐射雾"，这是由于夜间地表辐射冷却（地表温度外散，周围温度下降的现象）形成的。冷却变重的空气很容易流入周围有山的低地，所以易形成辐射雾。和一年有40多天有雾的20世纪50年代不同，现在的东京基本上看不到雾。这是因为混凝土的地面变多，储存水分的土地减少，空气越来越干燥所致。而且即使到了晚上，混凝土储热，气温也不会降低。

人们的生产活动多多少少影响了自然现象。

第344页的答案：两片

小知识 据说清晨充满雾气的山地能种出高品质的茶叶。
小测验 云和雾的不同在于产生的地方不同。　A 正确　B 错误

答案在下页

345

17 为什么有些梦很快就忘记了？

明明刚才还记得的，咦……

读过的日子（　年　月　日）（　年　月　日）（　年　月　日）

身体

睡眠是让大脑和身体得到休息，保持生命活力必不可少的活动。如果仔细观察熟睡中的大脑和身体的活动，我们就会发现大脑的休息方式是有规律的。

睡觉30分钟后会进入深度睡眠，之后又会进入浅度睡眠。像这样深度睡眠和浅度睡眠来回交换的活动，一晚上大脑会重复很多次。当我们处于入睡90分钟的浅度睡眠时，身体得到了放松但大脑还处于像醒着时一样的状态。闭着的眼皮下，眼球还会像看着什么东西似的转动。这种浅度睡眠状态被称为"REM睡眠"。REM是快速眼动睡眠（Rapid Eyes Movement）英文首字母的缩写。一般成年人的快速眼动睡眠期占整体睡眠的1/5。反之，如果大脑处于深度睡眠则被称为"NREM睡眠"。

处在快速眼动睡眠期时，人就会做梦。这时人的大脑会整理脑中的信息、记忆等。在此期间，大脑会把存储的大量信息区分、选择出必要的信息，在大脑中再次进行录入。这都是大脑处于REM睡眠时进行的。在大脑工作的过程中，各种各样的信息浮现在大脑中，就产生了梦境。平日里特别希望的事情、挂念的事情就会经常出现在梦中。没有思考但内心深处牵挂的事情也会在梦里梦到。梦境就是人的心理状态的反映。

如果你处在快速眼动睡眠期就会做梦。但是早晨醒来的时候，"我没有做梦""好像做梦了，但是记不清梦的内容了"等情况经常发生，这是因为大脑将这些信息判定为残留的不重要信息。确实，如果什么都记住的话，大脑就很难接受新的信息了。

做梦　90分钟　REM睡眠　NREM睡眠

第345页的答案：A 正确

小知识　像狗和猫等一部分哺乳动物也会做梦。
小测验　做梦时是处于以下哪种状态？　A 快速眼动睡眠期　B 非快速眼动睡眠期

答案在下页

为什么食物冷冻后能长久储存？

我们看到冷冻食品的保质期都会吃惊吧？！

读过的日子（　年　月　日）（　年　月　日）（　年　月　日）

在古代，人们会把食物晒干或者加盐加糖来延长食物的保质期。现在的冷藏技术很发达，新鲜的食物也可以保存。过期食品不能食用有以下几个原因。

可以导致食物腐烂、引起食物中毒的菌和霉增多了。食品中的油脂酸化（和空气中的氧相遇发生质变成为有害于身体的油）。生鲜鱼、肉中一般都含有霉菌（由蛋白质分解变化形成），但是如果把食物冷冻起来的话，微生物会死亡或者处于休眠状态并不再繁殖，因此便可以抑制油脂的酸化和霉变。

金枪鱼的生鱼片什么时候都可以吃，就是归功于冷藏技术的发展。日本许多船只为了捕捞金枪鱼，会远离国土出海数月进行捕鱼。因为船上装有巨大的冷藏柜，刚捕捞上来的金枪鱼马上被放入-60℃超低温的冰柜中保存，所以金枪鱼可以长久保鲜。

蔬菜、肉和鱼都是由细小的细胞构成的。如果冷藏的话，一个个充满水的细胞就会变成小冰晶。在超低温极速冷冻的状态下，细胞不会破裂而且可以保持美味。而家庭中使用的冷藏柜的温度大约是-18℃。这个温度下结成的小冰粒会较大，细胞也比较容易破裂。

另外，冷藏柜的门打开的时候，里面的温度会上升，小冰粒融化后再次被冻住，油脂酸化不能完全被抑制，所以食物也会一点一点变质。

正像冷冻食品的保质期所显示的一样，家里的食物最好趁新鲜在一个月之内吃完。

食物

第346页的答案　A 快速眼动睡眠期

小知识 如果冰激淋冷藏得很好的话是不会坏掉的，所以有些没有写明保质日期。
小测验 用家庭冷藏柜冰冻的话，结成的小冰晶会比较大。　A 正确　B 错误

答案在下页

19 鱼为什么喜欢成群游动？

在一起游，难道不会互相碰撞吗？

读过的日子（　　年　　月　　日）（　　年　　月　　日）（　　年　　月　　日）

鱼类

据说地球上大约有23000种鱼，其中有一半是以"群居"的方式生存的。大家也许在海洋馆的大水缸里见过成群游动的沙丁鱼和竹荚鱼群吧。当然也有像鲈鱼这种只在幼鱼时期成群游动的鱼，它们长大后就很少成群游动。

鱼儿成群游动的原因，小鱼们是为了能够自保；大鱼们则是为了能够更有效率地捕获猎物。

体型小的鱼和鱼苗会成为鲆（yú）和金枪鱼等大鱼的猎物。

小鱼们聚集在一起形成一个很大的块状鱼群，从而能混淆大鱼的视线。敌人一旦靠近，鱼群便可以快速地向左右分散游去，再迅速恢复成一个块状群体，不断重复此行为来躲避敌人的袭击。

在敌人即将追赶上的关键时刻，小鱼们突然四散开来，可以趁敌人一时迷茫不知该追赶哪条小鱼的时候逃跑。另外，大鱼们成群游动因数量优势使得袭击捕获猎物变得更加容易。

鱼群里并没有领导者，这与斑马和大象等哺乳类动物的群体有很大不同。明明没有领导者，却能聚集同类形成鱼群，就好像有人发号施令，鱼儿们能够同时改变游动方向，这种现象真是不可思议。

事实上，鱼的身体里会释放出一种名为"信息素"的气味物质。同伴们是通过此味道的吸引而聚集在一起的。除此之外，鱼身体的两侧还有一种名为"侧线"的器官。此器官能够感受水流和水压的变化。成群游动的鱼有和伙伴们向同一个方向游动的习性。鱼儿们通过用眼观察以及感受水压和水流的变化来测量与身边同伴的距离，因此能够不互相碰撞地成群游动并同时改变游动方向。

侧线

第347页的答案　A 正确

小知识 鱼群的英语表达是"school of fish（鱼的学校）"。
小测验 鱼群里有领导者。　A 正确　B 错误

答案在下页

348

究竟什么是"循环利用"？

为什么都说"循环利用"非常重要呢？

读过的日子（　年　月　日）（　年　月　日）（　年　月　日）

20

生活

我们的生活依赖于食物、工业制品和建筑物等，而资源是制造物品所必不可少的。日本每天生产物品需要消耗的资源大约有500万吨。

大部分的物品使用后都会成为垃圾，包括工厂和建筑工地等"工业垃圾"的排出，日本全国日均产出垃圾量大约为160万吨。除此之外，仅家庭和单位等排出的"普通垃圾"，人均每日就有大约1千克。

无论是地球上的资源还是填埋垃圾的场所，都是有限的。长此以往，只会造成资源越来越少，垃圾越堆越多的局面。因此，"循环利用"的构想变得越来越重要。英语当中"re"有"再"的意思，"cycle"有"循环"的意思。也就是说，"循环利用"是指将垃圾转变成资源进行再次利用。

举个例子，如果采用加热的方法将铝罐熔化成铝块，那么就可以将其作为原料制作出新的铝罐。如果能够借助日常垃圾中微生物的力量制作出化肥，那么就可以种植出新鲜而美味的蔬菜。这样一来，使用过和剩下的物品就不再是垃圾，而是作为宝贵的资源可以再次利用。

除循环利用外，也有其他减少垃圾、灵活运用资源的方法。当中最重要的就是"reduce"，这在英语中有"减少"的意思。不乱花钱、少买没用的物品，取而代之的是只买真正有用的物品，并珍惜使用耐用物品。

另外"reuse"也很重要。这是"再利用"的意思，比如，旧毛巾可以作为刷锅前擦掉油污的抹布来使用，可以将毛巾使用到最后不浪费，这样排出的水也不会被污染。让我们试着尽可能地从力所能及的小事开始做起吧。

第348页的答案　B 错误

小知识 有很多种类的商品都使用了可再生资源。
小测验 "reuse"是什么意思呢？

答案在下页

349

21 爱迪生为什么有如此多的发明？

积极地面对失败是走向成功的关键。

读过的日子（　年　月　日）（　年　月　日）（　年　月　日）

传记

托马斯·爱迪生（1847—1931年）

被誉为"发明大王"的爱迪生从小就对一切所见之物充满好奇，不亲自尝试摆弄决不罢休。他从小跟着妈妈学习，读了很多书，其中最痴迷科学方面的书，同时自己也开始不断地做实验。在他84岁临终前，共有1200多项发明流传于世。

电话机和留声机（是指录音之后再播放出来的机器）、改良版的电灯泡和活动电影放映机（放映电影的机器）、打字机和烤面包机等，爱迪生的很多发明都是我们当今生活中使用的便利机器的原型。

众所周知，爱迪生是一个"不屈不挠的人"。他不会因失败而感到受挫，从不放弃继续思考，发明留声机的时候就是这样。也许现在看来，录下人和物的声音是极其简单的，但在当时那个年代却是一个很了不起的发明。

当爱迪生看到潮起潮落的海浪在沙滩上留下印记时，脑海中便闪现出一个想法。他在木板上洒下一层薄沙，将其放置在钢琴上，进行了音乐演奏的实验。于是，他发现沙子随着音乐的律动呈现出多种不同的姿态，声音的震动使沙子呈现出不同的状态。爱迪生因此想到，如果能够记录下声音的震动状态，是不是就能够再现声音了呢？

经过多次失败的实验，最终发明出了留声机。这是一种一边一圈圈转动机器上的把手，一边对着喇叭唱歌，通过指针触碰名为"锡"的柔软的金属来记录声音震动的机器。当指针放到最初刻录的针孔的位置时，再次转动把手，喇叭就会回响起刚刚唱过的优美旋律。

爱迪生在实验面临屡次不顺的时候说过这样一句话："这并不是失败，我会在上万种不顺利的方法中发现一个正确的方法。"也许正是因为爱迪生懂得在失败中前进，所以他才会成为伟大的"发明大王"吧。

第349页的答案 再利用

小知识 爱迪生第一次在留声机里录的歌曲是《玛丽有只小羊羔》。
小测验 爱迪生的发明大约有多少？　A 12　B 120　C 1200

答案在下页

为什么会长黑斑呢？

22

有时候会在原本没有黑斑的地方突然长出黑斑。

读过的日子（　年　月　日）（　年　月　日）（　年　月　日）

身体

　　人的皮肤和头发、眼睛等都是有颜色的。这个颜色是由身体当中一种名为"黑色素"的色素（淡淡颜色的颗粒）所形成的。而黑色素是在所谓的"色素细胞"中形成的，数量越多，颜色就会越接近于黑色或红色，呈深色状态。皮肤的颜色因人种而不同，这也是由皮肤当中黑色素的数量决定的。

　　黑斑的医学用语为"色素痣"。它是由皮肤中名为"痣细胞"的细胞异常增多所形成的块状物。痣细胞也会生成黑色素，因此看起来呈黑色。一般情况下，黑斑直径不会超过1.5厘米，直径大于1.5厘米的"色素痣"需特别注意，应及时治疗。

　　刚出生的婴儿基本没有黑斑。黑斑是从3岁左右开始出现，20~30岁左右开始增多。即使长了黑斑也会有不知道什么时候就变淡或者消失的情况。一般像身为黄色人种的日本人平均会有10个左右的黑斑，而白种人平均会有20~25个的黑斑。

　　痣细胞的形成是由于色素细胞形成不顺利导致的。这一过程是人还在妈妈肚子里的时候发生的，但是具体原因尚不明确。痣细胞会随着年龄的增长而异常增多，这时就会出现黑斑。

　　即使长黑斑对健康也没有什么影响，但是由于手掌和脚底长的黑斑，有转变为"黑素瘤"（恶性黑色素瘤）类皮肤癌的可能，所以必须多加注意。另外，界限模糊的黑斑和手脚指甲长黑线的症状也有可能转变为黑素瘤，因此如果担心最好还是去医院看一下。形成黑素瘤的一个原因是过度的日晒。因为太阳光线当中包含着会对皮肤造成损伤的紫外线，所以说"适度地进行日晒"是很重要的。

痣细胞

黑色素

表皮

真皮

第350页的答案　C　1200

小知识 随着年龄增长，皮肤下的血管不断扩张，有时看起来会像红斑一样。
小测验 形成皮肤、头发和黑斑颜色的基本色素是什么？

答案在下页

351

23 手机是如何实现通话的？

明明没有线的连接，为什么能够通话呢？

读过的日子（　　年　　月　　日）（　　年　　月　　日）（　　年　　月　　日）

声音是一种波动形式，它所产生的"振动"像波动一样传到空气中，使声音得以传播。音色、音质和声音大小的不同是由声波长短、高低的不同所决定的。

很多人都玩过土电话（P123）吧。土电话的原理是将声音所产生的振动通过线来传递，使对方能接收到声音。有线电话其基本构造和土电话是相同的。电话机是将声音所产生的振动转变成电和光的信号，通过电线和光纤（利用光的通讯电缆）等电话线将其传递到对方的电话机中。信号到达对方电话机时又恢复成"振动"的形式，因此能够听到声音。

那么，没有电话线的手机又是以什么样的构造连接的呢？下面将依次进行说明。

手机拨打电话时，手机会将声音转换成电波。这样一来，就像无线电广播一样，电波在没有电线连接的情况下会散播到空中，然后被附近通信公司的"公用移动通信基站（简称基站）"的天线所接收。全国各地均建有基站，而各基站之间是用"电缆"这种信号的传递线连接。原理是：一个基站接收到电波后，通过电缆连接传递，电波会被传送至接收电话对方附近的某基站，电波从对方附近的某基站以无线连接的形式传出，最终被对方的手机接收后，电波会再次恢复成声音。

大地震过后，有时会出现手机无法拨出的现象，其中一个原因就是连接两个基站之间的电缆受损。那么，为什么要特意经由几个基站来传送电波呢？因为必须要发出强烈的电波才能将其直接传送到身在远处的对方的手机中。

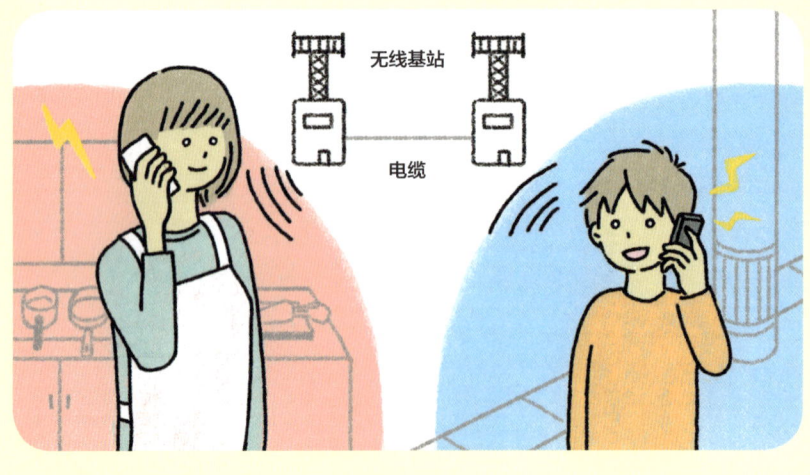

无线基站

电缆

小知识　1985年日本制造的第一台手机，其重量大约为3千克。
小测验　手机的各无线基站之间是以什么连接的呢？

答案在下页

第351页的答案：黑色素

352

椿象为什么会发出臭味？

释放臭气是否有什么好处呢？

读过的日子（　　年　月　日）（　　年　月　日）（　　年　月　日）

24

虫类

根据地域的不同，椿象有"放屁虫"和"臭大姐"等不同的叫法。但是无论是哪一个名字，都是因为用手抓它时会散发臭味而得来的。

椿象是从属于椿象科的全体昆虫的统称。椿象在从前往后数第二只脚根部附近有俗称"臭腺"的器官，能够散发出臭味。当受到外界刺激时，就会从这里喷出带有强烈味道的液体。这种液体不仅带有臭味而且是有害的，有时人的皮肤接触到这种液体就会起水泡。

很多椿象有群居的生活习性。一旦一只椿象喷出液体，周围的同伴们便会一起飞起来观察情况。由此可以联想到，椿象带有臭味的液体不仅有驱赶敌人的作用，同时还有通过气味告知同伴危险的作用。如此一来，椿象便能够保护自己不受敌人的侵袭。

有很多椿象是以吸食植物的汁液为生。像白萝卜、西兰花等十字花科蔬菜的叶子上，就经常会附着一种名为"菜椿"的椿象虫。它们的外形是以黑色为底色，上面带有橙色或红色的花纹。

像这样外形带有醒目颜色和花纹的椿象的种类也有很多。它们特意穿着带醒目花纹图案的"衣裳"，是要告诉敌人"我们是会喷出有臭液的虫子"。为使敌人无法靠近，椿象可是没少下功夫呢！

除椿象外，也有很多其他的昆虫通过释放臭味来保护自己。例如凤蝶的幼虫，当被触碰时，它便会在伸出两只红色或黄色触角的同时把头抬起来。那两只像触角一样的东西带有臭味，被称为"臭角"。它们为了赶走敌人一边发出臭味，一边摆出吓唬人的姿势。此外，瓢虫在遇到危险时，也会从脚的关节处释放出带有臭味的黄色液体。当然为了避免被敌人捕食，这种黄色液体是含有毒素的。

电缆　第352页的答案

小知识 将释放出臭味的椿象放入瓶中，有时它会被自己所释放的臭味熏死。
小测验 很多椿象是以集体方式生存的。　A 正确　B 错误

答案在下页

353

25 救护车的警笛声为什么会变化?

当一辆救护车靠近时,警笛声会变大,而车驶去的瞬间声音就会变小。

读过的日子(年 月 日)(年 月 日)(年 月 日)

生活

大家听到过救护车的警笛声吗?当车驶近时,警笛声明明很大,可在车驶离的瞬间警笛声就变小了。

当发出声音的物体静止不动,而你自己移动时,也会产生同样的现象。例如乘电车时,电车一靠近道口,我们就能听见很响的"当当"声,而电车驶离道口,这声音便会减小,这称为"多普勒效应",多普勒效应与声音的性质有关。声音也叫"声波",能使空气振荡并以波的形式传播。

当我们听音乐时,请你试着用手紧贴着扬声器。你会发现扬声器的表面会配合着声音的节拍而振动。这个声波会使我们耳朵里的"鼓膜"振动,从而听见音乐声。声波呈波浪形进行传递,声的高低由相邻两个波峰或波谷之间的长度决定,

这叫作"波长"。波长很短的时候,传播到耳朵里的声波数量就会增加,声音也会变大。波长比较长的时候,声波数量会减少,声音就会变小。

救护车虽然一直重复着同样大小的警笛声,但是当它靠近和离开时,声音的变化会让人觉得很神奇。

实际上,声波有缩短和伸长的性质。当救护车靠近时,声波受到挤压而收缩,波长就会变短。相反,当救护车驶去时,声波被拉长,波长也就变长了。总之,在发出声音的物体和听见声音的人之间,彼此移动的速度和方向有差异的话,声音听起来就会有变化。

坐在救护车里的人,因为与警笛声移动的速度相同,所以他们听到的声音大小没有变化。另外,如果车速缓慢,波长的变化会极小,人此时就无法分辨出声音的变化。

多普勒效应除了能使人感受到警笛声和道口声音大小的变化,对于其他声音的变化也同样适用。在我们身边有哪些事物会产生这种声音强弱的变化呢?大家一起来找找吧!

第353页的答案 A 正确

小知识 多普勒效应也用于测量汽车在行驶过程中的车速或投球的速度。
小测验 救护车中的人听到的警笛声的大小是不变的。　A 正确　B 错误

答案在下页

354

地球和月球为什么是球形的？

世界上存在不是球形的天体吗？

读过的日子（　年　月　日）（　年　月　日）（　年　月　日）

26

地球·宇宙

　　地球和月球之所以是球形的，与"引力"有关。所谓引力，是指作用于物体间相互吸引的力。

　　存在于我们周围的事物同广袤的宇宙相比，显得十分渺小。这样渺小的物体无法让我们感受到强大的引力作用，而像地球与月球这样巨大的物体，就会产生强大的引力作用。

　　地球和月球所具有的引力是一种由地表向球体中心拉拢的力量，这被称为"重力"。通过物体的重量可以测出物体受到的重力大小。月球上物体的重量之所以是地球上的1/6，是因为月球比地球小，其分量和重力只有地球的1/6。

　　地球和月球在形成之初，地表凹凸不平，但是因为地球和月球的重力非常大，所以具有改变其凹凸地表的力量。因此，天体通过自身所具有的重力，使凸出的地方一点一点变得平整，经过这样长期的演变，就变成了近似球形的形状。

　　球形是物体受力最稳定、最均匀的形状。这是因为从中心到地表任意地点的距离都是相同的，都受到同样大小的重力作用。试想肥皂泡吹出来自然而然地就变成球形，这是为了使其不破灭而保持的一种平衡稳定的形状。

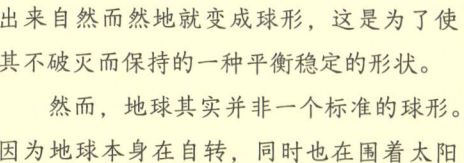

　　然而，地球其实并非一个标准的球形。因为地球本身在自转，同时也在围着太阳公转，这会产生一股被外侧所牵引的离心力。在离心力的作用下，地球就变成了赤道附近略鼓的形状。

　　另外，也有非球体形状的天体，存在于太阳系里的众多小型天体便是如此。例如，2003年日本发射的小行星采样返回探测器隼鸟号发现小行星"系川"的形状类似细长的蚕豆。因为小行星体积太小，不具有压破岩石的强大重力，所以无法变成球形。

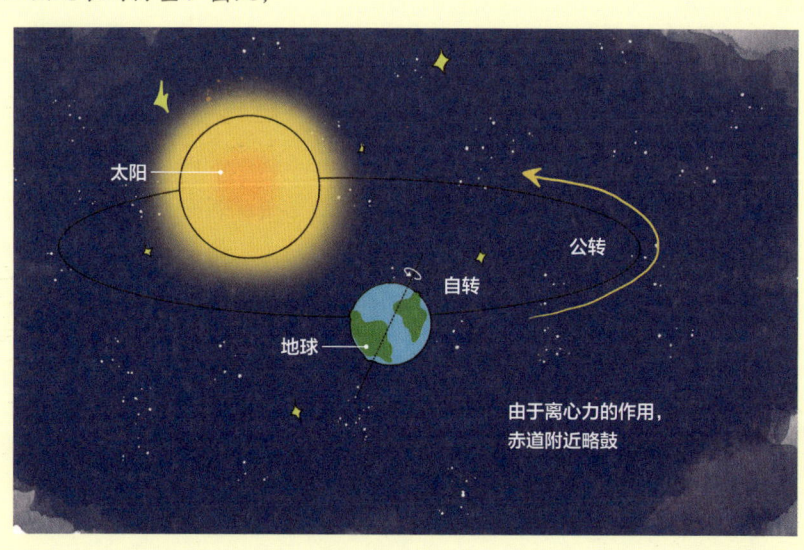

太阳　公转　自转　地球

由于离心力的作用，赤道附近略鼓

第354页的答案　A 正确

小知识 小行星"系川"是以日本宇宙开发之父系川英夫的名字命名的。
小测验 地球和月球在形成之初，地表是凹凸不平的。　A 正确　B 错误

答案在下页

27 滑子菇为什么是黏滑的？

黏液有许多作用。

读过的日子（　　年　月　日）（　　年　月　日）（　　年　月　日）

食物

正如滑子菇的日语中写作"滑子"一样，其菌盖表面附有一层滑溜的黏液。日本人一般喜欢吃滑溜和有嚼头的东西，滑子菇经常作为味噌汤的配料或混合萝卜泥制成醋拌凉菜来食用。

滑子菇多生长于寒冷地区的森林里，从枯木中获得营养。在长有山毛榉（jǔ）等的森林中，一簇野生滑子菇有时会生长在倒木或是树桩上。

滑子菇小的时候菌盖上附有许多黏液，在生长的同时黏液会逐渐消失。黏液的主要成分是一种富含氨基酸和葡萄糖的物质——"黏蛋白"。秋葵、山药和海带等食材中黏滑的物质也同样是黏蛋白。实际上，人体也会产生黏蛋白，例如胃的胃黏膜表面会分泌出黏液，黏液里的主要成分便是黏蛋白，它具有保护胃黏膜不受强酸性胃液腐蚀的作用。

滑子菇滑溜溜的表面可以起到保护自己的作用。因为滑子菇只有在潮湿的环境中才能良好地生长，所以通过黏液覆盖住表面的方法，能防止干燥、保护自己。另外，滑子菇喜欢生长在寒冷的地方，但过于寒冷也会使它的生长变得迟缓，因此黏液还具有防寒的效果。据观察野生滑子菇在寒冷的时候黏液会增多。

此外，在滑子菇喜爱的潮湿环境中生长着许多以落叶和菌类为食的蛞蝓等生物，因此滑子菇表面的黏液还具有防止被这类生物侵害的作用。通过这层裹在身上的黏滑外衣，滑子菇可以预防干燥、抵御严寒和防御天敌。

滑子菇

秋葵

山药

第355页的答案　A 正确

小知识 蛞蝓的身体黏黏滑滑的也是因为有黏蛋白。
小测验 滑子菇的黏液在生长的同时会增加。　A 正确　B 错误

答案在下页

356

身心真的相连吗？

"内心"到底在哪里？

读过的日子（　　年　月　日）（　　年　月　日）（　　年　月　日）

我们的"内心"可以感受情绪波动、了解事物。心中会有喜、怒、哀、乐等情绪的转变；会有理性思考的能力；会有理解和记忆的能力和下决心想要实现某事的意志力等。正如古时有"扪心自问"这样的成语一样，以前的人们认为内心意识寓于心脏之中。但在技术先进的今天，人们了解到是脑的活动产生了意识。那么脑和内心是如何连接起来的呢？

人的脑分为几个部位，每个部位都有其各自的作用。在大脑内侧名为"边缘系统"的部分作用相当广泛。它可以负责调节喜悦和悲伤等情绪，甚至还具有支配"自主神经系统"的作用。自主神经系统是调节体温、使心脏持续跳动或维持生命体征不可缺少的身体构造。

人在紧张的时候，心脏会扑通扑通地跳，甚至会脸红、出汗，有时还会突然想去小便，情绪状态会给身体带来影响。人的内心，特别是人的情绪与身体的行为有很大的关联。那么内心和身体为什么会有联系呢？

人在面临危险时会因恐惧而感到紧张。为了更好地应对危险的局面，必须迅速对事物做出判断，敏捷地移动身体，因此心跳开始加速，氧气会供应到全身，体温也随之上升。为了提升身体的状态，大脑边缘系统会对自主神经系统发出指令。相反，在内心平静的时候，身体会得到放松，获得休息。

实际上，不止人脑中有大脑边缘系统，在鸟类和哺乳类动物的脑中也同样具有。而人与其他动物的区别在于，人脑的边缘系统外侧的"大脑皮层"发达，能够用智慧和理性来控制我们的情绪。

身体

"内心"到底在哪里？

第336页的答案　B 错误

小知识 以进化论闻名的达尔文早在200年前就提出了内心与身体存在联系的观点。
小测验 在人脑中调节情绪变化的是哪一个？　A 大脑边缘系统　B 自律神经系统

29 F1赛车为什么能跑那么快?

它跟普通的车有什么不同呢?

读过的日子(年 月 日)(年 月 日)(年 月 日)

工具·物品

F1（一级方程式锦标赛）是用"方程式"赛车竞赛的一种赛事。方程式译自英语"formula"，表示"规格"（为产品等规定的标准）的意思。按照"轮胎和驾驶舱完全暴露，没有遮挡物"的标准制造出来的汽车就是方程式赛车。

方程式赛车的最高速度甚至可以达到300千米/小时以上，现在日本新干线的最高速度也才320千米/小时，可以说这种赛车的速度快得惊人。

能够如此高速源于其在构造上有许多特点，比如简洁轻巧的车身、强大的引擎和减少空气阻力的流线型车体等。

另外，车身上安装有类似把飞机机翼倒扣过来的装置（翼片），在行驶时会产生下压力。这样是为了避免在速度快、风力强时车体上浮。

除此之外，还有一个支撑这些设计的最大的秘密，便是它独特的轮胎。为了能稳定快速地行驶，避免打滑空转，轮胎必须要牢固地抓紧地面，因此轮胎要与地面的接触面积大才行。所以一般使用柔软橡胶材质、触地面积大且没有纹路的轮胎。

比赛中途会更换轮胎是因为材质柔软的轮胎很容易磨损。在下雨天，为了防止因雨水打滑，会使用带有排水纹路的雨胎。

敢于挑战F1赛事的赛车手都是冒着生命危险参赛的。一旦发生事故，赛车可能瞬间起火。为了以防万一，赛车手身穿的比赛专用服装是用特殊材料缝制的，可以在85℃的高温中获得35秒的逃生时间。

翼片

翼片

第357页的答案　A 大脑边缘系统

小知识 能参加F1赛事的必须是持有特殊驾驶证（超级驾照）的赛车手。
小测验 方程式赛车为了避免车体上浮，会增加赛车的重量。　A 正确　B 错误

答案在下页

358

人们是怎么知道恐龙的颜色的？

30

如果浏览恐龙图鉴的话，就会发现上面记载了很多颜色鲜艳的恐龙。

读过的日子（　年　月　日）（　年　月　日）（　年　月　日）

古生物

赫氏近鸟龙

赫氏近鸟龙的一部分化石

　　众所周知，大多数恐龙都有像蜥蜴一样长有鳞片的皮肤，但是关于皮肤的颜色，人们还无从知晓。因为皮肤容易腐烂，所以很难像坚硬的骨头和牙齿一样成为化石保存下来。恐龙的复原图是人们一边参照和恐龙生活环境相似的现代动物身体的颜色和图案，一边通过想象描绘出来的。

　　在恐龙中也有全身像鸟一样长满羽毛的种类。找到有羽毛痕迹的恐龙化石，便可以知道其身体的颜色和特征。在2009年，中国发现了迄今世界上已知的、最早的、长有羽毛的完整的恐龙化石，它被命名为"赫氏近鸟龙"，其羽毛部分的图案清晰，保存状态良好。

　　为了查出它的颜色，研究人员用电子显微镜对羽毛的化石进行了仔细地观察，发现了两种"黑素体"的色源。黑素体是细胞中的色素颗粒，黑素体内含有黑素。在发现的黑素体中含有形成黑色和灰色的黑素结构和形成红色和黄色的"褐黑素"。这两种黑素都是现代鸟类羽毛中含有的色素。

　　科学家从化石全身的29个地方取出一部分羽毛样品进行研究，最后复原了赫氏近鸟龙全身羽毛的颜色和图案。赫氏近鸟龙全身长满漆黑的羽毛，类似于现代鸟类飞羽的部分是白黑相间的条纹图案，从头到脖子的部分长着像鸡冠一样的暗红色羽毛。

　　即便是皮肤像蜥蜴一样的恐龙，人们也会发现这类恐龙的化石有的还残存着皮肤，保存得像木乃伊一样。期待今后能发现保存状态更好的恐龙化石，那样我们就能知道恐龙皮肤的颜色和图案了。

第358页的答案 B 错误

小知识　一般认为鸟类是从恐龙的一个族群（兽脚类）进化而来的。
小测验　赫氏近鸟龙哪个地方的颜色是人们已知的？　A 羽毛　B 眼睛　C 舌头

答案在下页

31 瓦斯是如何形成的？

虽然只需一扭，燃气灶的火就能点燃，但是……

读过的日子（　　年　　月　　日）（　　年　　月　　日）（　　年　　月　　日）

供家庭使用的瓦斯有两种，用煤气罐的家庭使用的是"LP气（液化石油气）"，另一种是不使用煤气罐的"城市燃气"。城市燃气通过埋在地下的管道，直接将燃气输送给各个家庭。

城市燃气的主要成分是甲烷，也叫天然气。它埋藏于地下数千米深的地层中，大量燃气聚集成为"气田"被人们开采出来，是天然的地下资源。日本的天然气几乎都要从马来西亚、澳大利亚和印度尼西亚等海外国家进口。

天然气冷却到-162℃时就会液化，体积也会缩小至原来的1/600。液体的状态称为"液化天然气"。从地下开采出的天然气经过液化放到液货船上然后出口，这样一次就能运送大量的燃气。液货船到达日本后，会先暂时储藏到港口的液化天然气罐里，进行一些分离杂质的处理。然后再将它变为气体，放入天然气储罐里。天然气储罐是一个巨大的球形储罐，贮藏在里面的天然气通过燃气管道输送到各家各户。

另外，家庭用的LP瓦斯的主要成分是"丙烷"，主要由原油提炼而成，日本大部分的丙烷从卡塔尔和阿拉伯联合酋长国等国进口。丙烷气只需加入一点压力就会变成液体（LP气）。将LP气装入液货船运往日本，到达港口后再转移到LP气储罐里，最后直接将液体气倒入煤气罐里运送给各个家庭。

无论是天然气还是液化石油气，燃烧后只产生二氧化碳和水，与会排出炭黑、氧化硫等有害物质的煤炭相比，可以说是十分清洁的能源。

第359页的答案　A 羽毛

小知识　瓦斯泄漏时会闻到一股像洋葱腐烂的气味。
小测验　在日本，瓦斯基本全靠进口。　A 正确　B 错误

答案在第362页

11月的故事

文／山下美树

01 为什么能在镜子里看到东西？

光线反射得越充分就越能看清东西。

读过的日子（　年　月　日）（　年　月　日）（　年　月　日）

工具·物品

除了镜子，能照出我们模样的东西还有什么？除了小水坑，还有玻璃、勺子、锡箔纸等，仔细思考的话，还真不少。

但是，不是任何东西都能像镜子那样清晰地照出物体。镜子与它们的区别在哪里？

这是因为眼睛看到的光线反弹程度不一样。光线的反弹叫作"反射"。光线充分反射后，就能清晰地看到人。也就是说，镜子是一种能反射光线的工具。

在生活中金属能很好地进行光的反射。特别是银，是进行光线反射的最佳金属。但是，因为银是贵金属，用银做成镜子的话需要很多钱。虽然用银做成薄而平整的镜子能便宜点儿，但由于银很柔软，做薄的话就会不平整。

所以，现在的镜子都是在玻璃的背面贴上一层很薄的银。因为玻璃是透明的，光线到达里面的银后反弹，人们就能很清晰地看到东西了。

说起来，大家在看镜子的时候，没有觉得"左右翻转"吗？

当我们与一个人面对面站立时，如果同时举起右手，对面的右手在自己的左侧。可照镜子时，如果举起右手的话，镜子里的自己也会同时举起在右侧的手。

之所以能看到左右翻转的情况，是因为传播到镜子上的光线是原样直线反射回来的。因此，通过镜子反射出来的姿势，和从正对面的人眼里看到的姿势是不一样的。把镜子里的自己和照片里的自己试着比较一下就会明白了。

镜子有正中间凹下去的"凹面镜"，也有正中间鼓起来的"凸面镜"。

凹面镜虽然是上下颠倒来反射的，但是光线会被集中起来。凸面透镜虽然中央的光线会被拉长，但是能反射出更广范围里的物体。用勺子的正面和背面试试便可知道。

镜子真是有趣的发明。

第360页的答案：A 正确

小知识 反射式望远镜是凹面镜，汽车的后视镜大多是凸面镜。
小测验 为了制作镜子，玻璃的背面要贴什么东西？

答案在下页

362

醋为什么是酸的？

醋是用带有酸味的"醋酸"成分做成的。

读过的日子（　　年　　月　　日）（　　年　　月　　日）（　　年　　月　　日）

02

食物

　　醋作为一种调料，其主要特征就是酸。醋和人的渊源很久远，据说是人类最先做出来的调料。根据记载，距今7000年前人类就已经开始酿醋了。

　　那么，醋是怎样做成的呢？

　　醋的原料是酒。在酒中加入名叫"醋酸菌"的细菌，醋酸菌就会把米酒中的酒精吃掉，转变为醋酸，醋酸也就是构成醋的成分。

　　因为醋酸菌喜欢酒精，有酒的地方，空气中差不多都有醋酸菌。低度酒没有保存好的话，就会变成醋。

　　英语中把醋叫作"vinegar"，这是由法语中"酸红酒"一词而来。最初品尝到变酸的红酒的人，一定吓了一跳吧。现在，随着酒类保存方式的不断进步，已经不再用保存失败的酒类酿醋，而是从一开始就利用粮食作为原料来酿醋。醋的酒精成分约有0.2%，这个量即便是小孩子也可以放心喝。

　　根据原料的不同，酒的种类也不一样。比如，日本酒的原料是米，啤酒的原料是麦芽，红酒的原料是葡萄。同样，作为原料用于酿醋的酒也有很多种类。把世界上的醋收集起来，大概能有4000种。

　　醋能如此广泛普及的原因之一是醋非常有用。醋可以让食物不易腐烂，因此，把易腐坏的鱼用醋做成寿司，可以说是非常棒的方法。并且，醋还有调整肠内环境、刺激食欲、消除疲劳等作用，甚至还能维持食物的颜色和清除污渍，真所谓用途广泛。

造酒原料

酒

酒精

醋酸菌

酒精　醋酸

醋

第362页的答案：银

小知识 根据食物的不同，使用的醋也不同。适用于寿司的醋是用米做成的米醋。
小测验 醋的英语怎么说？

答案在下页

363

03 人为什么会尿床？

随着小孩慢慢长大，自然就不会尿床了。

读过的日子（　　年　　月　　日）（　　年　　月　　日）（　　年　　月　　日）

身体

我们睡觉的时候，即使意识停止了工作，也会继续呼吸。心脏由于有"自主神经"，也会自动跳动（P38）。正因如此，我们能香甜地睡到早上。

但是，意识停止了工作容易产生问题，尿床就是其中之一。但是白天的时候可以正常地上厕所，真令人费解。

关于尿床，有的人完全不会尿床，有的人偶尔尿床，也有的人每天都尿床，如果持续尿床的话，就得想想这是为什么。

尿床的原因有很多，这里就给大家介绍一些容易形成尿床的原因。

一种情况是晚上大脑发出"减少尿量"命令的激素较少。人在晚上形成的尿量会减少。如果为了尿尿而起好几次床的话，身体就不能好好休息了。但是，如果减少尿液的激素不足的话，肾脏就会生成和白天一样的尿量。

还有一种情况是，储存尿液的"膀胱"小。即使分泌出了减少尿量的激素，夜间也不会完全不产生尿液。储存尿液的膀胱较小的话，就不能忍到早上再排尿。

并且，激素不足和膀胱小的情况，对于成长中的孩子们来说并不罕见。即使成长的速度不一样，大家也会长成大人。随着成长，自然而然就不会尿床了，所以不用太担心。

当然了，也不排除个别人患有相关疾病的情况。担心的话，可以去医院咨询。

此外，有苦恼的事情，或者生活不规律，自主神经的功能就会衰退。这样一来，尿床的次数也会增加。持续尿床的人，就要注意保持有规律的生活。

- 减少尿液的激素少
- 产生出和白天相同的尿量
- 储存尿液的膀胱较小

第363页的答案：vinegar

小知识 为了不尿床，因此从傍晚开始就要注意水分和盐分的适度摄取。

小测验 储存尿液的地方是人身体的哪里？

答案在下页

364

衣服上为什么会粘上种子或果实？

04

靠人和动物把种子带到远处繁殖后代。

读过的日子（　年　月　日）（　年　月　日）（　年　月　日）

植物

　　行走在山里和原野里，有没有过带刺的植物种子或果实粘到衣服上的情况？说不定也有人玩过这些粘在身上的种子。

　　种子和果实粘在人和动物身上，有非常正当的理由。

　　植物和人还有动物不一样，不能自己行走，所以，繁殖后代的手段之一，就是靠人或动物把种子或果实带到很远的地方。种子或果实远播的方法大致有几种，比如"落到近处""把种子弹飞出去""借风和水来移动""被动物吃掉后和粪便一起混杂着排出去""粘到人和动物身上"等。

　　这里就"粘到人和动物身上"的方法介绍一下苍耳。

　　亚洲原产的苍耳，高有20~100厘米左右。但传到日本的北美原产大苍耳，能生长到两米。如今经常能看到的几乎都是大苍耳。不止原野和路边，苍耳无论在哪里都能生存。

　　苍耳是菊类的一年生草本植物。一年生草本植物就是，一年内从种子到发芽再结出新的种子的植物。苍耳虽然是菊类，但不会开出很大的花朵。一到夏天，在发育较好的茎处，会集中开出黄绿色的球状雄花。在雄花下面，有绿色带刺的种子，这是由之前雌花的雌蕊变成的。

　　如果雌蕊粘到花粉就会鼓起，刺便立起来，如同河豚的同类刺鲀那样。待种子成熟后，会自动脱落下来，人和动物路过时很容易粘在身上。而且，刺的前面会像钩一样弯曲，一下子就可以粘住。因此，苍耳有"卷耳"的外号。

　　就这样，种子在被人和动物发现并弄掉之前，会跟着人和动物一起"旅行"。

第364页的答案：膀胱

小知识 还有靠分泌黏液附着在动物身上的种子和果实。
小测验 苍耳是利用什么方法搬运种子的？　A 风　B 水　C 人和动物

答案在下页

365

05 蜘蛛是如何结网的？

法布尔观察了横纹金蛛的结网过程。

读过的日子（　　年　　月　　日）（　　年　　月　　日）（　　年　　月　　日）

法布尔昆虫记

来自故事《横纹金蛛》

（下面是法布尔观察横纹金蛛的故事。）

蜘蛛网是蜘蛛用来捕获猎物的陷阱。虽然人也会使用网，但是蜘蛛结出的网更加巧妙。读了这个故事，大家一定会和我（法布尔）一样觉得吃惊。

横纹金蛛确定了织网的位置后就会从尾部的凸起处吐出细丝，用后面的脚把丝挂在树枝上。有时向上走，有时向下走，差不多要用丝织出四五厘米的网。乍一看虽然像是胡乱织成的，但是因为只是用作暂时的立脚点，所以这样就足够了。

能够立足后，横纹金蛛会从网的中间拉出一根结实的丝，这才是筑巢的起点。在网的中心做一个白色的点为记号。蜘蛛会从这个记号开始，用粗而结实的丝来织网。就像是自行车的车轮那样，从中心向右下，接着向左上，它在结网的时候能非常好地保持平衡。

横纹金蛛必须要回到中心后再拉出下一根丝，中心会像海绵垫一样不断变大。放射状的网一共有32根丝，丝之间的间隔全都相同。它们没有借助任何工具，却可以结出间隔一样的网，真是不可思议。

放射状的网完工以后，接下来要用几乎看不到的细丝来填补间隔。从中心开始一圈圈地向周围织，织成漩涡状的网。我们把织成的像人手大小的网叫作"休息处"。至于理由，大家稍后就会明白。

织好休息处后，再向外扩展，用粗丝做成立脚点。接下来就进入到真正的织网阶段。这里用黏糊糊的丝，从中心外向扩展，一圈一圈织成漩涡状。把立足处的丝做成团。直到到达休息处，大概需要30圈。成年蜘蛛需要用30分钟到1个小时织完。

虽然织成了蜘蛛网的形状。但是，横纹金蛛还会接着从休息处的中心点向上下两端，用白丝结成复杂的蝴蝶结形状的网。我们认为它这样做是为了让网更结实。最后把中心位置的那一团海绵垫状的丝剥掉就完工了。

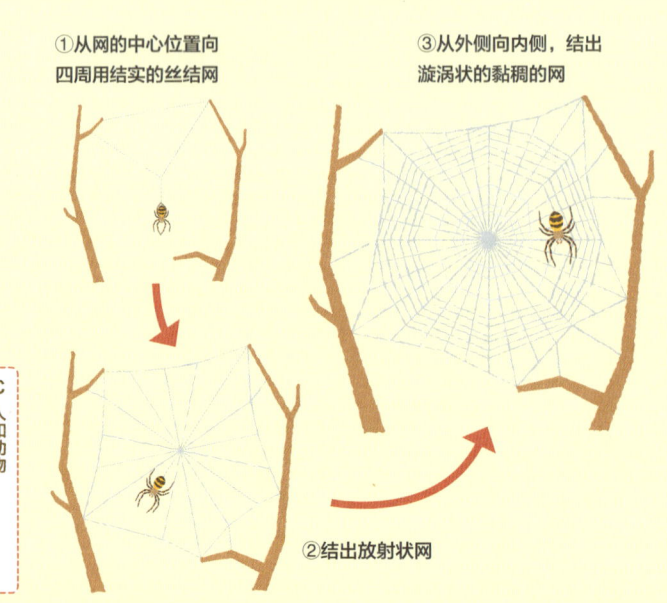

①从网的中心位置向四周用结实的丝结网

②结出放射状网

③从外侧向内侧，结出漩涡状的黏稠的网

第365页的答案　C 人和动物

④完工

黏稠的丝

普通的丝

休息处

我本来以为剥落的丝是要扔掉的，没想到蜘蛛居然把它吃到肚子里去了，这应该会成为用来生成蜘蛛丝的材料吧。如果仔细观察蜘蛛网，就会发现黏糊糊的漩涡状的蜘蛛丝上会沾着小水珠。我们调查后发现，蜘蛛丝像一根导管，会从里面不断渗出黏黏的汁液，这样蜘蛛网就不会变干，可以更有效地捕捉到虫子。并且就算这部分的丝变形，也会像橡胶那样可以伸展，所以即便是挂上一只较大的虫子，蜘蛛丝也不会轻易断掉。

那么，蜘蛛为什么不会被粘在自己的网上呢？我想这是因为蜘蛛脚上能分泌一种油脂吧。我们用药物将蜘蛛脚上的油脂去掉然后将它又放回到蜘蛛网上，结果它竟然被自己的网给粘住了。这样做虽然对蜘蛛来说有些残酷，但我们由此得知多亏了脚上分泌出的油脂，蜘蛛才能在蜘蛛网上自由活动。蜘蛛直到捕捉到猎物为止，会一直待在蜘蛛网的中心（也就是"休息处"）。为了放心休息，蜘蛛会用不黏的丝来结网。

另外，我试着做了实验。就是把死蝗虫粘在蜘蛛网上。但是，明明食物就在蜘蛛眼前，它却没有吃。然后我们试着摇晃一下蝗虫，蜘蛛突然就过来了。接着，把和蝗虫一样大小的假的食物粘在蜘蛛网上，摇晃一下，蜘蛛也把它当成食物吃掉（当然，它马上就发现自己被骗了）。也就是说，晚上狩猎的蜘蛛，比起眼睛，它更相信蜘蛛网的晃动所传递过来的信息。

小知识 也有人说蜘蛛之所以不会粘到蜘蛛网上，是因为它们在不黏的放射状蜘蛛丝上行走。
小测验 蜘蛛网的放射状丝之间的间隔很乱。　A 正确　B 错误

答案在下页

06 "日本细菌学之父"是怎样的人？

他是一位致力于传染病研究，获得诺贝尔奖提名的人。

读过的日子（　年　月　日）（　年　月　日）（　年　月　日）

传记

北里柴三郎（1853—1931年）

　　细菌侵入人体后，在人与人之间传播的疾病统称为"传染病"。在过去，有众多的人死于传染病，北里柴三郎就是一位与传染病战斗的细菌学者。

　　北里柴三郎生于日本江户时代末期的熊本县，就读于东京医学院（现东京大学医学部）。正是在这里，他萌生了抵御疾病成为医生的想法。即使到了日本明治时代，还是有许多人死于像霍乱这样的传染病。

　　大学毕业后，怀揣着成为一名医师的梦想，柴三郎进入卫生局（现在的日本劳动和社会保障局）工作。之后为了研究产生霍乱病的原因"霍乱菌"，柴三郎决定去德国留学。留学的地点是罗伯特·科赫研究所。科赫是霍乱菌的发现者，是一位优秀的细菌学者（P158）。对科赫满怀尊敬之情的北里柴三郎致力于学术研究，之后成功提取出了破伤风杆菌。破伤风杆菌是使人全身严重痉挛至死的破伤风病产生的原因。柴三郎将提取的破伤风毒素稀释，注入动物血液（血清）中，发现免疫动物体内产生的抗毒血清可使未免疫动物对破伤风杆菌感染产生免疫和起到治疗作用。

　　1890年，北里柴三郎和他的同伴发表了使用血清的最初疗法"血清疗法"。虽然还有可以预防疾病的疫苗，但是见效很慢。而血清疗法的见效很快，不仅适用于预防，还能用来治疗重症病人。1892年，返回日本的北里柴三郎想要建立一个像德国一样的传染病研究所，但是没有得到国家和大学的支持。在这个时候，应庆大学的创始人福泽谕吉帮助北里柴三郎创立了传染病研究所。柴三郎没有辜负福泽谕吉对自己的期望，于1894年最早发现了"鼠疫杆菌"。

　　现在，柴三郎的研究所与科赫研究所、法国的巴斯德研究所并称为"世界三大研究所"。

破伤风杆菌

第367页的答案　B 错误

小知识　柴三郎创立了应庆大学医学部，任首任部长，这是对福泽的报恩。
小测验　柴三郎首次在世界上发现了哪种病菌？　A 霍乱菌　B 破伤风杆菌　C 鼠疫杆菌

答案在下页

368

鸵鸟不会飞吗？

虽然鸵鸟身形巨大，但是长着一对小翅膀，所以……

读过的日子（　　年　月　日）（　　年　月　日）（　　年　月　日）

07

鸟类

鸵鸟有着长长的脖子和腿，是世界上最大的鸟。生活在非洲草原或者是沙漠深处的鸵鸟最高可达2.5米以上，最重可达150千克。大小远超人类的鸵鸟，能够在天空中飞翔吗？

实际上，鸵鸟是不能在空中飞行的。鸟为了振翅，拥有强壮的胸部、坚固的骨骼和肌肉。为了减轻体重，鸟的骨骼是中空的（P45）。可是，鸵鸟身形大，骨骼、翅膀相对太小，骨骼也不是中空的，所以很结实。

古代，鸵鸟的祖先是可以在空中飞行的，但是因为没有了天敌恐龙，就慢慢放弃了飞行，进化成了腿很长可以快速奔跑的鸟类。鸵鸟有两根脚趾，其中一根非常大，非常容易在地上形成脚印。鸵鸟逃跑时，一步的幅度达3～5米，最高时速可达70千米。这可是比狮子还快的速度。鸵鸟的前踢很有力量，严重可致狮子死亡。

因为奔跑速度快，踢力超群的鸵鸟几乎没有什么天敌，所以它的体型很大。可是鸵鸟即使被孵化出来，10只中也只有一两只能平安长大。跑不快的幼年鸵鸟，常常身处危险之中。但是，一旦鸵鸟长大，就可以活50年以上。

在古代，一部分体型较小的恐龙变得可以飞行，进化成鸟类。其他的没有进化成会飞行的鸟类，而是选择了别的进化方向。鸵鸟就是靠着善于奔跑的强壮的双腿活了下来。

现在，发现了和鸵鸟骨骼相近，也善于快速奔跑的"鸵鸟恐龙"的化石。鸵鸟恐龙并不是鸟类的祖先，但是与鸟类有些关系，还是很有趣的。

第368页的答案　C 鼠疫杆菌

小知识 鸵鸟蛋也是鸟类中最大的蛋，1颗有1～2千克。
小测验 鸵鸟有几根脚趾？　A 2根　B 3根　C 4根

答案在下页

369

08 温泉的水为什么是热的?

世界上有许多游玩的好去处，特别是拥有众多温泉的日本。

读过的日子（　年　月　日）（　年　月　日）（　年　月　日）

地球·宇宙

温泉是溶解了一定比例的硫黄与碳酸等的温暖的水。在世界上有众多的温泉，绝大多数的温泉都存在于火山的附近，那么温泉和火山究竟有什么关系呢?

在火山附近，滚烫黏稠的岩浆由于板块运动被抬升至地表附近，释放出大量的热能使水变热，形成温泉（P115）。温泉是由岩浆产生的气体及其他成分溶解而形成的。根据场所的不同，包含的成分不同，温泉的颜色和气味也会不相同。比如，硫黄和氢混合会发出臭鸡蛋的味道。

日本虽然是一个小岛国，却是个拥有一百多座活火山的火山大国（P261）。所以，日本的温泉特别多，可以尽享温泉之乐。而且，大家不觉得泡温泉比在家中洗澡给人感觉更温暖吗?那是因为温泉的成分起到的作用。如果身体变热，出汗后体温会降低，但是温泉中的成分会附着于皮肤表面，不容易出汗，所以，泡完温泉后一段时间都会感到很暖和。

温泉的周围有时也没有火山。这些温泉不是由于火山的热而是由于地下的热（地热）变暖的。地面下，越靠近地核的位置温度就越高。地核温度大约有6000℃。在日本，地面1000米以下，有许多温度超过40℃的温泉。有时也有在地下很深的古代海水喷出地表而形成温泉的情况。

在泡温泉时，请先了解温泉是火山型温泉还是地热型温泉，还有温泉的成分和功效，然后再尽情享受。

第369页的答案　A　2根

小知识　野生猴子泡温泉这种事情在世界上只有在日本才可以看到。
小测验　在日本，像这样泉水被热岩浆包围的山叫作什么?

答案在下页

370

鼹鼠为什么要挖地洞？

因为这样可以吃到土里的蚯蚓。

读过的日子（　年　月　日）（　年　月　日）（　年　月　日）

09

动物

我们经常在绘本、游戏等中看到鼹鼠。大家一定都看到过鼹鼠挖地洞的场景吧。鼹鼠为什么要挖地洞呢？

那是因为鼹鼠会通过挖地洞的方式来确定自己的地盘。鼹鼠为了捕食蚯蚓、金龟子幼虫等，会在自己的地盘挖许多的隧道。为了不让地盘丢失，鼹鼠必须要经常巡逻。一只鼹鼠的领地有长为25米的游泳池那么大，隧道长度大约有100米。捕食的隧道距离地面有10厘米，洞穴一般建在距离地面50厘米的地方。挖隧道刨出的土，通常被放置在外面。这个隆起的土堆就被叫作"鼹鼠土丘"，在它的地盘上到处都可以看到。

在土中居住的鼹鼠有什么样的特征呢？

鼹鼠身体呈长圆筒形，擅长挖洞。体毛较短，毛发如同刷子一样生长，无论是向前还是向后毛发都不会乱。如果触摸的话，会感到像天鹅绒一样柔软。鼹鼠掘土的器官是有长趾甲的前爪，挖土的动作如同蛙泳一样。鼹鼠的眼睛非常小，看不到东西，只能感受到光，但是它有长鼻子和胡须，所以嗅觉十分灵敏，有助于找寻食物。

挖隧道是一个大工程，所以鼹鼠一天要吃掉相当于身体自重一半的食物，而且，只要半日不进食就可能死去。所以，如果鼹鼠不生活在田地这种蚯蚓多的地方的话，是不可能生存下去的。

鼹鼠土丘
捕食隧道
洞穴

田地里经常能看到鼹鼠土丘，这是因为鼹鼠需要捕食。虽然鼹鼠不吃农作物，但是挖隧道会使农作物的根受到伤害。

火山　第370页的答案

小知识 鼹鼠的粪便可以用来培育长根滑锈伞这种蘑菇。
小测验 鼹鼠刨洞后堆放在外面的土叫作什么？

答案在下页

371

10 为什么酸奶对人体有益？

因为会增加肚子中活动肠道的乳酸菌的数量。

读过的日子（　年　月　日）（　年　月　日）（　年　月　日）

食物

酸奶是由牛奶制作而成的。但是为什么甜味的牛奶会变成酸味的酸奶呢？

牛奶产生酸味是因为牛奶中产生了名为"乳酸菌"的益生菌。乳酸菌摄取牛奶成分中的"乳糖"，将其变为产生酸味的"乳酸"。产生乳酸菌的这种活动就被叫作"发酵"（P193）。发酵后的食品，会比之前的食品更有营养。酸奶也比牛奶拥有更多的蛋白质和钙等，所以营养价值更高。而且，由于乳酸菌的发酵使得蛋白质和钙更容易被人体吸收。

有些人在喝完牛奶后，一定有肚子咕噜咕噜叫或肚子疼的现象吧。这是由于肚子没有很好地分解牛奶中的乳糖造成的。而酸奶中的乳酸菌会分解掉1/4的乳糖，并且酸奶中还有其他帮助乳糖分解的成分。所以，不习惯喝牛奶的人，喝酸奶是没问题的。乳酸菌的活动不只会增加营养，还可以使其被人体更好地吸收。

我们的肠道中居住着数千种细菌，达9000万亿个。在这些细菌中，有对人体有益的"益生菌"，有对人体有害的"致病菌"。乳酸菌会抑制致病菌的产生，增多益生菌的数量。也就是说，乳酸菌可以调整我们肠道的状态，好好利用乳酸菌，乳酸菌也是有利于我们肠道的药。

但是，居住在我们每个人肠道中的细菌的种类和平衡都不相同，因此喝了同样的酸奶，有的人的肠胃状况得到了改善，有的人却没有变化。

致病菌

益生菌

第371页的答案 鼹鼠土丘

小知识 牛奶坏掉时也会有酸味，但是增加的是对人体有害处的"腐败菌"。
小测验 牛奶和酸奶，哪个营养价值更高？

答案在下页

372

电池是谁发明的？

电池发展到现在的形态，是无数人努力的结果。

读过的日子（　　年　　月　　日）（　　年　　月　　日）（　　年　　月　　日）

我们身边有许多带电池的电子产品，比如钟表、遥控器、手机等。如今的电池形状、种类各异且携带方便，这是经过了许多人的努力才发展到这一步的。

意大利物理学家路易吉·加尔瓦尼（Luigi Galvani）用铁棒和金属丝触碰到一只死掉的青蛙大腿时，发现蛙腿产生了抽搐。1791年，加尔瓦尼发表了关于青蛙的肌肉和神经里存在电的言论。

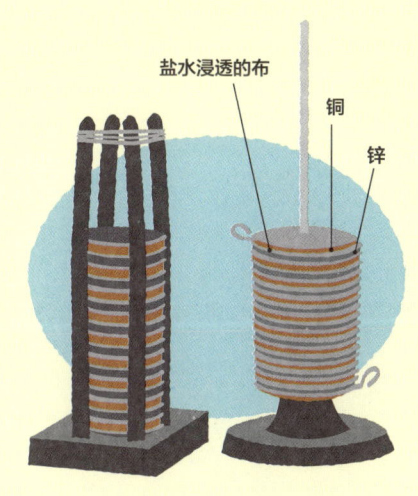

布夹在两种金属之间平叠起来的装置。根据金属种类的不同，通电的强弱也会有差异，电池正是利用这种电力差产生的电。

伏特制造的电池成为现代电池的原型。但是因为要使用大量的盐水，所以体积大且不易运输。"如果制成干电池，用起来岂不是更方便？"最先有这个想法的是日本一位名叫屋井先藏的钟表匠。

1885年，屋井发明了用电池也能准确运转的电钟，但是由于液体电池使用起来很不方便，于是他开始研究新型电池。1887年，屋井经过反复研究，将液体增稠，发明出了不易洒漏并且便于携带的"屋井干电池"。那一年，他才24岁。

但是家境贫穷的屋井没有资金申请专利，第二年便被德国的卡尔·加斯纳（Carl Gassner）注册，德国人成了世界有名的干电池发明者。

虽然屋井并没有被大众所知晓，但是"干电池"中饱含着他的努力。

盐水浸透的布　铜　锌

伏特制造的电池

但是，得知了这项实验的物理学家亚历山德罗·伏特（Alessandro Volta）认为是铁棒和金属丝使蛙腿里产生了电流。

1800年，伏特为了验证加尔瓦尼的实验制造了一套电源装置，这套装置便是世界上最初的电池。也就是说伏特从加尔瓦尼错误的结论中受到启发，发明了电池。

伏特制造的电池是把用盐水浸透的

屋井干电池

酸奶　第372页的答案

小知识 因为电池分正（＋）极和负（－）极，所以日本把11月11日定为"电池日"。
小测验 成为发明电池契机的动物是哪一个？　A 老鼠　B 蛇　C 青蛙

答案在下页

373

12 黑洞是什么？

人们无法看见黑洞，但是它能用强大的引力把周围的物体都吞噬进去。

读过的日子（　年　月　日）（　年　月　日）（　年　月　日）

地球・宇宙

宇宙中存在着无数的天体，像太阳一样自身可以发光发热的天体叫作"恒星"。恒星与人类一样都有一定的寿命，它的寿命是由天体的质量决定的。

恒星的质量如果是太阳的30倍以上，发生超新星爆炸后就会形成"黑洞"。能够形成黑洞的天体在超新星爆炸后将无法维持自身的质量，会拼命向中心收缩，甚至连光也会被吸进去，所以不能直接观测到。因为它长得像黑色的洞穴，所以被称为"黑洞"。

得非常高，这就会产生大量肉眼无法看见的X射线，通过观测X射线就能找到黑洞。

现在观测黑洞使用的是类似于美日共同研发出的"朱雀"一样的人造卫星。可是依然无法观测到没有与其他星体组成双星系统的黑洞。

到了20世纪90年代，科学家们发现了死亡的恒星变成了相当大的黑洞，它位于星系中心。这使人们认识到在太阳系所在的银河系中心，还有一个巨大的黑洞。但是也存在中心没有黑洞的星系，可是目前

可我们明明看不见，又怎么知道黑洞的存在呢？

人类发现的第一个黑洞与另一颗星体组成了双星系统。它们相互吸引，并在彼此周围旋转。这个黑洞会吸收另一颗星体的气体，被吸收的气体高速回转使温度变

还不清楚其结构。

另外，科学家还认为越小的黑洞寿命越短，最后会爆炸蒸发。可这都是通过计算得出的推测，还没有发现确凿的证据。可能要等小朋友们长大成为科学家之后，才能再揭开一些关于黑洞的谜底吧。

第373页的答案　C 青蛙

小知识 如果有跟地球同等质量的黑洞，那它的直径还不足2000米。
小测验 可以观测黑洞的人工卫星叫作什么？　A 赫夜　B 朱雀　C 日出

答案在下页

374

为什么人在哭泣时会流鼻涕？

像水一样的鼻涕会顺着鼻孔流出来。

13

读过的日子（　年　月　日）（　年　月　日）（　年　月　日）

身体

人在哭泣的时候，眼睛里会流出眼泪。然而在大哭时，不仅会流出眼泪，甚至连鼻涕也会流出来。

在我们的印象中，通常是在感冒或得了花粉过敏症等的时候才会流鼻涕，但是为什么人在哭泣的时候也会流鼻涕呢？

泪液和鼻涕是从不同的器官中分泌出来的。上眼睑内部的"泪腺"会分泌泪液，并储存在"泪囊"里。为了不让眼睛干燥，我们每次眨眼的时候，都会分泌出一点点泪液，但是这少量的泪液不会从眼睛里流下来。

鼻涕是由鼻黏膜下的黏液腺分泌出来的。它与泪液的作用相同，为了保持鼻腔湿润，黏液腺经常会分泌出少量黏液。鼻涕除了可以湿润吸入的空气之外，还有清洗鼻腔内部的垃圾、溶解细菌的作用。

平时我们不会流鼻涕是因为它很快就蒸发了，或者是受到鼻黏膜上的鼻毛和其他细毛的影响，使鼻涕流入鼻腔内部。但是当我们吸入大量灰尘和细菌时，为了保持清洁，鼻腔中就会分泌出大量鼻涕。这也是我们在感冒或患有花粉症等过敏症状时会流鼻涕的原因。

我们知道了泪液和鼻涕有不同的作用，也是从不同的器官中分泌出来的。那么人

泪腺　泪囊　鼻泪管

在大哭时流出的鼻涕也是从鼻黏膜中的黏液腺里分泌出来的吗？

实际上，即使人在大哭时，黏液腺分泌鼻涕的量也是不会变化的，只有泪腺会分泌大量泪液。可是眼睛和鼻子之间由"鼻泪管"这样细小的管道连接着，因此充盈的泪液不仅会从眼睛里流下来，还会通过鼻泪管从鼻子里流出来。

这才是人在哭泣时流出鼻涕的真实原因，其实就是通过鼻子流出的眼泪，所以才会像眼泪一样哗哗地流下来。

第374页的答案　B 朱雀

小知识 当鼻子里有大量黏稠的鼻涕时，用鼻子出气，就会吹出"鼻涕泡"。
小测验 分泌鼻涕的是哪个器官？　A 泪腺　B 鼻黏膜的黏液腺　C 鼻泪管

答案在下页

375

14 为什么过山车倒挂也不会掉落呢？

因为有某种力量在充分发挥着作用。

读过的日子（　年　月　日）（　年　月　日）（　年　月　日）

工具·物品

过山车在游乐园里是一项人气非常高的游乐设施。过山车会在刚到达顶点就突然急速降落，有时还会在空中倒挂、快速旋转，可以说是非常刺激的一项游乐设施。

"为什么过山车即使倒挂也不会掉落呢？"也许大家都会觉得这很不可思议吧。也有人想，"如果没有安全措施，我们是不是就会掉下去呢？"

过山车即使倒挂也不会掉落，并不是因为安全措施在起作用。事实上，过山车在没有安全措施保护的情况下进行倒挂旋转，人也不会掉落下来。但是，为了防止其他事故和受伤现象的发生，安全措施是非常必要的，一定不可以私自解开安全带。

那么，究竟是什么原因使得人在过山车呈倒挂的状态下也不会掉落呢？事实上是因为一种叫"离心力"的力量在充分发挥作用，而离心力其实是我们身边一种很常见的力。

举个例子来说，观察一下脱水后洗衣机里的情况，会发现衣服都附着在洗衣机的机壁上，这是由强离心力造成的。

另外，像汽车、电车等遇到急转弯时，人的身体并不是倒向转弯的方向，而是笔直地朝前进的方向倾斜，这也是因为离心力的作用。

无论哪种情况都是发生在快速旋转时，此时能感觉好像被一股强大的力量所牵引。过山车也是同样的原理。

过山车在倒挂、快速旋转的时候，会有向上的离心力在发挥作用。只要离心力比向下掉落的力量更强，过山车就能够保持倒挂、快速旋转而不掉落。

过山车爬到高处再急速降落，是为了通过速度来产生强有力的离心力。

实际上，过山车只有在最初爬坡至最高点时借助了机械的力量，其余都是利用自然下落的趋势产生的离心力来进行倒挂、快速旋转和爬坡。

第375页的答案　B 鼻黏膜的黏液腺

小知识 过山车在最初爬坡的时候，爬得越高速度就会越快。
小测验 过山车能够倒挂、快速旋转而不掉落是基于什么力量的作用呢？

答案在下页

376

为什么日本和外国的时间不同呢？

这和地球的"自转"有关。

读过的日子（　　年　　月　　日）（　　年　　月　　日）（　　年　　月　　日）

15

早上，太阳会从东方的天空升起，到了傍晚，又会从西方的天空落下。看起来好像是太阳在运动，而事实上一直在运动的其实是地球。

地球以南北两极为轴心，自西向东旋转，这就是"自转"（P224），正因为地球自转才会使得太阳看起来好像从东方升起一样。地球大约需要24小时的时间来完成一次自转，而所谓的一天的时长就是地球自转一周所花费的时间。

白天就是从太阳升起到落下的这段时间。如果家里有地球仪，不妨试着在离地球仪稍微有些距离的地方打开手电筒照着它。那时便会发现地球仪朝向手电筒的半边是明亮的，而另外半边是黑暗的，处于背光处。也就是说，亮的半边是有太阳的白天，而暗的半边则是黑夜。那么，当日本正对着太阳的时候，地球另一端与日本相对的国家应该是处于深夜之中，一片漆黑的。

接下来，试着将地球仪向东转转吧。随着地球仪的转动，明亮的部分虽在不断地变化，但是处于白天的部分一直只有地球的一半而已。从日本看，太阳正在向西倾斜。当日本进入到阴影背光处时，太阳已经落下，日本就进入了夜晚。

如此一来我们便明白了地球为什么总是有一半处于白天，而另一半处于黑夜了。那么，在这种情况下，如果世界上所有的地方都处于同一时刻会怎么样呢？明明都是同一时间点，有的国家是白天，而有的国家是夜晚，这样会很不方便吧。

于是，人们便规定以南级和北极的地轴为中心，垂直分为24块区域，每一条分界线两侧的时间都会相应错开一个小时。世界上最早的时刻基准线通过英国伦敦（格林尼治天文台）。

从伦敦向东数第9条线通过日本兵库县明石市。因此，日本将明石市的时间作为日本标准时间。

这就意味着日本的时间要比伦敦快9个小时。举个例子来说，当日本处于正午12点时，伦敦时间是当天凌晨3点。这个时间上的差异被人们称为"时差"。

地球・宇宙

离心力 第376页的答案

小知识　日本国内是没有时差的，但是像俄罗斯那样横长的国家，有着9个小时的时差。
小测验　日本的标准时间是由哪里决定的？　A 北海道　B 东京都　C 兵库县

答案在下页

377

16 在日本看不到极光吗？

只有接近南北两极的严寒地带才可以看到极光，但是……

读过的日子（　年　月　日）（　年　月　日）（　年　月　日）

天气·气象

通常拍摄的极光照片上好像都是雪景呢。而实际上，只有处于接近南北两极的严寒地带才能够看到极光。

特别是在南北两极附近呈面包圈状扩散分布的区域经常能够看到极光，这个区域被人们称为"极光区"。

处于地球最边缘的南极点和北极点作为面包圈中间的空洞部分反而看不到极光。而日本，因为位于极光区以外的地方，所以平时也是看不到极光的。

极光是一种由太阳释放出的气体包裹着的小型带电粒子撞击地球大气表层所产生的发光现象。这个带电的粒子流被称为"太阳风"。太阳风是由太阳发射而来，在能够看到极光的地方就有太阳风。这和地球的磁场有关。

地球就像一块大磁石，以南北两极为磁场连接点不断地转动。地球的磁场是反弹、阻挡太阳风的屏障。但是，有一部分太阳风会顺着磁力进入到南北两极的上空中来。也正因如此，才导致只有南北两极附近的地区才能看到极光。

极光的颜色大体是由距离地面的高度所决定的，然而这和"所处高度决定大气的成分"这一概念还有些不同。处于距离地面100千米左右的位置的极光一般呈紫或粉色，100～200千米高度的极光呈绿色，而200～500千米高度的极光看起来是红色的，极光中最常见的颜色是绿色。

虽然平时在日本看不到极光，但是在太阳活动最旺盛的时期也有能够看到极光的情况。

当太阳表层一种名为"耀斑"的现象大规模爆发（P221）时，地球的磁场会受到干扰，变得紊乱，此时大范围的太阳风便会进入地球。然而，因为大部分在日本最北端，所以只有北海道可以看到极光。另外，因为北海道极光的天空看起来是一片火红色，所以也有人会误认为是发生了火灾。

普通的极光　　太阳活动频繁时的极光

北海道的地平线

第377页的答案　C　兵库县

小知识 大约每隔11年，太阳便会进入一次活跃期。上次太阳进入活跃期是在2013～2014年的时候。

小测验 北极和南极附近能够常看到极光的广阔区域被称为什么呢？

答案在下页

378

为什么气候变冷叶子会掉落？

气候变冷，空气也会变得干燥。树木为了保护自己，将会进入到冬眠期。

读过的日子（　　年　　月　　日）（　　年　　月　　日）（　　年　　月　　日）

17

植物

到了秋天，红叶和银杏等树的叶子会变成红色或黄色，十分漂亮。

绿叶变红或变黄后，被统称为"红叶"（P330）。变成红叶之后，树叶渐渐变得干枯，颜色也变成了褐色，最终会从树上飘落下来。

大家也一定在秋天或冬天的时候看过树叶落地的现象吧。像这样，叶子会飘落的树木通常被称为"落叶树"。

那么，究竟是什么原因导致树叶飘落呢？想要知道答案，就要先了解树叶的作用。

树和人一样都会慢慢长大。对于人类来说，成长是需要从食物中获取营养的。但是树木无法吃东西，因此只能自己制造营养，而所谓制造营养的工厂就是树叶。树叶通过吸收水、空气和阳光制成淀粉等养分，然后将其转化为供成长的能量。

树叶在日照时间长的春天和夏天可以制造出充足的养分，然而，到了白昼变短、日照时间不那么充分的秋天以后，树叶就无法制造出充足的养分了。并且，落叶树的树叶扁平而薄，无法储存过多水分，使得从秋天到冬天这段时期必要的水分都流失掉了，而树木没有水分就会枯萎。

因此，树木为了保护自己，选择让叶子脱落。然而没有了树叶这个制造营养的工厂，树木在冬天基本上是不生长的，会进入到冬眠期。如此一来，树木就能够保存能量，待来年春天再恢复活力，长出树叶。也许有的人会想"冬天也有长着绿叶的树啊"，比如装饰圣诞节的冷杉树等，即使在冬天也生长着绿叶。

像冷杉这样的树被称为"常绿树"。常绿树的树叶像针一样，是细细的、厚厚的，使得水分不易流失。如此一来，树叶的寿命更长，新叶和老叶会一点一点地进行更替，所以它们总是终年常绿。

第378页的答案：极光区

小知识 落叶会通过昆虫和微生物等进行物质分解转变成土壤的养分或树木的肥料。
小测验 到了秋天和冬天会落叶的树叫作什么？　A 阔叶树　B 常绿树　C 落叶树

答案在下页

379

18 站在电线上的鸟儿不会触电吗？

即使电线里有电流也没关系吗？

读过的日子（　年　月　日）（　年　月　日）（　年　月　日）

生活

电线是我们家中用于传输电流的带电的线路。明明里面有电流，可是能经常看到鸟站在上面，为什么它们不会触电呢？一定有很多人觉得不可思议吧。

为了安全，街道上的电线外都包裹了乙烯塑料薄膜。因此，鸟儿们站在上面也不会触电。然而，经过长时间日晒和风吹雨淋等，包裹的薄膜在不断地变薄，有时会出现漏电现象。而且，有的地方电线外是没有薄膜保护的，鸟儿站在那里，我们总觉得很危险。实际上，鸟儿如果只站在一根电线上是不会触电的。因为，电没有其他的流动线路，便只会在原电线中流动。但是，如果两只脚分别站在两根电线上，或者和别的电线上的鸟儿接触，从一根线到另一根线上就形成了电流的通道。也就是说，无论是直接，还是间接，只要两根电线接触，鸟儿便会触电。

而人类必须比鸟儿更加小心。我们不会飞，双脚是直接站在地面上的，而地面会成为电流流通的路，所以当我们触碰到电线时，哪怕只是一根也有触电的可能。有人会觉得"电线那么高，我们根本碰不到，所以不会有事儿"，如此粗心大意是十分危险的。举个例子来说，当某个物品被挂到电线上，我们用长棍等物体摘取时也会有触电的危险。

另外，平时触碰不到的电线可能因台风等原因导致其断掉，垂落地面，也会产生触电的可能，所以一定不要碰它。如果遇到什么东西被电线缠住，或者发现断掉的电线，一定要先远离那里，然后通知大人联系电力公司的人来查修。

第379页的答案　C 落叶树

小知识　铁塔的电线即使不触碰也有危险，不能在附近放风筝，进行无线电操作时一定要多加小心。

小测验　两只脚分别站在两根电线上的小鸟会触电。　A 正确　B 错误

答案在下页

感冒之后为什么会发热？

这是因为身体在和病毒做斗争。

读过的日子（　年　月　日）（　年　月　日）（　年　月　日）

19

感冒后，身体会出现咳嗽、打喷嚏、流鼻涕、发热等一系列症状，还会出现嗓子痛、头痛的现象。可是每次感冒的症状都不太一样，这是因为引起感冒的病毒有200种以上。病毒喜欢寒冷干燥的气候，所以，到了冬天就会有很多人因为感冒而请假。虽然流行性感冒的病因也是因为感冒病毒，但因为流行性感冒的症状严重，所以不能和普通感冒一概而论（P409）。

得了感冒后会出现许多症状，但一般都会伴有发热。有只比平时体温高一点的低热的情况，也有高热的情况。发热时人会感到迷迷糊糊，所以有人认为不发热的人身体可能更好。事实上适度发热是对身体有益的，因为这是身体和病毒斗争的表现。详细来说，感冒后，身体会想尽一切方法使病毒排出体外，所以就出现了咳嗽、打喷嚏、流鼻涕等症状。同时，消灭病毒的细胞会迅速转移到病毒附近。细胞开始战斗时，大脑会发出"发热"的命令，消灭病毒的细胞就会发热，使人体温度升高。因为病毒喜欢比较低的温度，所以发热提高体温更容易消灭病毒。

所以，发热时没有必要立刻降温，感冒较轻的话，不要使身体受凉、吃些暖和的食物，就可以帮助细胞赶走病毒了。接下来，就是好好静养了。

出现体温下降、出汗等症状，就可以判断身体"已经没有大碍了"。但是出现连续高热不退的情况时，一定要及时去医院就医。

身体

打败病毒的细胞

病毒

第380页的答案　A　正确

小知识 药物里的抗生物质对治疗细菌性感冒有效，对治疗病毒性感冒是没有效果的。
小测验 感冒时，发出"发热"命令的是身体的哪个部位？ 答案在下页

381

20 海星是动物吗？

在礁石周围或者沙地里一动不动的神秘生物的真面目到底是……

读过的日子（　　年　　月　　日）（　　年　　月　　日）（　　年　　月　　日）

水生动物

大家在海里或者水族馆里看到过海星吗？如果我们观察它一段时间，就会发现海星在礁石周围或者沙地里是一动不动的，我们不禁会想"它是生物吗"？

但是如果把海星翻过来，慢慢拨弄它的身体，它就会马上恢复原样。海星是一种自己会动的动物。专业点来说，其实海星属于"棘皮动物"。"棘皮"的意思就是指表皮有着像棘那样突起的皮肤。如果摸一下的话，一定会惊讶于它硌手的触感。

海星有着不同寻常的外表，有着放射状的腕臂，最多有5个腕。海星的嘴在其身体内侧的中部，表面中心的位置则是其臀部所在的位置。

腕呈放射状的海星是怎么爬行的呢？人们觉得有两个腕的海星应该会像人类一样直立行走，但那是不可能的。海星腕臂的下面长着许多的"管足"，使得海星可以保持星状缓慢爬行。管足的前端附有吸盘，使海星便于在水槽壁或者岩礁上爬行。

行动缓慢的海星看起像是温顺的动物，但其实大部分的海星都是肉都食性动物。它们喜欢吃贝类，也会吃些小螃蟹和小鱼等。海星发现猎物时，会慢慢地盖在贝类动物上，用有力的吸盘将贝壳打开，之后，从嘴里吐出胃里产生的消化液，把食物溶解后再吃掉。

海星会被大的角法螺等吃掉。这时，有的海星会切断自己的腕逃跑。海星的腕切断后还会自己长出来，猛地把海星分成两半的话，有可能会各自长大，变成两个海星。海星不常动，却是生命力很强的动物。

第381页的答案：大脑

管足

小知识 虽然外表看起来不太像，但是海胆和海参也属于棘皮动物。
小测验 海星使用哪个部分行走？　A 腕　B 管足　C 棘

答案在下页

382

有可以像袋鼠一样行走的老鼠吗？

西顿发现的脚印是小老鼠的。

读过的日子（　年　月　日）（　年　月　日）（　年　月　日）

21

西顿动物记

来自故事《更格卢鼠》

（一天早晨，西顿在自己家门前发现了两排细细的脚印，这就是在当时发生的故事。）

用两只脚走路的不是人类就是鸟类，但是这脚印看起来不像是鸟类的脚印，在旁边还有更小的脚印，像是穿着毛皮拖鞋的精灵在旁边跳舞一样。

这个小精灵中了我（西顿）的陷阱，我看到它之后不禁大吃一惊。这个小精灵的真面目其实是一只全身被浅灰色毛发覆盖的可爱的小老鼠。它长着大大的眼睛，有着像袋鼠一样强劲的后腿，那长长的尾巴后面有个穗子，旁边的脚印恐怕就是穗子留下的。

虽然这种可爱的小动物我是第一次见到，但是想起人们之前说过的更格卢鼠就立刻明白了。更格卢鼠像袋鼠那样，用两只后脚跳跃，所以也叫"袋鼠鼠"。之后，我把它放在了装满土的大箱子中，以便以后进行观察。

更格卢鼠可以毫不费力地从大箱子的一端跳到另一端，而且在跳跃时还会用尾巴控制方向。同时我还了解到它非常善于刨坑，浅粉色的小前腿不停地动，不知不觉间后腿处就堆满了土，这样一来，更格卢鼠就可以自由地穿梭在隧道山谷中了。

我对更格卢鼠的栖息地做了很多研究。更格卢鼠会选择在能够阻止大型动物靠近的、满是刺的草地下做窝。它的居住地会有很多的出口和隧道，像迷宫一样。不了解秘密通道的敌人是发现不了中心真正休息的地方的。隧道也可以用来存储食物，这让我切实感受到了更格卢鼠的智慧。

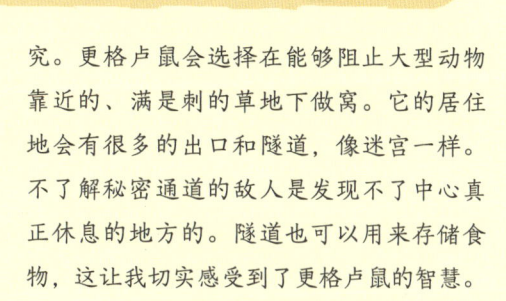

被我抓住的那只更格卢鼠，有一天咬通了天花板，像是在表达重获自由的喜悦，跳跃着逃走了。

第382页的答案　B 管足

小知识 也有名为鼠袋鼠的小型袋鼠。
小测验 由于更格卢鼠用两只后腿跳跃而得来的名字是什么？

答案在下页

383

22 为什么把IC卡靠近机器就能自动支付？

IC卡一插入机器里，就可以看到有关钱的信息。

读过的日子（　　年　　月　　日）（　　年　　月　　日）（　　年　　月　　日）

工具·物品

大家都有使用IC卡乘坐地铁或者公交车的经历吧？只要在自动检票的地方刷一下IC卡，就可以支付车费了，省去了查询乘车的价格和买票的环节。

IC卡有"接触式"和"非接触式"两类。接触式要将IC卡插入机器里使用。通常，信用卡和借记卡都是插入机器里使用，卡表面能看到金色的四角IC芯片。而电车和公交车使用的是非接触式卡片，所有的部件都在卡片中，这样IC芯片就不容易损坏。IC卡里有计算功能和金额等各种各样的信息，因此可以从读取器里获取信息，安心地支付车费。

用非接触式IC卡支付所用的时间大约是0.1秒，省去了在检票口排队的时间。现在的自动检票口，一分钟可以通过60个人。在自动检票处，付钱时将卡片放在凹槽处，有的人认为是接触了，但是，把卡片向上移，也可以读取出信息。非接触式卡片放在卡夹里或者钱包里同样可以支付。

但在自动检票处的机器上标明"请触碰"等字样，这是因为要借助读取机里的磁力，使电流通过卡片，获取信息。在10厘米范围内磁力才能使读取器运行，因此，为了获取准确的信息，必须触碰读取器而不能遮住。

现在的非接触式IC卡的功能还在不断更新，将来使用起来一定会比现在更加便捷。

读取器

IC卡

第383页的答案：袋鼠鼠

小知识 根据各地区铁路公司的不同，IC卡的种类也会不同，但是一部分是通用的。
小测验 非接触式卡片的支付时间是多久？　A 1秒　B 0.5秒　C 0.1秒

答案在下页

384

为什么土星有光环？

在地球上用望远镜观察土星光环，会发现土星光环像一片薄薄的木板一样。

读过的日子（　年　月　日）（　年　月　日）（　年　月　日）

23

地球・宇宙

土星在太阳系众多行星中以美丽的光环而著称。虽然木星、天王星和海王星也有光环，但是都不如土星的光环清晰、美丽。

在地球上用望远镜观察土星光环，会发现土星光环像一片薄薄的木板。但实际上，它是由几厘米到几米的冰晶碎片组合而成的圆盘状光环。因为冰晶可以反射太阳光，所以用小的望远镜也可以看到。从土星探测器传回的照片来看，每个环就像蛋糕卷似的，连花纹都可以看到。也就是说，土星光环是由许多细小的环组合而成的。其中，最大的环的宽度达到了大约25000千米。

土星光环在1655年就被发现了，但是至今我们也不明白土星形成光环的原因。现在比较有力的说法是：小天体与围绕土星转动的小卫星碰撞变得七零八碎。围绕土星转动的卫星目前已发现了近80颗，组成土星环的冰晶也会受卫星引力的影响。近些年，小卫星间相互碰撞、相互挤在一起，形成了大幅度的移动。

但是，从地球上也能看出土星光环的倾斜角度常常发生着改变。土星以倾斜25度以上的状态，大约每30年绕太阳转完一周。因此，在这30年里，从地球上看到的土星光环也是按照从正面到看到北面，又到看到正面，再到看到南面的顺序变化着。

土星的光环很薄，也就是几米到几百米。因此，理论上在地球上可以正面观测土星光环的那几天，其实仅凭裸眼是看不到土星光环的。

因为探测器的使用，进入21世纪以来，人们又发现了新的土星卫星和光环，也发现了土星转动一周过程中原来没有出现过的光环形状。今后，人们也会了解到更多土星的秘密。

能够看到土星光环的北侧

第384页的答案　C 0.1秒

小知识 下一次在地球上完全看不到土星光环的时间是2025年。
小测验 土星光环主要是由什么构成的？　A 气体　B 金属　C 冰

答案在下页

385

24 "20世纪最伟大的天才"是怎样的人?

他提出了震惊世界的两大理论。

读过的日子（　年　月　日）（　年　月　日）（　年　月　日）

传记

阿尔伯特·爱因斯坦（1879－1955年）

　　爱因斯坦被称为"20世纪最伟大的天才"。他在德国出生，从少年时期就热衷于科学，凡事总爱思考"为什么"。对一般人认为是理所当然的事情他也想用科学去验证。但是爱因斯坦并不喜欢去学校，他总是一个人默默地钻研物理和数学，是一个十分低调的学生。

　　大学毕业后他就职于专利局，同时依然独自研究物理。不久他就想到了"时间与空间的伸缩会随物体运动速度的不同而变化"这种观点。例如，乘坐接近光速的宇宙飞船去太空旅行的人比待在地球上的人老得慢。爱因斯坦将自己的思考过程进行了概括整理，于1905年发表了关于"狭义相对论"的论文。

　　爱因斯坦并非专业研究者，但是他的观点震惊了整个物理学界。在此之前的两百多年，牛顿定律一直被认定为物理学的常识，牛顿认为时间的长度是一定的、不会变化的。即便如此，爱因斯坦的观点还是被优秀的物理学家们所接受，他也因此一下子变成了有名的物理学家。

　　1916年，爱因斯坦发展了之前的狭义相对论，提出了"广义相对论"，其目的是证明当时难以观测到的遥远宇宙的结构。1921年，爱因斯坦获得了诺贝尔物理学奖，他在去日本的途中接到了获奖通知。

　　这两个相对论发表以后，其他物理学家在此基础上又提出了许多新的理论。黑洞的存在和宇宙大爆炸理论就是其中的例子。

　　另外，现在许多人也在通过实验来验证相对论的正确性，还有人尝试将相对论与其他理论结合，以求了解整个宇宙。可能爱因斯坦把解开宇宙所有谜底的任务留给我们了吧。

第385页的答案　C 冰

小知识 爱因斯坦获得诺贝尔物理学奖不是因为相对论，而是因为对光的性质的新发现。
小测验 爱因斯坦是在去哪个国家的途中收到获得诺贝尔奖的通知的？

答案在下页

孔雀为什么有缤纷艳丽的羽毛？

25

只有雄孔雀才有让它们引以为豪的带有眼睛图案的尾屏。

读过的日子（　　年　月　日）（　　年　月　日）（　　年　月　日）

鸟类

许多人一听到"漂亮的鸟"就会想起孔雀吧。它的尾屏如扇子一样打开时十分美丽，但是只有雄孔雀才会开屏。雌孔雀并没有雄孔雀那样长长的尾屏，颜色也不华丽，很不显眼。雄孔雀平时会合上自己的尾屏拖着行走，所以很多人会把尾屏当成孔雀的尾巴，其实那是从腰部生长出来的羽毛。如果在动物园刚好遇到正在开屏的孔雀，就会发现它尾屏上的覆羽长在腰部，还可以看见平时隐藏起来的较短的尾羽。

为什么只有雄孔雀才有又长又华丽的尾屏呢？

其实是为了吸引雌孔雀的注意。在孔雀的世界里，只有羽毛华丽的雄孔雀才会受到雌孔雀的欢迎。雌孔雀们只愿与拥有鲜艳羽毛的雄孔雀交配，所以只有羽毛艳丽的雄孔雀才会有自己的孩子。这导致雄孔雀的羽毛不断进化得越来越漂亮。

当雄孔雀看到心仪的雌孔雀走近时，会突然打开让它们引以为豪的带有眼睛图案的尾屏，好像在说"快看，快看"一样，并不时地抖动羽毛，发出沙沙的响声。于是尾屏在阳光的照耀下闪耀着七彩的光辉。如果雌孔雀产生了兴趣，就意味着求偶成功，但是这并不容易。

过了交配的季节，雄孔雀尾屏上的羽毛就会脱落。孔雀在春季交配，所以雄孔雀一般会在夏秋时节掉毛，而雌孔雀基本不换毛。冬天雄孔雀又会开始长出新的覆羽，为来年春天的交配做准备。为了吸引雌性，雄孔雀每年都会换一次新的覆羽。

因此，如果要去动物园看孔雀，最好选在春天。运气好的话，还可能看见孔雀开屏呢。

日本　第386页的答案

小知识 几乎所有鸟类都是雄性长得艳丽，而雌性看起来却像别的种类。
小测验 孔雀尾屏上的羽毛长在哪里？　A 腰部　B 尾部　C 肩部

答案在下页

387

26 鲑鱼子是鱼卵吗？

鲑鱼子在口中颗颗爆裂让人满足，来揭开广受欢迎的寿司主料的秘密吧。

读过的日子（　年　月　日）（　年　月　日）（　年　月　日）

食物

鲑鱼子是橙色的，这与鱼子还在鲑鱼肚子里时的颜色大致相同。商店里卖的鲑鱼子是用盐或酱油腌渍过的，所以颜色会稍微深一些。虽然鲑鱼的鱼肉是橙色的，但是它其实原本是白色的。鱼肉和鱼子发红是因为鲑鱼吃的饵料中含有红色的色素。这种成分具有预防老化、增加活力、不易得病的作用。无论是对顺河洄游的鲑鱼，还是对吃鲑鱼的人来说，这都是一种对健康有益的成分。

鲑鱼子在口中颗颗爆裂，刺激又弹牙的口感使它成为一款备受欢迎的美食。作为制作寿司的食材，让日本人有一种熟悉感。很多人会把鲑鱼子误以为是日本独有的食物，其实人们在其他地方也能吃到。

日语中的"ikura"（鲑鱼子）是日本明治时期时从俄罗斯传入的外来语，在俄语里表示"鱼卵"的意思，在日本大正末期传播至日本各地。

那么鲑鱼子是什么鱼产的呢？在俄语中，鳕鱼产的"鳕鱼子"和鲟鱼产的"鲟鱼子"都叫作"鲑鱼子"。而在日本，提到"鲑鱼子"时，几乎都是指鲑鱼（鲑科鱼）的鱼子。虽然有时也把跟鲑鱼相似的细鳞大麻哈鱼的鱼子叫作鲑鱼子，但在日本一般把它叫作"鳟鱼子"或"鳟鲑鱼子"。

不知道大家有没有比较过带卵巢外膜的鲑鱼子和普通鲑鱼子的区别。带卵巢外膜的鲑鱼子是整条鱼的卵巢，因其整体覆盖着一层薄膜，所以很可能被认为是其他鱼的鱼子。但是其实它们都是鲑鱼的鱼子。带卵巢外膜的鲑鱼子的做法有整块腌渍的，也有生的不腌渍的；而鲑鱼子的制作方法是将整块鱼卵分成一粒一粒再入味。

把生的带卵巢外膜的鲑鱼子放入70℃左右的热水中时，外表的薄膜会蜷缩，方便我们取出鱼子，再放入调料腌渍一晚，就能做出美味的鲑鱼子。和家人一起品尝做好的鲑鱼子会很开心吧。

第387页的答案：A 腰部

小知识 鲑鱼还拥有丰富的蛋白质等营养，烹调得当的话，鱼皮和鱼骨也可以吃。
小测验 "ikura"这个词源于哪个国家？　A 俄罗斯　B 美国　C 加拿大

答案在下页

动物为什么要冬眠？

是为了在寒冷且食物短缺的冬天生存下去。

读过的日子（　　年　月　日）（　　年　月　日）（　　年　月　日）

27

动物

对动物来说，冬天是一个严酷的季节，如果因寒冷导致体温过低的话就会死掉。虽然通过吃大量食物可以保持体温，但冬天是一年中食物最匮乏的时候。那么动物该如何过冬呢？

动物过冬的方法之一就是"冬眠"。动物会在秋天吃大量食物来储存脂肪，然后在春天到来之前一直在洞穴里休眠。

动物在冬眠期间心跳速率会变慢，体温会降低，可以最大限度地节省能量，不必到有天敌的野外寻找食物。这看上去是一种过冬的好方法，但也有到春天没醒，直接睡死过去的情况。

在冬眠的动物中，我们以熊和金花鼠为例进行介绍。

熊的冬眠方式相当节省能量，它们会在悬崖或树下造一个很大的洞穴冬眠。公熊到春天也不会醒，而母熊会在冬眠中产下小熊。虽然母熊和小熊都一直睡在洞穴里，但小熊可以喝熊妈妈的奶水长大。母熊因为不吃不喝还要为熊宝宝们提供奶水，所以等到春天，它的体重会下降1/3。

金花鼠冬眠时会进行少量活动。它会挖一个冬眠用的洞穴，在里面储存橡子，储存量高达体重的10倍。冬眠中有时会醒来吃橡子，除了有睡觉的洞穴，金花鼠还会单独造一个厕所。

不仅哺乳类动物会冬眠，蛇、蛙也会冬眠。蛇和蛙都是体温会随气温变化的"变温动物"。天气一冷，体温过低的话，即便猎物摆在面前它们也无法动弹，所以冬眠是最好的方法了。

另外，人工饲养的动物不用冬眠，因为食物充足，并且家里暖和。但是如果把仓鼠和乌龟等动物放在寒冷的环境下饲养，它们就会冬眠。因此饲养会冬眠的动物时，管理好温度十分重要。

金花鼠的冬眠

堵住洞口

洞穴

厕所

第388页的答案：A 俄罗斯

小知识 雌性北极熊会进行冬眠然后哺育幼崽，而雄性北极熊却不冬眠。
小测验 金花鼠会在冬眠用的洞穴里储存什么？　A 牛奶　B 橡子　C 水

答案在下页

389

28 人在手持重物时为何会喊出声？

我们的大脑会控制身体不使出全力。

读过的日子（　　年　　月　　日）（　　年　　月　　日）（　　年　　月　　日）

身体

相信许多人都见过运动员在比赛时发出叫喊声的样子吧。运动员在举重或掷链球等需要发力的时候，就会发出喊声。我们不能因运动员叫喊，就认为他们傻乎乎的。因为叫喊声有助于他们发挥出身体的力量。

这也是经过实验验证过的，被称为"咆哮效果"。"咆哮"有喊叫的意思，但是仅仅通过咆哮就能发力这件事，就好像魔法中的咒语一样神奇。

我们的身体受大脑的控制，不会使出全部的力量，平时使出的力只占20%~30%左右，即使是想要使出全力的时候，也只会使出50%左右的力。不能使出100%的力是因为那样做会伤到我们的肌肉和骨头。但是当人在性命攸关的危急时刻，即使受伤也会拼命保护自己。因为人只有在感到有生命危险的时候，才会真正使出全力。

日语里有句话叫"火灾现场的怪力"，据说发生火灾时，曾有人搬着沉重的家具逃跑了，这句话便由此而来。总之，如果大脑认为现在到了危急关头，我们就会使出比平时更大的力。

因此人们经常会用咆哮的方法来发力。当人大声叫喊时，头脑会进入兴奋的应战状态，运动员们借助这种方法发力就能取得更好的成绩。当然，要取得好成绩最重要的还是日常的训练，并且即便是为了更加投入而发出喊声，最多也只能提高5%的力量。

大家在搬重物时，有时也会不自觉地发出"嘿呀"的声音吧，这种无意识的行为实际上也是为了发挥出比我们平时更大的力量，简直太让人吃惊了。

第389页的答案　B　橡子

小知识 大脑在兴奋状态时，我们除了会使出比平时更大的力，还会变得不容易感到疼痛。
小测验 通过喊叫发挥出比平时更大的力，这被称为什么效果？

答案在第392页

12月的故事

文／野村一秋

01 为什么眉毛和睫毛长不长？

哪里的毛发是会生长变长的呢？

读过的日子（　　年　月　日）（　　年　月　日）（　　年　月　日）

身体

人身上除了手掌、脚掌和嘴唇等，几乎全身都生长着毛发。据说人身上生长的毛发总计大约有50万根。

然而所有的毛发都有其生长的原因。头发的生长主要是为了维持头部体温。鼻毛（P140）的生长是为了阻挡垃圾和细菌进入到气管中。

同样，眉毛和睫毛的生长也有其相应的作用。

眉毛能够阻挡额头上流下的汗水进到眼中。因为汗水会顺着眉毛最终流向脸的两侧。

上、下睫毛能够阻挡汗水、虫子和垃圾进入眼中，并且当日照过强时，睫毛还能起到遮阳的作用。

然而，各处毛发的生长速度是各不相同的。头发是以每天0.3～0.4毫米的速度生长，而眉毛和睫毛每天只能以0.18毫米左右的速度生长。

此外，新生毛发的速度也各不相同。毛发都有自己的生长时期，一旦过了这个时期就会自然脱落。

人们将皮肤下毛发的根部称为"毛根"（P307）。当毛发处于生长期时，毛根的细胞会不断地增加，使得毛发不断生长。

当生长期结束后，毛根的细胞不再增加，毛发的根部就会自然脱落。此时，已脱落毛发的毛孔会暂时进入休息期，待过段时间再开始长出新的毛发。

季节和年龄的不同也会导致毛发不同程度的脱落。人的头发大约每天会脱落50～100根左右。并且，男性每3～5年，女性每4～6年所有的头发都会更新。

眉毛和睫毛每天只脱落几根，大概3～4个月左右所有的毛发都能够新生。由于其增长速度也很缓慢，并且在长长之前便会脱落新生，因此不会像头发那样长得很长。

其他的毛发也会根据各自的作用长成相应的长度。

眉毛和睫毛的作用
- 遮阳
- 阻挡汗水

小知识 上睫毛比下睫毛长且多。
小测验 眉毛的生长速度比头发的生长速度快。　A 正确　B 错误

答案在下页

第390页的答案：咆哮效果

流星划到哪里去了？

流星划过，闪一道光便立即消失。这究竟是为什么？

读过的日子（　　年　　月　　日）（　　年　　月　　日）（　　年　　月　　日）

02

地球·宇宙

有这样一种说法：当看到流星时，在它划过的瞬间，只要心里默念三遍愿望，你的心愿便会实现。然而很多人都有过这样的经历吧。虽然想要许愿，可流星一闪即逝，于是没能成功。

那么，一闪即逝的流星去哪里了？

宇宙中飘浮着很多像沙砾大小的尘埃。当地球运行到附近时，尘埃会受地球引力的吸引，以每秒20～70千米的速度快速降落。然后与包围着地球的大气发生激烈碰撞，产生摩擦，导致燃烧，燃烧时的闪光便是流星。

因为尘埃原本就非常小，很快就会燃烧殆尽，所以流星才会转瞬即逝。

在晴朗少云、黑暗且空气清新的地方，大概每小时能看到十几颗流星。看流星的小窍门是在黑暗的夜晚放眼看整片天空。

闪着光飞向地球的物体，也有并没有燃烧殆尽最终落到地面上的，人们将之称为"陨石"。陨石原本是小行星或者小行星的碎片，它和以尘埃为原型的流星有所不同。

小行星是直径数米到数百千米，没有成为行星的星星。它们大多聚集在火星和木星轨道之间叫作小行星带的地方。它们当中有些是在围绕太阳运转的过程中，因相互撞击改变了原本的轨道，然后坠入地球，和流星一样，与大气发生碰撞并燃烧。然而体积过大的小行星没能燃烧殆尽最终就会落到地球上成为陨石。

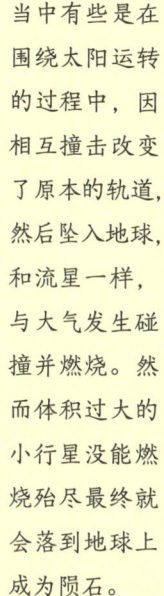

虽然大部分陨石是由石头构成，但是也有由铁或铁和石头混合而成的。

陨石的重量一般是数百克至数千克，但也有更重的。目前，在非洲发现的世界上最大的陨石"霍巴陨石"，其长2米，宽7米，重量大约为66吨。

第392页的答案 B 错误

小知识 流星群来临时，一个夜晚里可以看到很多颗流星。
小测验 从宇宙落向地球的没有燃烧殆尽的小行星碎片被称为什么？

答案在下页

393

03 荞麦面是怎么做出来的？

祈祷长寿时吃的荞麦面，其原料有着保持身体健康的秘密。

读过的日子（　　年　　月　　日）（　　年　　月　　日）（　　年　　月　　日）

食物

在日本，12月31日是除夕。在除夕当天日本人必须吃的食物，就是跨年荞麦面。

荞麦面的原料是荞麦粉。荞麦粉是荞麦（蓼科一年生植物）的果实去皮磨成的粉末。

那么接下来讲解一下荞麦面的制作方法吧。首先，要将荞麦粉和小麦粉搅拌在一起。荞麦粉自身黏度、韧性不够，因此要添加适量的小麦粉。

这种情况下，加入两成小麦粉、八成荞麦粉的荞麦面被称为"二八荞麦"；不加小麦粉，全部由荞麦粉制成的荞麦面则被称为"十成荞麦"；此外，还有加入三成小麦粉、七成荞麦粉的"三七荞麦"等。

接下来要在混合的粉中倒入水进行捏揉搅拌。水要分几次倒入，并且要边搅拌边倒水。起初要通过不断的捏揉搅拌，将一些小块儿捏在一起，直至慢慢地变成一个大团儿，要用双手一直捏揉至看不到白粉才可以。

揉完后要用擀面杖不断擀面块，将其擀平。将擀平变薄的荞麦面团折叠起来，以相同间隔由一端将其切成细条状。再将切好的荞麦放到水里煮熟，荞麦面便做好了。

虽然荞麦的主要成分是淀粉（碳水化合物），但是其中也包含蛋白质、矿物质和维生素等营养成分，特别是蛋白质尤其丰富。荞麦中的蛋白质包含8种人体必需的氨基酸成分，这些成分是人体自身无法生成的。

据说荞麦不仅营养价值高，而且还有预防疾病的功效。

然而荞麦中的芦丁在煮的过程中会溶解到汤中。因此，应在荞麦汤中加入一些调味料喝掉。如此一来，溶解到汤汁中的芦丁也能够很好地被人体所吸收。

荞麦

荞麦的果实

第393页的答案 陨石

小知识 正如俗话"揉三年，擀三月，切三天"中说的一样，揉荞麦这一过程是非常难的。
小测验 制作荞麦时，为了增加黏度和柔韧性加入了什么粉？

答案在下页

394

世界上有会装死的虫子吗？

有的虫子非常不可思议，一经触碰便不再动弹。

读过的日子（　年　月　日）（　年　月　日）（　年　月　日）

04

来自故事《大葫芦步行虫》

法布尔昆虫记

（有的虫子在被触碰的瞬间会缩脚，在摔倒时会立刻仰面朝上不动，它是在装死吗？带着这样的疑问法布尔做了一项实验，下面来看看实验的情况吧。）

大葫芦步行虫，身长1~2厘米，像葫芦一样，中间凹进去一块，身体呈黑色，有大颚和锯齿状的前足，以其他昆虫及蚯蚓和蜗牛等为食。

经过实际喂养后发现它是一种很厉害的虫子。平时待在用沙子挖出的洞穴里，一旦感觉到猎物的气息便会立即飞出去，用颚衔住猎物并将其拉到洞穴里吞食。

我（法布尔）测量并记录了这种虫子从不动再到动的时间，结果却是各种各样的。没有触碰它时，它就保持原状，不一会儿，它就动起来了。反复试验几次发现，它不再装死了。

接下来试着将它放到细腻的沙子上，我想它应该会很快结束装死状态挖个洞逃回去吧。可是从不动到动的时间还是各不相同。由此看来，这和将它放置在哪里似乎没有太大的关系。

我忽然间想到，是不是虫子在看着人呢？于是我躲到房间的角落里，可结果还是和之前一样。为什么它即便看不到我，也还是一直持续着装死的状态呢？

在它不动的时候，我尝试着让苍蝇靠近它。当被苍蝇触碰以后，大葫芦步行虫的脚便开始打哆嗦，然后一下子就爬了起来。被天牛触碰的时候，还有晃动台子的时候，它都会动。甚至将光打到它身上时，它也会立刻爬起来逃跑。

无论是被敌人触碰、晃动，还是被光照，保持持续不动装死的样子应该是为了欺骗对方。然而以震动和光照等刺激为契机，当看到大葫芦步行虫慌张动起来的样子时，我发现它并不是在装死。不管怎么看，这只虫子似乎只是暂时失去了意识。

小麦粉

第394页的答案

小知识 大葫芦步行虫是夜行性动物，白天都在沙洞里睡觉。
小测验 为什么大葫芦步行虫不动呢？　A 装死　B 失去意识

答案在下页

395

05 信号灯是由谁来操控的？

总觉得有的信号灯变得快，有的信号灯变得慢。究竟是怎么回事儿呢？

读过的日子（　年　月　日）（　年　月　日）（　年　月　日）

生活

并不是所有信号灯变化的时间都是相同的。结合道路的具体情况，会相应地调整变化信号灯颜色的时间。

在日本这项工作是由"交通管制中心"*做的。交通管制中心在各道府县警的总部（东京的是在警视厅），信号灯便是由这里操控的。然而，并不是所有的信号灯都是相连的，也有部分自动控制的信号灯。

想要控制信号灯，首先必须要了解道路的交通状况，而收集此项信息的是安装在日本各十字路口和道路上的"交通监控录像"和"车辆感知器"。交通监控负责拍摄大的十字路口等的交通状况，车辆感知器自动测定通行车辆的台数，最终将信息传送到交通管制中心。此外，处于巡逻中的巡逻车、警察和直升机等也会将交通堵塞情况等信息传送至交通管制中心。

如此一来，通过电脑分析交通管制中心收集到的交通情况信息，将其展示在大型地图之上。同时，监控电视也会放映出交通情况的录像，负责人一边看信息一边处理道路堵塞状况，并按相应信息调整信号灯。

交通管制中心还有通知司机交通状况的职责。通过道路上设置的"交通信息板"、网络、电视以及广播传递交通堵塞的信息。

现如今，为了让所有人都能清楚明白信号灯颜色的含义，已经将这些含义进行了统一。信号灯的顺序按照面朝的方向从右向左依次为红、黄、绿。红色是通知危险的重要信号，为了避免树木等的遮挡将其放置于道路中央的位置。与日本左侧通行正相反的国家，如中国，信号灯从左到右以红、黄、绿的顺序依次排列。

此外，冬天多雪地区的信号灯是竖着的。之所以信号灯竖着排列是因为灯檐易积雪，使得信号不易被看清。竖排信号灯的颜色顺序从上到下依次为红、黄、绿。

另外还有带有声音的信号灯和带有箭头符号的信号灯。有行人使用的信号灯和有轨电车使用的信号灯等，会根据场所、人员的不同相应地使用不同的信号灯。

*在中国，这项工作是由交通管理部门负责的。

第395页的答案　B 失去意识

小知识 日本最初设置按钮式信号灯是在1934年。
小测验 日本的信号灯，按面朝方向最右侧是什么颜色呢？

答案在下页

396

昆虫真的没有血吗?

大家看过昆虫流血吗?

读过的日子（　　年　月　日）（　　年　月　日）（　　年　月　日）

06

虫类

即使是小虫子也和人类一样，通过呼吸空气生存，也会吃东西、排便。并且，它们也有血，只是和人类的血有些不同。

和人类红色的血不同，昆虫的血大多是透明或绿色的。人类的血之所以呈红色，是因为血液当中有一种名为"血红蛋白"的红色物质。然而，昆虫的血中并没有血红蛋白。它们身体中血液的颜色与血的成分以及吃的食物有关。

此外，人类和昆虫的血管构造也不一样。人类的身体中到处都分布着血管，形成了从心脏流至全身各处的结构。而昆虫的身体里是没有血管的，取而代之的是一条被称为"背血管"的很粗的管道。背血管位于背部正中央，起着心脏和血管的作用。当背血管收缩时，血就会流向前方，用渗透的形式从前方流向全身。

昆虫的身体中没有血管，因此从背血管中渗出的血会流向很多器官的角落。全身的状态就好像是肠等内脏装在装满血的袋子里一样。并且，血会再次被背血管吸入然后流至全身，以此为周期不断循环往复。因为可以流向全身，所以像触角和大颚等非常小的地方也充满了血。

另外，昆虫还有其他和人类不同的地方，例如，昆虫没有骨头。因为覆盖于全身的壳就足够支撑身体，所以骨头并不是必要的。然而，昆虫的外壳和人类的皮肤一样不能伸展，因此，当身体长大时必须要蜕皮。

昆虫的脑部构造也和人类不同。事实上，昆虫不止有一个大脑。在昆虫的身体中有一些类似于小型大脑的构造，所以让人们感到惊奇的是有很多昆虫，即使没有头也能动。

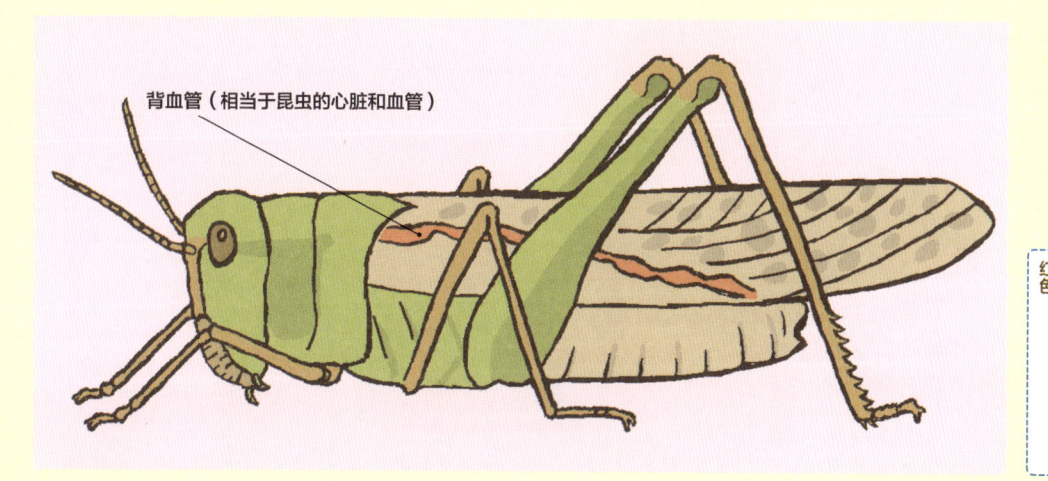

背血管（相当于昆虫的心脏和血管）

第396页的答案：红色

小知识 打蚊子（P238）时流出的红血是蚊子所吸的人类或其他动物的血。
小测验 昆虫的血是红色的。　A 正确　B 错误

答案在下页

397

07 是谁发明了钢琴？

尝试了各种各样的方法，最终得到了现在如此美妙的音色。

读过的日子（　　年　　月　　日）（　　年　　月　　日）（　　年　　月　　日）

发明·发现

1700年，意大利的乐器制作师巴托罗密欧·克里斯多弗利制作了现代钢琴。在现代钢琴出现以前，一直使用的是击弦古钢琴和拨弦古钢琴，都是键盘乐器。弹奏击弦古钢琴时，按下琴键，钢琴里面的木槌就会把琴弦拉起来，然后发出声音。按琴键的力度不同，发出声音的强弱也是不同的，但是音量非常小，只有在钢琴旁边的几个人才能听见。弹奏拨弦古钢琴时，按下琴键后，钢琴里面的木槌就会像拨弄琴弦一样发出声音。虽然比击弦古钢琴发出的声音大，但是无法改变声音的强弱。

再后来，发明了现代钢琴。按下钢琴的琴键，钢琴里面的音锤便会敲击琴弦，琴弦震动发出声音。由于琴键发出的声音有增减，从而可以随心所欲弹出从小而柔和到大而有力的声音。由于现代钢琴能够自由地操控声音的强弱和音色，作曲家们的表现力变得更强了，作曲范围也扩大了，还能够在大剧场里开演奏会。

经过改良后的钢琴在欧洲各地大受欢迎，于1823年由德国医师西博尔德首次带入日本。在此之后的日本明治时代，便开始作为欧洲乐器在日本推广，喜欢钢琴的人越来越多，钢琴的进口量也随之增多。

在日本首位制造钢琴的是现在的静冈县滨松市的山叶寅楠，他于1900年制作了第一架包含零部件在内的全日产钢琴。与钢琴有着相似形状的乐器还有风琴、键盘口琴和手风琴等，但是它们发声的原理和钢琴不同。它们并不是通过敲击琴弦发音，而是像笛子一样通过空气的流动来发出声音的。

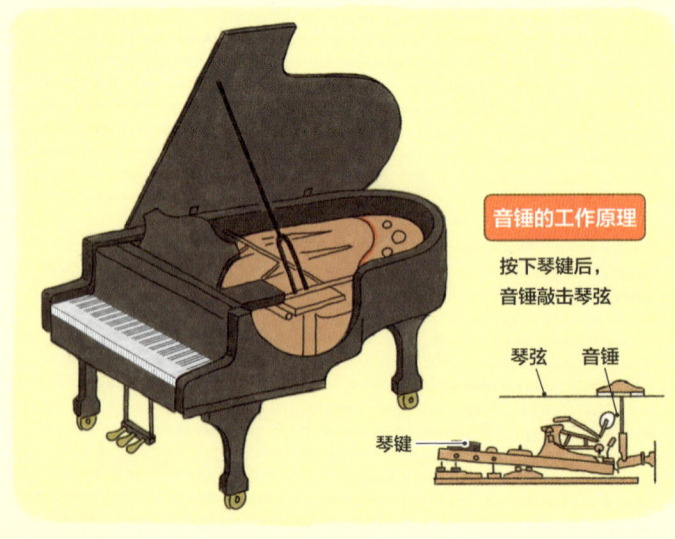

音锤的工作原理
按下琴键后，音锤敲击琴弦

琴弦　音锤
琴键

第397页的答案　B 错误

小知识 有一种可以自动演奏和录音的电子钢琴。
小测验 制作现代钢琴的是哪国人？　A 日本　B 德国　C 意大利

答案在下页

人类以前真的是猴子吗？

如果追溯我们人类祖先的话……

读过的日子（　　年　月　日）（　　年　月　日）（　　年　月　日）

我们人类属于哺乳动物中的"灵长目"，猴子也是灵长目中的一员。确实，猴子和人类有很多相似的地方，那么究竟人类与猴子是否是同一种生物呢？追溯到很久以前，在经历了很多波折之后，才得出了人类和猴子曾是同类这一结论。自那之后的很多年里，便将猴子和大猩猩划分开。

在猴子的同类中，虽然和人类最为接近的是黑猩猩，但从600万年前人类和黑猩猩便由同一祖先一分为二了。分开之后，黑猩猩还是黑猩猩，而人类作为人类，开始朝着不同的方向进化。因此，人类和猴子虽然十分相似，但却是完全不同的两种生物。

进化就是随着时间的推移，身体的外形和内部结构发生改变的现象。那么，人类是如何进化的呢？人类与猴子差异最大的地方就在于能否双足直立行走。最初用两条腿直立行走的人属是约330万年前出现的能人（P334）。人类在直立行走之前是使用四肢行走的，但是他们能制作简单的工具（石器），因此它们的大脑发达了，也得到了进化。虽说如此，能人的大脑却只有我们现代人大脑的一半左右。在距今100万年前开始使用火的是直立人。直立人虽然在非洲进化，但是在25万年前就已经基本不在了。

其中的幸存者不断进化成我们的祖先"现代人"。现代人大约出现在20万年前，能够制作复杂的工具，并在世界范围内扩大，其生活方式一直演变至今。

直立人
学会使用火

现代人
会制作复杂的工具

动物

第398页的答案：C 意大利

小知识 人类双脚的结构方便走路，而猴子的脚则发展为用来抓东西。
小测验 能人可以做的是什么？　A 双脚行走　B 使用火　C 说话

答案在下页

399

09 橘子果实上的白丝是什么？

据说那些白丝蕴含着丰富的营养，但是……

读过的日子（　年　月　日）（　年　月　日）（　年　月　日）

食物

通常剥开橘子皮会发现果实上带有很多白丝。很多人习惯将白丝剥掉后再吃橘子，那么，这些白丝究竟是什么呢？

首先让我们来观察一下橘子。橘子最外层的橘皮表面上有很多稀稀落落、小小的坑洼，能够积存油。这个油便是橘子香味的源头，同时也是虫子无法吃到橘子的原因。

橘子上面绿色的部分是橘子蒂。橘子还在树上的时候就是通过橘子蒂和树枝连接在一起的。取下橘子蒂，它的下面会有一些小点点呈圆形排列分布。而这些点点是为橘子输送水和营养的管道，叶子制造出的营养就是通过这些管道输送给橘子的。

剥开橘子皮，里面满是被内果皮包裹着的橘子瓣。内果皮的里面是富含果汁的小果粒，而内果皮的外面就带有白丝。这些白丝通过管道将橘子蒂下面排列的点点处的水和营养分别传输至每一个橘子瓣中去。橘子蒂下面的点点和每一个橘子瓣都是有管道相连接的，因此，白丝和内果皮都富含充足的营养。并且有趣的是，只要数清橘子蒂下面点点的数量，就可以在不剥皮的情况下知道橘子瓣的数量。

又甜又好吃的橘子富含营养，果实水分充足，并且含有糖分。然而橘子稍微带有一点酸味是因为当中含有"柠檬酸"成分，能够起到消除疲劳的作用。此外，橘子中还含有丰富的维生素C，因此也有预防感冒的作用。

话说回来，大家是否有橘子吃多了以后，手掌及皮肤变黄的经历呢？橘子之所以是橙色的，是因为橘子含有"类胡萝卜素"，而人们吃多了橘子皮肤变黄也是由此引起的。但是吃橘子所产生的皮肤变黄的现象只是暂时的，过段时间便会恢复成原有的肤色，因此不需要担心。

第399页的答案　A 双脚行走

小知识 据说每天吃3个橘子就可以满足人体每天所需的维生素C。
小测验 橘子上的白丝没有营养价值。　A 正确　B 错误

答案在下页

诺贝尔奖是如何诞生的？

这个奖项具有深刻的含义。

读过的日子（　　年　　月　　日）（　　年　　月　　日）（　　年　　月　　日）

10

第一届诺贝尔奖的颁奖仪式是1901年12月10日在瑞典斯德哥尔摩举行的。从那以后，每年都会对全世界做出有意义的研究和活动的人进行嘉奖。创立诺贝尔奖的是阿尔弗雷德·诺贝尔。诺贝尔的爸爸是个发明家，但是因为事业不顺，所以一家人过着清苦的生活。诺贝尔出生之后身体就很孱弱，但是他非常喜欢学习，所以成绩非常优秀。

后来，诺贝尔的父亲在俄罗斯的火药工厂开办成功，于是全家搬到了俄罗斯。搬到俄罗斯以后，与之前的清苦生活大不一样，诺贝尔不但获得了家庭教师的个人指导，还去了法国和美国留学。

诺贝尔在他30岁的时候开始研究硝化甘油。硝化甘油是一种极具威力的炸药，可以用于挖隧道等工程。因为硝化甘油是一种液体炸药，稍有碰撞就会引发爆炸，所以在运输过程中极易发生事故，很多人因此而丧生。诺贝尔想改良硝化甘油并坚持研究，让它的安全性更高。在实验中，他的弟弟因事故去世，诺贝尔因此更加悲痛不已。在1866年，也就是诺贝尔33岁的时候，他发明了新式的炸药。他将硝化甘油混入"硅藻土"中，做成了能够安全使用的"甘油炸药"。而甘油炸药不仅被用于工地爆破现场，还被用于战场。因为自己的发明很畅销，诺贝尔变得很富有。尽管如此，他却因自己的发明剥夺了很多人的生命而心痛不已。所以他在遗书中写道：希望能够给予为人类做出贡献的人以奖励。

诺贝尔奖就是根据这份遗言创立的奖项，授奖仪式设定在诺贝尔去世的12月10日那一天，地址在诺贝尔的故乡斯德哥尔摩。

传记

阿尔弗雷德·诺贝尔（1833－1896年）

B 错误　第400页的答案

小知识 诺贝尔奖的获奖者将会获得奖状、奖牌和奖金。
小测验 诺贝尔将硝化甘油进行改良，发明出来的具有威力的炸药叫作什么？

答案在下页

401

11 人为什么会晕车？

是车子的摇晃、倾斜使身体的某个器官失衡所致。

读过的日子（　年　月　日）（　年　月　日）（　年　月　日）

身体

当人环视周围时，就能感知到自己处在一个怎样的位置，该如何行动。其实，并非只有眼睛可以令我们获取感知，耳朵也同样可以感知。

耳朵除了掌管听觉，也兼具保持身体平衡的机能（P289）。耳朵能感知到身体的移动、倾斜等信息，再把这些信息传达给脑。这就是耳朵内耳里的"半规管"和"前庭"的作用。通过内耳接收到信息的脑，会同时参考从眼睛获取到的信息，给身体下达命令来保持身体的平衡。

但是，长时间的乘车、不规律的摇晃、严重的倾斜会影响内耳的器官，使它不能向脑传达正确的信息。如此一来，从内耳获取的信息与从眼睛获取的信息难以匹配，脑就会出现混乱。脑在这种情况下做出的判断会使人体的自主神经系统紊乱。自主神经系统能调节体内心脏、胃等器官的活动，汗液、眼泪等的分泌。受到外界刺激的自主神经系统，不能准确完成调节工作，会使人的心情变得不好。这就是"晕车"。

有些人容易晕车，也有些人不怎么晕车。维持平衡能力较弱的人比较容易晕车。据说，孩子因为乘车经验少，会比较容易晕车。

预防晕车最好的方法，就是适应坐车。坐车之前吃点晕车药也很有效。坐在晃动不太大的座位上，看看远处的风景，可以防止晕车。相反，如果在睡眠不足、空腹等情况下比较容易晕车。还有，不要太担心自己会不会晕车，怀着轻松愉快的心情乘车就可以了。

第401页的答案：甘油炸药

- 不规律的晃动和严重的倾斜
- 眼睛获取的信息
- 上下颠簸

小知识 有研究报告称，要是自己开车的话，就不会晕车。
小测验 除了眼睛，人体还可以通过什么部位保持平衡？

答案在下页

真的有食虫植物吗？

它们是为了生存而进化的不可思议的植物。

读过的日子（　　年　月　日）（　　年　月　日）（　　年　月　日）

捕食昆虫和微生物的植物被叫作"食虫植物"。它们用特殊形状的"捕虫叶"将昆虫抓住，将其消化从而获得营养。食虫植物抓捕昆虫的方法有以下五种。

捕蝇草等植物的抓捕方式为"夹入式"。捕虫叶像人的两只手掌一样，平时就像花一样展开着。昆虫飞来的时候，叶子会突然关闭。关闭的叶子像手指交叉在一起一样，昆虫就跑不掉了。

圆叶茅膏菜等植物的抓捕方式为"黏粘式"。捕虫叶的表面会分泌出黏黏的液体，粘住昆虫。当昆虫想要翻滚逃脱时，叶子会缠绕并控制住昆虫。

猪笼草等植物的抓捕方式是"陷阱式"。捕虫叶像捕鱼装置笘箳的形状一样，接近它的昆虫都会掉落并被抓住。与笘箳一样，猪笼草的内侧也很滑溜，掉落的昆虫很难从中逃出。

狸藻等植物的抓捕方式属于"吸入式"。这是在水中的食虫植物捕捉水生微生物的方法。捕虫叶像袋子一样，当微生物触碰到入口时，狸藻会将其连同周围的水一起吸入袋子中。

螺旋狸藻等植物的抓捕方式属于"诱入式"。螺旋状的捕虫叶会延伸到地下，把昆虫引诱进入迷宫一样的管子，再抓住。叶子有豁口，微生物可以从这里进去。

这些靠吃虫子生长的食虫植物，也会像普通植物一样进行光合作用（P88）。但是因为通常生长在养分不足的土壤里，所以才需要通过捕捉昆虫来补充养分。

夹入式 — 叶片合拢夹住昆虫

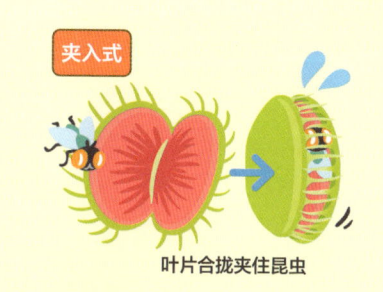

黏粘式 — 靠黏性液体粘住昆虫

陷阱式 — 昆虫滑落被捕

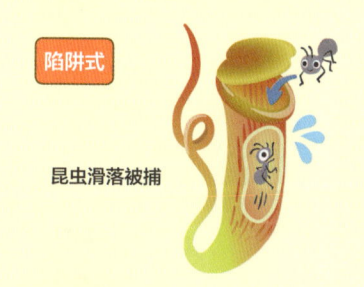

吸入式  — 与水一起吸入

诱入式 — 依靠延伸到地下的叶子来吸引昆虫

植物

耳朵 第402页的答案

小知识 捕蝇草捕虫叶关闭的时间大约在0.1～0.3秒之间。
小测验 食虫植物由捕食昆虫提供养分，所以不用进行光合作用。　A 正确　B 错误

答案在下页

403

13 空气会用尽吗？

人们大口大口地吸入空气，但是……

读过的日子（　年　月　日）（　年　月　日）（　年　月　日）

地球·宇宙

空气是无色无味的气体。即便我们周围遍布空气，我们也不会察觉，但是它是我们生存所必须具备的东西。不仅人需要呼吸，地球上的所有生物都需要。此外，空气还能使地球保温，吸收有害的紫外线。地球之所以很少被宇宙中降落的流星体损害，也是空气的功劳。

随着人和动物不断增多，不断地吸入空气，空气会不会有用尽的一天呢？

地球被大气层所覆盖（P303）。有空气的地方被称为"大气圈"。大气圈在距离地面500千米的地方，但是越到上空，空气越稀薄。空气由于重力的关系停留在地球周围。地球上覆盖的空气，常常因重力被牵拉向地心。因此，空气很难逃离地球，即使不去理睬，也不会有什么问题。

那么，空气是由什么构成的呢？空气中约含78%的氮。氮是生物形成蛋白质最初的成分。空气里还含有21%的氧，氧气是人类不可缺少的物质，其他成分还包括氩、二氧化碳等。

空气中的氧气是我们思考、行动的能量来源，非常重要。制造氧气的是地球上的植物，它们吸收人和动物呼出的二氧化碳，转化为氧气（P88）。

因此，只要地球上还有植物，氧气就不会突然消失。

第403页的答案　B 错误

小知识 体重50千克的人，一天需要吸入大约20千克的空气。
小测验 越往高的地方走，空气越稀薄。　A 正确　B 错误

答案在下页

404

第一个到达南极的人是谁？

他是一位凭借自己的热情和行动力，实现梦想的探险家。

读过的日子（　　年　月　日）（　　年　月　日）（　　年　月　日）

14

第一个到达南极的人是挪威的探险家——罗尔德·阿蒙森。阿蒙森出生在挪威首都奥斯陆附近的一个小村庄里。阿蒙森15岁时读到的一本书，令他萌生了成为探险家的想法。这本书是英国探险家约翰·富兰克林在北极圈调查时所写的探险笔记。

母亲希望阿蒙森在大学学习医学，但是他始终没有放弃成为探险家的梦想，他的桌子上一直摆放着富兰克林的照片。据说阿蒙森为了能忍受北极的寒冷，无论冬天多么冷，他始终坚持开着窗户睡觉。

21岁时，阿蒙森的母亲去世了，阿蒙森从大学退学，走上了成为探险家的道路。他知道在极地探险时，探险队长必须兼任船长，所以在做船员的同时，他考取了大副和船长的资格证书。在奥斯陆大学做完地磁的研究之后，他又去德国学习了海洋学和气象学。

1910年8月9日，阿蒙森他们乘坐弗拉姆号从奥斯陆港出发。虽然阿蒙森立志要去北极点，但是一年之前美国的罗伯特·皮尔里就已经到达了，随后他便把目标转向了没有任何人到达过的南极点。

与此同时，还有一支以罗伯特·斯科特船长为首的英国探险队也在向南极进发，于是两支队伍展开了竞争。

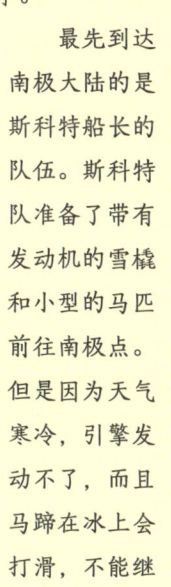

最先到达南极大陆的是斯科特船长的队伍。斯科特队准备了带有发动机的雪橇和小型的马匹前往南极点。但是因为天气寒冷，引擎发动不了，而且马蹄在冰上会打滑，不能继续前行。而阿蒙森队选择了由爱斯基摩犬拉着的雪橇。于是他们比斯科特队早一个月到达南极点。

满怀热情、行动力超群的阿蒙森，终于在1911年12月14日实现了梦想。

传记

罗尔德·阿蒙森（1872 — 1928年）

第404页的答案 A 正确

小知识 南极点的标记随着冰山1年移动10米左右。
小测验 阿蒙森是哪国的探险家？　A 英国　B 挪威　C 美国

答案在下页

405

15 为什么在日本只能在冬天看见鹤？

春天和夏天，鹤在什么地方呢？

读过的日子（　年　月　日）（　年　月　日）（　年　月　日）

鸟类

白头鹤和白颈鹤一到秋天，就会从俄罗斯等北方国家飞来，在日本过冬。等到春天到来的时候，再飞回北方。鹤原本生活在寒冷的地方，所以要在暖和的时候产蛋、养育雏鹤。在寒冷没有食物的时候，就会飞到暖和的地方。像这样每年在相应的季节，去固定地方栖息的鸟叫作"候鸟"。

日本的候鸟根据飞来的时间和目的的不同可分为三类。像鹤、野鸭、天鹅等冬天来日本的鸟被称为"冬候鸟"；像燕子这样春天从东南亚等地方飞来日本，在日本产蛋、养育雏燕，等到秋天时，再飞回南方的鸟叫作"夏候鸟"；还有像鹬在迁徙的过程中在日本停歇的鸟叫作"旅鸟"。

在日本的鸟除了这些候鸟，还有像麻雀、鹤的同类丹顶鹤等一年四季都留在日本的鸟，被称为"留鸟"。

那么候鸟是如何决定在迁徙的季节，果断地从遥远的国家远渡重洋飞来的呢？

鸟类会根据白天的长度来判断季节。在日本，白天最短的一天是冬至（12月22日）（P224），以后每天白天都会长一些。于是候鸟的身体开始出现变化，因为要为产蛋做准备，为长时间的飞行储存能量。鸟类还能根据体内的时钟和太阳、星星的位置来判断飞行的方向。比如，太阳最高的位置在正南。候鸟在小时候就记住了星辰的位置和方位之间的关系，因此，它们迁徙时不会迷路，能平安地越过大海。

谈到飞行时间的话，它们彼此各不相同，野鸭会昼夜不停地飞，燕子会白天飞晚上休息，斑鸫（dōng）则会在白天休息晚上飞行。

第405页的答案　B 挪威

小知识 即使晚上星星没有出现，候鸟也会根据风向和磁场分辨出正确的方向。
小测验 像鹤一样在日本过冬的鸟叫作什么？　A 夏候鸟　B 冬候鸟　C 留鸟

答案在下页

406

波浪是如何形成的？

海上有很多的波浪，既有大波浪，又有小波浪，但是……

读过的日子（　　年　　月　　日）（　　年　　月　　日）（　　年　　月　　日）

16

地球・宇宙

　　波浪是因风力作用而形成的。当海上开始刮风时，海面上会泛起"涟漪"。若海风不断持续吹拂，波浪也会慢慢变高，形成所谓的"风浪"。风浪便是指因风力作用而形成的波浪。随着风力变强与刮风时长的增加，海浪也会变得越来越高。

　　然而，当波浪破碎时便会形成"碎波"；当波浪靠近海岸时会形成"近岸浪"；当波浪拍打至岸边时会形成"破碎波"，破碎波包括"卷波"和"崩波"。

　　在冬季的荒海上我们可以看到卷波，似乎在不断地将海岸上的砂石卷入海中。而春季向夏季过渡的时期，崩波把砂石从海底搬运到海岸上。

　　由此得知，风的强度与风吹的时长的不同会形成不同种类的波浪。有的人也许会说不刮风的时候也有波浪。事实上，风停了也会有波浪，并且由于波浪具有传递性，因此在海上因风力作用形成的波浪能够传递至无风的海岸。这种波浪被人们称为"涌波"，涌波的最顶端呈圆形，十分圆滑。

　　通常在夏末看到的"暑伏期波浪"，便是由远处台风形成的风浪传递至海岸的涌波。

　　因此，波浪被人们赋予了很多不同的名字。

　　据20世纪60年代的调查显示，夏季夏威夷岛和美国西海岸的涌波是从南极大陆周边的海洋传递来的。

　　在岸边看，波浪似乎是涌动着流向岸边的，然而事实上海水只是上下波动而已。这个运动在不断地向四周传递，因此看起来就好像是波浪涌向岸边一样。

第406页的答案　B 冬候鸟

小知识 除风浪外，也有因船的动力形成的波浪及地震等原因形成的海啸。
小测验 因风力作用而形成的波浪被称为什么？　A 风疹　B 风浪　C 风铃

答案在下页

407

17 为什么水生植物能够在水中生长？

在没有空气的地方生存不会觉得憋闷吗？

读过的日子（　年　月　日）（　年　月　日）（　年　月　日）

植物

在池塘、沼泽和河流等水域环境中生长的植物被人们统称为"水生植物"。水生植物和陆地上生长的植物一样，可以通过光、水和二氧化碳进行光合作用（P88）生成养分和氧气。

没有扎根在土地的水生植物生长在阳光难以照射到的水中，它们从周围的水中直接吸取水分及养分。

水生植物为了能够在空气和养分都很少的水中生存，与很多陆地上的植物相比付出了更多看不见的努力。根据生存方式与生存环境的不同，水生植物被分为以下四个种类。

像莲藕和芦苇等的"挺水植物"是生长在近岸区域的水生类植物，只有根和一部分的茎生长在水里，大部分的茎和叶子都生长在水面之上。莲藕被称为"地下茎"的茎部横向生长在水底的泥中。地下茎的茎部和水面上的叶子及花相连接。到了秋天，叶子产出的养分积攒在地下茎的根部，会导致其变粗，而这个部分就是我们所食用的"莲藕"。

睡莲这类的"浮叶植物"是生长在离岸边较远的水生类植物。根和茎扎根于水底，茎部长长地伸展着，而叶子浮于水面之上。睡莲的叶子很平，下方有很多气孔，因此能够浮于水面之上。睡莲的茎中空，里面充满了空气，花朵盛开在水面上。

苦草类的"沉水植物"是扎根于离岸边更远的深水区域的水生类植物，这类植物身体全部沉浸于水中，茎部细长且柔软可以抵御水流侵袭而不折断。这种水生植物即使生长于水中也可以进行光合作用，生成氧气。其生成的氧气溶于水中，导致水中的氧气增加，因此，这类植物是对水生生物十分重要的。

凤眼蓝和浮萍等"浮水植物"是未扎根于水底，漂浮于水面的水生植物。根部和茎里面存有空气，因此可以使它们像救生圈一样漂浮于水面上。垂于水中的根部有类似于秤砣的作用，能够防止其翻倒。

综上所述，水生植物便是以这些方式生活在水中的。

第407页的答案　B 风浪

小知识　苦草是利用水流传播雄花和雌花完成授粉的"水媒花"。
小测验　哪种植物的地下茎可以食用？　A 莲藕　B 萝卜　C 胡萝卜

答案在下页

什么是流行性感冒？

它和感冒有什么不同呢？

读过的日子（　　年　　月　　日）（　　年　　月　　日）（　　年　　月　　日）

18

身体

由所谓的"流行性感冒病毒"这种病原体所引起的疾病就是"流行性感冒"。症状虽和感冒相似，但是高热不退等状况比感冒更严重（P381）。这种病的传染力很强，一到气温低且干燥的冬季便会一下子流行起来。

人们将病毒等病原体侵入身体中导致生病的现象称之为"感染"。

流行性感冒的感染原因包括：因手上带有的病毒而引起的"接触传播"和由咳嗽、打喷嚏散播的病毒而引起的"飞沫传播"。进入到身体的病毒首先依附在咽喉处，不断增加其病毒数量，进而扩散到身体各处。

患上流行性感冒后会出现40℃左右的高热现象。发热是一种身体保护机制，为的是击溃喜欢低温的病毒。然而，发热时会消耗大量能量，因此会出现浑身乏力和关节疼痛的现象。

流行性感冒的病毒会短期内剧增。因此，一旦发觉有流感的症状请尽早去医院进行检查。

预防接种（P165）是一种预防流行性感冒的方法。人类的身体中有"免疫"的能力。它能够记住曾经侵入人体的病原体并击垮它。接种预防就是注射带有病毒特征或减弱毒力的疫苗，进而使人体产生免疫。

然而，流行性感冒病毒大多为A型、B型和C型这三种类型。所以，即便进行预防接种，感染的病毒型号不同也会导致接种失效。现如今，仅A型就有超过144个种类，并且数量还在不断增加。

此外，还有一些病毒属于由动物向人类传染的类型。这种病毒起初只在同种类动物之间传播，然后突然传染到人类身上，而人类一经感染便会接连被传染，这就是"新型病毒"。流行性感冒病毒的真正可怕之处便是这种能够变化的传染力。

预防接种当然是很有必要的，但是同时还要注意避开过多的人群，特别是在冬季。平时要摄入充足的营养并保证充足的休息时间，最重要的是不能给病毒留有进入人体的机会。

飞沫传播

第408页的答案
A 莲藕

小知识 接种哪一型号的疫苗由国家根据世界的流行病情况决定。
小测验 流行性感冒的病原体是什么？

答案在下页

19 为什么瓶子有很多种颜色？

并不仅仅是为了好看，还有某种作用。

读过的日子（　　年　月　日）（　　年　月　日）（　　年　月　日）

工具·物品

大家知道玻璃瓶都有哪些颜色吗？它们不仅有透明的，还有褐色和绿色等颜色。为什么瓶子有这么多种颜色呢？

首先，我们来看一下玻璃瓶是由什么制成的吧。玻璃瓶的原料包括"石英砂""石灰石"和"碱灰"等。石英砂是由一种名为石英的矿物砂构成，石灰石是由石灰岩构成的，而碱灰是一种名为碳酸盐的完全不含水的物质。这些原料经过1600℃的高温熔化后，将其倒入金属模具中固定成型。

如此制成的玻璃瓶，最大特点是没有颜色和味道，并能隔绝水和空气。

通常放入玻璃瓶中的东西大多是想长期保存或打开瓶盖之后能够暂时保存的，例如食物和药品。

虽然玻璃瓶能隔绝水和空气，适合保存东西。但是，透明的玻璃瓶能够透光。食物和药品等物品，有的遇光，特别是受到紫外线辐射会导致其性质发生改变。

因此，为了防止这种变化，给瓶子添加了颜色。由此得知，给玻璃瓶添加颜色是为了保护内部放的物品不受紫外线的辐射。

通过实验得知，预防紫外线辐射效果最好的是褐色的瓶子。因此，害怕紫外线辐射的含有维生素类的保健品等产品，通常都使用褐色瓶子来包装。

然而，通过观察实体店中摆放的瓶子会发现，并不是只有褐色的瓶子，还有绿色、蓝色、淡蓝色以及透明等多种颜色的瓶子。

这是因为使用什么颜色的瓶子，不仅取决于预防紫外线的功能需求，还会考虑到瓶子的美观。

例如像红酒瓶这样特殊的例子，为了保证红酒的颜色、口感，所以大多情况下使用绿色的瓶子。

此外，玻璃瓶还可以回收利用。即便玻璃瓶有一些细小的破损，也能够成为新玻璃瓶的原料。所以，让我们摘下用过的空瓶盖，将空瓶清洗干净，按照各地区规定分颜色进行回收吧。

紫外线

第409页的答案：流行性感冒病毒

小知识 人们还开发出了通过在透明瓶子上贴带有颜色的标签的方式，保护瓶中物品的方法。
小测验 褐色的瓶子保护瓶中物品免受紫外线辐射的效果最好吗？　A 正确　B 错误

答案在下页

410

霜柱是如何形成的？

霜柱和普通的冰的形成方式有什么不同呢？

读过的日子（　年　月　日）（　年　月　日）（　年　月　日）

天气·气象

踩霜柱时会发出很好听的"嘎吱嘎吱"的声响。大家有过踩霜柱的经历吗？其实，霜柱是泥土中的水分结成的冰柱，再由几厘米长且细的冰柱集结在一起形成的。

冬季的黎明是最容易形成霜柱的时候。为什么在黎明时分霜柱容易形成呢？那是因为从夜晚到早上气温会骤然下降。气温降至0℃以下，地表附近的水便会结冰形成小冰粒。于是，被土包围着的水便会通过泥土中细细的缝隙自下而上上升。

当水进入像细管道一样的缝隙中上升的现象，这被称为"毛细管现象"。

上升的水会结冰，并将已经结冰的部分推到上方。水通过缝隙不断向上并结冰，而这样形成的冰会不断连接到一起形成霜柱。

霜柱在地表附近的水干枯之前会不断地向上延展。有时候，长度会超过10厘米。

虽说在寒冷的清晨会形成霜柱，但是如果气温降至-10℃以下，所有的土便都会因寒冷而结冰，导致霜柱无法形成。因此，只有当地表处于0℃以下，但地面整体处于稍温暖的状态时才会形成霜柱。

此外，泥土的缝隙中若是有很多红土则更容易形成霜柱，而像砾石和沙子那样缝隙大的地面以及像黏土那样潮湿的地面都不容易形成霜柱。

除此之外，还有一种名为"霜"的物质，虽然和霜柱的名字相似，但是形成方式完全不同。霜是空气中的水蒸气结成的小冰晶，它们通常附着在窗户和道路边的草等物体之上。

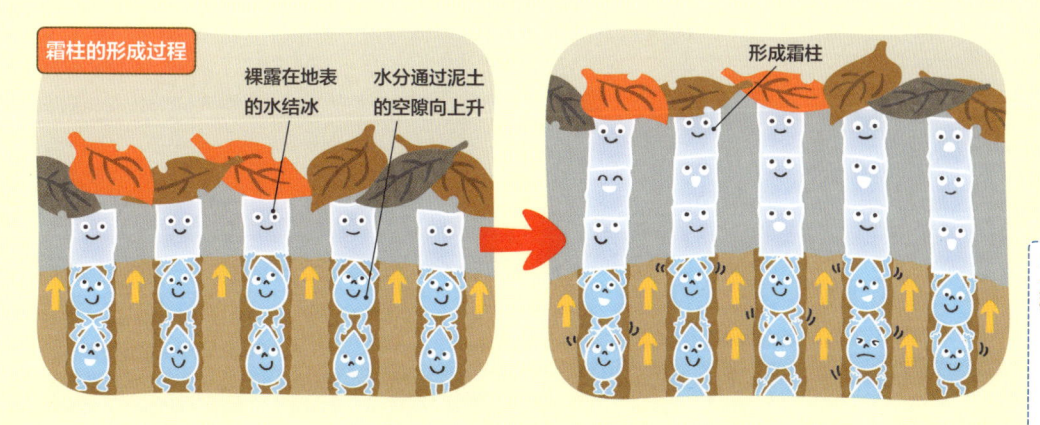

霜柱的形成过程

裸露在地表的水结冰　　水分通过泥土的空隙向上升　　→　　形成霜柱

第410页的答案：A 正确

小知识 日本关东地区红土很多，因此在关东地区更容易形成霜柱。
小测验 霜柱是由泥土中的水分结冰而成。　A 正确　B 错误

答案在下页

411

21 为什么有轨电车行驶时会"哐当哐当"地响？

声音背后暗藏的玄机可以保护有轨电车全年安全行驶。

读过的日子（　　年　月　日）（　　年　月　日）（　　年　月　日）

交通工具

我们在乘坐有轨电车的时候，经常会听到很有规律的"哐当哐当"的声音。这个声音到底是从何而来的呢？答案是有轨电车通过轨道接缝时发出的声音。

轨道是由铁做成的，铁的长短会随着温度的变化发生伸缩现象，当温度升高时会伸长，当温度降低时会缩短，所以在铁轨的接缝处特意留出了一个小空隙。如果没有这个空隙，在炎热的夏季铁轨会伸长，两段铁轨就会相互挤压，导致弯曲。

在日本，铁路的标准铁轨长度是每根20～25米，用木材进行固定衔接。接缝处要保证即便是在盛夏也应有1毫米的空隙。正因为这个缝隙，有轨电车行驶时才会晃动和发出声响。为此，人们又发明了"长轨"。长轨是将25米长的铁轨衔接起来，形成一根200多米的长长的铁轨。日本新干线使用的是长达1000米的铁轨。为了防止轨道伸缩，接缝处采用了斜面交叉的"伸缩接口"的衔接方式。铁轨之间的空隙消失，有轨电车行驶就会更加顺畅，接缝间的空隙减小后，哐当哐当的声音和晃动的现象也随之减少，乘客的乘坐体验大幅度提升。

为了能让有轨电车安全行驶，检查工作是必不可少的。因为每天都有大量的有轨电车通过，所以轨道会发生移位、磨损和损坏等现象。因此铁路公司会定期检查轨道，进行修补或者更换。日本的"黄医生"是用来检查东海道・山阳新干线的专用车辆。因为车身是黄色的，所以在日本被称为"黄医生"，它的正式名称是"新干线电气轨道综合试验车"。"黄医生"每10天就会进行一次检测，在新干线运行的间隙里往返于东京与博多之间。它以270千米每小时的速度一边行驶一边检查轨道、信号、输电线等项目。

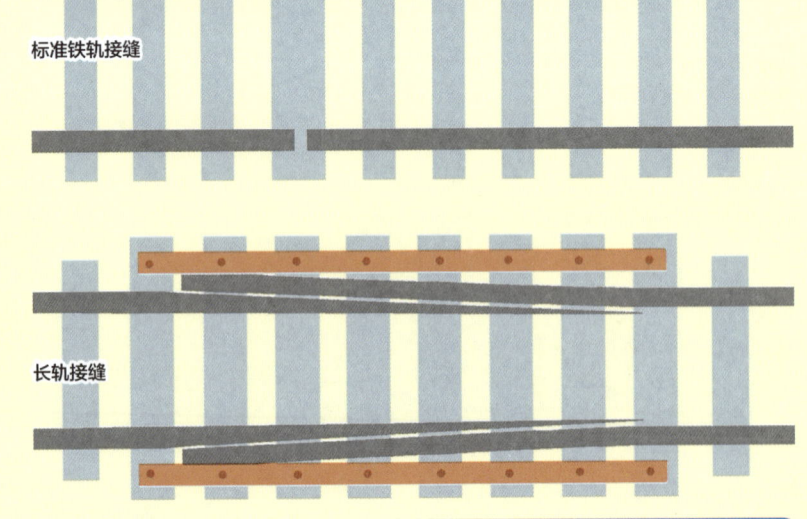

标准铁轨接缝

长轨接缝

第411页的答案　A 正确

小知识 检查JR东日本铁路轨道的车辆叫作"East i"。
小测验 铁会在温度上升的时候缩短。　A 正确　B 错误

答案在下页

412

为什么天冷时哈气是白色的？

秘密就在千变万化的水里。

22

读过的日子（　年　月　日）（　年　月　日）（　年　月　日）

生活

一到冬天，我们呼出的空气就会变成白色。这是因为从我们体内呼出的温暖的空气遇到外面寒冷的空气瞬间冷却了。我们呼出的空气温度基本与体温相同，里面含有大量的水蒸气。水蒸气是一种由很多小水滴不规则地在一起聚集形成的气体，一般我们用肉眼无法看到。可是一旦遇冷，小水滴就会聚在一起，逐渐变大（P326），而且还会与空中飘浮的灰尘结合在一起。当它变成我们用肉眼可以看到的大小时，看起来就是白色的。

水滴
水蒸气

你见过烧开水时从水壶的壶嘴上面冒出的白色的热气吗？这种热气也是因为水蒸气与外界的空气相遇，被冷却后形成的水滴。如果我们仔细观察水壶就会发现，热气出现的位置其实离壶嘴稍微有一段距离，而靠近壶嘴的地方，反而什么也没有，其实水蒸气就在这看似什么也没有的地方。也就是说，水壶里的水烧开后会形成水蒸气并散发出来，在空气中遇冷后形成了白色的热气。无论是我们呼出的白气还是烧开水时冒出的热气，都是这个道理。

呼出的空气变成白色，大约是室外温度在13℃以下的时候。也就是说，如果我们呼出的气体变成白色，就可以预测室外温度应该在13℃以下。即便是相同的气温，雨天也会比晴天更容易看到白气。那是因为雨天空气中的水分含量多，水蒸气中的小水滴容易结合在一起。此外，喝热饮时也容易看到白气，那是因为口腔中的温度比体温要高，与外界气温相差较大，所以容易看到白气。

我们在暖手的时候会"哈——哈——"地哈气，在晾茶水的时候会"呼——呼——"地吹热茶水。你有没有发现"哈"的时候吹出的是热气，而"呼"的时候则感觉是凉风？其实，这两种方式吹出的空气温度是一样的，只是我们呼出空气的流动速度不同而已。当我们用力地"呼"地吹气，热气就会被吹跑，流入凉的空气，所以才会感到凉风。

第412页的答案 B 错误

小知识 在南极呼吸出来的气不会变白，因为没有可以让水蒸气看起来发白的灰尘颗粒。
小测验 从水壶冒出来的白色热气是水蒸气。　A 正确　B 错误

答案在下页

413

23 萤火鱿为什么会发光？

难道它们的身体里有电池？

读过的日子（　　年　月　日）（　　年　月　日）（　　年　月　日）

水生动物

萤火鱿是一种体长约6~7厘米的小型鱿鱼。萤火鱿平时生活在远离陆地、深达200~600米的海里，但是春天因为要产卵，所以会靠近岸边。萤火鱿的身体会发出青白色的光。如果聚集几百只萤火鱿，海面就会像铺满了彩灯一样。它们之所以会发光，是因为身上有上千个"发光器"。发光器呈点状散布在身体的腹侧，眼部也有5个，连触腕也有3个大的发光器。当体内的发光物质和氧气结合后，发光器就会发光，而且这种光与火光和灯光不同，不会发热。一般认为，萤火鱿发光是为了保护自己。萤火鱿在游动的时候，会将腹侧朝下，身体保持水平姿势。如果以太阳照射的水面为背景从下往上看，萤火鱿身体的轮廓会显得非常清晰，很容易被敌人发现。所以萤火鱿就自己发光，这样在太阳下，发光的萤火鱿在海里就没有影子。发光器只分布在萤火鱿的腹部，萤火鱿触腕上的发光器，是当受到敌人侵犯，逃跑时用的。它的触腕可以像镁光灯一样闪光来吓唬敌人，或者蒙蔽敌人的眼睛。它们发出的光好像还用于同伴之间的交流。

除了萤火鱿，萤火虫也是家喻户晓的会发光的动物。萤火虫与萤火鱿一样，都是通过发光器发光。日本的源氏萤在还是幼虫甚至虫卵和虫蛹的时候就会发光。据说这样可以警告敌人，让自己免受侵害。长大后，雄性萤火虫还会通过闪光来寻找配偶，雌性萤火虫也会通过闪光发出信号回复对方。

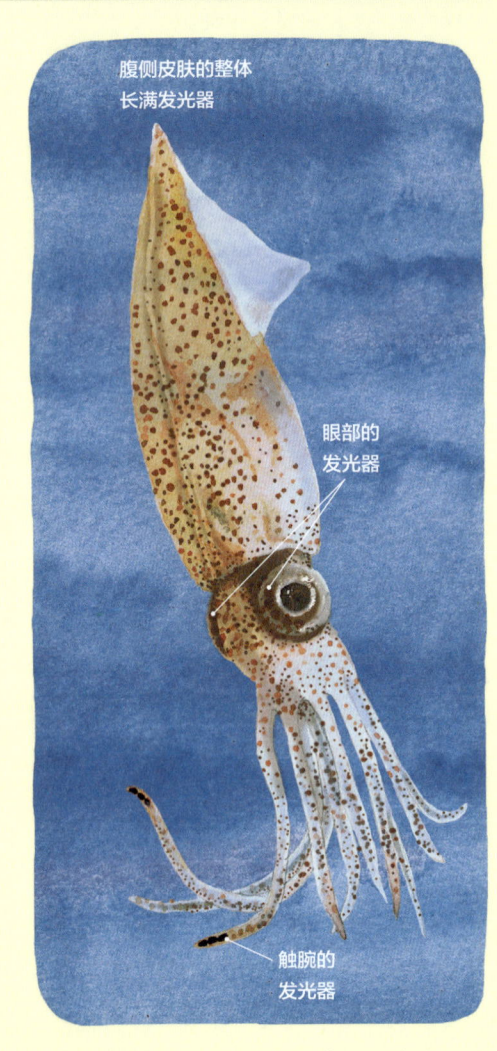

生活在深海里的深海鮟鱇鱼，在其头部像触角一样的部位上也有发光器。通过光可以吸引小鱼，当小鱼接近它时，深海鮟鱇鱼便会一口吃掉它们。

腹侧皮肤的整体长满发光器

眼部的发光器

触腕的发光器

第413页的答案　B 错误

小知识 在日本，春天的富山湾因为有成群的闪光的萤火鱿，所以海面会形成发光带。
小测验 萤火鱿的身体如果发光就会发热，对吗？　A 正确　B 错误

答案在下页

驯鹿为什么会长角？

雄鹿的角和雌鹿的角，竟然……

读过的日子（　年　月　日）（　年　月　日）（　年　月　日）

24

驯鹿属于鹿科，与日本奈良公园里常见的日本鹿和北海道的梅花鹿属于同类。说起长角的动物，可能很多人都会想起鹿。其实除了鹿以外，还有很多动物长角，比如牛、绵羊、山羊等牛科动物，还有犀牛、长颈鹿等动物也长角。虽说都是长角的动物，但是鹿角与其他动物的角很不同。鹿类动物的角，每年都会换新的，而其他动物的角一生都不会换。而且，鹿类动物的角还会分叉，而其他动物的角不会分叉。鹿角在每年的4月前后会一下子脱落，然后长出新角。硕大美丽的鹿角既可以吸引雌鹿，还可以用于雄鹿之间争夺雌鹿的战斗。除此之外，鹿角还可以在争夺地盘的时候使用。因为雌鹿不需要鹿角，所以只有雄鹿才会长角。另外一种说法是，雌鹿肩负繁衍后代的重任，为了遇到危险时能在树林中顺利逃跑，所以没有长角。

在这些鹿里面，唯独驯鹿与其他鹿不同。雌性驯鹿也长有硕大美丽的角，这是有原因的。因为驯鹿生活在寒冷地带，需要用角来刨雪寻找食物，所以雌鹿也长角。但是雄鹿和雌鹿换角的季节不同，雄鹿的鹿角是在每年的11~12月期间脱落，而雌鹿的鹿角则在春天脱落。据说这是因为冬天雌鹿腹中要养育小宝宝，所以将换角时间移到了春天，这样可以保障不过多消耗体内营养。如果按照这个说法，那么圣诞老人用来拉雪橇的驯鹿应该都是雌鹿吧？是不是很有趣？

动物

第414页的答案　B 错误

小知识 鹿在四岁之前，每长一岁，鹿角上的分叉就会增多一些。
小测验 鹿类动物无论雌雄，都有角。　A 正确　B 错误

答案在下页

415

25 黄油和麦淇淋有什么不同？

虽然外表看起来没什么差别，但是……

读过的日子（　年　月　日）（　年　月　日）（　年　月　日）

食物

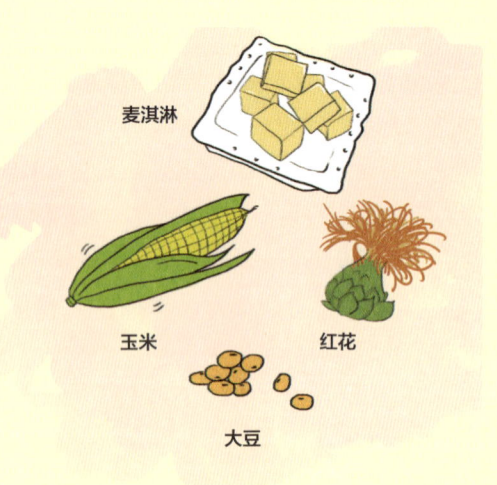

黄油

牛奶

麦淇淋

玉米　红花　大豆

你知道吗？外表看起来差不多的黄油和麦淇淋（人造黄油），其实是由完全不同的东西制成的。

黄油的主要原料是牛奶。制作方法是先在离心分离机里加入牛奶，将脂肪和水分进行分离。物体旋转时会产生离心力（P78），离心分离机就是利用离心力将混合物中的成分分离。在离心分离机的作用下，牛奶就可以分离出脂肪状的奶油。然后进行杀菌，在5℃以下进行冷藏降温后，等待8~12个小时，再继续放回机器中搅拌。这时脂肪颗粒表面的蛋白质已经被破坏了，出现了"磷脂"这种物质。磷脂粘在一起，越粘越多也就越变越大，然后形成米粒大小的黄油粒，最后再聚合、凝固。

凝固前要加入一些盐，这样涂在面包上的食用黄油就做好了。做一盒（约200克）黄油，需要使用5盒1升装的牛奶。

而麦淇淋是用玉米、大豆、红花、菜籽等植物油制作而成的。有时也会加入一些鱼类的动物油和维生素。其制作方法是首先将原料的油、脱脂奶粉（除去脂肪成分的牛奶）、盐等一起搅拌，然后将油和水调和后进行杀菌，最后冷藏凝固。

最初麦淇淋是黄油的代替品。据说在150年前的法国，由于战争时期黄油严重不足，于是就提取牛的脂肪，加入脱脂牛奶混合凝固制成麦淇淋。

所以，黄油和麦淇淋都是固体脂肪，过度食用会使血管堵塞，引起疾病。但是它能够使人更有活力，食用后可以获得能量。黄油还包含助消化吸收的成分、蛋白质、钙、维生素等许多营养成分。虽然不能过度食用，但是还是忍不住呀！

第415页的答案　B 错误

小知识 动物性鲜奶油也可以制成人造黄油。
小测验 黄油是作为麦淇淋的替代品而被生产出来的吗？　A 正确　B 错误

答案在下页

416

松鼠靠吃什么为生？

我们来看看松鼠为了储存一年的食物都做了哪些准备。

读过的日子（　年　月　日）（　年　月　日）（　年　月　日）

26

（这是西顿写的一个关于灰色小松鼠的故事。因为小松鼠的尾巴像一面旗子，所以西顿就把它叫作"旗尾松鼠"。）

旗尾松鼠被农家的猫妈妈养大，幸福地生活着。但是有一天窝旁的仓库着了火，猫妈妈和农家的人都死掉了，旗尾松鼠只能一个人去森林里生活。夏天以蜂蜜、蜂蛹、虫子和蘑菇为食。到了秋天，就吃树上结的果实。它会找山核桃的果实，这在树林的果实中是最好吃的。为了食物不被其他动物全部吃掉，旗尾松鼠在秋天会事先把食物藏起来。因为如果不藏起来，等到了食物较少的冬天，就会没有东西可以吃。

当它发现落在地面上的山核桃时，会先剥壳，闻闻味道，然后用两只前爪握着山核桃估计一下它的重量。如果非常轻的话，说明核桃已经被虫子吃过了，可以扔掉了。如果果实只比正常重量轻一点的话，那就说明虫子还在果实里，它会吃掉虫子后再把核桃扔掉。碰到重量恰当保存完好的果实时，它会把核桃叼在嘴里来回转，在果实上刻下记号。旗尾松鼠弹跳两三次，选准一个地方用前爪挖出坑，把果实埋进去，再在上面铺上落叶就算埋好了，它们就像这样把果实一个一个藏好。

此时旗尾松鼠已经有了自己的家庭——妻子和两个松鼠宝宝。大家一起劳动，一天可以埋1000多个果实。它们一连干了7天。这样到了冬天，它们可以嗅出积雪下果实的位置，将藏好的山核桃的果实挖出来吃掉。

但是也有许多没有吃完被继续埋在土里的果实，这样的果实等到春天就会长成山核桃树。长成的山核桃树是我们所需的木材和抵御洪水等的森林。就这样，松鼠一个一个用心埋藏的山核桃的果实就长成了一棵棵大树，成了我们生活中不可或缺的东西。

西顿动物记

来自故事《旗尾松鼠》

第416页的答案　B　错误

小知识　如果山核桃的果实不埋在地里，是无法发芽的。
小测验　灰色小松鼠把山核桃的果实收集起来藏在自己的家里吗？　A 正确　B 错误

答案在下页

417

27 为什么导航能知道汽车的位置？

当汽车在某个地方行驶的时候被拍照了吗？

读过的日子（　年　月　日）（　年　月　日）（　年　月　日）

工具·物品

"导航"是"汽车导航系统"的简称，汽车导航系统可以查询汽车的位置，可以在显示器上显示地图的画面，也可以找寻目的地并进行导航。

导航系统能够知道汽车的位置是因为使用了GPS（全球定位系统）卫星。GPS卫星是美国发射的人造卫星，24颗（预计将会达到31颗）卫星在距地面20000千米的高空，围绕着地球做公转运动。

下面来解释一下为什么导航系统可以知道汽车的位置。

GPS卫星1秒钟可以发送上千次精确的无线电信号，如果在汽车上安装了导航系统，汽车就可以接收信息。24颗卫星完全覆盖了地球，所以无论汽车在哪，都可以接收到电波。导航系统记录发送电波时间的信息和接收电波时间的信息，之后计算时间差。电波的传达速度可达到每秒30万千米，所以如果知道了收到电波的时间，就可以计算出GPS卫星与汽车的距离了。

只有1颗卫星发出电波是确定不了位置的，汽车需要同时接收4颗卫星的电波。4颗卫星分别分散在不同的位置，把4颗卫星的信息组合在一起就是准确的位置。位置确定后，导航系统内的地图与刚才的位置重合，显示在显示器画面上。这样，开车的人就知道了汽车所处的位置。

GPS卫星以前只有军队内部使用，现在不仅是汽车，还有轮船、飞机、国际空间站（ISS）等都在使用GPS卫星。而且智能手机中也有GPS定位功能。利用GPS定位功能可以确认自己的位置，还能找寻目的地等。

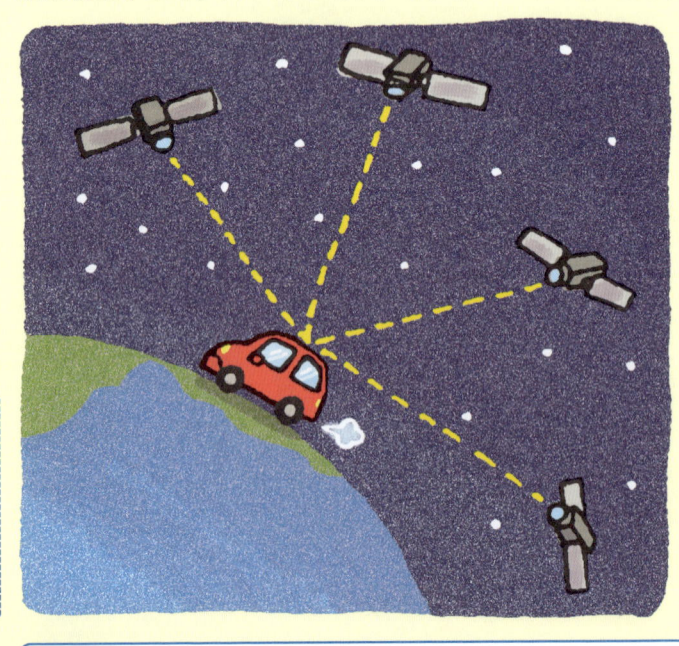

第417页的答案　B　错误

小知识 导航系统可以根据电波了解道路通行情况。
小测验 导航系统利用了GPS卫星发送的电波吗？　A 正确　B 错误

答案在下页

什么是过敏反应？

引起过敏的原因是什么呢？

读过的日子（　　年　月　日）（　　年　月　日）（　　年　月　日）

28

身体

人体有一种生理功能，在和外界病菌斗争之后，当病菌再次侵入时，人体会识别出对自己健康不利的成分，并将其排除。这种生理功能叫作"免疫功能"。

过敏反应是因为免疫能力过强，对于外界的物质产生了高敏反应。其实该物质对身体无害，但是身体的免疫系统判断它是对身体有害的物质，并下达了战斗的命令。

引起过敏反应的物质被叫作"过敏源"。过敏源进入身体之后，身体会制造出击退过敏源的物质，这个物质就是"抗体"。抗体刺激身体细胞，细胞就会产生一种叫"组胺"的化学物质，这种物质会使身体发痒。引起过敏的种类有很多，首先是引起过敏的食品叫作"食品过敏源"，这是由于肠胃的抗体反应太强烈而导致的，会出现荨麻疹、恶心、腹泻、呼吸困难等症状。

由于空气中的过敏源而引起的过敏反应有花粉过敏症和支气管哮喘等。引起花粉过敏症的过敏源大多是杉树花粉。抗体会使人的鼻子、眼睛的黏膜细胞产生强烈的反应并产生组胺，出现打喷嚏、流鼻涕、眼睛发痒等症状。支气管哮喘的过敏源是粉尘、宠物的毛发等。这些会使支气管的黏膜细胞产生组胺，使空气进入喉咙的通道变窄，出现呼吸困难的情况。

过敏性皮炎也是过敏反应之一。过敏源通常为牛奶、鸡蛋这类的食品以及斑蝥（máo）、粉尘和洗涤品等。但是具体原因还不清楚，其症状有湿疹、发痒等。

以上这些过敏反应，通过避开过敏源、改善体质是可以自然痊愈的。但是仍有很多不知道病因和治疗方法的过敏反应，还需要人们不断研究。

第418页的答案　A 正确

小知识 在医院可以做检测过敏源的检查。
小测验 由食品因素引起的过敏反应叫作什么？

答案在下页

419

29 星座是谁发现的？

通过人们的命名，诞生了很多的星座。

读过的日子（　　年　月　日）（　　年　月　日）（　　年　月　日）

发明・发现

星座诞生于距今约5000年以前。据说最早是由居住在美索不达米亚地区（今伊拉克的一部分）的牧羊人一边放羊一边仰望星空划分出来的。

对于当时生活在美索不达米亚的人们来说，星星是观察时间和季节变换的重要依据。因此，人们分别对它们进行了命名，以了解星星的动向。

不久后，星座便传至希腊境内，并且和希腊神话关联到一起的星座数量也越来越多。

在2世纪时，希腊天文学家托勒密整理了星星的动向并总结出48个星座，这便是现在星座的源头。

到了15世纪，欧洲人乘船前往地球的南半部，他们发现了至今从未见过的星星，并利用这些星星开始命名新的星座。到了17世纪，这种命名新星座的举动更加流行，导致星座数量也在不断增加。

事实上并不是只有欧洲人为星座命名。中国人在2400年前曾划分出"二十八星宿"。中美洲的玛雅人也划分过其特有的星座。

所以，世界上很多地域都进行过星座划分，这就导致了相同星座的不同名称等问题带来的混乱。

于是，在1928年举办的国际天文学联合大会第三次总会议上，统一了88个星座，将其作为世界通用星座。

虽然在星座占卜时使用的12个星座与出生月份相匹配，但是实际上在自己生日时是看不到与之相应的星座的。这是因为人们是将正午与太阳重叠的星座作为当月的星座。

举个例子来说，3月21日至4月19日是白羊座。此时的白羊座和太阳位于地球的同一侧，因此在地球上是看不到它的。

第419页的答案　食物过敏

本页的答案　B 88

小知识 过去，甚至有表示厕所和大便的星座。
小测验 如今世界统一的星座数量有多少？　A 48　B 88　C 128

答案在本页

420

分类索引

身体

日期	问题	页码
1月09	为什么一跪坐脚就会发麻？	28
1月18	睡觉时心脏也一直在跳动吗？	38
1月22	胎儿出生前都在做些什么？	44
1月25	受伤之后结痂是怎么回事？	48
2月07	为什么会起鸡皮疙瘩？	60
2月10	为什么要洗澡？	63
2月15	为什么活着的生物迟早会死？	69
2月22	为什么要测血型呢？	77
3月01	为什么女生的乳房会发育呢？	84
3月09	听说汗水和眼泪有很多种类？	92
3月14	为什么剪指甲和剪头发时感觉不到痛？	97
3月27	磕碰后皮肤为什么会变青？	110
4月01	为什么要吃间食？	122
4月08	婴儿为什么说哭就哭？	129
4月14	为什么跑步时会岔气？	135
4月19	鼻毛是有必要的吗？	140
4月22	为什么音调可以调节高低呢？	143
4月27	喝多少水就会排出多少尿吗？	149
5月03	为什么坐飞机时耳朵会不舒服？	156
5月21	骨折后，骨头是怎样愈合的？	174
5月27	为什么晚上必须睡觉呢？	180
6月03	有的人易得蛀牙，这是真的吗？	186
6月11	为什么会有悬雍垂（小舌头）？	196
6月17	为什么双胞胎长得那么像？	204
6月23	为什么会打嗝？	211
7月09	为什么被蚊子叮了会感觉痒？	238
7月15	为什么天气炎热时会没有食欲？	244
7月21	脚底为什么会凹进去？	250
7月26	为什么会流鼻血？	255
8月04	为什么吃辣的东西会出汗？	263
8月17	为什么被太阳晒过后会变黑？	276
8月23	为什么大人的肩膀会酸痛？	282
8月30	为什么人一转圈就会晕头转向？	289
9月07	为什么洗澡时手指会皱巴巴的？	298
9月15	人为什么会长白头发？	307
9月18	眼睛的错觉是如何引起的？	310
9月24	为什么吃红薯肚子会胀？	316
10月02	男孩青春期为什么会变声？	331
10月10	为什么玩游戏眼睛会累？	339
10月17	为什么有些梦很快就忘记了？	346
10月22	为什么会长黑斑呢？	351
10月28	身心真的相连吗？	357
11月03	人为什么会尿床？	364
11月13	为什么人在哭泣时会流鼻涕？	375
11月19	感冒之后为什么会发热？	381
11月28	人在手持重物时为何会喊出声？	390
12月01	为什么眉毛和睫毛长不长？	392
12月11	人为什么会晕车？	402
12月18	什么是流行性感冒？	409
12月28	什么是过敏反应？	419

食物

日期	问题	页码
1月21	为什么豆芽是白色的？	43
2月02	为什么蛋清一加热会变成白色？	55
3月04	为什么罐装食物不易腐烂？	87
4月10	面包为什么松软可口？	131
4月30	为什么在菠萝咕噜肉里放菠萝？	152
5月17	豆酱是怎么做出来的？	170
6月09	为什么食物上会长霉菌？	193
7月10	为什么纳豆会黏糊糊的？	239
7月19	为什么果冻会那么柔软有弹性？	248
8月07	为什么香蕉皮会变颜色？	266
8月29	为什么棉花糖会那么蓬松柔软？	288
9月02	为什么青椒的味道是苦的？	293
9月21	大米为什么是白色的？	313
10月18	为什么食物冷冻后能长久储存？	347
10月27	滑子菇为什么是黏滑的？	356
11月02	醋为什么是酸的？	363
11月10	为什么酸奶对人体有益？	372
11月26	鲑鱼子是鱼卵吗？	388
12月03	荞麦面是怎么做出来的？	394
12月09	橘子果实上的白丝是什么？	400
12月25	黄油和麦淇淋有什么不同？	416

植物

日期	问题	页码
1月04	树木能长生不老，是真的吗？	21
2月09	为什么仙人掌全是刺？	62
2月19	为什么把土豆放置不管就会长芽呢？	73
3月05	花草树木可仅凭水分活下去吗？	88
3月20	竹笋什么时候会变成竹子？	103
4月03	蒲公英的绒毛都飞到哪里去了？	124

分类索引

4月09	为什么有些植物不用种子来培育？	130
5月04	过度砍伐森林会怎样？	157
5月13	为什么花朵会散发出香气？	166
5月20	樱桃是樱花树结的果实吗？	173
6月12	花儿是如何决定开花日期的？	197
6月20	植物的藤蔓为什么能盘旋生长？	207
7月02	为什么牵牛花在清晨开花？	231
7月08	为什么大部分草和叶子是绿色的？	237
8月10	树液是为什么而存在的？	269
8月16	向日葵总是朝向太阳吗？	275
9月04	为什么有的银杏树不能结果？	295
9月10	含羞草为什么会闭合？	302
9月20	有可以食用的花吗？	312
10月01	为什么秋天时叶子会变红或变黄？	330
10月14	松果是什么？	343
11月04	衣服上为什么会粘上种子或果实？	365
11月17	为什么气候变冷叶子会掉落？	379
12月12	真的有食虫植物吗？	403
12月17	为什么水生植物能够在水中生长？	408

动物

1月07	猫的舌头为什么很粗糙？	25
1月11	为什么动物会有雌性和雄性？	30
2月06	是从什么时候开始有导盲犬的？	59
2月16	母牛每天都产奶吗？	70
3月02	猫为什么喜欢待在狭窄处或高处？	85
3月12	海獭一直生活在水面上吗？	95
3月19	动物园里的大象一天要吃多少东西？	102
4月07	狗狗为什么要抬起一条腿小便？	128
4月26	变色龙身体的颜色为什么会变？	148
5月09	狮子真的很强大吗？	162
5月22	为什么蛇没有脚也能移动？	175
6月02	仓鼠为什么喜欢转滚轮？	185
6月16	大猩猩真的性情温和吗？	203
7月03	用眼睛能识别出有毒的生物吗？	232
7月28	动物没有蛀牙吗？	257
8月22	蝙蝠不是鸟类吗？	281
8月31	肉食性动物只吃肉吗？	290
9月03	猫的眼睛为什么在暗处会发光？	294
9月14	考拉宝宝吃父母的粪便？	306
10月06	为什么狗会摇尾巴？	335

11月09	鼹鼠为什么要挖地洞？	371
11月27	动物为什么要冬眠？	389
12月08	人类以前真的是猴子吗？	399
12月24	驯鹿为什么会长角？	415

鸟类

1月14	为什么企鹅能在冷的地方生存？	34
1月20	为什么鹤用一只脚站着？	42
1月23	鸟类为什么能在空中飞？	45
3月28	猫头鹰为什么在黑暗的地方也能飞？	111
4月28	只要孵鸡蛋就能孵出小鸡吗？	150
6月06	为什么鸽子走路时头会不停摆动？	190
6月15	燕子为什么在人的家里筑巢？	202
11月07	鸵鸟不会飞吗？	369
11月25	孔雀为什么有缤纷艳丽的羽毛？	387
12月15	为什么在日本只能在冬天看见鹤？	406

鱼类

1月16	鱼也有鼻子和耳朵吗？	36
2月05	鱼为什么会有鱼鳞？	58
3月03	比目鱼为什么那么扁？	86
3月24	海洋的深处有生物吗？	107
4月06	刺鲀真的有1000根刺吗？	127
4月13	真的有能够预知地震的生物吗？	134
5月07	香鱼为什么在河里会逆流而上？	160
6月08	海里的鱼在河里无法生存吗？	192
10月19	鱼为什么喜欢成群游动？	348

虫类

2月21	蚂蚁洞里面是什么样的？	76
3月13	西瓜虫为什么会变成球形？	96
4月20	蝴蝶为什么不直线飞行？	141
6月29	虫子在下雨天时躲在哪里？	220
7月22	蚯蚓靠吃什么生存？	251
8月11	独角仙是大力士吗？	270
8月24	为什么虫子会聚集在亮的地方？	283
9月23	为什么蜻蜓的眼睛那么大？	315
9月28	为什么蝴蝶和独角仙会化蛹？	320
10月17	人被蜜蜂蜇了会死吗？	333
10月24	椿象为什么会发出臭味？	353
12月06	昆虫真的没有血吗？	397

422

水生动物

1月 02	章鱼墨汁和墨鱼的有什么不同?	19
2月 11	乌龟为什么经常一动不动?	64
2月 26	珊瑚是活的吗?	81
5月 10	蝲蛄和螃蟹为什么长有钳子?	163
5月 29	蜗牛为什么有壳?	182
6月 01	为什么蝌蚪长得完全不像青蛙?	184
7月 06	海马是鱼吗?	235
7月 11	为什么螃蟹会横着走路?	240
7月 27	为什么海龟在产卵时会哭?	256
8月 01	为什么贝壳有各种形状?	260
8月 19	为什么海蜇会蜇人?	278
8月 25	"活化石"是怎么回事?	284
11月 20	海星是动物吗?	382
12月 23	萤火鱿为什么会发光?	414

古生物

3月 25	在很久以前也有昆虫吗?	108
4月 17	地球上最早的生物是什么?	138
5月 23	恐龙是从蛋里孵出来的吗?	176
6月 26	恐龙为什么会消失?	215
7月 23	猛犸是大象吗?	252
8月 25	"活化石"是怎么回事?	284
10月 30	人们是怎么知道恐龙的颜色的?	359

地球·宇宙

1月 05	地球几岁了?	22
1月 12	为什么会有涨潮和退潮?	31
1月 19	温室效应不好吗?	40
2月 04	地球有多大,真能测量出来吗?	57
2月 17	白天时星星和月亮在哪里呢?	71
2月 23	在宇宙中,水滴可以在天空中飘浮吗?	78
3月 08	北极和南极有多冷?	91
3月 18	地球是由什么构成的?	101
4月 05	洞穴是怎样形成的?	126
4月 12	人在宇宙中为什么要穿航天服?	133
4月 24	河流的源头在哪里?	145
5月 01	化石一般埋藏在哪里?	154
5月 08	为什么会发生日食?	161
5月 19	为什么会有春夏秋冬四季?	172
6月 10	月亮为什么会变成不同的形状?	194
6月 14	为什么会发生地震?	200
6月 24	大海和天空为什么是蓝色的?	212
7月 05	太阳有不落山的时候吗?	234
7月 07	银河到底是什么?	236
7月 12	沙漠是怎么形成的?	241
7月 18	为什么海水是咸的?	247
8月 02	为什么山分喷火和不喷火两种?	261
8月 06	石头为什么是硬的?	265
8月 18	土壤是由什么形成的?	277
8月 26	真的有外星人吗?	285
9月 06	月球是如何形成的?	297
9月 11	天空和宇宙的界限在哪里?	303
9月 17	月球可以居住吗?	309
10月 03	宇宙有尽头吗?	332
10月 11	山的高度是如何测量的?	340
10月 26	地球和月球为什么是球形的?	355
11月 08	温泉的水为什么是热的?	370
11月 12	黑洞是什么?	374
11月 15	为什么日本和外国的时间不同呢?	377
11月 23	为什么土星有光环?	385
12月 02	流星划到哪里去了?	393
12月 13	空气会用尽吗?	404
12月 16	波浪是如何形成的?	407

天气·气象

1月 28	天气预报为什么有时候不准?	52
2月 25	为什么会下雨和下雪?	80
3月 06	航迹云是飞机排出的烟雾吗?	89
3月 26	为什么会刮风?	109
5月 16	天上下的冰雹是怎么回事?	169
5月 24	"下蜃景"是什么?	177
6月 22	为什么一到梅雨季节就总下雨?	210
6月 28	为什么打雷时会发出很大的声音,还伴有闪电?	218
7月 01	白云和乌云哪里不同?	230
7月 17	"强对流引发的短时强降雨"是什么?	246
8月 15	为什么山脉两侧的天气不一样?	274
8月 27	彩虹为什么有7种颜色?	286
9月 27	台风是从哪里来的?	319
10月 16	云和雾有什么不同?	345
11月 16	在日本看不到极光吗?	378

423

分类索引

12月 20	霜柱是如何形成的?	……………	411

交通工具

1月 15	飞机为什么会飞起来?	……………	35
2月 18	为什么新干线的车头是尖尖的?	……	72
3月 29	热气球为什么会飞起来?	………	112
4月 15	直升机为什么能在空中悬停?	……	136
5月 26	挖掘机的轮胎为什么不是圆的?	……	179
6月 07	有只用电力驱动的汽车吗?	………	191
7月 25	潜水艇为什么能上浮和下沉?	……	254
8月 05	火箭和航天飞机有什么不同?	……	264
9月 25	吊车为什么那么有力气?	…………	317
10月 29	F1赛车为什么能跑那么快?	………	358
11月 14	为什么过山车倒挂也不会掉落呢?	…	376
12月 21	为什么有轨电车行驶时会"哐当哐当"地响?	………	412

工具・物品

1月 03	为什么用肥皂就会洗得很干净?	……	20
1月 17	为什么温度计能测量温度?	………	37
2月 01	纸是用什么做成的?	………………	54
2月 08	为什么铅笔字可以用橡皮擦掉?	…	61
3月 07	磁铁是怎样做出来的?	……………	90
3月 22	蜡烛为什么可以点燃?	……………	105
4月 02	为什么能通过土电话听到声音?	…	123
4月 29	为什么水壶会保温?	………………	151
5月 06	钟表的指针为什么朝右转动?	……	159
5月 28	吸尘器是如何将垃圾吸进的?	……	181
6月 25	怎样消除难闻的气味?	……………	214
7月 04	为什么用放大镜看的东西更大?	…	233
7月 29	为什么烟花是五颜六色的?	………	258
8月 03	如何将弹珠放入波子汽水瓶中?	…	262
8月 14	为什么把干冰放进水里会冒烟?	…	273
9月 13	触摸屏是如何感应的?	……………	305
9月 26	熨斗为什么能烫平褶皱?	…………	318
10月 08	为什么锁头既能锁上又能打开?	…	337
10月 23	手机是如何实现通话的?	…………	352
11月 01	为什么能在镜子里看到东西?	……	362
11月 22	为什么把IC卡靠近机器就能自动支付?	……………	384
12月 19	为什么瓶子有很多种颜色?	………	410

12月 27	为什么导航能知道汽车的位置?	………	418

生活

1月 01	日本人过年时为什么吃什锦年饭?	……	18
1月 06	灰尘是从哪里来的?	………………	24
2月 03	为什么一碰门把手就会过电?	……	56
2月 27	为什么有的年份有2月29日,有的年份没有?	……………	82
3月 11	为什么装果汁的杯子外面是湿的?	……	94
3月 17	人行道上的黄色部分为什么凹凸不平?	…	100
4月 16	为什么以前测视力时,要用字母"C"?	…	137
4月 23	动画是如何制作出来的?	…………	144
5月 11	隧道是怎样挖掘的?	………………	164
5月 25	肥皂泡泡是如何吹起来的?	………	178
6月 04	自己吹的气球为什么飞不起来?	…	187
6月 18	为什么水冷却后会变成冰?	………	205
7月 16	为什么体育项目会不断刷新纪录?	…	245
8月 09	为什么山谷里能听到回音?	………	268
9月 01	圆球为什么会弹起来?	……………	292
9月 09	厕所冲走的东西最后去了哪里?	…	300
10月 20	究竟什么是"循环利用"?	………	349
10月 25	救护车的警笛声为什么会变化?	…	354
10月 31	瓦斯是如何形成的?	………………	360
11月 18	站在电线上的鸟儿不会触电吗?	…	380
12月 05	信号灯是由谁来操控的?	…………	396
12月 22	为什么天冷时哈气是白色的?	……	413

西顿动物记

1月 24	狗会对主人感恩吗?	………………	46
2月 13	动物会在什么情况下生气?	………	66
3月 16	乌鸦是成群行动的吗?	……………	99
4月 18	小鸭子是跟在妈妈后面走吗?	……	139
5月 18	浣熊到底在洗什么?	………………	171
6月 21	熊真的喜欢蜂蜜吗?	………………	208
7月 20	狼很聪明吗?	………………………	249
8月 20	为什么兔子的耳朵那么长?	………	279
9月 16	狐狸真的很狡猾吗?	………………	308
10月 09	鸽子真的能传信吗?	………………	338
11月 21	有可以像袋鼠一样行走的老鼠吗?	…	383
12月 26	松鼠靠吃什么为生?	………………	417

法布尔昆虫记

1月 13	结草虫怕冷吗？	32
2月 24	在树里真的有挖洞的虫子吗？	79
3月 23	菜粉蝶喜欢卷心菜吗？	106
4月 25	蚂蚁是如何记路的？	146
5月 14	雌性和雄性昆虫如何邂逅？	167
6月 05	那些打卷儿的树叶，是谁弄的？	188
7月 13	昆虫的本能是什么？	242
8月 12	蜣螂为什么要滚粪球？	271
9月 12	橡子上为什么会有小孔？	304
10月 15	蟋蟀是怎么叫的？	344
11月 05	蜘蛛是如何结网的？	366
12月 04	世界上有会装死的虫子吗？	395

传记

1月 08	蒸汽机是什么？（瓦特）	26
1月 27	地壳在一点一点地移动吗？（魏格纳）	50
2月 14	东西为什么会自上而下降落呢？（牛顿）	68
2月 20	孩子为什么会像爸爸或像妈妈？（孟德尔）	74
3月 10	第一架飞机是如何飞上天空的？（莱特兄弟）	93
3月 21	蒸汽机车是怎样发明的？（斯蒂芬森）	104
4月 04	从前的人认为地球是不会动的吗？（哥白尼）	125
4月 21	X光片能看到什么？（伦琴）	142
5月 05	什么是细菌？（科赫）	158
5月 12	为什么要接种疫苗？（詹纳）	165
5月 15	在日本被称作"行走的百科全书"的人是谁？（南方熊楠）	168
6月 13	真的没有叫"杂草"的植物吗？（牧野富太郎）	198
6月 27	为什么会有各种各样的生物？（达尔文）	216
7月 14	首位诺贝尔奖女性得主是谁？（居里夫人）	243
8月 13	"机关人偶仪右卫门"是谁？（田中久重）	272
8月 21	"巴甫洛夫的狗"是什么实验？（巴甫洛夫）	280
8月 28	有个人真的成为鸟爸爸了？（洛伦兹）	287
9月 08	画《蒙娜丽莎》的人是科学家？（达·芬奇）	299
9月 22	人们是如何知道地球在动的？（伽利略）	314
10月 07	以前用巫术治病是真的吗？（希波克拉底）	336
10月 13	麻醉药是如何发明的？（华冈青洲）	342
10月 21	爱迪生为什么有如此多的发明？（爱迪生）	350
11月 06	"日本细菌学之父"是怎样的人？（北里柴三郎）	368
11月 24	"20世纪最伟大的天才"是怎样的人？（爱因斯坦）	386
12月 10	诺贝尔奖是如何诞生的？（诺贝尔）	401
12月 14	第一个到达南极的人是谁？（阿蒙森）	405

发明·发现

1月 10	iPS细胞是什么？	29
1月 26	口香糖是谁发明的？	49
2月 12	巧克力是谁发明的？	65
3月 15	人是从什么时候开始穿鞋子的？	98
4月 11	长度"米"是怎么确定下来的？	132
5月 02	铅笔是什么时候发明的？	155
6月 19	印刷术是什么时候发明的？	206
7月 24	最初拍摄的电影是什么样的？	253
8月 08	什么时候开始有算盘的？	267
9月 05	车轮是从什么时候开始出现的？	296
9月 19	什么时候开始有数字的？	311
10月 05	人类最早使用的工具是什么？	334
10月 12	为什么建筑物不会被雷电击中？	341
11月 11	电池是谁发明的？	373
12月 07	是谁发明了钢琴？	398
12月 29	星座是谁发现的？	420

☆ 执笔
深田幸太郎、饭野由希代、山畑泰子、早野美智代、山内晋、长井理佳、高木荣利、森村宗冬、山本省三、天沼春树、下乡里见、山下美树、野村一秋

☆ 协力
冈信子（日本儿童文艺家协会顾问、日本文艺家协会理事）

☆ 插图
秋野纯子、池田小菊、大岛加奈子、Shibachan工作室、柿田由香里、鸭下润、川添睦美、工藤望美、住本奈奈海、Jelly beans、高田香、田中麻子、TICTOC、常永美弥、鹤田一浩、中野智美、服部七海、菱田阳子、矢寿广尾、刘绮梦

☆ 照片协力
青沼秀彦、荒木一成、东树宏和、日本Ishikawa Insect Museum、日本鱼津水族馆、日本马博物馆、日本爱媛县综合科学博物馆、日本Oita Mushroom Research Institute、日本Gujolab Co.,Ltd.、日本群马县立自然史博物馆、日本Chitose Aquarium、日本德岛县立博物馆、日本名古屋港水族馆、日本名古屋市东山动植物园、日本福井县立恐龙博物馆、日本宫城教育大学Microbio-World、日本Zao Fox Village、日本Ibaraki Nature Museum、日本Tomatolandiwaki Co.,Ltd.、AIA、AURA、Carnegie Institution of Washington、Goddard Space Flight Center、HMI、Hubble Heritage Team、Jim Bell(Cornell)、Johns Hopkins University Applied Physics Laboratory、JPL、Marit Jentoft-Nilsen、NASA、NASA GSFC、Nazmi El Saleous、Reto Stöckli、SDO、Space Telescope Science Institute、STEREO science team、STScI

☆ 封面装帧插图
菅野泰纪

☆ 内文装帧设计
安达胜利、大场由纪（日本DAI-ART PLANNING股份有限公司）

☆ 编辑协力
日本童梦股份有限公司

☆ 监修简介
长沼毅

生于1961年4月12日，1984年毕业于日本筑波大学第二学群生物学类。1989年修完该校的研究生部生物科学研究科博士课程。为了探索深海、极地以及沙漠等各种极限环境，穿梭于世界各地。目前是日本广岛大学研究生部生物圈科学研究科副教授。著作：主编有《来自深海生物学的邀请》《生命之星·木卫二》（均为日本NHK出版）、《深海生物大图鉴》（日本PHP研究所出版）、《Dr.长沼之无眠科学趣话》（日本中经出版）等。